조선의 읍성

조선의 읍성

- 남해안 지역을 중심으로 -

이일갑

국학자료원

글쓰기에 들어가면서

本書는 필자의 박사학위논문을 바탕으로 이후 연해읍성과 관련한 소논문을 모아 정리해서 출판하게 된 것이다.

필자가 처음 읍성을 접한 것은 전주에서 개최된 한국고고학회 전국대회에 참가하면서였다. 학회를 마치고 다음날 부산으로 돌아오는 길에 고창읍성에 들린 것이 필자가 읍성을 처음 접해본 때였다. 이후 학교박물관에서 조사한 거제 고현읍성 조사 참가를 시작으로 다양한 성곽과 봉수 조사에 참가하게 되었다. 1990년 가을 양산시 석계에 위치한 원적산 봉수대 발굴은 산정상에서 먹은 닭라면 맛만큼이나 기억에 오래 남는 현장이었다. 필자는 군복무를 경기도 파주에서 했는데 당시 봄가을 진지공사를 다니던 곳이 과거 산성이 축조되어 있던 곳이라는 것을 전역하고 알았으니 당시의 무지함을 생각하면 고개를 들 수 없다. 특히 진지공사 시 산성 체성 적심석인지도 모를 성석을 훼손했으니 명색이 고고학을 전공하는 사람으로서 그때의 행동을 생각하면 쥐구멍에라도 숨고 싶은 심정이다. 전역 후 모교 박물관에서 시행하는 여러 발굴에 참가하는 가운데 주도적으로 조사에 참여한 창녕 영산읍성과 고성 소을비포진성, 통영 통제영은 오늘날 필자가 성곽을 전공하는 계기가 되게 한 유적들이다. 이후 석사논문과 박사논문 주제를 영진보성과 읍성으로 한 것이 이때의 경험에서 비롯된 게 아닐까 싶다. 당시 필자는 대학원에서 청동기시대 관련 연구로 공부를 하는 중이었다. 더구나 대학원에 재학 중이던 동기들은 각자 관심분야에 해당하는 유적조사에 참여하여 나름 학문적 성과를 보여주고 있었다. 그런데 필자는 참여하는 현장마다 시기적으로 조선시대이고 유적 성격상 읍성을 비롯한 관방유적이라 현실에 나름 불만이 많은 상황이었다. 그즈음 우연히 성곽조사로 자문을 구할게 있어 방문한 부산박물관에서 당시 학예사로 재직 중인 나동욱(현 복천박물관장)선생님께 이런 불만을 토로하였는데 이때 옆에서 우리 둘의 대화를 들으신 하인수(전 부산임시수도기념관장)선생님이 웃으시며 그건 지도교수께서 전공을 해보라는 무언의 의미라고 하셨다. 처음에는 말도 안되는 얘기로 치부하고 돌아섰지만 생각해보니 성곽을 조사하면서 오랜 시간 땅 속에 매몰된 체성 흔적을 발견했을 때 그 희열과 특히 여러 번 증개축으로 원형을 파악하기 힘든 유구 축조순서를 파악해서 본래 모습을 확인했을 때 무언가 형언할 수 없는 느낌이 어렴풋이나마 뇌리에 떠올랐다. 이후 경남발전연구원으로 직장을 옮긴 후 합천 대야성, 초팔성, 미숭산성, 의령 미타산성, 진주 광제산 봉수대, 의령 미타봉수대, 하동읍성, 웅천읍성, 고성읍성, 마산 회원현성, 마산 합포성, 거제 옥포진성, 통영성, 부산

죽도왜성, 안골포왜성 등을 조사하며 성곽 전공의 길을 다지게 되었다. 이 당시 필자는 부산을 비롯하여 경남지역에 산재한 삼국시대부터 조선시대에 이르기까지 다양한 시기와 유형의 성곽을 조사연구 할 수 있었다. 이러한 성곽 조사연구를 통해 오늘날 이 연구서가 나올 수 있는 배경이 되었다.

필자는 本書에서 조선시대 읍성 가운데 남해안 지역 연해읍성의 지역성과 시기성 등 그 특징을 밝히는 것을 목적으로 연구 분석절차로서는 연해읍성을 구성하고 있는 체성, 옹성, 치성, 해자를 중심으로 구조와 축조수법, 부대시설 등의 특징을 비교검토해서 각 유구를 분류하고 그 변화양상을 파악하고자 하였다.

이를 바탕으로 좀더 세부적인 관점에서 살펴보면 다음의 3가지의 관점에서 남해안 지역 연해읍성을 살펴볼 수 있는 것이다.

첫 번째로 한국 읍성 연구 진전을 위해서 本書에서 다루고 있는 남해안 지역 연해읍성 뿐만 아니라 삼국시대 성곽, 고려시대 성곽들도 같이 다루어지고 있다. 이것은 과거 수십 년 동안 지도교수이신 심봉근 동아대학교 전 총장님께서 조사하셨던 남해안 지역 일대 성곽들을 불민한 필자가 다시 조사하게 된 기회를 가지게 되었고, 앞선 조사를 통해 내놓으신 가설과 이론들에 살을 좀 더 보탠다는 의미로 시작하게 된 것이다. 가령 읍성 축조 시 계단식 축조법, 토석병축성, 거제 고현성 성문 방향 및 축조양상, 해자를 비롯한 읍성 부대시설 등을 예로 들 수 있다.

두 번째는 이러한 작업 과정에서 확인된 내용 가운데 기존 왕조중심의 시대구분에 따른 성곽축조 분류가 과연 타당한 것인지에 대해 고민하게 되었다. 결론적으로 쉽게 분류할 수 있는 왕조중심의 성곽분류 편이성 속에 내포된 치명적 오류인 문화 단절성을 간과하면 안된다는 점에 착안

하였다. 즉 조선시대 읍성은 전시대 성곽들과는 전혀 다른 독창적인 축성술로 인식되고 있는 것에 대해 남해안 지역 연해읍성이 조선시대 새롭게 탄생한 성곽형태가 아닌 과거 전시대 성곽축조술 전통과 양식, 축조수법 바탕 위에 변화 발전하여 지금의 형태로 나타나고 있다는 점을 말하고 싶은 것이다.

세 번째는 이에 대한 검증절차로서 남해안 지역 연해읍성을 구성하고 있는 체성, 옹성, 치성, 해자를 비롯한 읍성 부대시설 구조와 축조수법, 규모의 비교검토를 통해 그 속에 내재된 형식분류와 변화양상을 파악하였다.

이를 통해 조선시대 축조된 남해안 지역 연해읍성이 단순히 해당지역의 치소성과 국방상 문제에 의해 축조된 방어용 성곽만이 아닌 유교적 신분질서사회의 유지와 왕권강화를 통한 통치기반 확립을 위해 전시대 축성술 전통아래 변화되고 발전된 축조수법을 적용한 당대 가장 발전한 성곽임을 언급하였다. 아울러 기존 문헌으로 연구된 선학들의 읍성연구에서 언급한 가설과 주장이 과연 고고학적 조사에서 확인된 양상과 부합하는지와 그렇지 않은지에 대한 것만이 있다 보니 심도 있고 진전된 연구검토과정이 이루어지지 않는 것에 대해 고고학적 조사에서 확인된 현황을 통해서 재해석하고자 하였다. 이와 같은 작업은 문헌사적 읍성 연구와 배치되는 것이 아닌 상호보완적인 것으로 앞으로 중근세부분에 있어 보다 많은 분야에서 이와 같은 작업이 병행되어야 할 것이라고 생각이 이르게 된 것이다.

이러한 관점아래 필자는 本書에서 그 해답을 제시하고자 하였다. 그러나 막상 원고를 정리하고 보니 앞서 언급한 3가지의 관점에 대한 해답을 과연 도출한 것인지, 여전히 배움과 학문의 깊이가 얕은 필자로 인해 또 하나의 지면 낭비만을 초래한 게 아닌가하는 의구심에 두려움 마음이 앞설 수밖에 없었다. 다만 本書가 조선읍성 연구의 완결판이 아닌 필자의 연구 정진 계기로 삼는 밑거름으로 생각하고 앞으로 졸고에 대한 선학동배들의 아낌없는 질정에 계속적인 수정보완을 이루어 가도록 하겠다는 다짐을 하는 것으로 위안을 삼고자 한다.

本書는 전체 8장으로 구성되어 있다. 제1장에서는 조선의 읍성 가운데 남해안 지역 연해읍성을 연구하게된 목적과 연구방법, 연구사를 기술하였다. 이 제1장에서는 특히 조선시대 읍성 연구가 당대에는 실용적인 목적에서 연구되었으며 역사고고학적 관점에서 연구는 이루어지지 않은 아쉬움을 밝히고 있다. 그럼에도 읍성뿐만 아니라 한민족 문화유산인 성곽을 연구하고자 한 선학들의 발자취를 살펴보았고 이를 바탕으로 이 주제를 정한 목적에 대해서 기술하였다.

제2장에서는 남해안 지역 연해읍성이 조선시대 여타지역 읍성과 구조 및 축조수법에 있어 차별성을 보이고 조사사례가 많아 자료 축적이 이루어진 관계로 다양한 특징 가운데 체성 축조수법에 따라 각 단계별 축조특징과 해당 성곽들을 나열하여 조선시대 읍성의 시기분류를 시도하였다. 이를 바탕으로 조선시대 성곽은 크게 4단계로 나누었으며 기준설정을 읍성에 두고 기술을 실시하였다.

제3장에서는 남해안 지역 연해읍성을 중심으로 인접한 내륙읍성과 영진보성을 망라하여 읍성의 평면형태에 따른 분류를 시도하였다. 이때 기존 연구에서 평면형태를 크게 방형, 원형, 부정형으로 나누는 것을 비판하고 그 대안으로 방형, 원형, 제형, 주형으로 나누고 그 형태에 따른 특징과 변천과정을 설명하고 그 도판을 제시하였다. 그리고 이를 통해서 연해읍성 전형을 파악하고자 하였다. 아울러 호구 수 및 체성 둘레 등과

의 상관관계를 입증하는 도면을 제시하여 연해읍성 축조 당시 시대상황과 경제, 성리학적 통치이념이 내재 내지 녹아있다는 것을 입증하고자 하였다.

　제4장에서는 남해안 지역 연해읍성 옹성문지 가운데 고고학적 조사가 이루어진 것을 균등구획법으로 계측하여 그 계측치를 가지고 옹성 형식 설정 및 전개양상을 파악하였다. 특히 옹성 길이, 옹성 너비, 개구부 너비, 성문너비, 옹성내벽직경, 옹성 체성 너비를 속성으로 분류하고 이 속성에 따라 각 연해읍성과 영진보성 옹성을 균등구획법으로 계측한 수치를 기록하였다. 이때 옹성 너비를 동일한 크기로 맞추어서 균등구획법에 의해 옹성 평면플랜을 가로 20등분, 세로 10등분하여 그 결과를 계측한 수치를 나타내었다. 이를 기준으로 평면형태를 ㄱ자형과 반원형으로 나누어 그 특징을 파악하였다. 또한 옹성문지에 축조된 배수시설 위치에 따라 시기성을 아울러 파악해보았다.

　제5장에서 남해안 지역 연해읍성 치성은 숫자를 파악하기 위해 지적도 및 고지도 등을 이용하여 잔존하는 치성을 이용하여 대칭적인 구조를 파악하였다. 치성의 기본적인 축조 숫자를 크게 6개소 및 12개소로 나눠었다. 또한 치성을 길이/너비로 나누어 도출한 수치에 따라 형식분류를 실시하였다. 형식분류를 바탕으로 나뉜 각 형식 유행 시기를 표와 그림으로 도식화하였다. 읍성 정문을 기준으로 좌우에 배치된 치성이 세종 15년에 정해진 규식(포백척 미터 환산치 70m)대로 설치되지는 않지만 동일한 간격으로 설치된 것으로 기술하였다. 또한 읍성 평면형태에 따라 치성 배치가 어떻게 변화하는지를 파악하고자 하였으며 각 평면형태별 치성수와 배치양상을 파악해보았다. 이를 통해 읍성 방어시설 축조양상을 파악해보려 하였다.

제6장에서는 남해안 지역 연해읍성 해자에 관해서 살펴보았다. 남해안 지역 연해읍성 및 영진보성 가운데 고고학적 조사가 이루어져 보고된 해자 상하부 너비를 백분율로 환산한 해자 너비로 시간성과 공간성을 파악할 수 있는지 검토하였다. 특히 옹성문지, 치성을 비롯한 부대시설 전면에 설치된 해자와 체성 전면에 설치된 해자 너비가 어떤 상관관계를 가지는지를 검토하였다. 이를 바탕으로 남해안 지역 해자 축조특징과 현황을 파악하고자 하였다. 아울러 해자내부에 설치된 목익 축조양상으로 형식분류를 실시하였다.

제7장에서 조선 읍성 체성과 부대시설, 내부시설 이외에도 성곽과 관련한 기타시설이 다수 설치되어 있음을 밝혔다. 이러한 기타시설에는 함정, 목책, 양마장, 선소, 수중목책 등이 확인된다. 따라서 7장에서는 읍성 내외부에 축조된 방어시설 이외에 따로 설치되는 기타시설의 구조와 축조수법을 살펴보았다.

제8장에서는 이렇게 도출된 수치와 결과에 따라 해석된 남해안지역 연해읍성의 특징과 현황을 각 장별로 정리하였다.

本書를 낼 수 있기까지 많은 도움을 받았다. 먼저 성곽 연구의 길을 가도록 가르침을 주시고 바쁘신 대학총장직 수행 중에서도 박사학위논문의 체제와 교정을 봐주신 것을 비롯하여 지난 30여 년간 학문연구는 물론 개인과 가정생활에 이르기까지 많은 가르침과 은혜를 베푸신 스승이신 심봉근 동아대학교 전 총장님께 머리 숙여 감사드린다. 본서의 작성 과정에서 오탈자와 문맥을 비롯하여 체제 전반에 걸쳐 조언과 지적을 아끼지 않으신 지건길 전 국립중앙박물관장님께 깊은 감사의 말씀을 드린다. 또한 학부생 시절부터 지금까지 성곽조사와 연구에 있어 격려와 가르침을 아끼지 않으시고 늘 학문하는 자세와 자기관리에 모범이 되어주시고 필자가 읍성을 전공으로 선택했을 때 누구보다 기뻐하시며 본서를 출간하기를 권해주신 심정보 선생님께 깊은 감사의 말씀을 드린다. 성곽 형식분류 방법에 관해 조언과 지적을 아끼지 않으셨던 박광춘 교수님께도 감사드린다. 본서의 내용이 보다 충실하도록 도와주시고 필자의 인생 굴곡이 있을 때마다 지원과 격려를 아끼지 않으신 김재현 교수님께 늘 감사드린다. 아울러 동아대학교 고고미술사학과 박은경, 이동주 교수님을 비롯한 선생님들께도 감사드린다. 성곽연구에 있어 후학인 필자에게 항상 격려와 조언을 아끼지 않으시는 나동욱 부산복천박물관장님께도 감사의 말씀을 드린다. 또한 관방유적 조사 시 곧잘 예산과 기간으로 조사욕심을 부린 필자의 방패막이가 되어주신 이성주(현 경북대학교 고고인류학과 교수), 이범홍(현 경상남도 문화재위원) 두 분 경남발전연구원 전 역사문화센터장님께도 감사의 말씀을 드린다. 학부생부터 지금까지 고고학 연구자의 길을 같이 걸으며 필자에게 많은 도움과 질책을 아끼지 않는 최종혁, 이은석(현 국립나주문화재연구소장) 학형께도 감사드린다. 또한 학부생부터 현재의 직장에 이르기까지 변함없는 우정과 격려를 보내며 곁을 지켜주는 조태희 선생에게도 감사드린다. 본서에 수록된 도면을 정리편집해준 이수영 선생에게도 감사의 마음을 전한다. 그리고 학업에 전념할 수 있도록 성원해주신 부모님, 장모님을 비롯한 형제친지들에게 감사드리며 늘 믿음과 사랑으로 곁을 지켜주는 아내 김은정과 함께 해주지 못해 미안한 아들 성빈과 딸 리원에게도 감사의 말을 이 지면을 빌어 전한다. 本書를 간행함에 있어 글전개상 논리의 비약과 보완할 부분이 있음에도 본서를 출판해 주신 국학자료원 정찬용 원장님께 감사드린다.

2021년 6월 금정산자락에서 저자 씀

목차

Ⅲ. 남해안 지역 연해읍성의 평면형태

Ⅳ. 읍성 옹성

V. 읍성 치성

VI. 읍성 해자

Ⅰ. 서 론

Ⅰ. 서론

1. 연구목적

우리나라 성곽 축조는 오랜 시간에 걸쳐 점진적으로 발달하여 왔다. 특히 지정학적 위치로 인해 대륙과 해양세력의 끊임없는 침략은 아이러니하게도 성곽 축조술 발달에 많은 영향을 미쳤다.

성곽 축조는 그 시대 문명을 반영하는 것으로 당대 정치, 경제, 사회, 문화를 파악할 수 있으므로 성곽이 지닌 문화사적 가치가 여기에 있는 것이다.

우리나라는 예로부터 '성곽의 나라'라고 불릴 만큼 많은 성곽들이 전국 방방곡곡에 분포하고 있다. 그 수 못지않게 종류, 형태, 용도, 입지, 재료 등에 따라 다양한 양상으로 축조되어 왔음에도 불구하고 구체적으로 언제부터 축조되기 시작하였는지 정확히 알 수는 없다. 그러나 고조선(古朝鮮) 말기에 이미 성곽이 존재하였던 기록이 있고, 부여(夫餘)나 고구려(高句麗) 등 한반도의 북방지역에서는 적어도 B.C4~3세기경에는 성곽 축조가 있었을 것으로 추정된다.

고고학적인 성과에 의하면 청동기시대(靑銅器時代)로 추정되는 경남 창원 덕천리와 울산 검단리 유적에서는 집락을 방어하는 환호(環濠)가 확인된다. 충남 부여 송국리 유적에서는 목책(木柵)이 확인되어 최근까지 국내 최고 자료로서 주목받고 있다. 또한 근래 10년 사이에 발굴 조사된 김해 대성동·봉황대 유적, 창원 남산유적, 진주 대평리 유적 등에도 역시 전 시대에 이어서 환호시설이 설치되고 있는 것이 확인되고 있다. 남부지방에서는 삼한시대(三韓時代)에 해당하는 김해나 양산패총에서 목책(木柵)과 환호로 추정되는 방어시설 유구가 확인되고 있다. 창원 성산패총, 진해 웅천패총 주변에는 석축성이 현존하고 있어 이른 시기부터 인공 장애물을 설치하는 방어체계를 가지고 있었음을 추정할 수 있다.[1]

우리나라 성곽유적[2]은 2003년도 국립문화재연구소 조사통계에 의하면, 남한에서만 2,137개소의 성곽이 존재하고 있다.[3] 영남지역에는 약 418개소 그리고 경남지방에서만도 『문화유적총람(文化遺蹟總覽)』[4]에 227개소, 『한국의 성곽과 봉수』[5]에 240개소, 「조선성곽일람」[6]에 324개소가 수록되어 있다. 이 가운데 읍성(邑城)은 『세종실록지리지(世宗實錄地理志)』에 당시 설치된 335개소 군현 중 96개소에 수록되어 있으며

---

1) 심봉근, 1995, 「한국남해연안성지의 고고학적 연구」, 학연문화사, 31~32쪽.
2) 1. 성은 내성만을 의미하고 성곽은 내·외성을 통칭한다.
   2. 『새우리말 큰사전』, 삼성출판사.
   "적군이 쳐들어오는 것을 막기 위하여 흙이나 돌로 높이 쌓아올린 큰 담"
   3. 차용걸, 1991, 『한국 민족문화대백과사전12』.
   "성은 외적의 침입이나 자연적 재해로부터 성안의 인명과 재산을 스스로 보호하기 위한 것으로 인위적인 시설을 말하는 총체적 개념"
   4. 손영식, 1987, 『한국성곽의 연구』, 문화재관리국.
   "성곽이라 함은 군사적·행정적인 집단이 공동목적을 갖고 거주주체의 공동활동 공간을 확보하고 그 구조물이 연결성을 갖는 전통구조물."
3) 이춘근, 2003, 「우리나라 성곽의 보존관리 정책」, 『한국성곽연구회 추계학술대회』, 한국성곽학회.
4) 문화재관리국, 1977, 『문화유적총람』.
5) 한국보이스카우트연맹, 1990, 『한국의 성곽과 봉수』.
6) 井上秀雄, 1982, 「조선성곽일람(경상남북도 편)」, 『조선학보』103집.

하삼도에 축조된 숫자는 62개소이다. 특히 하삼도 가운데 경상도는 27개소이고 남해안 연해지역에 포함되는 경남지방에 설치된 것이 18개소로 하삼도 읍성 전체 수에 대비하여 보면 29%를 차지하고 있다. 또한『동국여지승람(東國輿地勝覽)』에는 조선시대 330개소 행정구역을 기준으로 160개소에 읍성이 있는 것으로 기록되어 있으며, 고읍성(古邑城)을 포함하면 전체 읍성 수는 190개소에 달하였다.[7]

읍성(邑城)은 지방 주요 거점에 군사적인 기능과 행정적인 기능이 복합되어 축조된 성곽이다. 중국에서는 읍, 성은 처음에는 동일한 개념이었다가 차츰 분화되어 국과 읍 성과 읍, 읍과 도 등의 개념에 역사성이 첨가되어 차츰 구분되는 용어로 사용되었다.[8]

중국 후한 때 자전인『설문해자(說文解字)』에 "有宗廟先君之主 曰都, 無曰邑 邑曰築 築曰城口其城郭也"이라 하였고, 또 "고자구부위정, 사정위읍…"이라 하였다. 전자는 종묘와 사직이 있는 곳을 도(都)라 하였고 없으면 읍(邑)이라는 뜻이며, 후자의 읍이란 일정한 지역에 주민이 모여 살았던 마을을 의미한다고 하였다. 이때 읍성은 주민들이 모여 살았던 마을을 둘러싼 곳에 성곽을 마련하여 도성과는 구별이 되는 지방도시 성곽을 의미한다.[9] 각종 지리지 중에서『동국여지지(東國輿地志)』같이 주성(州城), 군성(郡城), 현성(縣城)으로 표기하는 예도 있으나,『世宗實錄地理志』에서 읍석성(邑石城) 또는 읍토성(邑土城)이라 하여 읍성에 축성재료를 병기하여 기록한 이래 대부분 우리나라 지리지에서는 이에 따라 읍성이라 표기하고 있다.[10]

우리나라에서 읍성의 순수한 개념이 도입된 것은 고려시대(高麗時代)

---

7) 신영훈, 1975,『한옥과 그 역사』, 에밀레 미술관, 228~229쪽.
8) 심정보, 1995,『한국 읍성의 연구』, 학연문화사, 33쪽.
9) 說文解字: 후한 때 허신이 지은 가장 오래된 자전.
10) 심정보, 2012,『한국 성곽의 이해』, 문화재청, 9쪽.

후기부터였다. 이때 축조된 읍성은 왜구(倭寇) 창궐과 관련한 군사적인 성격을 띠고 있다.[11] 조선시대(朝鮮時代)에도 이어진 읍성 축조는 태종 15년(1415)을 기점으로 다음 대인 세종조를 거쳐 문종 · 단종조에 이르는 동안 연해읍성(沿海邑城)을 중심으로 하여 의욕적으로 추진되었다. 이후 조선시대 전 기간에 걸쳐 전국적으로 행정구역 단위별로 읍성 신축 및 수개축이 지속적으로 진행되었다.

조선시대 전기에 축조된 연해읍성은 주변 영진보성(營鎭堡城) 등과 더불어 남해안으로 침입하는 왜구방어 최일선에 위치하던 주요거점성곽(主要據點城郭)으로 일찍부터 그 중요성과 역사성이 동시에 인식되어지는 중요한 유적이다. 더구나 고려멸망의 한 요인으로도 파악되는 여말 잦은 왜구 침구로 인한 폐해를 목도한 조선 조야는 왜구에 대비한 방어시설 완비에 국력을 결집시켰다. 그래서 개국 초인 태조, 태종, 세종조부터 이러한 일련의 상황과 연계되어 주요한 해안군현 치소로 방어 거점이 되는 곳에는 우선적으로 축성을 실시하였던 것이다. 그러나 그 숫자에 비해 현재까지 온전하게 성곽축조 당시 모습을 유지하고 있는 읍성은 거의 없다. 이것은 화약무기(火藥武器) 발달로 성곽이 방어시설로서 기능을 상실하게 된 데에서 기인한다. 더구나 우리나라는 일제강점기를 거치며 읍성이 조직적이고 체계적으로 파괴, 훼손되었다. 광복이후에도 한국전쟁과 산업화에 따른 도시화를 거치며 이러한 현상은 더욱 심화되었다. 더구나 일본제국주의자들에 의해 교묘하게 자행된 식민지문화정책 일환으로 체성과 읍성 관아(官衙) 및 객사(客舍)를 비롯한 내외부 시설물에 대하여 신작로개설과 각급 학교부지로 사용한다는 미명하에 파괴된 것을 오히려 광복이후에 우리나라 교육당국에 의해 읍성 해체가 더욱 가속

---

11) 심정보, 1994, 「고려말 · 조선초의 하삼도 읍성 축조기사 검토」, 동아대학교 석당 논총 제20집, 187쪽.

화되기에 이르렀다. 이와같은 연유로 많은 문헌기록이 있음에도 불구하고 읍성 원형을 살필 수 없고 그 규모마저도 정확히 파악되지 않는 것은 안타까운 일이라 하지 않을 수 없다. 근래에 이러한 읍성의 역사적 실체 파악을 위한 고고학계의 활발한 조사가 꾸준히 추진되고 있으며, 역사 복원에 필요한 자료들도 계속 발견되고 있어 우리의 잃어버린 과거 복원에 크게 기여할 것으로 기대된다.

지금까지 현존하는 조선시대 읍성들이 어떻게 축조되었고 유지되었는지를 파악하는 연구방법으로 개국 초부터 이루어진 축성에 대한 많은 논의를 바탕으로 읍성을 검토하는 것이 가장 효과적인 것으로 생각되어 왔으며,12) 이제까지 중근세(中近世) 성곽 연구도 이와 같은 방법론이 대부분을 차지하고 있다. 그러나 문헌 기록 내용과 현존하는 읍성 유지를 살펴볼 때에도 문헌기록상 축성 논의와 축조수법이 연해읍성과 내륙읍성, 하삼도 가운데 경상도 읍성과 충청·전라도 읍성 모두에 천편일률적으로 적용되어 축성사업이 진행되지는 않았음을 간과해서는 안될 것이다. 그러므로 청야입보전술(淸野入保戰術)의 기본축이고 각 지방 정치, 경제, 사회, 문화, 군사 중심지로서 그 역할을 충실히 수행하는 중요거점인 읍성을 파악하는 것이야말로 당시 시대상을 이해하는 중요한 척도(尺度)라고 할 수 있는 것이다.

따라서 본서에서는 발굴(發掘) 및 정밀지표조사(精密地表調査)에서 확인된 남해안 지역 연해읍성과 최근까지 조사된 타지역 읍성13)과 비교를

---

12) 경주문화재연구소, 1991,「장기읍성 지표조사보고서」, 92쪽.
13) 최근까지 조사 보고된 경남지역의 읍성현황은 다음과 같다.
    1. 경남문화재연구원, 2003,「동래읍성지 시굴조사결과보고서」.
    2. 국립진주박물관, 1997,「진주성 촉석루 외곽 시굴조사보고서」.
    3. 나동욱, 1999,「김해 동상동 소방도로 구간 내 김해읍성 시굴조사」, 부산시립 박물관.

통하여 조선시대 읍성 축성과 방어시설 한 단면을 파악하여 문헌사(文獻史)에 누락된 자료를 보완하고 당시 정치, 경제, 사회상을 복원하는데 일조하고자 하였다.

아울러 조선시대 전기 남해안 연해지역에 나타나는 국방체계에 대한 검토 및 동시기인들의 국방에 대한 관념을 규명해 보았다.

2. 연구방법

우리나라 경상남도와 전라남도를 아우르는 남쪽 해안은 흔히 남해안으로 통칭하여 불리고 있다. 이 남해안 지역 가운데 경상남도 해안지역은 반도라는 우리나라의 지정학적 위치로 인해 해양세력에 의한 대륙 진출 시 가장 먼저 맞닥뜨리는 곳에 해당하는 입지조건을 가지고 있어 일찍부터 우리나라 남쪽 지역을 방어하는 주요 거점의 역할을 수행해온 지역이다. 더욱이 삼국시대 가야(伽耶), 백제(百濟), 신라(新羅)의 각축장이

---

4. 밀양대학교박물관, 2002, 「밀양읍성」.

5. 복천박물관, 2001, 「동래읍성지」.

6. 심봉근, 1983, 「울산왜성 · 병영성지」, 동아대학교박물관.

　　　　, 1991, 「거제 고현성지」, 동아대학교박물관.

　　　　, 1991, 「마산합포성지기초조사보고서」, 동아대학교박물관.

　　　　, 2003, 「언양읍성 종합정비복원을 위한 학술조사보고서」, 동아대학교 박물관.

7. 동아대학교박물관, 1998, 「영산읍성지지표조사보고서」.

8. 경남발전연구원 역사문화센터, 2001, 「진해 웅천읍성」, 학술연구보고서 제1책.

9. 경남발전연구원 역사문화센터, 2004, 「하동읍성Ⅰ」, 학술연구보고서 제15책.

10. 경남발전연구원 역사문화센터, 2006, 「하동읍성Ⅱ」, 학술연구보고서 제39책.

11. 경남발전연구원 역사문화센터, 2001, 「고성읍성지 지표조사 보고서」, 학술구 보고서 제3책.

12. 창원문화재연구소, 1997, 「울산병영성종합정비계획」.

었던 역사적 배경과 함께 중국과 일본으로 가는 좋은 항구로서 지정학적 위치로 볼 때 그 역할과 중요성은 조선시대 전 기간은 물론 앞선 삼국, 고려시대 이전부터 그 중요성이 인식되어왔다.

이러한 남해안 지역의 역할과 중요성을 인식한 조선 전기에는 왜구를 방어하기 위해 해류를 포함한 지리적인 영향을 고려한 왜구 도박처(到泊處)에 해당하는 연해고을을 중심으로 읍성을 축조하기에 이르렀다. 특히 읍성 가운데 현재 경상남도 연해에 축조된 읍성은 대왜구방어(對倭寇防禦)의 최일선에 위치하는 지리적, 군사적 이유에 따라 입지조건, 평면형태, 축조수법, 부대시설 설치에 있어서 여타 지방에 비할 바가 아니었다.

이렇게 축조된 연해읍성은 군사적 기능에 있어서는 왜구와 대치하는 최일선 주요거점성곽이며, 행정적 기능에 있어서는 해당지역 행정사무를 관장하는 행정관서(行政官署)이며, 유사시는 해당 읍민들을 포함한 주변지역 백성들의 입보농성처(入保籠城處) 역할을 수행하였던 역사성과 중요성이 동시에 인식되어지는 유적인 것이다. 그러므로 조선시대 남해안 연해읍성에 대한 연구는 조선시대 하삼도지방에 축조된 읍성을 이해하는데 중요한 단초를 제공하는 것으로 조선읍성(朝鮮邑城)을 이해하는 시금석이 된다고 할 수 있는 것이다. 더구나 중세에서 근세로 이어지는 축성문화를 이해하는 중요한 연결고리 및 척도이자 살아있는 화석(化石)으로서의 그 가치는 실로 크다고 할 수 있겠다.

따라서 본서는 조선읍성의 실체를 밝히기 위한 노력의 일환으로 제1장 머리말에 이어서 제2장에서는 남해안 지역 연해읍성이 조선시대 여타지역 읍성과 구조 및 축조수법에 있어 차별성을 보이고 조사사례가 많아 자료 축적이 이루어진 관계로 체성 축조수법의 각 단계별 축조특징과 해당 성곽들을 나열하여 조선시대 읍성의 시기분류를 시도하였다. 이를 바탕으로 조선시대 성곽 축조/운용 시기를 크게 4단계로 나누었으며 기준설정을 읍성에 두고 기술을 실시하였다.

　제3장에서는 남해안 연해읍성을 중심으로 인접한 내륙읍성과 영진보성을 망라하여 읍성 평면형태에 따른 분류를 시도하였다. 이때 기존 연구에서 평면형태를 크게 방형, 원형, 부정형으로 나누는 것을 비판하고 그 대안으로 방형, 원형, 제형, 주형으로 나누었다. 그 형태에 따른 특징과 변천과정을 설명하고 도판을 제시하였다. 그리고 이를 통해서 연해읍성전형을 파악하고자 하였다. 아울러 호구 수 및 체성 둘레 등과의 상관관계를 입증하는 도면을 제시하여 읍성 축조 당시의 시대상황과 경제, 성리학적 통치이념이 내재 내지 녹아있다는 것을 입증하고자 하였다.

　제4장에서는 남해안 연해읍성 옹성문지 가운데 고고학적 조사가 이루어진 것을 균등구획법으로 계측하여 그 계측치를 가지고 옹성 형식설정 및 전개양상을 파악하였다. 특히 옹성 길이, 옹성 너비, 개구부 너비, 성문너비, 옹성내벽직경, 옹성 체성 너비를 속성으로 분류하고 이 속성에 따라 각 연해읍성과 영진보성 옹성을 균등구획법으로 계측한 수치를 기록하였다. 이때 옹성 너비를 동일한 크기로 맞추어서 균등구획법에 의해 옹성 평면플랜을 가로 20등분, 세로 10등분 하여 그 결과를 계측한 수치를 나타내었다. 이를 기준으로 평면형태를 ㄱ자형과 반원형으로 나누어 그 특징을 파악하였다. 또한 옹성문지에 축조된 배수시설 위치에 따라 시기성을 아울러 파악해보았다.

　제5장에서 경남지역 연해읍성 치성은 숫자를 파악하기 위해 지적도 및 고지도 등을 이용하여 잔존하는 치성을 이용하여 대칭적인 구조를 파악하였다. 치성의 기본적인 축조 숫자를 크게 6개소 및 12개소로 나뉘었다. 또한 치성을 길이/너비로 나누어 도출한 수치에 따라 형식분류를 실시하였다. 그 형식분류를 바탕으로 나뉜 각 형식 유행 시기를 표와 그림으로 도식화하였다. 읍성 정문을 기준으로 좌우에 배치된 치성이 세종

15년에 정해진 규식(포백척 미터 환산치 70m)대로 설치되지는 않지만 동일한 간격으로 설치된 것으로 기술하였다. 또한 읍성 평면형태에 따라 치성 배치가 어떻게 변화하는지를 파악하고자 하였으며 각 평면형태별 치성 수와 배치양상을 파악해보았다. 이를 통해 읍성 방어시설 축조양상을 파악해보려 하였다.

제6장에서는 남해안 연해읍성 해자에 관해서 살펴보았다. 남해안 연해읍성 및 영진보성 가운데 고고학적 조사가 이루어진 해자 상하부 너비를 백분율 환산치로 시간성과 공간성을 파악할 수 있는지 검토하였다. 특히 옹성문지, 치성을 비롯한 읍성 부대시설 전면에 설치된 해자와 체성 전면에 설치된 해자 너비가 어떤 상관관계를 가지는지를 검토하였다. 이를 바탕으로 남해안 지역 해자 축조특징과 현황을 파악하고자 하였다. 아울러 해자 내부에 설치된 목익 축조양상으로 형식분류를 실시하였다.

제7장에서는 이렇게 도출된 수치와 결과에 따라 해석된 남해안 지역 연해읍성의 특징과 현황을 각 장별로 정리하였다.

이 책의 연구범위는『조선왕조실록』에 수록된 경상도지역 읍성과 최근 고고학적 조사를 통해 확인된 남해안 지역 읍성유적을 연구대상으로 하였다. 아울러 경상도 내륙지역 소재 읍성 가운데 지표조사를 포함한 현황조사가 이루어진 읍성을 비교대상에 포함하였다. 또한 여기서는 남해안 바닷가에서 4km 이내로 이격하여 축조된 읍성들을 연해읍성으로 나누고 그 이상을 내륙읍성으로 분류하였다.

3. 연구사

우리나라 성곽에 대한 연구는 실용적인 목적을 바탕으로 한 연구가 역대로 지속되어왔다. 특히 조선시대에 있어서『민보의(民堡議)』,『성제고

(城制考)』, 『민보집설(民堡輯說)』등을 비롯한 성곽과 관련한 집필은 비판적 개선을 목표로 한 연구 성과물이었다[14]. 즉 보국안민(輔國安民)의 기조를 바탕으로 한 각종 서적은 당시 위정자(爲政者)와 재야학자(在野學者)들이 백성을 이롭게 하며 국방을 튼튼히 하는데 필수적인 성곽 축조목적과 해당 성곽 내 각종 부대시설 축조 및 사용에 대한 주장이 대부분을 이루었다. 그러나 이것은 어디까지나 성곽 축조와 부대시설 운용과 같은 실용적인 관점에서 연구일 뿐 역사학적 관점에 입각한 연구는 아니었다. 실제 우리나라 성곽에 대한 연구가 역사성을 가진 구조물로서 가치에 기준을 두고 진행되기 시작한 것은 아쉽게도 일제강점기부터였다.

기존 우리나라 성곽에 관한 연구는 크게 나누어 두 가지 방향에서 이루어져 왔다.

첫째, 성곽 유적을 문헌사료에 보이는 성곽 관련기사와 연관시켜서 연구하는 역사지리적 고찰방법이다. 그 대표적인 예는 각 시대의 수도(首都)와 관련된 도성문제(都城問題)라고 할 수 있다. 이러한 역사지리적(歷史地理的) 고찰방법에 입각한 연구는 일제강점기인 1901년 팔목장삼랑(八木奬三郞)이 산성설(山城說)을 주창하면서[15] 한국 성곽에 대한 관심이 커지게 되었다. 한국성곽에 대한 직접적인 연구결과는 1910년 폐원탄(弊原坦)의 「한국の성곽」을 시원으로 볼 수 있다.[16] 이외에도 금서용(今西龍)의 『조선고사의 연구』, 「가야지역 성곽」이나 지내굉(池內宏)의 「고려장성」, 「고구려 도성」연구가 있으며, 소천현부(小泉顯夫) 등에 의해서 평양성(平壤城) 성문이 조사되기도 하였다. 또한 건축부문에서는

---

14) 차용걸, 1995, 「한국고고학의 반세기 ― 성곽 ―」, 『한국고고학의 반세기』, 한국고고학회, 147쪽.
15) 八木奬三郞, 1901, 「韓國築城論」, 『考古界』1-1.
     「韓國に現存する日本の古城蹟」, 『歷史地理』3-7.
16) 弊原坦, 1910, 「韓國の城郭」, 『歷史地理』15-3.5.

등도해치랑(藤島亥治郎)과 관야정(關野貞)에 의해 도시사(都市史)와 도성제정설화(都城制定說化) 작업이 진행되어 왔다. 특히 藤島亥治郎은 경주(慶州)의 역사지리적인 측면보다는 건축과 관련하여 사찰유적에 대해 도면작성을 비롯하여 지적도를 이용하여 최초로 신라왕경(新羅王京)에 대한 복원도를 제시하였다. 특히 이 당시 역사지리학적 성곽연구는 일제 침략정책과 맞물린 것으로 1942년 조선총독부에 의해서 전국에 산재한 산성(山城), 고분(古墳), 불교유적(佛教遺蹟) 등을 대상으로 실시된 조사로 이어진다. 조선총독부 고적조사 성과로『조선성지실측도(朝鮮城址實測圖)』가 있다.[17] 그러나 여기서 다루고자 하는 읍성을 비롯한 영진보성은 이때 당시 조사대상에서 제외되었다. 이것은 1910년에 시행된 성곽 철거령에 의해 대다수 읍성이 훼손된 것에 기인한 바 큰 것이었다.

또한 이 시기 한국인으로서는 고유섭(高裕燮)이『開京의 城郭』[18]에서 고려 도성문제를 다루었으며 광복이후『송도고적(松都古蹟)』에서 다시 고려시대 도성문제에 관해 언급하였다.[19] 반면 이병도(李丙燾)는「平壤の在城及び羅城」[20],「風納里土城과 百濟時代의 사성(蛇城)」[21],「朝鮮古代의 城郭에 대하여」[22] 등의 연구를 통해 삼국시대 수도와 관련한 도성문제를 문헌사적 입장에서 고찰하고자 하였다. 이외에도 1945년 이후부터 1970년대 이전까지 김용국[23], 박종화[24], 반영환[25], 신영훈[26], 이성

17) 조선총독부 산림과,『조선성지실측도』, 서울대학교 중앙도서관 소장.
　　　이 실측도에는 약 800개소의 성곽 측량도가 수록되어 있으며 총 13권으로 구성되어 각 도별로 성지를 나누어 수록하였다. 이 측량도는 성지나 고적 주변 등고선 위에 성지 성벽선을 표시하였다.
18) 고유섭, 1936,「개경의 성곽」,『고려시보』.
19) 고유섭, 1936, 위의 글.
20) 이병도, 1939,「평양の재성급び나성」,『청구학보』3.
21) 이병도, 1939,「풍납리토성과 백제시대의 사성」,『진단학보』10.
22) 이병도, 1941,「조선고대의 성곽에 대하여」,『조광』7−11.

학27) 등의 연구가 있으며 대부분 도성과 그 주변 거점성곽에 대한 현황 설명이 주류를 이루고 있다. 1970년대 이후 김병모는 왕경유적(王京遺蹟)과 남고루(南古壘) 등의 유적을 종합하여 발표하였고, 윤무병은 藤島亥治郎의 연구를 바탕으로 새로운 해석을 시도하였다.28) 이외에도 장순용, 민덕식, 김창호, 박방룡, 전중준명(田中俊明) 등에 의해 신라왕경에 대한 연구와 다양한 견해들이 발표되었다.29)

둘째, 1970년대 이후 현재까지 특히 지방자치제가 실시된 1990년대 이후 활발하게 진행된 성곽에 대한 지표조사 및 시·발굴조사를 통한 각종 성곽에 관한 고고학적 연구방법이다. 그러나 이러한 발굴조사를 통한 고고학적 연구방법 역시 삼국시대 도성과 몇몇 산성 연구에 치중하였고30), 삼국시대 이후 고려시대, 조선시대의 성곽에 대한 연구는 비교적 많이 간과되어 온 것이 사실이다. 단적인 예로 우리가 보통 조선시대 성곽양상을 이해하는데, 세종조에 이루어진 읍성 축성방법에 대한 많은 논

23) 김용국, 1960, 「숙종조 북한산성축성고」.
24) 박종화, 1957, 『남한산성고』, 『성균8』.
25) 반영환, 1976, 『한국의 성곽』, 『세종대왕기념사업회』.
26) 신영훈, 1962, 「교룡산성」, 고고미술 3 – 11.
27) 이성학, 1964, 「한국성곽소고」, 합동논문집.
28) 김병모, 1984, 「신라 왕경의 도시계획」, 『역사도시 경주』, 열화당.
　　윤무병, 1972, 「역사도시 경주의 보존에 대한 조사」, 과학기술처.
　　_____, 1987, 「신라 왕경의 방제」, 두계이병도박사구순기념한국사학논총, 논총발간위원회.
29) 장순용, 1976, 「신라 왕경의 도시계획에 관한 연구」, 서울대학교 환경대학원 석사학위논문.
　　민덕식, 1989, 「신라 왕경의 도시계획에 관한 시고(상)」, 사총35, 고대사학회.
　　전중준명, 1991, 「조선삼국の도성제と동アソア」, 『고대の일본と동アソア』.
　　김창호, 1995, 「고신라 도성제 문제」, 『신라왕경연구』16집, 신라문화선양회.
　　박방룡, 1997, 「신라 도성 연구」, 동아대학교대학원 박사학위논문.
30) 이원근, 1975, 「삼국시대산성연구」, 단국대학교석사학위논문.

의를 바탕으로 하여, 현존하는 조선시대 성곽들을 비교하는 방법이 가장
효과적인 방법이 될 것으로 믿고 있다. 그러나 같은 세종조라 하더라도
일률적인 축성방법이 모든 성곽에 적용된 것은 아님을 또한 이해해야 할
것이다. 이와 같은 연구방법이 아무런 비판없이 받아들여지고 있는 것은
조선시대 유적과 유물에 대한 연구자 부족과 기존 연구자의 연구주제 편
중에서 나타나는 현상으로 우리나라 성곽연구를 한쪽으로 치중케하는
오류를 범하고 말았다.

한편 1980년대를 전후하여 활발하게 진행된 각종 발굴과 정밀지표조
사의 보고를 통한 자료의 축적으로 인해 최근 몇 년간 이러한 연구경향
에서 탈피하여 고려, 조선시대 성곽을 새로운 시각으로 해석하려는 연구
가 시도 되었다. 이러한 시도는 조선시대 성곽을 연구하는데 보다 많은
자료를 제공할 수 있게 되었으며, 조선시대 읍성을 조사한 보고서류가
주류를 이룬다.[31] 더불어 남해안 지역 영진보성에 대한 고고학적인 조사

---

31) 이 시기의 조선시대성곽 중 특히 읍성의 조사 현황은 아래와 같다.
　　1. 동아대학교박물관, 1979, 「동래읍성 서장대망월산정건물지 발굴조사보고서」.
　　2. 원광대 마한·백제문화연구소, 1982, 「고창읍성 내부건물지 발굴조사보고서」,
　　　 유적조사보고서 제8책.
　　3. 김병모·심광주 1990, 「안산읍성」, 한양대학교박물관총서 제9집.
　　4. 심봉근, 1991, 「거제 고현성지 발굴조사보고서」, 동아대학교박물관.
　　5. 충남대학교박물관·서산군청, 1981, 「해미읍성 내 건물지 발굴조사보고서 지
　　　 표 조사보고서」.
　　6. 경주문화재연구소, 1991, 「장기읍성지표조사보고서」.
　　7. 이해준·고용규, 1992, 「진도읍성·철마산성 지표조사보서」, 목포대학교박물관.
　　8. 충북대학교 중원문화연구소, 1997, 「영동읍성 지표조사보고서」, 중원문화연
　　　 구총서 제1책.
　　9. 이동주·이일갑, 1998, 「창녕 영산읍성 지표조사보고서」, 동아대학교박물관.
　　10. 대구대학교박물관, 「울진군 성지유적 지표조사보고서」, 1998, 학술조사보고
　　　 제14.

보고32) 역시 꾸준하게 진행되고 있으며, 이외에도 산성의 경우, 『부산

11. 나동욱, 1999,『박물관 연구논집 7』부산광역시립박물관.
12. 심정보 · 이달훈 · 강종원, 1999,「면천읍성」,대전산업대학교 향토문화연구소 · 당진군.
13. 화성군 · 한신대학교박물관, 2000,「수원 고읍성」, 한신대학교박물관총서 제12책.
14. 수원대학교박물관, 2000,「안산읍성 및 관아지 발굴조사보고서」.
15. 복천박물관, 2001,「동래읍성지」, 복천박물관 학술연구총서 제13집.
16. 경남발전연구원 역사문화센터, 2001,「진해 웅천읍성」, 학술연구보고서 제1책.
17. 경남발전연구원 역사문화센터, 2001,「고성읍성지 지표조사」, 학술연구보고서 제3책.
18. 경상북도문화재연구원, 2002,「성주읍성 지표조사보고서」, 학술조사보고서 제17책.
19. 국립진주박물관 · 진주시, 2002,「진주성 축석루 외곽 시굴조사보고서」, 국립진주박물관 유적발굴조사 보고서 제15책.
20. 밀양시 · 밀양대학교박물관, 2002. 5,「밀양읍성」, 밀양대학교박물관 · 학술조사보고 제2책.
21. 이남석 · 서정석, 2003,「남포읍성」, 공주대학교박물관 · 보령시.
22. 심봉근 · 이동주, 2003,「언양읍성 종합정비복원을 위한 학술조사」, 동아대학교박물관.
23. 경남문화재연구원, 2003. 11,「동래읍성지 시굴조사 결과약보고」.
24. (재)호남문화재연구원 · 나주시, 2004,「나주읍성Ⅱ」, 학술연구보고 제28책.
25. 경남발전연구원 역사문화센터, 2004,「하동읍성Ⅰ」, 학술연구보고서 제15책.
26. 강진군 · 목포대학교박물관, 2004,「강진읍성」, 목포대학교박물관 학술총서 제116책.
27. 창원시경남문화재연구원, 2005,「창원읍성 지정밀지표조사보고 및 읍성복원에 관한 연구」.
28. 청도군 · 경상북도문화재연구원, 2005,「청도읍성 정밀지표조사보고」, 학술연구보고 제50책.
29. 경남문화재연구원, 2005.11,「동래읍성지 정비사업 부지 내 발굴조사 결과약보고」.
30. 경남발전연구원 역사문화센터, 2006,「하동읍성Ⅱ」, 학술연구보고서 제39책.
31. 강원문화재연구소, 2006,「강릉 성내동 11-1번지 유적 발굴조사 보고서」, 강

원문화재연구원학술총서 39책.

32. 경남발전연구원 역사문화센터, 2006,「고현읍성」, 학술연구보고서 제42책.

33. 심봉근, 2006,「고성읍성지」, 동아대학교박물관.

34. (재)호남문화재연구원 · 고창군, 2006,「고창 무장읍성 I」, 학술조사보고 제
60책.

35. 함안군 · 경남문화재연구원, 2006,「칠원읍성」,학술조사연구총서 제45집.

36. 영동군 · 중원문화재연구원, 2006,「영동 황간읍성 지표조사보고서」, 조사보
고총서 제28책.

32) 최근까지 조사 보고된 영진보성은 아래와 같다.

1. 정중환 · 심봉근, 1976,「창원군내 성지조사보고」,『석당논총』제1집.

2. 최몽룡, 1984,「고흥발포진성 발굴조사보고서」,『백산학보』29.

3. 심봉근, 1986,「울산왜성 · 병영성지」, 동아대학교박물관.

4. 목포대학교박물관, 1986,「무안군의 문화유적」.

5. 목포대학교박물관, 1986,「해남군의 문화유적」.

6. 목포대학교박물관, 1987,「신안군의 문화유적」.

7. 목포대학교박물관, 1989,「장흥군의 문화유적」.

8. 부산대학교 한국문화연구소, 1990,「경상좌수영성지 지표조사보고서」.

9. 심봉근, 1991,「마산합포성지기초조사보고서」, 동아대학교박물관.

10. 목포대학교박물관, 1991,「강진 병영성 발굴조사보고서」,『목포대학교학술총
서』23.

11. 심봉근, 1994,「거제 오양성지」, 동아대학교박물관.

12. 심봉근. 1995,「거제시 성지 조사보고서」, 동아대학교박물관.

13. 목포대학교박물관, 1995,「완도군의 문화유적」.

14. 동아대학교박물관, 1997,「거제장목관광단지조성지역 문화유적지표조사보
고서」.

15. 통영시, 1997,「당포성 지표조사보고서」.

16. 국립부여박물관, 1997,「서천 장암진성」,『국립부여박물관 고적조사보고』제
5책.

17. 부산대학교박물관, 1998,「기장군 문화유적 지표조사 보고서」.

18. 동아대학교박물관, 1999,「구소을비포성지 지표조사보고서」.

19. 나동욱 2001,「금단곶보성지 I」, 부산광역시립박물관 연구총서 제22책.

20. 부산광역시립박물관, 2001,「경상좌수영성지」, 부산광역시립박물관 연구총
서 제21.

금정산성 발굴조사개보』33), 『용인 임진산성』34), 진례산성, 미타산성, 미숭산성, 창녕 화왕산성 등이 조사되어 조선시대 읍성과 더불어 조선시대 성곽연구를 위한 다양한 자료를 제공하고 있다. 그러나 고고학적 조사성과에 의한 조선시대 성곽에 대한 연구가 진행되고 있기는 하지만 문헌기록을 바탕으로 한 축성양상의 확인에 편중되고 있을 뿐, 조선시대 성곽 시기구분, 형식분류, 출토유물에 대한 검토 및 형식분류 등을 포함한 연구체계는 이루어지지 않고 있다. 특히 조선시대 성곽 가운데 가장 많은 수를 차지하는 읍성은 분류 뿐만 아니라 각종 성곽 기능과 부대시설에 대한 연구 역시 여전히 미흡한 실정이다. 또한 성곽 축조 당시 정치 · 경제 · 사회 · 문화 · 국방과 관련하여 조선시대 성곽을 종합적으로 연구한 경우는 전무한다. 다만 동일 지역 내에 잔존하는 각종 유형의 성곽을 종합적으로 다룬 심봉근의 『한국남해연안성지의 고고학적 연구(韓國南海沿岸城址의 考古學的 研究)』와 조선시대 읍성의 축성에 대한 문헌기

---

21. 순천대학교박물관 · 영광군, 2001, 「영광 법성진성」, 순천대학교 학술자료총서 제30.

22. 진도군 · 전남대학교박물관, 2003, 「진도 금갑진성 지표조사 보고서」, 박물관총서 79.

23. 울산발전연구원 문화재센터, 2004, 「울산 개운포성지」, 학술연구총서 제3집.

24. (재)울산문화재연구원, 2004, 「울산병영성진해루」, 학술조사보고서 제10책.

25. (재)울산문화재연구원, 2005, 「울산병영성」, 울산문화재연구원 학술조사보고서 제17책.

26. 경남발전연구원 역사문화센터, 2005, 「거제 옥포진성」, 학술연구보고서 제36책.

27. 한국문물연구원, 2006, 「다대1구역 주택재개발정비사업부지에 대한 문화재지표조사」.

28. 경남발전연구원 역사문화센터, 2006, 「마산 합포성지」, 학술연구보고서 제49책.

33) 한국문화재연구원, 1979, 「금정산성 전돈대지 발굴조사개보」, 부산직할시.

34) 경기도박물관, 2008, 「용인 임진산성」, 경기도박물관유적사보고 제4책.

사와 고고학적 조사 성과를 종합하여 다룬 최초의 저서로 심정보의『한국 읍성의 연구(韓國 邑城의 硏究)』가 거의 유일한 실정이다.

읍성과 관련한 연구 중 심봉근은, 기존 문헌사료 해석과 대입에 의한 성곽연구의 한계성을 지적하고, 그 보완방법으로 남해연안에서 고고학적으로 발굴조사 된 성지의 체성 축조수법과 구조, 규모, 축성재료 등 제 요소를 정리하여 성곽의 시기별 특징을 밝혔다. 이를 토대로 전국에 분포한 각종 성지 축조시기와 용도를 추정해 볼 수 있는 틀을 마련하였다.[35] 특히 남해안 지역 읍성은 물론 영진보성 등의 관방성과 왜성까지 정리 검토하여 우리나라 성곽연구가 한단계 진일보하는 연구방향을 제시하였다. 심정보는『韓國 邑城의 硏究』에서 충남지방 조선시대 읍성을 입지조건, 축성재료, 지형, 형태에 의해 나누어 분류하였다. 더불어 문지를 비롯한 여장, 치성, 옹성, 해자, 현문, 조교 등의 부속시설과 축조공법을 검토하여 조선시대 읍성 특징을 설명하고 있다.[36] 심정보는 또 우리나라 읍성은 각 지방 정치 · 경제 · 사회 · 문화 · 군사적 기능이 잘 조화된 복합적 기능의 성곽으로 청야입보(淸野入堡)하여 적의 공격을 피하는 것이 우리나라의 전통적인 방어수단이었음을 감안하여, 우리나라의 읍성은 행정적인 목적보다 군사적인 목적이 더 중요한 위치를 차지하고 있는 것이라고 하였다.[37]

차용걸은, 자신의 논저「고려말 · 조선 전기 대외 관방사 연구」에서 "조선 전기의 축성양상을『조선왕조실록』,『신증동국여지승람』등의 문헌에 입각하여 검토하고 축성시기를 3단계로 나누었다.[38]

읍성 옹성에 관련하여서는 조선 개국 초부터『조선왕조실록(朝鮮王朝

---

35) (재)경남문화재연구원, 2003,「창원 진례산성」, 학술조사보고서 제19집.
36) 경남발전연구원 역사문화센터, 2003,「의령 미타산성」, 학술연구보고서 제6책.
37) 경남발전연구원 역사문화센터, 2004,「합천 미숭산성」, 학술연구보고서 제19책.
38) (재)경남문화재연구원, 2009,「창녕 화왕산성 내 연지」, 학술조사보고서 제74집.

實錄)』에 그 축조양상이 수록되고 있으며 특히 도성인 한양의 성문에 옹성을 설치하고 수리하는 기사들이 있어 고려시대를 이어 계속적인 옹성 축조가 이루어지고 있음을 알 수 있다. 이 옹성 축조와 관련해서는 17~18C 실학자들에 의해 특히 그 효용성이 적극 주장되며 설치를 상용화도록 하고 있다. 이때 옹성의 효용성 증거로 중국 척계광(戚繼光)이 저술한 『기효신서(紀效新書)』의 券十三 守哨篇 甕城券門製에서는 "옹성은 본성 크기에 따라 넓거나 좁게 만들어야 한다"고 하고 있다. 모원의(茅元儀)가 편찬한 『武備志』[39] 옹성제에서도 옹성에 관해 언급되고 있다. 류성룡(柳成龍)은 임진왜란(壬辰倭亂)이 발발한 이후 왜적을 물리치기 위해 건의한 『전수기의 십조(戰守機宜十條)』에서 옹성과 적대를 만들도록 건의하고 있어 임진왜란 발발 이후 조선의 성제를 개선코저 하였다.[40] 정상기(鄭尙驥)는 그의 저서 『농포문답(農圃問答)』에서 기효신서(紀效新書)를 인용하면서 고금의 치성(雉城), 포루(砲壘), 옹성(甕城), 돈대(墩臺), 현안(懸眼) 등의 제도를 주장하였다.[41] 박제가(朴齊家)는 "중문에 옹성이 없으면 성이 없는 것과 같으니 옹성을 쌓을 수밖에 없다. 이는 아름다움을 찾자는 것이 아니라 견고함에 있으며, 적을 방어함에 절대로 필요하다고 하였으며, 또한 사방으로 밖을 볼 수 있기 때문에 네 모퉁이의 적군을 막을 수가 있다"고 하여 성문을 보호하기 위한 시설물로 옹성의 설치를 강조하고 있다.[42]

　　김동현은 우리나라 옹성은 삼국시대부터 조선시대까지 있었다는 확증이 있으나 성문마다 모두 설치하지 않고 중요한 성문에만 설치하였다

---

39) 명나라 말엽 무관출신인 모원의가 지은 240권의 책. 병략과 전략, 무기, 군수 등 국방에 관한 역대 모든 저서와 논저 및 평론 등을 집대성한 책.
40) 柳成龍, 『西厓集』戰守機宜 10條, 『만기요람』군정 4편, 附 관방총론.
41) 鄭尙驥, 『農圃問答』.
42) 朴齊家, 『北學議』.

고 하였다.[43]

이응묵은 옹성은 문을 보호하는 시설로서 반드시 성문외부에만 있는 것은 아니라고 하였다. 특히 고구려 국내성 예를 들어 삼국시대부터 일반적으로 사용된 성제라고 할 수 있으며 성문마다 모두 설치하지 않고 주요 성문에 주로 설치하였다. 또한 조선시대에서는 연해지방 읍성과 영진보성 성문 등에 많이 설치하고 특히 임진왜란 이후 축성에서 보편적으로 성행한다고 하였다.[44] 전구헌은 그의 논저 「수원성곽축성술에 관한 연구(水原城廓 築城術에 관한 研究)」에서 옹성에는 반원형과 사각형 옹성이 있으며 옹성문 위치에 따라 각각 중앙식 옹성문과 편문식 옹성문으로 나눌 수가 있으며 고제에 따르면 우측이나 좌측에 편문을 내었다고 하였다. 수원 화성의 경우 동, 서 옹성이 내면을 석축하고 외면을 벽축한 것에 대해 체성부는 압력에 잘 견디는 것에 반해 성문의 옹성은 충차의 공격에 허술할 것을 대비하여 내외면을 벽돌과 돌로 축조하였다고 하였다.[45]

읍성 해자(垓子)와 관련해서, 장경호는 우리나라의 해자는 도성제(都城制)와 함께 중국의 영향을 받은 것으로 판단하고 우리나라를 거쳐 일본으로 전파된 것이라고 하였다. 또한 처음에 해자는 권위를 가진 계층 방호용 또는 수리용으로 사용되어 권위와 방호 개념을 가져서 명당이나 고분에 적용되어 고분의 주구로 발전한 것으로 파악하였다. 아울러 도시 우주론적 구조와 종교적 차원의 신성지역의 상징적 요건으로 발전한다고 보았다. 다음 해자 구축에 있어 성벽 외벽에서 성벽 높이 이상 떨어져서 해자가 구축되는 것이 성벽 안전도를 높이기 위한 것으로 토압 안식

43) 김동현, 1975, 「우리나라 城門形式과 그 類型」, 『文化財』 第9號, 3쪽.
44) 이응묵, 1983, 「韓國城郭의 城門建築樣式에 關한 研究」, 단국대학교 대학원 석사학위논문, 78쪽.
45) 전구헌, 1977, 「水原城廓 築城術에 관한 研究」, 史學志11, 단국사학회, 66쪽.

각 한계를 넘게 한 것이라고 하였다. 이외에도 해자 너비는 성벽 높이와 관계가 있으며 활, 총 사거리와 각도와 관련이 있어 해자 외곽선은 성벽 높이보다 성벽에서 2배 이상 떨어져 있음이 논리적이라고 하였다.[46] 손영식은 해자 혹은 호(壕)는 읍성에 비교적 많이 설치되었는데 주변 자연 하천을 이용하였거나 공호(空壕)를 파서 해자로 삼은 경우가 많았으며, 해자는 성기(城基)가 약화되지 않도록 성벽에서 일정 간격을 두고 설치하였는데, 그 규모는 너비 10m 내외, 깊이 1m~2m 내외가 많다고 하였다.[47] 심봉근은 우리나라 대부분 성곽이 해자를 구비하고 있으나 산성(山城)일 경우는 건호(乾壕)인 황(隍)을, 평지성(平地城)일 경우는 물을 채우는 해자를 갖추는 수가 많으며, 해자는 성내 출입시 외부로부터 노출이 감소되고 전쟁 시는 일차 차단선(遮斷線)이 되는 이점을 가진다고 하였다.[48]

나동욱은 해자는 성벽에서 대체로 10m 전후로 이격한 경우가 많으며 단면은 U자상에 가깝다 하였다. 또한 해자 양안에는 석축벽을 축조하여 해자 유실을 방지한다고 하였으며 내외벽 간 너비는 대체로 3m~10m에 이른다고 하였다. 또한 해자 내 바닥에서 확인되는 목익시설(木杙施設)이 방어력을 높이는 것으로 체성 기저부와 외벽 부근에서 조사되는 주공과는 비교된다고 하였다.[49] 민덕식은 영진보성(營鎭堡城) 축성 이전 목책도니성(木柵途泥城)과 녹각성(鹿角城)에 관해서 언급하였다. 특히 영진보성 축성 시 초기 목책도니성 형태에서 석축으로 전환과정을 사료를 바탕으

46) 장경호, 「垓字의 起源과 그 機能에 關한 考察」, 『三佛金元龍敎授停年退任記念論叢』 I, 1987.
47) 손영식, 1987, 위의 논문.(註 2-④)
48) 심봉근, 1995, 「韓國南海沿岸城址의 考古學的 硏究」, 學硏文化社, 87쪽.
49) 나동욱, 2005, 「慶南地域 邑城과 鎭城의 試·發掘調査 成果」, 東亞文化 創刊號,(財)東亞文化硏究院, 259쪽.

로 설명하고 있다. 또한 그는 수중목책(聯木)에 관해서도 영진보성 축성 시 부대시설로 설치를 사료의 기록에 의거하여 언급하고 있다.50)

유재춘은『신증동국여지승람(新增東國輿地勝覽)』에 소재한 내용을 분석하여 조선 전기성곽 실태를 파악하고자 하였다. 그는『신증동국여지승람』성곽기록에 표기된 척(尺)은 모두는 아니지만 대체로 포백척(布帛尺)을 기준으로 하였다고 주장하였다. 더구나『조선왕조실록』에 나타나는 척도(尺度) 표시를 보면 성보(城堡)의 둘레와 길이는 대부분 포백척을 사용하고 있으며, 특히 성종(成宗) 16년 홍응(洪應)의 제포(諸浦) 보(堡)에 대한 심정(審定)시 회령포(會寧浦)와 영등포(永登浦) 보(堡)의 길이가『신증동국여지승람』의 기록과 일치함을 들어 그 용척(用尺)이 포백척이라고 주장하였다. 아울러 성곽 표시 단위가 '보(步)' 중심에서 '척(尺)' 중심으로 바뀌었으며, 산성이 줄어들고 읍성이 오히려 증가하고 있으며, 읍성, 산성은 거의 모두 석축이며 목책도니성, 벽성(壁城)이 나타나지 않는다고 주장하고 있다.51) 또한 유재춘은 조선시대 읍성 축조 시 완전 평지성곽은 거의 없고 야산이나 구릉지를 이용한 읍성(邑城)이 대다수를 차지하며 그 형태를 보면 방형 성곽보다는 부정형의 성곽이 압도적으로 많다고 하였다. 이것은 주민수용을 통한 총력전에 기반한 군사전략에 의거하여 평지성을 구축한 것이며 주민수용공간을 고려하여 그 평면형태가 넓어질 수밖에 없는 포곡식 산성의 형태를 채용한 것으로 한국 성곽 문화 특유의 전통이라고 하였다.52)

이재혁은 충청도 해안지역의 조선시대 성곽을 그 기능과 목적에 따라

---

50) 민덕석,「朝鮮時代의 木柵」,『학산김진봉교수정년기념특집호』, 충북사학12권, 충북대사학회.
51) 유재춘, 1996,「朝鮮前期 城郭 研究」,『軍史』第33號, 國防軍史研究所.
52) 유재춘, 1999,『近世 韓日城郭의 比較研究』, 국학자료원, 166~170쪽.

읍성(邑城), 진(鎭), 영성(營城), 창성(倉城)으로 나누고 다시 해안위치와 성벽이 위치하는 지형의 해발고도를 기준으로 산성(山城), 반산성(半山城), 평성(平城)으로 구분하였고 평면형태(平面形態)에 따라 분류하였다. 이재혁은 원래 원형(圓形)과 방형(方形)으로의 축성 계획과 달리 축성기술상 용이하다는 점과 중국식(中國式) 읍성을 모델로 한 영향이 지형에 따라 변화되어 나타난 것으로 파악하였고, 충청도 연해읍성(沿海邑城) 대부분이 둘레가 1000~1500m의 규모를 보인다고 하였다. 또한 일반적인 성곽이 지향하는 방위가 남향인데 반해 서향 또는 남서향이 비교적 많은 것을 해안에 방어의 중심을 둔 것으로 이해하였다. 아울러 읍성 가운데서 해변이나 하천에 직접 연결되거나 해안으로부터 돌출된 곳일수록 일찍 축성된 경향을 보여준다고 하였다. 이외 여장(女墻), 적대(敵臺), 옹성(甕城), 해자(垓子) 등의 부대시설을 구비하였으며 지형상 해자가 이루어지기 어려운 곳에는 성곽 안팎으로 내황(內隍)과 외황(外隍)을 파서 성벽의 방어적 기능을 강화시키고 있다고 하였다.[53]

현남주는 우리나라 성곽 평면형태가 일정한 형태를 가지는 것이 아니라 자연적인 지형을 그대로 이용하는 복잡한 평면을 가지고 있다고 하였으며 형태적 특징에 따라 평면형태를 분류하였다. 그는 평면형태 가운데 타원형 성곽은 테뫼식 산성이며, 중서부지역 방형계 성곽은 평지성들로 지리적 방어력의 약점이 있지만 공간확보—수원확보 및 교통로상의 요충지 점령 등과 같은 자연지형에 따른 장애가 없는 유리한 측면이 많기

---

53) 이재혁, 1986, 「朝鮮時代 忠淸海岸地域의 城郭 硏究」, 慶熙大學校大學院 碩士學位論文.

해안위치에 따라 해변형, 근접형, 후방형으로 나누고 충청도 연해지역의 邑城의 대부분을 근접형으로 분류하였다. 또한 體城部가 설치된 지형 최고지점과 최저지점 고도차가 90m 이상을 보이는 것을 반산성형이라 하고 최고지점과 최저지점의 고도차가 20m 미만인 것을 평성형이라 하였다.

때문에 방형 형태를 띠는 것으로 추정하였다. 또한 이러한 평지성들의 축조시기는 통일신라기~고려 전기에 해당하는 것으로 주로 중소군현 읍치로 추정된다고 하였다. 특히 평지성으로 대표적인 것으로 풍납토성을 들었다. 또한 삼태기형에 해당하는 것은 대규모 평산성이며 이러한 평면형태를 띠는 이유로 정상부에서 시작된 성벽이 평지에까지 내려와 마무리되기 때문인 것으로 파악하였다. 이외에도 포곡식(包谷式)은 계곡과 구릉을 포함하기 때문에 부정형 형태를 띠고 있다. 특수형으로 "ㅓ"자형이나 마름쇠형 등이 있다고 하였다.[54] 이와 같은 현남주의 주장은 경기 중서부지역에 축조된 중세성곽(中世城郭)[55] 가운데 평지방형성 축조시기를 통일신라기(統一新羅期)~고려전기에 비정하였지만 평지성의 대표적인 예로 들은 풍납토성은 그 평면형태가 방형보다는 주형에 가까운데[56] 삼태기형으로 분류한 형태 역시 제형과 주형이 혼재되었을 가능성이 있기 때문에 평면형태의 분류에 있어 기존의 분류시안을 벗어나지는 못하고 있다.

　이상구는 전체 읍성 위곽 형태 및 시설배치, 공간구조를 중심으로 연구하였다. 특히 우리나라 고지도에 보이는 성곽 형태가 대부분 원형 또는 방형으로 나타나고 있으며, 이것은 실제 형태가 아니고 당시 사람들

---

54) 현남주, 2003, 「경기 중서부지역 중세성곽 연구」, 아주대학교대학원석사학위논문.
55) 여기에 사용된 "중세"라는 용어는 필자의 경우 통일신라 후기부터 조선시대 임진왜란 직후까지로 설정하였다. 이것은 문헌사에서 다루는 시대관과도 일정부분 배치되는 것으로 아직 고고학계에서도 정식적 논의가 없기 때문에 다소 모호하고 포괄적인 시기구분으로 판단되나 여기에서는 필자의 원문을 그대로 따른다.
56) 심정보, 2005, 「풍납토성(풍납토성)과 중국 고대도성과의 비교연구」, 『중국고대도성 조사보고서』, 국립문화재연구소.
　심정보는 풍납토성 평면형태가 주형을 띠고 있으며 성곽 평면형태에 이와 같은 형태가 나타나는 것이 강안에 인접한 평지성인 관계로 강의 범람에 따른 백성들의 동요를 막고 운집토록 하는 효과를 기대하기 위한 것으로 파악하고 있다.

이 생각하고 있던 성곽의 일반적인 형태라고 하고 이러한 점으로 볼 때 당시 사람들의 세계관을 이해할 수 있다고 하였다.[57]

　김한기는 성곽 분류는 성벽자체 입지와 형태, 축성의 기능, 축성재료, 축성 평면구조 등에 따라 다양하게 구분할 수 있다고 하였다. 읍성 평면 형태에 있어서는 일반적으로 원형, 방형, 부정형으로 분류하고 대체로 원형과 방형이 가장 많고 지형과 기타조건이 영향을 미치면 부정형 된다고 하였다. 특히 조선시대 도읍으로 분류되는 읍성 가운데 원형은 61개로 가장 많고 방형은 33개, 부정형은 15개로 각각 56%, 30.3%, 13.7%를 차지한다고 하였다. 또한 도읍의 선정에는 풍수지리설이 크게 작용하였으며, 읍기를 풍수적으로 이용하고 명당을 중심으로 청룡백호 등에 따르는 성곽을 축조하였다고 하여 성곽 축조에 따른 평면형태가 풍수 영향에 기인하는 것으로 파악하였다. 그러나 일반적으로 풍수에 맞지 않는 읍기의 형태라도 관아를 비롯한 중요건물의 배치는 그 지역의 최길지였다고[58] 하고 있어 읍기 선정 후 읍성축조에 있어 성내외 구조물의 배치와 축조수법이 일반적으로 풍수에만 의지하지는 않은 것이라 할 수 있다.

　김명철은 제주도에 산재하는 읍성과 진성을 형태에 따라 방형, 원형, 타원형, 부정형(형태 확인 곤란)으로 나눌 수 있다고 하였다. 이 가운데 읍성은 형태를 확인할 수 없는 제주읍성(濟州邑城)을 제외한 정의읍성(旌義邑城)과 대정읍성(大靜邑城)은 말각방형이기에 이를 타원형에 포함시켜도 큰 문제가 되지 않는다고 하였다. 따라서 제주도 읍성과 진성의 지형과 형태를 종합하여, 조선 초기에 축조된 읍성과 진성은 내륙성에 방형 형태를 취하고 있다. 반면에 조선중기에 이르러 축조된 읍성과 진

---

57) 이상구, 1983, 「朝鮮中期 邑城에 關한 硏究」, 서울대학교 대학원 석사학위논문.
58) 김한기, 1999, 「조선시대 지방도읍의 공간구성과 기능-성주목 · 밀양도호부 · 청
　　도군 · 고령현의 경우」, 경북대학교 대학원 석사학위논문.

성은 해안성에 원형 혹은 타원형의 형태를 하고 있다고 하였다. 또한 숙종조에 제주목사 이충상(李衝祥)의 『탐라순력도(耽羅巡歷도)』에 읍성과 진성의 형태가 대부분 원형과 타원형으로 나타나고 있는 것에 관해 실제 형태라기보다는 성곽에 대한 당시 사람들이 생각하는 일반적인 형태라고 하였다.[59]

오정훈은 읍성의 평면형태를 원형, 방형, 자연지세형 등이 있다고 하고 초기 평지 읍성은 방형으로 각 방향의 중심부에 성문을 두었으며 시대의 경과에 따라 원형에 가깝게 조성되었는데 성둘레가 클수록 자연지세형을 따랐다고 하였다. 또한 전라좌수영 관할의 속읍과 속진 답사 결과 위계가 높고 분지지형에 축조된 읍성은 성곽 형태가 지도에서 나타나는 방형과 원형에 일치하여 나타나지만, 산지에 입지한 수군진 성곽은 대부분 부정형 형태가 나타나고 있다고 하였다.[60] 그러나 평지읍성이 방형에서 원형으로 평면형태가 변화하는 것은 추상적인 개념이 적용된 것이며 이 연구에서 활용한 고지도에 의존하는 바가 크기 때문에 실제적인 형태 변화에 따른 분류라고 할 수는 없겠다.

장재훈은 제주도 성곽은 평지성으로 지형에 따라 세분하면 해안에 위치한 해안성이라 하였으며, 이러한 해안성은 제주도가 섬이라는 지리적인 특성에 기인한다고 하였다. 특히 제주도 성곽형태는 세부적으로 부정형을 이루는 경우가 많지만 크게 원형과 방형으로 나눌 수 있다고 하였다. 장재훈의 주장은 제주도라는 섬이 가지고 있는 육지문화와 단절성과 제주 문화의 고유 전통성을 모두 공유하는 가운데 제주도 성곽 축조방식

59) 김명철, 2000,「朝鮮時代 濟州道 關防施設의 研究」, 濟州大學校 敎育大學院 碩士學位論文, 72~73쪽.
60) 오정훈, 2002,「全羅左水營의 배치특성에 관한 연구」, 順天大學校 大學院 碩士學位論文, 26쪽.

이 조선시대 전기 성곽이 읍성이며 내륙성으로 평면형태(平面形態)가 방형으로 축조된 것에 반해 조선시대 중기 이후 성곽은 진성으로 해안성이며 평면형태가 원형 내지 타원형이라는 점을 밝혀[61] 육지에서도 이와 같은 시간성과 공간성을 적용할 수 있는 시안을 제시하였다고 할 수 있겠다.

또한 최원석은 읍치의 지형적 입지조건은 읍성 형태에도 일정한 영향을 끼친다고 하고 평지입지는 웅천, 남해, 언양, 진해 등을 정방향 읍성 예로 들었다. 이와 같은 정방형 형태가 나타나는 것은 「주례고공기(周禮考工記)」의 영향이라 하면서 남해읍성이 입지한 지형조건이 평탄하기 때문에 기하학적(幾何學的)인 정형성을 갖출 수 있었던 것으로 파악하고 있다. 또한 평산성이나 산성형은 자연지형에 따른 부정형 읍성형태가 형성된다고 하였다. 또한 자연적 읍치 특징 측면에서 대구, 청도, 경산, 영일, 지례, 함안에서는 남고북저의 입지조건이 거론될 수 있다고 하였다. 아울러 읍치 입지선정에 끼친 당시 환경인식 및 해석체계로서 풍수적 요소에 주목하였다.[62] 이러한 최원석의 역사지리적 관점에서 읍성을 해석한 것은 풍수적 요소가 읍성 축조에 반영된 것이라는 새로운 관점을 보이는 반면, 읍성 형태가 지형적 입지조건에 영향을 받는다고 하고 읍성 형태를 방형읍성과 부정형읍성으로 이분법적으로 분리하며 지극히 단순화하고 있다.

이외에도 김철수[63]와 장명수[64], 한삼건[65] 등은 건축학적 측면에서 개

61) 장재훈, 2004, 「조선시대 제주도 방어시설의 학습지도방안—초등학교의 향토사 교육과 관련하여」, 제주대학교 교육대학원 석사학위논문, 37쪽.
62) 최원석, 2004, 「경상도 邑治 경관의 역사지리학적 복원에 관한 연구—南海邑을 사례로—」, 문화역사지리 제16권 3호, 한국문화역사지리학회.
63) 김철수, 1984, 「한국 성곽 도시의 형성·발달과정과 공간구조에 관한 연구」, 홍익대학교박사학위논문.
64) 장명수, 1994, 『성곽발달과 도시계획 연구—전주부성을 중심으로—』, 학연문화사.
65) 한삼건, 1994, 「韓國における邑城空間の變容に關する研究」, 경도대학박사학위논문.

별 읍성에 대한 연구를 실시하여 시설입지, 공간구조, 일제강점기의 공간변화 등의 읍성연구에 대한 새로운 인식을 시도하였다. 그러나 건축학적 측면에서 이루어진 읍성 연구는 대부분 건물 구조 및 배치 방법에 대한 분석에 한정되는 한계를 보인다.

Ⅱ. 조선시대 성곽의 축조수법을 통한 형식설정

II. 조선시대 성곽의 축조수법을 통한 형식설정

1. 머리말

고고학(考古學)에 있어 인간이 만든 인공물의 각 형식은 일반적으로 처음에는 한 점에서 출발하여 점차 유행하게 됨에 따라 어느 시점에 도달하면 최고조에 달하게 되며 그 후 새로운 형식이 출현함으로 해서 앞의 형식은 감소하는 경향을 띠게 된다. 이와 같이 각 형식은 서로 어느 기간 동안은 중복되어 유행하게 된다.[1]

남해안 지역 연해읍성 체성 축조수법의 특징적인 요소 속에는 전시대인 고려시대(高麗時代) 이전부터 오랜 세월동안 축적된 판축토성(版築土城) 축조수법과 삼국시대(三國時代) 이후부터 계속적으로 이어져 온 석축기술을 바탕으로 조선 전기에 새롭게 유행하기 시작하는 축조수법 뿐만 아니라 조선시대 후기에 서양성곽축성술의 영향에 의해 나타나는 체성 축조수법까지 다양한 형식이 중복되어 유행하였던 것도 이와 같은 맥락이다.

이것을 좀 더 살펴보면 연해읍성(沿海邑城) 체성 축조수법은 협축식, 계단식, 외벽석축내탁식이 중복되어 유행하다가 점차 외벽석축내탁식

---

1) 박광춘, 2006, 『새롭게 보는 가야고고학』, 학연문화사, 247쪽.

이 가장 오랜 동안 유행하는 형식이 된다. 이러한 축조수법을 세분하면 석축성 축조수법인 기단수평식이 유행할 때 연해읍성 체성 기단부 축조에 판축토성 기단축조수법의 하나인 사직선기단식이 채용되어 축조되고 있다. 이후 일정한 시점에서는 다시 기단수평식만이 나타나고 기존 사직선기단식은 연해읍성 축조에서는 소멸되었다. 그러나 이러한 사직선기단 형식은 연해읍성과 함께 남해안 지역 방어의 한축을 담당하던 영진보성(營鎭堡城) 축성에 계속적으로 적용되고 있다. 물론 기단수평식 역시 영진보성 축조에 적용되고 있어 상호 형식이 영진보성 체성 축조에 오랜 기간 공존하고 있는 것을 알 수 있다.

따라서 연해읍성은 조선시대라는 한정된 시간 속에 왜적방어와 행정 치소 역할이라는 동일한 목적과 기능을 위해 단일지역에 다수가 축조되고 있고 영진보성이라는 상호 비교가 가능한 유형이 있어 기능성, 시간성, 공간성을 세분하기에 용이하다고 할 수 있다.

따라서 본장에서는 연해읍성 체성 축조수법의 특징으로 확인되는 요소들을 분류하고 그 전개양상을 검토하여 시간적 요소의 체계를 세우고 이를 통해 조선시대 성곽의 시기설정을 검토해 보고자 한다.

2. 고고학적 조사사례

『세종실록지리지(世宗實錄地理志)』에 수록된 335개소 군현 중 읍성이 설치된 곳은 96개소로 나타난다. 이를 도별로 살펴보면, 충청도 15개소, 전라도 20개소, 경상도 27개소, 황해도 4개소, 강원도 6개소, 평안도 16개소, 함길도 8개소이다. 이 중 하삼도에 축조된 읍성 숫자는 62개소[2]

---

2) 심정보, 1995, 『한국의 읍성연구 – 충남지방을 중심으로 – 』, 학연문화사, 341쪽.

인데 경남지방에 설치된 것이 18개소로 하삼도 읍성 수에 대비하여 보면 29%를 차지하고 있다. 또한『신증동국여지승람(新增東國輿地勝覽)』에 수록된 행정구역과 비교하여 보면 행정구역 330개소 중 읍성이 있는 곳이 160개소이고 2개소 혹은 3개소의 성곽이 있는 읍성을 더하면 총 190개소에 이른다.

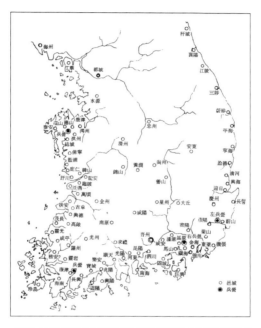

〈그림 1〉 조선시대 읍성의 분포(장기읍성 보고서에서 전재)

한편『여지도서(輿地圖書)』에는 334개소 군현(郡縣) 중 읍성이 있었던 곳은 107개소로 수록되어 있어『신증동국여지승람(新增東國輿地勝覽)』읍성 수 보다는 상당수가 감소하여 나타나고 있다. 그 이유는 임진왜란(壬辰倭亂) 등의 전란과 수리를 하지 않음으로 인해 형체만 있고 쓸모가 없게 퇴락해 버렸기 때문이다.3)

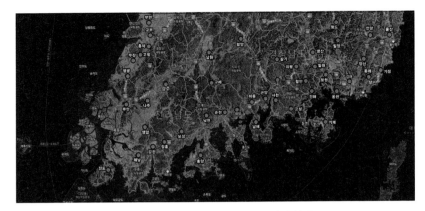

〈그림 2〉 조선시대 남해안 연해읍성의 분포

　연해읍성의 본격적인 축조는 세종 12년(1430)에 경상도 영일, 곤남, 합포, 전라도 임피, 무안, 순천, 충청도 비인, 보령 등 8개 처 읍성을 시작으로 왜구의 침탈이 빈발한 남해안 연해지역 중 방어가 가장 긴요한 곳부터 축조하기 시작하였다. 이후 문종 원년(1451)까지 하삼도 뿐만 아니라 강원도 연해지역도 축조가 계획되었고, 세조 이후 성종, 중종조에 이르면서 점차로 내륙지역 읍성 축조로까지 확대되어 갔다. 특히 남해안 연해지역 가운데 경상도는『신증동국여지승람(新增東國輿地勝覽)』에 의거하면 행정단위가 설치된 군현 가운데 25개소에 읍성이 축조되고 있다.

　최근까지 조사가 이루어진 읍성의 특징은 다음과 같다.

1) 하동읍성

(1) 위치와 현황

　하동읍성은 경상남도 하동군 고전면 고하리에 위치한 해발 149m인

---

3) 이상구, 1983,「朝鮮中期 邑城에 關한 硏究」, 서울대학교 공학석사학위논문, 89~90쪽.

양경산에서 섬진강의 지류인 주교천이 위치한 남쪽으로 뻗어 내려오는 지각정상의 고위평탄면에 제형상으로 형성된 능선을 따라 북쪽 정상부로부터 동쪽과 서쪽의 구릉 정상을 남북으로 달리다가 지형적으로 가장 낮은 남쪽의 계곡부를 감싸는 포곡식 석축성으로, 남북을 장축으로 한 마름모형태를 하고 있다.

읍성 주변으로는 해발 150~300m 내외의 산줄기가 뻗어 있으며 이 산줄기에서 동향 혹은 동남향 하여 뻗은 해발 50m 내외 능선들이 주변을 둘러싸고 있다. 성내는 작은 곡부를 이루고 있어 성내 물이 거의 모두 남서쪽, 남문지 주변에 집중되어 동류하여 남서방향으로 배수되는 지형을 이루고 있다.

현재 잔존 둘레는 1,400m, 너비 4, 5m 잔존 최고 높이 5.2m 정도 규모이다. 동, 서, 남쪽 체성 중간에 옹성을 두른 문지와 그 좌우 및 성우에 방대상 치성을 배치한다. 체성 바깥에는 다시 해자(垓子)를 두르고 그 해자와 나란하게 양마장(羊馬墻)을 두른 구조로 되어 있다.

(2) 하동의 연혁

하동읍성이 위치하는 고전면 고하는 삼한시대에 변한 12국중 낙노국에 속한다고 추정하고 있으며, 삼국시대에 들어와서 하동에 관련된 기사 가운데 삼국사기 지리지편에 『하동군 본 한다사군 경덕왕개명 금인지』라 하여 하동군은 "본래 한다사군으로 신라 경덕왕 때에 이를 고쳐 하동군이라 한 것이 오늘에 이르는 것이다."라고 하였다. 이 기사에서 하동군의 옛 지명이 한다사임을 알 수 있다.

이 한다사의 어원은 섬진강에서 유래한 것으로 본래 섬진강의 옛이름이 다사천이었고 그 다사천의 동쪽에 위치한 군현이 한다사군과 소다사현이었다. 더구나 섬진강의 또다른 명칭이 서기 642년 당태종에게 진상된 당활지지에는 기문하라고 기록되어 있다. 따라서 하동이란 기문하의 동쪽 군이란 뜻이기도 하다. 이 외에 삼한시대와 삼국시대 가야, 백제 때도 섬진강을 다사강이라 불리웠으며 서기 757년 12월부터 한다사군을 하동군으로 개칭하였다.

이 하동이라는 어원은 앞서의 한다사군에서 유래한 것으로 한다사란 순우리말로 넓은 물 혹은 큰 하천을 뜻하는 것으로 먼저 한은 매김말이고 중요한 것은 다음의 다사로서 이 다사는 다사천에서 유래한 것으로 다사, 다사, 다시로 표기되기도 한다. 이 다사는 고 알타이어 계통의 말에서는 하(하)를 뜻하는 말로서는 몽고말에도 하안을 뜻하는 tasi-gon (다시건)이라는 말이 있었는데 여기서 하는 tasi(다시:다시)가 되는 것이다. 또한 만주어에도 dese-reke(더스러거)란 말이 있는데 이것은 대수왕양이란 뜻으로 이때의 dese는 대수가 되는 것이다. 따라서 dese는 하(물)을 뜻하는 것으로 다사라는 말도 그것이 앞의 tasi, dese 와 본디 같은 뿌리의 말이었으며, 다사라는 말이 물 또는 하의 뜻이 있었음을 알 수 있는 것이다.[4] 따라서 한다사는 넓이와 수량을 모두 아우르는 말인 한과 하천을 뜻하는 다사가 결합한 것으로 넓은 하천 혹은 수량이 풍부하고 넓은 하천이 있는 곳이라는 뜻이 되는 것이다. 그러므로 하동이란 용어는 기문하(섬진강)의 동쪽이란 뜻이니 넓은 하천을 뜻하는 한다사는 결국 섬진강을 뜻하는 것임을 알 수 있다.

한편 다사는 섬진강의 모래에서 연유하였고, 한은 대를 의미하며, 다사는 일본서기에 나타나는 체사와 동일 지역으로 이해하고 일본서기에 서기 513년 체사를 백제에 넘겨준 것으로 기록되어 있는 것과[5] 514년에

---

4) 하동문화원, 2000, 「우리 고장 『하동』 그 지명의 의의와 유래」, 하동문화19, 42~43쪽.
5) 『일본서기』제십칠 계체천황 칠년 십일월조에 「동십일월신해삭을묘, 어조정인열백

는 반파국(대가야)이 대사에 축성하여 일본에 대비하였다는 기록에 의거하여 대사가 513년에 백제에 편입되었고 514년에 대가야가 이곳을 점령하여 성을 쌓았으며 현재 하동지역에 축조된 성이 확인되지 않고 있는 실정이므로 문헌상에 나타나는 대사의 축성기사가 하동 고소성과 관계가 있을 것으로 보는 견해도 있다.6)

이상과 같은 내용으로 볼 때 하동이란 지명은 섬진강에서 유래한 것임을 알 수 있는 것이다.

또한 "삼국사기 신라본기 유레니사금 10년 7월 조를 보면 다사군이 가화를 바치었다"는 기사에 대한 언급이 있는데7) 이 기사 속의 다사국의 위치와 지명이 현재의 하동지역과 동일한 곳인가에 대해서는 이론의 여지가 있는 것으로 보여 진다.8)

하동은 고려 태조 23년에 강주를 진주로 개칭하며 진주의 속군으로 삼았다. 그 후 현종 9년 2월에 전국을 4도호부 8목 56지주군사 28진장 20현령으로 나눌 때 진주는 다시 진주목이 되었으며 이때 하동군의 속현이던 하읍현이 곤명현으로 개칭되어 악양현과 함께 진주목의 속현으로 이속되었다. 그리고 하동군은 진주목의 속군으로 이었으나 지군사를

제제미문귀장군, 사나문득지, 안나신사?급분파위좌, 반파기전계급죽문지등, 봉선은칙, 이기문, 체사사백제국」

6) 심봉근, 2000, 「하동고소성지시굴조사보고서」, 하동군 · 동아대학교박물관, 68쪽.

7) 하동군지편찬위원회, 1996, 「하동군지」 상권, 179쪽.

8) 『삼국사기』의 기사에 등장하는 다사군에서 신라에 조공한 것은 검토해봐야 하는 것으로 판단된다. 당시의 신라는 12대의 유레이사금의 제위기간으로 그 영역권에 있어서 아직 남해안 지역에 위치하는 하동으로부터 가화를 바치는 조공행위의 지배와 피지배의 관계를 유지하기 보단 상호교류 형태로 보여 지며 또한 다사군이라는 군의 명칭은 서기 660년에도 하동지방을 다사강이라 하였고 그 뒤 83년 동안 중국식 3자 지명으로 지방행정구역 명칭 개정이 실시되어 경덕왕 16년에 한다사군을 하동군으로 개칭한 것으로 볼 때 적어도 이와 같은 군의 명칭은 다사군의 군은 삼국사기의 편찬시에 당시의 행정구역 명칭을 그대로 사용한 것으로 보여 진다.

두었다. 명종 2년에는 하동군에 감무를 두었다.

하동은 고려 말 공민왕 11년(1362) 2월에 진주의 악양현이 왜구에 의해 불태워졌고 동왕 13년(1364) 3월에는 왜선 200여 척이 하동, 고성, 사주(사천)에 침범하였으며 동왕 22년(1373) 3월에는 하동군에 침범하였다. 또한 우왕 3년(1377) 9월에는 악양현을 침범하였다가 원수 이임에 의해 적선 2척이 붙잡히고 동왕 4년(1378)에는 하동현을 침범하고 또 진주를 침범하니 도순문사 배극렴이 사주까지 추격하여 20여급을 베었다. 동왕 9년(1383) 5월에는 해도원수 정지가 하동에 침입한 왜구를 남해 관음포까지 추격하여 크게 파하였다.

조선 개국 후 하동지역은 감무를 현감으로 고치고 행정구역명을 하동현이라 하였고 태종 14년(1414)에는 왜구로 인해 대야천부곡(지금의 북천면)에 교거해 있던 남해현과 합하여 하남현이라 하고 읍기는 고하에 두었다. 태종 15년(1415)에는 남해를 분리하고 하동현이 되어 현감을 두었다. 1417년에 양경성을 쌓았고 성내라고 불리웠다. 1593년에 가등청정군에 의해 성이 함락되어 객사, 관아, 향교 등이 불탔다.[9] 인조 10년(1632)부터는 읍기를 횡포(지금의 횡천)로 옮기자는 논란이 일었다. 효종 9년(1658)에는 경상도 순안어사 민정중에게 호소하여 나라의 윤허를 얻었고, 현종 2년(1661)에 현감 이재중이 횡포촌 내기동에 관아를 옮겼다. 그러나 성내에 남은 관리들의 가족들이 왕래하는데 어려움이 많고 여름에 장마가 오면 도강하는데 어려움이 많은 점을 숙종 2년(1676)암행어사 권유에게 호소함으로써 숙종 5년(1679)에 현감 김유정이 다시 성내

---

9) 고전면지편찬위원회, 2003, 「고전면지」, 100쪽.
　1593년 6월 24일부터 29일까지 벌어진 진주성 2차 공방전에서 진주성을 함락한 가등청정 휘하 혈목록이 5,000여 명의 군사로 남원성을 공격하기 위하여 북상하던 중 그 일부인 우익군 2,500명이 하동을 지나면서 비어있는 하동읍성을 불사르고 객사와 향교 등을 불태웠으며, 이때 보관 중인 하동현 유안 등 많은 경적도 소실되었다.

로 관아를 옮겼다. 숙종 7년(1681)에는 현감 조정세에 의하여 다시 횡포 이전 추진이 있었으나 실현되지 못하였고, 숙종 28년(1702)에는 진주목에 속해 있던 화개, 악양, 진답, 적량리 등 4리가 편입되어 면으로 개편되면서 읍민들의 요청에 따라 숙종 29년(1703)에 현감 이만정이 읍기를 진답면 우동(비파리 우치동)으로 이읍 하였다. 숙종 30년(1704)에는 현감 한범석이 다시 진답면 두곡리로 옮겼고, 이에 따라 도호부로 승격되었다. 영조 6년(1730)에는 부사 정덕명에 의하여 읍기를 두곡에서 다시 라동으로 옮겼다가 영조 21년(1745)에는 부사 전천상에 의하여 또 항촌으로 옮겼다. 고종 32년(1895)에 8도제를 폐지하고 전국을 23부로 구분하여 전국을 336군으로 행정구역을 개편하였다. 이때 진주목은 진주군으로 하동도호부는 하동군으로 개칭되어 군수를 두었다. 광무 10년(1906) 진주군의 북평, 종화, 가서, 운곡, 청암, 대야, 정수면 등 7개면이 하동군에 내속되었고 구한말 하동군은 19면 264동을 소관하여 현재에 이르고 있다.

(3) 읍성의 축성현황

①『世宗實錄地理志』慶尙道 晉州牧 河東縣條
　『邑石城 周曰三百七十九步 內有井五池一』
②『端宗實錄』卷2, 卽位年 8월 辛酉條
　「忠淸全羅慶尙道都體察使鄭苯啓曰 請遣從事官金淳于慶尙道 抄軍七千五百名築蔚山柳浦石堡 令左右道都萬戶 領兵船守護 遣李皎然于忠淸道築瑞山城 且巳築城慶尙道 昆陽 機張 東來 固城 巨濟 則未築海子 鎭海 河東則未 築敵臺 全羅道興陽 順天 光陽則 未築甕城 請令本邑鑿築....從之」
③『東國輿地志』卷之四下條

「河東縣 城郭 縣城現舊無城郭我 世祖三年 累石築 于陽慶山 周一
千十九尺 有門 城內有五井一池」

④『慶尙道地理志』卷之二十八

「河東縣 一本韓多沙郡新羅景德王時改名河東郡在高麗時因稱河
東郡屬晉州任內後別置監務年代未詳 本朝太宗時甲午合南海縣稱
爲河南縣今乙未復析爲河東縣監別號清河....... 鎭陽慶山..........」

⑤『輿地圖書』河東府邑誌

「本新羅韓多沙郡景德王改今名高麗顯宗屬晉州明宗置監務本朝太
宗朝以南海縣來合號河南縣置令後復析爲縣監又置訓導一人肅宗
朝壬午邑民以蟾江一帶宜爲關?之意......晉州地岳陽花開陳畓赤良
四里割屬而癸未而邑于蟾江邊陳畓面豆谷甲申陞邑都護府庚戌移
邑于螺洞乙丑又移于項村.....郡名韓多沙河南淸河河東.......　　城址
府則無城古邑陽慶山下有城郭而　世宗朝丁酉累石築城周一千十九
尺高十三尺內有五井一池今皆頹廢府南有龍池.」

⑥『增補文獻備考』卷二十七 輿地考 二十四條

「河東邑城太宗十七年石築于陽慶山下周一千十九尺高十三尺今廢
內有井五池一 世祖七年移于蟾江邊豆谷」

⑦『大東地志』十卷 慶尙道 河東條

「城地:古邑城在陽慶山下太宗十七年築周千十九尺井五池一」

⑧『嶠南誌』卷之五十七條

「邑城舊無城郭李朝世宗丁酉累石築于陽慶山下周一千十九尺高十
三尺內有五井一池今廢南有龍池」

하동읍성의 초축 시기에 대해서 지리지 별로 다소 다른 내용이 등재되
어 있는데, 그 내용을 살펴보면 다음과 같다.

먼저 『동국여지지(東國輿地志)』에서는 하동지역에 성곽이 없다가 조
선 세조 3년(1457)에 양경산 아래에 석축을 쌓고 둘레는 1019척이고 문

이 있었으며 성내에는 우물 5개와 연못이 1개가 있었다고 하였다. 여기에서는 하동읍성 초축 시기를 1457년으로 기록하고 있으며 둘레가 1,019척으로 기록하고 있다. 그러나『조선왕조실록』세조 2년 12월 25일 병조 치계 내용에는 하동지역에는 이미 읍성이 축성되어 있는 것을 알 수 있다. 따라서 세조 3년을 초축 시기로 보는 것은 무리가 있으며 오히려 증축에 관련한 기사의 오기로 보여 진다.

다음으로『신증동국여지승람』과『여지도서』,『교남지』,『한국근대읍지』등에 실린 조선 세종 정유년 초축 기사인데 가장 많은 지지에 기록되어 있으며 둘레는 동국여지지와 같은 1,019척으로 되어 있고, 성내의 우물과 연못의 숫자가 일치하고 있어 초축년으로 가장 유력한 기사로 보여 진다. 그러나 조선 세종조 간지에는 정유년이 없으며 오히려 전대인 태종 17년(1417)이 정유년에 해당하므로 세종 정유년은 태종 정유년의 오기 내지는 간지가 잘못 계산된 것으로 추정된다.

더구나『대동지지』경상도 하동조에는 고읍성은 양경산 아래에 있으며 태종 17년에 축성하였다고 기록되어 있고, 둘레 및 성내 시설물의 내용은 여타의 지리지와 대동소이함으로 이로써 보면 하동읍성의 초축은 태종 17년(1417)에 시작된 것으로 보인다.

또한 증축 시기에 대해서『문종실록』에 등재되어 있어 내용을 살펴 볼 필요가 있다. 그 내용을 살펴보면,『문종실록』에는 문종 원년에 충청전라경상도 도체찰사 정분의 계문이 나와 있다. 여기에서는『경상도, 충청도 각 고을의 성자가 당초의 법식에 의하여 쌓지 않아 규식에 맞지 않으며 하동읍성의 경우 둘레가 2,943척, 높이가 평지에는 8척, 높고 험한 곳은 7척이며, 녀장의 높이는 3척이고, 적대가 11개소 내에 이미 쌓은 것이 4개소이고, 문이 3개소에 옹성이 있고, 여장이 5백 88개이고, 성안에 샘이 5개소, 못이 1개소이며, 해자는 아직 파지 않았습니다.』라고 기록 되어있다. 이것은 고고학적 조사에 확인된 바와 같이 동·서·남문에 옹성을 시설하였음을 확인시켜주는 것이다. 또한 적대는 현재까지 조사에서 11개가 확인되고 있다. 하동읍성의 적대는 이 기사 당시에는 미착이 많았지만 계획대로 축성되었음을 알 수 있는 것이다. 또 이 당시에는 해자가 아직 축조되지 않았음도 알 수 있다.

또한 정분이 다시 아뢴 계문 기사에는 "청컨대 종사관 김순을 경상도에 보내어 군사 7천 5백 명을 뽑아서 울산·류포에 석보를 쌓게 하여 좌도도만호·우도도만호로 하여금 병선을 거느리고 수호하게 하며, 이교연을 충청도에 보내어 서산성을 쌓고, 또 이미 성을 쌓은 경상도 곤양(昆陽)·기장(機長)·동래(東萊)·고성(固城)·거제(巨濟)는 해자를 파지 않았고, 진해(鎭海)·하동(河東)은 적대를 쌓지 않았다고 하여 본읍(본읍)으로 하여금 파고 쌓게 하소서"라고 하였다.[10] 이때에 이르러 앞서 문종년간의 기사에 보인 해자에 대한 언급이 없고 적대에 대한 기사만 있을 것을 볼 때 적어도 해자는 이 기사가 쓰여진 단종조에는 축조되어 있었으며, 적대는 아직 기록에 나와 있는 11개가 필축되지 않고 있음을 알 수 있는 것이다. 이로써 보면 하동읍성의 축성은 『동국여지지』와 『문종실록』, 『세조실록』에서 본 바와 같이 태종 17년(1417)에 착공하여 세종 연간에 수축하고, 문종 원년~1년(1450~1)에 증축되고 세조 3년(1457)에 다시 개축하는 등 적어도 3회 이상의 증개축이 행하여 졌음을 알 수 있다. 한편 상기 지리서에 기재된 내용 중에 혼동되는 것은 지리서 별로 읍성 둘레가 제각각인 것이다. 먼저 세종실록지리지의 경우 성 둘레가 379보로 보계치로 수록하여 놓았고, 신증동국여지승람, 동국여지지, 여지도서, 증보문헌비고, 대동지지 등에 수록된 읍성의 둘레는 1,019척으로 척수로 수록되어 있다. 여기에서 확실하게 용척을 적용할 수 있는 것이 문

10) 『단종실록』권2 즉위년 8월 신유조.

종실록에 기재된 2,943척이다. 이것은 문종 원년 5월에 황해도 지역의 관방을 순심할 때 정분이 사용한 척수가 포백척으로 동왕 원년 8,9월에 정분이 올린 충청, 전라, 경상도 읍성의 성기심정 가운데 들어있는 하동 읍성의 척수도 포백척이었을 것이라는데 기인한다.11) 또 포백척의 기준 치를 현재 미터법으로 환산하면 약 1,375m로 시굴조사시 확인된 1.4km 에 근접함을 알 수 있다. 따라서 문종실록에 수록된 둘레 2,943척은 포백 척으로 측정된 것임을 알 수 있는 것이다.

다음으로 신증동국여지승람 이후 여지도서와 증보문헌비고 등에 나 타나는 1,019척은 경국대전 기록척도 가운데 1등 양전척(존수척)의 기준 치로 환산해 본 결과 1,023m로 성 둘레가 줄어들고 있다. 이것은 성의 둘레를 계산할 시에 옹성과 적대를 포함시키지 않은 때문이거나 내벽을 기준으로 측량이 이루어진 데 기인할 가능성이 있는 것으로 판단된다.

이처럼 체성 둘레가 다르게 나타나는 것은 용척에 따라 기준치가 다르 기 때문이며, 『신증동국여지승람』이후 기록은 모두 『신증동국여지승 람』의 내용을 그래도 옮겨 기록한 것으로 판단된다. 다만 성내부 연못에 대한 기록은 모든 기록에 1곳이라고 되어 있는데 『여지도서』에 수록된 기사 가운데 "內有五井一池今皆頹廢府南有龍池" 라고 하여 성내에는 우 물이 5개이고 연못이 하나 있으며 현재는 퇴락하여 사용하지 않으며 남 쪽으로 용지가 있다고 기록이 있다. 이 기사의 내용을 보면 『여지도서』 가 제작되는 시기를 전후하여 성내에 연못은 퇴락하였고 그 연못과는 다 른 "용지"가 축조되어 있는 것으로 추정되는데 다른 문헌기사에는 이

---

11) 『문종실록』권7 원년 5월 임인조.
　　　문종 원년 5월에 의정부에서 병조의 정문에 의거하여 계하기를, 황해도 도체찰사 정분이 곡산 방면 아래로 수안·서흥·봉산·황주 등 각 고을의 이전의 관방처를 모두 순찰하면서 그 관방의 구기와 새로 설치할 관방처를 포백척으로 측량하였다 하고 있어 하동읍성의 성기 심정시에도 포백척이 사용되었을 것임을 알 수 있다.

"용지"에 대한 기사를 확인할 수 없으며 연못은 1곳만이 있는 것으로 보아 퇴락한 연못의 명칭이 용지인지 혹은 다른 용도의 시설이었는지는 현재로서는 파악하기 어려운 것으로 보인다.

한편 『문종실록』에 "하동읍성 높이가 평지에는 8척, 높고 험한 곳은 7척이며, 여장의 높이는 3척이고, 적대가 11개소 내에 이미 쌓은 것이 4개소이고, 문이 3개소에 옹성이 있고, 여장이 5백 88개이고, 성안에 샘이 5개소, 못이 1개소이며, 해자는 아직 파지 않았다"는 기사 내용을 살펴보면, 성문은 동문, 서문, 남문에 옹성을 시설하였는데, 고지도에는 남문만이 홍예식으로 표시되어 있고 동문과 서문의 형태는 확인되지 않으며 문루를 비롯한 상부의 건물형태는 확인되지 않는다.

하동읍성은 선조 26년(1593)에 진주성 2차 전투에서 진주성을 함락한 가등청정의 왜군 1,000여 명이 7월 3일에 침입하여 성내를 방화하고 내부 각종 공해청과 창고가 소실하였다. 이후 조선군이 후퇴함에 따라 한동안 하동읍성을 비롯한 주변 일대가 왜군에 의해 점령되었고, 하동읍성은 임진왜란, 정유재란을 거치면서 시설물의 훼손과 복구가 거듭되었다.

하동읍성 성내 시설물에 대해 조선시대 각종 지지에는 비슷한 내용을 담고 있으나 거의 알려져 있지 않다. 다만 하동 객사에 시문을 남긴 학역재 정인지 시문[12] 가운데 「인생이 예적부터 삶이 떠돌이가 많은데...판상에 시를 써서 이름을 남기는 것은 뒷날 자손에게 알리기 위함이라」라는 싯구와 회재 이언적이 하동 객관에서 밤을 새우며 읊은 시문[13] 가운데 「.... 비바람이 쓸쓸한데 촛불은 희미하고 객창 깊은 밤에 홀로 마음 상하네 하늘 멀리 누와 더불어 회포를 펼가 잊지 못할 임향단심 스스로

---

12) 鄭麟趾, 『海澂舘』, 「人生自古多漂轉 何幸如今訪古山 感慨祖先曾積德 不才瀛得致高官」

13) 李彦迪, 「旌節搖搖歷海蠻 自慙白髮未歸山 咨詢半世無亮效 却羨銅章隱小官 風雨蕭蕭燭影微 客窓中夜獨傷心 天涯衿抱憑誰展 耿耿丹衷祇自知」

아리라」라는 싯구와 충무공 이순신이 저술한 『亂中日記』 정유년 5월 28일(무오)조에 "陰面不雨 晩發 到河東縣 則主倅喜於相見 接于城內別舍 極致懇情...."이라는 기사가 있어 선조 30년(1597) 5월 28일(무오) 당시에 충무공 이순신이 하동읍성내의 별사에서 기거한 것으로 확인된다. 이러한 것으로 볼 때 하동읍성내에 관공해가 있었던 것을 확인할 수 있다.

『하동군사』에는 공해인 객사, 동헌, 서헌, 춘백당, 낭청방, 고현창이 있다고 전한다.[14]

다음으로 하동읍성 내에 있었던 건물들에 관해서 살펴보면, 하남관 혹은 해격관이라는 객사의 명칭은 남쪽의 주교천과 섬진강 및 남해안을 조망할 수 있는 읍성 내의 객사의 위치와 관련하여 생각해 볼 수 있을 것이다.[15]

이 객사는 1401년 전후에 성내에 건립되었으며 1593년 7월 3일에 가등청정군에 의해서 불탔다. 1605년 현감 박익이 객사상방을 중건하였다. 1618년 현감 안흘이 상방과 대문을 지었으며, 1628년 현감 신천록이 서헌과 낭청방 4간을 중건하였다. 1679년 10월 10일에 현감 김유정이 중대청을 중건하였으며, 전후퇴가 있었다. 1609년 권설이 군기고를 축조하였으며 준공하지 못했다. 동헌은 정사청으로 3간으로 상하협방, 대청 앞퇴가 있었으며 1618년 안흘이 중창하였다. 1635년에 현감 여작이 아사를 9간으로 신축하였으며 현감 차전곤이 춘백당을 신축하였고 고현창은 1661년에 폐창되었다가 1679년에 재건되었고 1703년에 다시 폐창되었다.(표 1 참조)

---

14) 여재규, 1978, 「하동군사」, 189쪽.

15) 남문 밖 1리 지점에 있는 주성마을의 과거 지명이 배다리이고 과거에 성벽 근처까지 조수가 넘나들었다는 고노들의 전언과 결부해 보면 당시 이 일대가 수륙교통의 요충지였음을 알 수 있다.

문헌	편찬연대	축성연대	둘레	높이	문지	적대	여장	못	우물	기타
세종실록 지리지	1454년	·	379보	·	·	·	·	1	5	
문종실록	1450년	·	2,943척	7~8척	3	4(11)	588	1	5	
신증동국 여지승람	1481년	세종 정유년	1,019척	13척	·	·	·	1	5	
동국여지지	1481년	세조 3년 (1457)	1,019척	·	·	·	·	1	5	
경상도지리지	1425년	·	·	·	·	·	·	·	·	
여지도서	1757~ 1765년	세종 정유년	1,019척	13척	·	·	·	1	5	용지가 있음.
증보문헌비고	1770~ 1908년	태종 17년 (1417)	1,019척	13척	·	·	·	1	5	세조 7년에 두곡으로 이치.
대동지지	1861년	태종 17년 (1417)	1,019척	·	·	·	·	1	5	
교남지	1937년	세종 정유년	1,019척	13척	·	·	·	1	5	용지가 있음.
한국근대읍지	1930년	세종 정유년	1,019척	13척	·	·	·	1	5	여장이 잔존.
경상남도 여지집성	1963년	·	379보	·	·	·	·	1	5	

(4) 체성

① 축조현황

하동읍성 체성은 외벽 축조수법과 내벽 및 적심부 축조수법에 따라 몇 개 구간으로 나누어 볼 수 있다.

하동읍성 체성 기단부는 생토면을 정지하고 그 위에 자갈을 깔고 기단 석을 쌓는 수법과 생토면을 정지한 상태에 그 위에 기단석을 바로 올려 서 쌓는 수법, 일정한 거리를 두고 일정한 너비만큼만 기단석을 설치하는 수법으로 나누어 볼 수 있다.

또한 성벽을 축조하는 과정에 있어서 경사지에 축조된 성벽은 경사면 생토층을 계단식으로 굴착하고 조성된 평면 아래쪽 수직면에는 삭평한 생토면 높이만큼 그 내부를 할석이나 자갈 및 점토로 채운 뒤 그 위에 이보다 단이 높은 곳의 삭토면 높이까지 축대를 쌓았다. 다시 그 사이를 자갈이나 할석으로 수평을 맞추면서 축조하고 있는 구간과 경사도에도 상관없이 기단석의 수평줄눈을 나란하게 맞추어서 기단부를 조성하고 그 위에 성석도 경사지와 나란하게 축조하고 있는 구간도 있다.

체성 내벽부는 체성 외벽이 생토층면을 정지하고 그 위에 40~50cm× 20~30cm을 지대석으로 삼고 그 위에 자연대석의 성석을 올려놓았다. 내벽은 황백색마사토 지반위에 약간 큰 할석으로 쌓았다. 이 내외벽은 동시에 축조하였으며, 처음부터 협축수법을 사용하였다. 그리고 수축 시 체성 너비를 넓히기 위해 내벽측은 50cm, 55cm, 60cm, 120cm 높이로 계단상을 이루며 협축하고 있다.

이 계단상 내벽은 길이 20~60cm×20~40cm 가량 장방형 성석들로 축조되어 있다. 체성 단면을 확인한 결과 하동읍성 내벽축조는 적심석과 내벽면석이 모두 외벽면석과 나란하게 열지어 축조되어 있다. 다른 조사구간에서는 붕괴된 외벽면석 바로 뒤에 성석에 붙여서 성석의 종방향이 성벽 진행방향과 직교되게 쌓여 있다. 내벽쪽 성석은 이와 반대되는 양상으로 채워져 있어 구간별로 축조수법에 차이가 있다.

내외벽 기단부 너비는 기저부가 약 6.3m, 최상부 2.4m, 그 다음구간은 체성부 너비 40cm, 130cm, 110cm으로 축조되어 있으며, 여장이나 미석은 잔존하지 않는다.

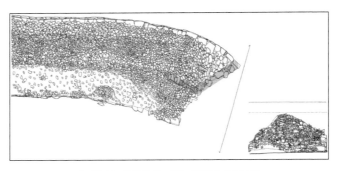

<그림 3> 하동읍성 서벽 체성부 축조수법

　성벽 잔존고는 3~5m 내외로 서벽 옹성 경우에는 거의 초축 시 높이로 추정되는 5.2m 가량 되고 있다. 서벽 옹성 주변 절개된 체성 단면을 확인한 결과 외벽으로부터 3.5m를 협축하고 그 뒤 약 1~2.5m 가량은 계단상으로 축조하고 있다. 외벽면석과 내벽사이 적심부분은 외벽면석 뒤부분에 바짝 붙혀서 체성의 진행방향과 직교되게 직경 20~30cm 내외의 할석을 가로쌓기 하고 있으며 이러한 석열이 외벽에서 내벽까지 계속된다.

　최상단부에 다량의 기와가 출토되고 있어 최상단부는 기와로 마무리를 했을 것으로 추정되며 아울러 돌출한 치성에서도 기와들이 출토되고 있다.

　서남쪽 체성은 서문지를 기준으로 서남쪽 방면 체성 가운데 가장 높은 지점에 위치하는 제5 치성의 체성으로부터 제7 치성을 거쳐 남문지에 이르기까지 급경사임에도 불구하고 기단부 축조수법은 사직선을 유지하며 축조되어 있다.

　이와 같은 축조수법은 여타의 조선시대 읍성 및 영진보성 축조수법과는 다소 상이한 것이다. 즉 평지 읍성은 기단부 지대석과 기단석이 수평줄눈쌓기를 실시하여 직선상을 유지하며 축조되어 있다. 평산성이나 산성은 대부분 경사지와 기반암 등의 자연적인 요인에 따라 기단부 축조수법이 기단수평화를 이루며 축조되는 것이 일반적인 현상이다. 그러나 이에 반해 하동읍성 기단부 축조수법은 기단수평화 공법을 사용하지 않고 사직선상 기단축조수법으로 축조되어 있는 것이다. 특히 체성부의 경우 이와 같은 양상이 일률적으로 나타나는데 반하여 치성의 경우에는 외벽 기단부 축조시 기단수평화 공법을 사용하여 축조하고 있는 것으로 확인 되고 있어 체성과 치성의 축조 시기차를 반영하는 기준이 되고 있다.

또한 제5, 6 치성의 수개축에 의한 길이의 확장에서도 기단수평화 공법에 의한 기단부가 축조되고 있는 것이 확인되고 있어 적어도 하동읍성 초축시 체성과 치성 등의 기단부 축조수법은 기저부를 삭토하고 그 위에 사직선상의 기단을 축조한 것으로 판단된다. 읍성 축조에 있어 이와 같은 사직선 기단부가 조성되어 있는 곳은 기장읍성 동벽, 영산읍성 북벽 태자각 부분에 축조되어 있는 체성에서 일부 확인되고 있다.

〈사진 1〉 하동읍성의 전경사진

〈사진 2〉 서남 치성 측벽 조사 후

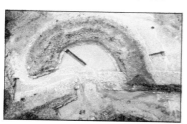

〈사진 3〉 서문지 및 옹성

〈사진 4〉 서벽 체성부 계단식 축조수법

〈사진 5〉 서벽 해자 토층상태   〈사진 6〉 서문지 주변 해자내 목익흔

〈사진 7〉 서벽 해자 및 목익흔

　사직선상 기단부 축조는 산지에 축성이 많은 우리나라 성곽 축조에 있어 급경사를 포함한 자연적인 제약 조건을 극복하기 위해 체성 축조에 있어 기단수평화 공법을 사용하는 것이 일반적인 현상이다. 이에 반해 하동읍성 체성 축조에서 나타나는 사직선상 기단부 축조는 기단수평화 공법에 비해 많은 공력이 수반된다. 축조 이후에도 계곡부를 포함한 저지대 체성에 쏠리는 내부토압과 고지대 체성에서 저지대 체성에 쏠리는 하중에 의해 붕괴가 우려됨에도 특별한 장치 없이 축조되어 있는 것은 특이한 양상으로 받아들여진다. 특히 남문지 옹성 내벽 안쪽에 접합되어 있는 남벽 체성 하단에 대석을 일부 덧대어 보강석으로 사용한 듯한 흔적이 있어 앞서 언급한 양상에 따른 보완조치로 판단된다.

　하동읍성 체성 기단부는 지대석을 포함하여 2~3단 정도는 지대석 하부 토층과 동일한 점토로 매몰하였다. 이는 하동읍성 제5 치성 남측벽 외벽 기저층에 축조된 보축기단이나 제6 치성 남측벽 외벽 기저층에 포도처럼 너비 1.8m로 구획하고 납작한 판석을 깔은 것과 같은 효과를 갖고 있는 것이라 할 수 있겠다. 이와 같은 것은 지대석이 밀려나는 것을 방지하고, 성벽 위로 흘러내리는 수량으로 인해 기저부가 훼손되는 것을 방지하기 위하여 시설한 것으로 판단되는데 이와 같은 것은 삼국시대 성곽의 여타의 곳에서도 확인되고 있다.[16)]

더불어 하동읍성 성벽 축조 시 구간 표시는 여타 읍성에서 나타나는 입수적한 장대석과 달리 장방형 성석을 세로쌓기로 포개서 시점과 종점을 구별하고 있다. 이러한 시점과 종점석으로 각 구간의 거리를 산출해 본 결과 한 개의 성벽 공정 구간은 대략 32m 가량으로 추산된다.[17)]

이 성벽공정구간은 서벽과 북벽 치성에서 일률적으로 나타나고 있다. 여타 지역 중 면천읍성 서치성 북측벽 기단부를 이루고 있는 각석 1매에는『己未年 沃川始面 長六十尺四寸』이라 새겨져 있어 세종 21년 옥천에서 동원된 부역민이 이 성석에서부터 60척 4촌의 길이를 축조하였음을 밝혀주고 있다. 이 60척 4촌을 포백척으로 환산하면 30m 전후로 하동읍성의 축성구간 길이와 일치하고 있어 하동읍성 축조 구간은 면천읍성과 같은 60척 4촌으로 추정된다. 그러나 이러한 것이 조선 전기 읍성이나 영진보성에 일률적으로 적용된 것[18)]은 아니며 적어도 하동읍성 축조구

---

16) 심정보, 2004,「백제산성의 이해」,『백제문화개발연구원 역사문고 제1집』, 주류성, 152쪽.

17) 대전산업대학교 향토문화연구소, 1999,「면천읍성」, 118쪽.
　면천읍성 서치성의 북측벽에는 각자가 있는 성석이 2매가 있었으나 1매는 최근 유실되었다고 한다. 현재 기단부를 이루고 있는 1매에는『기미년 옥천시면 장육십척사촌』이라는 각석이 새겨져 있어 세종 21년 옥천에서 동원된 부역민이 이 성석에서부터 60척 4촌의 길이를 축조하였음을 밝혀주고 있다.

18) 전라남도 영광 법성진성에서 확인된 각자에는 함평 70척, 광양 80척 등 각각의 축성구간이 다름을 알 수 있으며 아마도 축성인력의 동원과 지형의 요건이 고려된

간 길이는 30m(미터 환산치)인 것으로 판단된다.

따라서 하동읍성 총연장 길이 1.4km를 전제로 하면 총 47개 구간으로 나누어지고 조선 전기에 성곽 축조에 동원된 군현 수가 평균 3~4개에서 많게는 20여 군데 임을 고려할 때 대략 한 개 고을 당 대략 400m의 축성 구간을 가질 수 있음을 알 수 있는 것이다.[19]

세종 3년에 도성수축도감(都城修築都監)이 계하기를, 도성을 수축하는데 토성으로 된 곳이 허물어진 데가 25,535척인데, 매 척(尺)당 각 15명씩으로 쌓게 되니 계(計)가 383,025명이고, 석성으로 된 곳이 무너진 데가 3,946척인데, 매 척당 각 5명씩으로 쌓게 되니 계가 19,730명이요, 서전문과 옹성이 1천 명이니 합계 40만3천7백55명이라고 하여, 토성은 매 척당 각 15명씩의 인력이 소요되며, 석성은 매 척당 각 5명씩의 인력이 소요되고 있음을 볼 때 하동읍성의 경우에는 2,943척을 기준으로 할 때 적게는 14,700명에서 많게는 18,000명 가량이 소요되었을 것으로 추정된다.

(5) 부대시설

① 양마장

하동읍성에서 가장 주목되는 유구는 양마장(羊馬墻)으로, 이 양마장은 호(壕)의 안쪽을 양마성(羊馬城), 양마장(羊馬墻), 우마장(牛馬墻)으로 불

것으로 면천읍성 및 하동읍성의 30m(60척 4촌)와는 차이가 있다.

19) 경남문화재연구원, 「동래읍성지 시굴조사결과약보고」, 2003. 11.
"동래읍성지 시굴조사에서 조사자는 체성부의 축조수법 가운데 성벽에서 축조구분점이 확인되었는데 너비는 4m로 전체적인 축조수법은 경사면을 따라 지대석을 놓고 수평을 맞추어 기단석을 놓은 후 벽석을 올렸으며 벽석과 벽석 사이의 공간은 소할석, 황갈색 사질토와 강회를 발라 마무리 한 것으로 보이고, 외벽 기단 밖으로는 보축토가 확인된다"고 보고하고 있다.

리웠다. 하동읍성 체성부와 나란하게 읍성 전체를 둘러싸며 돌아가고 있
다. 따라서 이 양마장은 읍성을 방어하는 데 있어서 실질적인 최전선의
역할을 하였던 것으로 추정된다. 이렇게 볼 때 하동읍성 양마장은 그 지
형적인 조건에 의해 해자(垓子)의 형태가 황(隍)이고 물이 차 있지 않은
건호(乾壕)이므로 적의 공격에 취약하고 더구나 해자 너비가 좁아 메워
질 염려에 대비한 것으로 보인다.

〈사진 8〉 하동읍성 동벽 양마장 축조상태

또한 하동읍성에서 확인되는 양마장은 경작과 오랜 기간 동안 훼손된
부분도 있으나 동벽, 서벽, 북벽 등 성벽 전체에 둘러지고 있으며 부분적
으로 옹성과 일부 치성이 돌출되어 있는 지점에 있어서는 양마장이 축조
되지 않고 있다. 이것은 출입지역과 지형적인 요인에 의해 기인하는 것
으로 판단된다. 하동읍성에서 조사된 양마장은 북벽과 동벽지역이며, 북
벽은 양마장 뒤의 해자와 연결되어 길이 10m, 높이 1.8m가 남아 있다.
동벽에서는 하동읍성 양마장 흔적이 거의 본래의 모습으로 잔존하고 있
다. 비교적 완형에 가까운 동벽 양마장 토층 단면상을 확인한 결과 이 양
마장은 바로 인접한 해자를 굴착한 흙을 이용하여 해자 앞에 양마장을

축조한 것으로 파악된다.

  즉 하동읍성 해자가 축조되는 단계는 문종 원년 이후이며 이것은 조선
왕조실록 문종 원년 정분(鄭苯)의 계문에, "하동현 읍성(河東縣邑城)은 주
위가 2천 9백 43척, 높이가 평지에는 8척, 높고 험한 곳은 7척이며, 여장
(女墻)의 높이는 3척이고, …중략… 海子(垓子)는 아직 파지 않았습니다
."[20]라고 하고 있는데서 잘 나타나고 있다. 적어도 하동읍성 해자는 문종
원년 이전까지는 축조되지 않았으며 이때에 이르러 해자 축조가 시작되
었을 것이다. 단종 즉위년(1452)에 정분의 축성에 대한 계문에서는 하동
읍성 해자에 대한 언급이 없고 적대에 대한 내용만 있는 것을 볼 때 이때
해자가 축조되었을 것으로 추정된다. 그리고 이때 축조된 해자가 양마장
과 성벽의 사이에 있는 해자로서 점진적인 매립과 퇴적으로 용도가 폐기
되었다가 임진왜란을 전후로 한 시기에 중국[21]의 영향을 받아 양마장이
축조된 것으로 추정된다. 더욱이 정유재란 당시 순천과 사천을 비롯한
남해안 지역에 웅거한 왜군에 대항해 남하한 조명연합군의 주요 거점으
로 사용되면서 양마장의 설치가 이루어지지 않았나 생각된다.

  이와 같은 배경에는 동벽 양마장 축조수법을 살펴보면 잘 알 수 있다.
동벽 양마장은 너비 14m, 잔존 높이 6.2m에 이르고 있다. 생토층인 자갈
모래층 위에 형성된 점토층을 기저부로 하여, 정지작업을 실시하고 그
위에 본격적인 성토작업이 진행되었다. 전체적으로 사다리꼴 형태를 하
고 있다. 그 축조수법이 각기 수직에 의한 정연한 판축이 아니고, 경사면
을 유지한 채 점질토와 사질토를 교대로 부어가며 성토하거나 돌과 흙을
섞어 다진 흙을 쌓아 올렸다.

---

20) 『문종실록』권9 원년 9월 경자조.
   『愛日堂先生實記續本』卷之上, 「請慶尙忠淸各官城子尺量啓」.
21) 이와 같은 양마장은 현재 기록에 임진왜란 당시 남원읍성에 명나라 총병 양원이 축
   조한 것으로 기록에 나와 있을 뿐 현재는 그 흔적을 확인할 수가 없다.

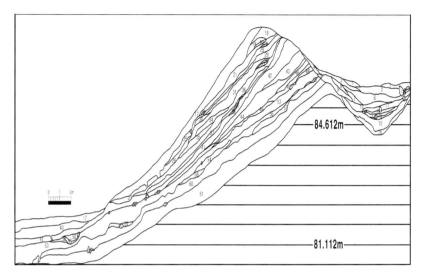

〈그림 4〉 하동읍성 동벽 양마장 단면도

1. 황갈색 사질토   2. 갈색 사질토   3. 흑갈색 사질토   4. 흑회색 사질토   5. 황갈색 사질토
6. 암갈색 점질토(점성이 매우 약함)   7. 흑갈색 점질토(정성이 강함)   8. 흑갈색 점질토(점성이 약함)
9. 암갈색 점질토   10. 흑갈색 점질토   11. 암황갈색 점질토   12. 황갈색 점질토
13. 적황갈색 점질토   14. 적황갈색 점질토(점성이 약함)   15. 황갈색 점질토(점성이 약함)
16. 마사토   17. 암황갈색 점질토   18. 백갈색 사질토   19. 갈색 사질토   20. 암갈색 사질토
21. 회색 사질토   22. 흑갈색 사질토   23. 암회색 사질토   24. 붉은 사질토   25. 명황색 사질토
26. 회색 사질토   27. 갈색 점질토+자갈   28. 명갈색 점질토   29. 암적갈색 점질토
30. 흑갈색 점질토   31. 황갈색 점질토   32.흑갈색 점질토   33. 명황색 점질토
34. 암활갈색 점질토   35. 적황갈색 점질토   36. 흑갈색 점질토(점성이 매우 강함)
37. 암황갈색 점질토(점성이 강함)   38. 흑갈색 점질토(점성이 매우 강함)
39. 암적갈색 점질토(점성이 매우 강함)   40. 적갈색 점질토
41. 흑적갈색 점질토(점성이 매우 강함)   42. 황갈색 점질토(점성이 매우 강함)
43. 명황갈색 점질토(점성이 매우 강함)   44. 황적갈색 점질토+자갈
45. 암갈색 점질토(점성이 약함)   46. 명황색 점질토(점성이 강함)
47. 명적갈색 점질토(점성이 매우 강함)   48. 암황갈색 점질토(점성이 약함)
49. 흑적갈색 점질토(점성이 강함)   50. 흑갈색 점질토   51. 적갈색 점질토(점성이 약함)
52. 명흑갈색 점질토(점성이 약함)   53. 암흑갈색 점질토(점성이 강함)
54. 흑갈색 점질토(점성이 매우 약함)   55. 적갈색 점질토   56. 흑갈색 점질토(점성이 약함)
57. 적갈색 점질토(점성이 강함)   58. 흑적갈색 점질토(점성이 약함)
59. 암적갈색 점질토(점성이 매우 강함)   60. 적황갈색 점질토(점성이 강함)
61. 황갈색 점질토+인두대석

이러한 축조수법은 성토법에 가까운 것으로 일반적인 판축법에 비해
서는 다소 조잡하게 느껴진다. 또한 양마장 기저부 축조에 있어서 최하
층에 뻘흙 또는 점성이 강한 암흑갈색 점질토를 깔고 있는데 이는 성벽
의 기초에서 유동성을 확보하여 붕괴되는 것을 막는 한편 측면 또는 하
부에서 물이 침투되는 것을 방지하기 위한 목적으로 시설된 것이라 생각
된다. 아울러 사질토와 점질토를 교대로 깔아서 양마장을 더욱 견고하게
축조하였다. 또한 일부분에 한정된 트렌치 조사라 단언할 수 없지만 양
마장의 외벽 최하단에 석열이 잔존하고 있는 것이 확인되고 있다.

이와 같은 축조 양상은 삼국시대 및 제방 축조수법 상에서 볼 수 있는
것으로 상부에 성토된 토사가 붕괴되는 것을 막기 위한 시설로 보인다.
현재까지는 목익(木杙)이나 다른 부대시설의 흔적은 나타나지 않고 있다.

하동읍성 양마장은 조선 전기에 사용되던 해자가 일정 기간 후 폐기되
고 토사가 퇴적된 상태에서 임진, 정유재란을 전후로 한 시기에 매립된
해자 부분 토사를 이용하여 양마장을 설치한 것으로 추정된다. 더구나
해자 외벽석축 일부로 추정되는 석열 일부가 양마장 하부에서 나타나고
있고 양마장 퇴적상태 역시 조선전기 당시 구지표와 양마장 축조시에 쌓
아 올린 토사가 확연히 구분되는데서 더욱 잘 알 수 있다.

따라서 하동읍성 양마장은 국내에서 거의 유일하게 원상을 유지하고
있어 국내는 물론 인접국가와의 비교연구에서도 역사적, 문화적 자료 가
치가 아주 크다.

② 계단지

계단지는 하동읍성 제1 치성과 제5 치성 내벽에서 확인된다. 길이
50cm, 두께 30cm 내외 세장방형 치석들이 체성과 직교하게 연결되어 있
다. 치성 내벽 최하단부에 접해 있고, 오른쪽은 바깥쪽을 보호하는 석열

이 유실되었다.

계단지 내부는 바깥 석열 사이에 할석들과 자갈을 채워 놓았으며, 그 위에 자연대석을 군데군데 올려놓았다. 이 계단지는 너비 140cm, 길이 110cm이다.

또한 제5 치성 내벽에서도 계단지가 확인되었다. 이 계단지는 치성이 접합되어 있는 체성에 직교하여 덧대어져 축조되어 있다. 너비 2m 정도로 좌우에 인두대 크기 할석과 잡석을 이용하여 난간을 설치하고 하단에는 잔자갈과 할석편을 다진 보도시설도 확인된다. 계단지는 제7 치성에서도 정형화된 계단시설은 확인되지 않지만 등성시설 흔적은 확인되고 있다. 하동읍성 치성 출입 시 체성부에 직교하게 설치된 내벽 계단을 이용하여 출입한 것임을 알 수 있다.

③ 적석유구

하동읍성 서문지 옹성 바깥쪽 해자 내에서 동─서 석축과 남─북 석축이 조사되었는데 건물지 일부분으로 추정된다. 이 건물지는 해자를 확인하기 위하여 표토를 30cm 정도 걷어내고 해자에 트렌치를 설치하는 과정에서 석축이 드러났다. 이 석축은 후대에 붕괴된 성석 및 적심석을 이용하여 기단부를 조성하고 있는 것으로 판단된다. 적석층 너비는 약 1.2m 정도이고 해자와 교차되게 "ㄷ"자형으로 나타나고 있다. 이 건물지의 동─서 석축이 남─북 석축보다 비교적 정교하게 쌓았다. 토층상태로 볼 때 해자가 매립되고 난 이후에 조성된 것으로 석열 모두 흑갈색부식토층 위에 형성되어 있다. 남─북 석축 가운데 해자 바깥쪽 석열 아래에서 완형 옹기가 출토되고 있어 적어도 시기가 조선 후기 이후로 추정된다. 따라서 이 석축 동─서축은 해자를 가로지르고 있어 고현읍성에서 확인되는 육교부와 같은 역할을 수행하던 출입시설이었던 것으로 조선 전기 이후에 해자에 설치된 조교와 같은 시설물이 폐기되고 난 이후 사용하였던 것으로 추정된다.

④ 내황

계단지에서 뒤로 약 2m 정도 떨어진 곳에서 너비 1.5m 가량의 내황이 확인되었다. 이 내황은 잔존 최고 깊이가 약 70cm 가량으로 적갈색점질토 생토면을 굴착하여 체성부와 나란하게 조성되어 있다. 하동읍성에서 비교적 완만한 지형에 속하는 이곳의 위치로 인한 물의 유입을 방지하기 위한 배수시설로 보여 진다. 아울러 이곳에서 굴착한 흙은 체성부 내벽 보강토로 사용된 것으로 판단된다. 이 내황은 일시에 메워진 것으로 보이며 다른 교란 없이 토층이 대단히 안정되어 있다. 굴착 직후 그렇게 오랜 사용시간이 없이 바로 매립된 것으로 파악된다.

⑤ 건물지

하동읍성에서는 3개소에서 건물지가 확인되었다. 이 건물지 가운데 제1 건물지에서 확인된 부석건물지는 훼손이 심해 정확한 양상을 파악할 수 없다. 제2 건물지는 과거 창고지로 알려진 곳으로 이곳에서는 약 2~3채의 건물지로 추정되는 초석군과 석축이 양호하게 확인되고 있다. 제3 건물지는 오래전부터 동헌지로 불리던 곳으로 초석들이 확인되고 있다. 건물지들은 하동읍성 내부에 축조되어 있던 각종 공해청과 관련된 건물로 추정된다. 선조 26년(1593)에 진주성 2차 전투에서 진주성을 함락한 가등청정의 왜군 1,000여 명이 7월 3일에 침입하여 성내를 방화하여 내부의 각종 공해청과 창고가 소실되었다. 는 기록이 있는데 이때에 이르러 하동읍성내의 공해청과 창고지가 화재로 인해 소실되었던 것으로 파악된다. 그러나 충무공 이순신이 저술한 『난중일기(亂中日記)』정유년 5월 28일(戊午)조에『陰面不雨 晚發 到河東縣 則主倅喜於相見 接于 城內別舍 極致懇情....』이라하여 선조 30년(1597) 5월 28일(戊午) 당시에 충무공 이순신이 하동읍성내의 별사에서 기거한 것으로 확인된다. 이러한 것으로 볼 때 하동읍성 내에 관공해청이 전소되지는 않았던 것으로 보여지며 이후 조선군 전선이 이동하게 됨에 따라 한동안 하동읍성을 비롯한 주변 일대가 왜군에 의해 점령되었고, 하동읍성은 임진왜란, 정유재란을 거치면서 시설물의 훼손과 복구가 거듭되었던 것으로 보여진다.

문헌기록상에서 확인되는 내부 시설물은 객사, 동헌, 춘백당, 낭청방, 고현창, 군기고22), 아사 등으로 파악된다. 이중 과거 1986년에 성내에서 다량의 화포와 화기류가 출토되어 군기고로 추정되는 곳이 확인되었다.

---

22) 고전면지편찬위원회, 「고전면지」, 2003, 689~691쪽.
　　1986년 4월 7일에 고하리 574번지 주성마을 내 김종균씨 대밭터 정지작업 중에 사전총통 3점, 팔전총통 2점 삼총통 52점 등 총 107점의 유물이 출토되었다. 이때 출토된 유물의 양상은 다음과 같다.

〈표 2 고하리 출토 총통의 현황〉

종류	제원			수량	제작시기	특징
	길이(cm)	무게(g)	재질			
사전총통	25.7	789.5 823.5	청동	3점	세종 30년	불화살을 4개씩 쏘는 병기
팔전총통	30.7			2점	조선시대	불화살을 8개씩 쏘는 병기
삼총통	20.5 32.3			52점	조선시대	높이 13.6
비격진천뢰	20.9		철	1점	조선시대	편구형 몸통, 중앙에 약선 구멍이 뚫려 있다. 개철, 죽통, 목곡은 결실
철제총통	25.0 26.8			10점	조선시대	
철봉	66.7			5점	조선시대	
철돌	34.1			1점	조선시대	
화약다지개	17.2 32.2			33점	조선시대	근력무기, 자름면은 원형에 가깝다.

하동읍성의 객사지는 군기고 왼쪽이나 남쪽에 위치하는 점과 객사가 동헌보다 통상 동쪽에 위치하는 점을 고려한다면 현재 추정 동헌지로 조사된 제3 건물지가 가장 서쪽에 위치하고 있다. 민가를 건너 화기가 출토된 대나무숲이 위치한다면 객사지는 현재의 민가 지역에 해당하는 것으로 생각해 볼 수 있겠다. 각종 육방관속청이 위치하는 것으로 추정되는 곳은 제1 건물지가 확인된 경작지 일대로서 이 지점은 남문지에서 추정 동헌지로 이어지는 T자형 중심로의 남동쪽편에 위치하는 곳이다. 조사 당시 부석건물지와 담장 석열로 추정되는 석축열이 확인되었고 이들 건물지가 조성된 지반의 아래 층위에서는 구상유구의 수혈선과 각종 용도 미상의 수혈군이 확인되었다. 여기에서 확인된 부석층건물지는 그 정확한 형태는 훼손이 심해 확인할 수 없었으며, 다만 다량의 와편이 출토되어 각종 기와건물들이 설치되어 있었던 것으로 추정될 뿐이다.

다음으로 부석건물지층에서 확인된 구상유구와 용도미상 수혈군은 조선시대 건물지에 의해 상당 부분 파괴되었으며 이 건물지들이 들어서기 이전에 사용된 선대유구들로 추정되나 현재로서는 단언할 수는 없다. 또한 각종 공해청의 하나로 추정될 뿐 정확한 명칭이나 형태를 파악할 수 없다. 창고지로 알려진 제2 건물지는 각 트렌치 내에서 4동으로 추정되는 건물지가 확인 된데다 더 많은 건물지가 상존하고 있을 것으로 판단된다. 이 제2 건물지는 담장과 기단석축, 초석군 및 문지와 보도, 기단부 부석층이 나타나고 있다.

제2-1 건물지가 너비 90cm의 "ㄱ"자상의 기단부가 동쪽과 남쪽부분에 일부만 남아 있었다. 이 기단부는 정지층으로 보이는 황갈색점질토와 적갈색점질토층 위에 놓여 있다. 이 기단석 위에는 목탄과 소토 및 다량의 기와편이 혼입된 갈색점토층이 덮혀 있다. 와편의 매몰상태로 볼 때 일시에 붕괴된 것으로 보여지며 주변 상황을 고려할 때 이 건물지는 화재에 의해 훼손된 것으로 추정 된다. 기단부 내부에서 적심이 4개소가 확인되었으며 북쪽에서 확인된 적심 간의 중심 거리는 남북 약 3m 내외이고 동서로 약 2.7m 남북으로 2열이 확인되고 있다. 건물 규모는 측면 1칸임을 알 수 있으나 정면은 정확한 형태를 파악하기 어렵다. 기단 내부에서는 온돌 시설 등 관련된 시설이 전혀 확인되지 않는 것으로 볼 때 거주를 위한 건물로는 판단되지는 않는다. 또한 적심석 주변에서 탄화된 곡식들이 출토되고 있어 이 건물지가 과거 창고지로 명명되고 있는 것과도 일정한 관련성이 있는 것으로 판단된다. 더욱이 소토와 와편이 다량으로 확인되고, 특히 바닥에는 화재의 흔적이 있고 건물지 간 중복도 확인되고 있어, 임진왜란 당시 하동읍성이 왜군에 의해 소실된 것과 일정 관련성이 있는 유구로 생각해 볼 수 있는 것이다.

(6) 출토유물

하동읍성에서 출토된 유물은 주로 기와류와 자기류가 출토되었다. 자기류는 분청사기, 회청사기, 백자로 주를 이루는 것은 백자이다. 기형은 생활기명인 접시와 사발이 중심이다. 분청사기는 문양 양상을 볼 때 동중위에서 견부까지 백상감으로 종방향 운파문으로 구획한 후 모란문을 시문하였다. 동하위 주름문과 황침선을 반복적으로 시문한 분청사기 상감모란문 매병이 출토되는 것으로 볼 때 시기적으로 15세기 전기로 추정될 수 있다. 백자는 조선 전기에서 조선후기까지 다양하게 나타난다. 이외에도 다량의 옹기편들이 확인되고 있다.

하동읍성 출토 기와는 암기와 문양이 창해파문이 주류를 이루고 있다. 부분적으로 선조문과 사격자문, 평행집선문, 복합문, 삼각집선문이 시문된 것들이 출토되고 있다. 흥미로운 것은 제2 건물지와 제3 건물지에서 출토되는 기와 양상이 확연하게 다르게 나타나는데 제2 건물지에서는 절대적으로 복합문(창해파문+수직선조문)이 주류를 이루고 있다. 제3 건물지에서는 창해파문이 주류를 이루며 일부 삼각집선문, 삼각선조문이 시문된 기와편들도 다수 출토되고 있다. 이러한 현상은 하동읍성 내 건물지 중창과 증개축과 관련이 있는 것으로 생각되며 앞서 문헌기사에서도 확인된다. 또 기와에는 "河東"이라는 명문이 새겨진 와편도 확인되었다.

이외 유물 가운데 석탄(石彈)이 두 점 출토되었는데 이 석탄들은 모두 남문지 옹성 체성부에서 발견된 것으로 하나는 가공된 것이고 하나는 반가공된 것으로 가공된 것은 화포의 포탄으로 사용된 것으로 추정된다.

2) 고현성

(1) 위치와 현황

행정구역상 거제시 신현읍 고현리에 소재하며 둘레가 3,600척(2,045m)이고 높이가 13척 읍성이다. 1664년(현종 5년) 거제관아를 거제면으로 이건하여 폐성함과 동시에 고현성(古縣城)이라 칭하였다.

성곽 형태와 구조는 계룡산 기슭의 동쪽으로 뻗은 활상대지 위에 평면 주형으로 축조된 석축성으로 삼문옹성과 치성, 해자를 구비한 전형적인 조선 전기 읍성구조를 갖추고 있다. 한국전쟁 당시 UN군 포로수용소가 이곳에 설치됨으로써 그 파괴가 극에 달하였으며, 현재 상태 파악이 가능한 성벽은 길이가 818m인데 평균 높이 2m이며 너비 5.5m 가량이다. 이 성은 1991년 동아대학교 박물관에 의해 부분적인 발굴조사가 실시되고 2004년 경남발전연구원에서 고현읍성 동문지와 해자에 대한 발굴조사가 이루어졌다. 현재는 군청 주변 땅을 매입하여 성벽의 일부를 복원하여 놓았다.

(2) 거제의 연혁

거제가 문헌기록에 처음 등장하는 것은, AD 3세기경에 쓰여진 중국의 『三國志』弁辰傳으로 당시 기록에 나타나는 변진(弁辰) 24국 중 변진독로국(瀆盧國) 고지로 비정 되는 것이다.

여기에 의하면 변진 24국 중 하나인 '弁辰瀆盧國'을 지금의 거제지역으로 비정할 수 있기 때문이다. "그 경계가 왜와 접하고 있다"[23]라고 하여, 동래 인근으로 보는 견해도 있지만, 조선시대 다산(茶山) 정약용(丁若鏞)은 그의 저서 『여유당전서(與猶堂全書)』속의 「아방강역고(我邦疆域考)」 여러 곳에서 거제지역을 독로국(瀆盧國)으로 비정하고 있다.

'독로'는 '두르다'라는 의미의 이두음으로서 신라시대의 명칭이 치마 '상(裳)'자의 한자를 채용한 것과 상통한다고 하겠다. 즉, 치마를 두른 형태의 지형적인 상황과도 일치한다고 하겠다. 이러한 어원의 변천 등으로 볼 때, 거제지역을 고대 독로국으로 보는 견해가 있어 주목된다.[24]

삼국시대 거제 관련 문헌기록은 확실하지 않은 편이나 삼국시대에 해당하는 유적으로는 고분은 하청면 일대를 비롯하여 거제면, 아주동 고분군 등이 확인되고 있다. 이외에도 연초면 덕치리에 위치하는 장터고개 고분군과 같은 삼국시대 이른 단계 고분들도 확인되고 있기 때문에 이에 대한 구체적인 정황은 아직 확실하지 않지만 지리적 근거에 의하면 인접한 소가야문화권과의 관계가 상정된다. 고고학적인 근거에 의하면 아라가

---

23) 『三國志』<弁辰傳>, "其瀆盧國 與倭接境".

24) 독로국은 지금의 巨濟府 本裳郡이다 '상'은 우리 말로 '斗婁技'여서 '독로'와 음이 비슷하다. 또 사로국은 지금의 경주이다. 김부식에 따르면 신라는 본래 '斯羅'라 불렸는데, 사라는 곧 斯盧다"라고 한 점이나, "『後漢書』에 변진이 진한의 남쪽에 있다고 했으니 변진은 진한의 남쪽 이웃이요, 독로는 곧 거제다"라고 하였던 점, 그리고 "독로는 거제다. 금관의 바다 어구 건너편에 있고, 독로 남쪽으로 왜와 인접해 있으니 딴 고을이 아니다"라고 하여, 거제를 瀆盧國으로 비정하고 있다.

야와의 친연성도 인정된다.[25] 더구나 발굴조사 된 장목고분군은 유구 형태와 출토유물 성격상 외래계 무덤으로 상정하고 있고 아울러 남해안 지역을 중심으로 한 중국과 일본을 포함한 해상교류 증거로 상정되는 바 이른 시기부터 거제도가 남해안 지역 주요 교통로임을 확인할 수 있다.[26]

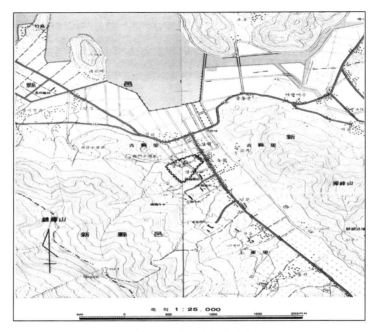

〈그림 5〉 거제 고현읍성 위치도

통일신라시대에 이르러 문무왕 17년(677년)에 상군(裳郡)을 설치하였고, 경덕왕이 757년에 거제군(巨濟郡)으로 개칭하고 아주(鵝州) · 송변(松邊) · 명진(溟津)을 영현(領縣)으로 두었다.[27] 최근의 자료에 의하면,

25) 金誠龜 外, 1992, 『昌原 上谷里 기와가마터』, 국립진주박물관.
26) 박상언, 2006, 「張目古墳의 立地 및 構造 대한 檢討」, 慶南發展研究院 歷史文化센터 학술세미나 자료집, 慶南發展研究院 歷史文化센터.

상군 위치를 지금의 둔덕면 거림리 일대로 추정하는 견해도 있다. 아주현은 지금 장승포시 아주동 일대이다. 고려시대에 와서는 성종 2년(983)에 둔덕면 거림리에 치소를 두고 '기성현(岐城縣)'이라 개칭하여, 12목(牧) 중 하나인 진주목(晉州牧)에 편입시켰다. 그리고 현종 3년(1012)에 행정구역을 확대·개편하여 지금 통영·고성인 고자현(固自縣)을 통합하였다가, 현종 9년(1018)에 '거제현'으로 개칭하고, 고성현을 분리하였으며, 각 현에 현령을 두었다. 이후 원종 12년(1271)에 왜구 침범과 진도 삼별초(三別抄) 군의 내습으로 인하여 그 땅을 잃자 주민을 육지로 옮겨 거창현의 영속인 가조현(加祚縣) 등지와 진주목의 명진현(溟珍縣)과 진주목 영선현(永善縣)(고성군 영오면)에 교우(僑寓)하였다. 이어 충렬왕 때에는 관성(管城)에 병합되었다가 곧 복구하였다.

한편 고려시대(高麗時代)에 이르러서는 거제도가 귀양지로 각광을 받았던 것으로 보인다. 예종 7년(1112)에는 부여공(扶餘公) 왕수(王燧)의 유배지를 거제현으로 옮기는 내용, 의종 11년(1157)에 고향인 동래 유배지에서 연군(戀君)의 정을 표현한 <정과정곡(鄭瓜亭曲)>의 작자 정서(鄭敍)가 거제현으로 유배지를 옮겼던 사실, 승통(僧統) 탱(頱)을 귀양 보냈다는 사실[28]을 비롯하여, 의종(毅宗) 24년(1170)에는 정중부(鄭仲夫) 등이 '무신난(武臣亂)'을 일으키자 의종이 단신으로 거제현으로 귀양간 사실[29] 등이 기록되어 있다.

조선시대에 이르러 태종 14년(1414)에 거창현(居昌縣)과 합하여 제창

---

27) 『三國史記』권34 雜志 第三 地理 一.
    「巨濟郡 文武王初置裳郡 海中島也 景德王改名 今因之 領三縣鵝洲縣 本居老縣 景德王改名 今因之 溟珍縣 本買珍伊縣 景德王改名 今因之 南垂縣 本松邊縣 景德王改名 今復古」
28) 『高麗史』권13 睿宗 7년 6월 을미조.
29) 『高麗史』권19 毅宗 庚寅 24년.

현(濟昌縣) 이라 하였다가 이듬해에(1415) 다시 거제현(巨濟縣)으로 환원하였다. 세종 원년(1419) 상장군(上將軍) 이종무(李從茂)가 대마도(對馬島)의 왜구(倭寇)를 정벌하기 위하여 거제도 견내량(見乃梁)과 오량성(烏壤城)에 군사를 거느리고 원정하였다. 세종 4년(1422)에 이르러 왜구 침입이 종식되고 안정을 취하게 되자, 거제도 옛 속현(屬縣)인 명진·아주·송변과 하청(河淸)·죽토(竹吐)·고정(古丁) 3부곡(部曲) 백성들을 돌아오게 하고 신현읍(新縣邑) 수월리(水月里)에 목책(木柵)을 세워 생활하다가 세종 7년(1425) 사등성(沙等城)의 축성을 명하였다. 세종 8년(1426 丙午) 관아를 옮기고 수축하기 시작하여 세종 30년(1448)에 완성하였다. 문종 즉위년에 이르러 정분이 치소를 사등성에서 고현성으로 이축할 것을 건의하여 허가를 받고 문종 원년(1451) 11월 고현성 축조가 시작되었다. 이후 단종 원년(1453)계유 9월에 축성 감독관을 파견하여 필축하고 읍치를 옮겼다. 그러다가 세조 11년(1465)에는 거제현 오아포(烏兒浦)(加背梁)에 우수영(右水營)을 설치하였다. 성종 원년(1470)에 거제현이 해상방어 요충지이므로 옥포(玉浦)·지세포(知世浦)·조라포(助羅浦)·오아포(烏兒浦)(加背梁)·구영등(舊永登)·장목포(長木浦)에 6진(鎭)과 구율표(舊栗浦)(율천)에 보(堡)를 두었는데 이를 거제 7진이라 한다. 이후 성종 20년(1489)에 거제현이 남해안의 중요거점임을 인식하여 거제부로 승격하였다. 그러나 중종 14년(1519)에 경상우도 거제현으로 다시 환원시켰다. 현종 5년(1664) 읍치를 거제면으로 이전하였으며, 숙종 37년(1711)에는 거제도호부로 승격하였다가, 고종 32년(1895년) 거제군으로 개정하였다.

일제강점기인 1914년에는 통영군에 통합되었다가 1951년 거제군으로 분리되었고, 한국전쟁 중인 1950년에는 유엔군이 고현에 포로수용소를 설치하였는데, 이때 고현읍성의 상당 부분이 훼손되었다.

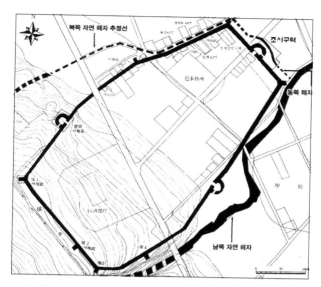

〈그림 6〉 거제 고현읍성 평면형태(동아대박물관 보고서 발췌)

(3) 읍성의 축성현황

1. 『文宗實錄』卷七 元年 辛未 正月癸卯條

   「先時巨濟縣人上言 本邑 舊在島內水月里 設木柵去丙午年 移于
   沙等里建設館舍 修築城池 之功 至戊辰年乃訖 今因都體察使鄭苯
   審定 又欲移于 古丁里 本邑人吏官奴婢 已皆土著.....」

2. 『文宗實錄』卷八 元年 辛未 六月壬辰條

   「上 引見右贊成鄭苯于思政殿 議築棘城及結成 巨濟康津等官邑
   城 遂傳敎承政院 日今年 當 審慶尙道田品 苦築巨濟城 則兩事不
   可並擧 除別遣朝官 令各官守令 各審境界內之田分九等以聞 無乃
   可乎 若遣朝官 則當遣幾人 已令鄭贊成 議諸政府 卿等亦宜知之」

3. 『文宗實錄』卷四 卽位年 庚午 十月 戊戌條

「都體察使鄭苯池啓 臣審巨濟邑城 周回一千九百十六尺... 從之」

4. 『文宗實錄』卷十 元年 辛未 十一月甲子條

「是月 築慶尙道巨濟縣城」

5. 『端宗實錄』卷二, 卽位年 八月 辛酉條

「忠淸全羅慶尙道都體察使鄭苯啓曰 請遣從事官金淳于慶尙道 抄軍七 千五百名築蔚山柳 浦石堡 令左右道都萬戶 領兵船守護 遣李皎然于忠淸道 築瑞山城 且巳築城慶尙道昆陽 機張 東來 固城 巨濟 則未築海子鎭海 河東則未 築敵臺 全羅道興陽 順天 光陽則未築甕城 請令 本邑鑿築....從之」

6. 『端宗實錄』卷七, 元年 八月 庚戌條

「遣兼知兵曹事金淳于廢慶尙道 監築巨濟城」

7. 『東國與地志』卷四下 慶尙道 巨濟縣

「縣城 石築 周三千六百三十八尺 有門 城內有三泉二池 魯山初築」

8. 『慶尙道續撰地理志』晉州道 巨濟縣 邑城條

「邑城 辛未年石築 周回三千三十八尺 高十二尺 井泉三小池二 冬夏不渴 有軍倉 古縣沙木 里石築 無井泉」

9. 『慶尙道邑誌』第十一册 巨濟 巨濟府邑誌 古蹟條

「古縣築城 本朝 世宗壬寅 以民集城小 命贊成鄭苯 胥于舊治南十里許發永川 晉州 昆陽 淸 道 泗川 鎭海六邑民二萬餘夫 使該邑守各率其民分董城役 縣令李好誠 移官舍府庫」

10. 『慶尙道邑誌』第十一册 巨濟 巨濟府邑誌 城池條

「古縣城 在府東二十里 周三千三十八尺 高十三尺 內有一井一池」

11. 『增補文獻備考』卷二十七 輿地考十五 關防三 城郭 慶尙道條

「巨濟邑城 在東北二十里 石築 周三千三十八尺 高十三尺 內有井一池一」[補]端宗初 贊成鄭苯築今廢」

12. 『輿地圖書』慶尙道 巨薺城池條

「古縣城 在府東北二十里 石築 周三千三十八尺 高十三尺 內有一

泉一池」

13. 『慶尙道邑誌』第十一册 巨濟 巨濟府邑誌 宦蹟條「本朝 縣令李好
    誠築古縣城」

14. 『嶺南邑志』第二十五册 巨濟 城池條
    「古縣城 在府東二十里 周三千六百三十八尺 高十三尺 內有一井
    一池」

15. 『嶺南邑志』第二十五册 巨濟 古蹟條
    「古縣築城 本朝 世宗壬寅 以民集城小 命贊成鄭苯 胥干舊治南十
    里許登永川 晉州 昆陽 淸 道 泗川 鎭海六邑民二萬餘夫 使該邑守
    各率其民分董城役 縣令李好誠 移官舍府庫」

16. 『嶺南邑志』第二十五册 巨濟 先生案條,「本朝 縣令李好誠 築古縣城」

17. 『韓國近代邑誌』32 慶尙道26 統營郡誌 古城郭條
    「古縣城 在巨濟一運面古縣里 周三千三十八尺 高三十尺 內有一
    池一井亦古者巨濟郡址也 見巨濟舊誌」

18. 『慶尙道輿地集成』巨濟郡邑誌 城池條
    「古縣城 在郡東二十里 周一千三十八尺 高三十尺 內有一井一池」

19. 『慶尙道輿地集成』巨濟郡邑誌 古蹟條
    「古縣築城 本朝 世宗壬寅 以民集城小 命贊成鄭苯 胥干舊治南十
    里許登永川 晉州 昆陽 淸道 泗川 鎭海 六邑民二萬餘夫 使該邑守
    各率其民 分董城役 縣令李好誠 移官舍府庫」

20. 『慶尙道輿地集成』, 巨濟郡邑誌 先生案條「本朝 縣令李好誠 築古
    縣城」

이상의 기록에 의하면 왜구의 변이 가라앉은 세종 1년(1419)에 거제
에 목책을 설치하여 인민을 보호하였고, 세종 4년(1422)에는 현령이 파
견되어 거제현이 다시 설치되었다.

세종 7년 10월(1425)에 경차관 허성(許誠)이 계하기를 사월포(沙月浦)

가 읍성을 만들어 백성들을 살게 할 만하여 목책을 설치하여 읍치로 사용하기 시작하였다.라는 기사에서 세종 7년 1425년에 이르러 환도 후 사월포에 목책을 설치하고 읍치를 두었던 것을 알 수 있다.

이후 세종 9년(1427)조에 호조에서 거제현 인민이 장계로써 아린 조거에 의거하여 계하기를, "임인년에 심포(深浦)의 수월평(水月平)에다가 각 포의 선군(船軍)을 동원하여 목책을 설치하고 잠정적으로 관사를 세우도록 했는데, 세종 8년(1426) 병오년 봄에 다시 사등리를 선정하여 읍을 옮겨 비로소 성곽을 쌓았습니다. 그러나 객사, 공아, 국고, 관청을 새로 옮겨온 많지 못한 백성들의 힘으로서는 수년 안에 축성하기가 어렵겠사오니, 청컨대 가까운 곳의 각 포 선군과 각 고을 군인들을 동원하면 많은 일수를 역사(役事)하지 않더라도 지을 수 있을 것입니다." 그대로 따랐다.라 하는 기사가 있는데 이 시점에 이미 사등성(沙等城) 축성되고 있음을 알 수 있다. 이후 문종 즉위년(1450) 10월에 도체찰사 정분의 치계 내용 가운데, "신이 거제읍성을 살펴보니, 주위 둘레가 1천 9백16척인데, …낮으막하고 협착하니, 개축한 다음이라야 온 섬의 백성들이 入保할 수가 있겠습니다. 신이 고정부곡을 보건대, 지세가 넓고 평평하고 골짜기가 깊고 은밀하고, 또 우물과 샘이 있어 경작할 수 있고 거주할 수 있는 땅이 자못 많습니다. 청컨대 읍성을 여기에다 옮겨 장차 明年 10월까지 쌓아서 만드는 것이 편하겠습니다. 하니, 그대로 따랐다."라는 기사가 있는데 이때 거제읍성 역시 사등성으로서 그 내부과 협착하고 식수가 부족하여 장차 고정부곡 즉 고현 지역으로 읍성을 축성하여 이치할 것을 건의하는 것이 확인되고 있다. 그러나 이러한 정분의 치계와 관련하여 거제현 사람이 상언하여, "본읍이 예전에는 섬 안 水月里에 木柵을 설치하였으나, 지난 병오년(1426)에 사등리로 옮겨서 관사를 설치하고 성지(城池)를 건설하는 일이 무진년(1448)에 이르러 끝났는데, 이제 도체찰사

(都體察使) 정분의 심정으로 말미암아 또 고정리로 옮기려 합니다. …바라건데 옮겨 설치하지 말아 주소서."하니 명하여 병조에 내렸는데, …아뢰기를, "도체찰사의 계본안에 '고정부곡은 평평하고 골짜기가 깊으며 샘이 넉넉하여 농사짓고 살 만한 곳이 많으며, 또 각 포(浦)의 중앙으로 요충인 땅이니, 여기에 고을을 두어야 합니다.' 한 것을, 이미 일찍이 계하(啓下)하여 명을 내려 10월부터 고을을 옮기기 시작하여 성을 쌓고 있는데, 지금 고을 사람이 올린 상언은, 청컨대 청리(聽理)하지 마소서."라고 하여 고현성의 축성에 대하여 반대하였는데 받아들여지지 않고 계속적인 축성이 진행되고 있음을 알 수 있다.

또한 문종 1년(1451) 5월에 경연에서 우참찬(右參贊) 안숭선이 말하기를 "신이 을축년에 순찰사(巡察使)로서 순행하다가 거제에 이르러 읍성의 지세가 낮고 바다 어귀에 가까이 있음을 보고서 한란을 당할 것이 두려웠으므로 옮겨 설치하자는 의논이 참으로 옳다고 생각하였습니다." 여기에서 을축년은 세종 27년(1445)에 해당하며 이때 읍성은 사등성으로서 문종의 하문에서도 정확하게 사등성임을 확인할 수 있다. 다시 문종이 말하기를 "사등리의 읍성에는 샘이 모자라니, …고쳐 쌓는다면 고정리로 옮겨야 마땅하다. 내 뜻은 이미 정해졌다."고 하여 가을에 고정리에 邑城을 축성할 것을 결정하고 있다. 가을인 문종 1년(1451) 11월에 경상도 거제현에 성을 쌓기 시작하였다. 따라서 고현성 축조는 문종 1년 서기 1451년 11월에 시작되고 있음을 알 수 있는 것이다. 이렇게 시작된 축성은 단종 즉위년(1452) 8월에 충청·전라·경상도 도체찰사 정분의 계문에서 "청컨대…이미 성을 쌓은 경상도 곤양(昆陽)·기장(機長)·동래(東萊)·고성(固城)·거제(巨濟)는 해자(垓子)를 파지 않았으니, …본읍(本邑)으로 하여금 파고 쌓게 하소서."[30]라는 기사가 확인되고 있어 이

---

30) 『단종실록』권2 즉위년 8월 신유조.

때에 이르러서도 아직 필축(畢築)을 보지 못하고 있음을 알 수 있다. 그러나 이 기사 내용 가운데 이미 성을 쌓았다는 내용을 참조한다면 고현성은 해자를 제외한 체성부와 문지의 축성은 이뤄진 듯하나 치성(雉城)과 해자를 비롯한 부대시설은 완전하게 축조되지는 않은 듯하다. 이러한 연유로 단종 1년(1453) 8月에 겸병조조사(兼知兵曹使) 김순(金淳)을 경상도에 보내어 거제성(巨濟城)의 축성을 감독하게 하였다. 따라서 해자까지 구비한 읍성으로 필축 되는 것이 단종 1년 8월 이후임을 알 수 있는 것이다. 이후 고현성은 임진왜란(壬辰倭亂)이 발발하는 선조 25년(1592)에 왜군(倭軍)에게 함락되는데 『선조실록(宣祖實錄)』 25년조에 "거제현령(巨濟縣令) 김준민은 성을 지킴이 가장 견고히 하고 있었는데, 순찰사가 근왕(勤王)할 일로 불러 현령(縣令)이 겨우 육지로 나가자마자 군사와 백성은 무너져 흩어졌고 왜적이 성안에 가득하였습니다."라는 기사가 있다. 또한 『宣祖實錄』 26년 8월 30일(辛亥)조에 선전관 유대기(兪大祺)가 진주성의 함락(陷落) 경위, 적도(賊徒)의 동향에 대해 보고하였는데 이것을 살펴보면 "신의 소속인 각 고을의 군병에 대해 책자를 만들어 올립니다. 우도 31고을 내에…거제(巨濟)…중략… 등 고을은 현재 凶賊이 웅거하고 있어 인민이 사방으로 흩어졌으므로 군병을 조발할 길이 전혀 없고…[31] 라는 기사내용에서 확인할 수 있다. 즉 이것은 선조 25년에 발발한 임진왜란 초에 이미 거제도는 왜군에 의해 점령되었고, 고현읍성도 이때에 점령당하였으며 同王 26년에는 적이 거제도 북쪽 일대에 주둔하기 시작하고 동왕 27년부터 장목(長木) 일대에 축성을 하여 송진포왜성(松眞浦倭城)과 장문포왜성(長門浦倭城)을 축성하기 시작하여 장기적인 주둔(駐屯)을 실시하고 있음을 알 수 있다. 이때 거제는 견내량을 봉쇄하고 왜군의 서진을 막고 있던 이순신(李舜臣)장군과 조선수군에 대항하여

---

31) 『선조실록』 권41 26년 8월 신해조.

부산포와 낙동강 수계를 보호하기 위한 전초기지로서 역할을 수행하고 있음을 확인할 수 있는 것이다.

현종 5년(1664)에 이르러 감사 이상진이 경상도 거제현은 물과 토질이 매우 나빠 병(病)으로 죽는 관리가 많다고 계문하며 본 현 서쪽 20리 지점에 있는 명진촌(溟珍村)으로 읍(邑)을 옮기자고 청하였는데 이때에 고현읍성으로부터 거제면 명진촌으로 이치하여 고현읍성이 폐성되기에 이르렀다.

한편 상기 문헌기사에 기재된 내용 중에 혼동되는 것은 대부분의 지리지에는 읍성 둘레가 3,038尺인데 반해 『동국여지지(東國與地志)』, 『영남읍지(嶺南邑誌)』만 3,638尺, 문종실록(文宗實錄)에서는 1,916尺으로 기록되어 있는 차이가 확인되고 있는데 기인한다. 이 가운데 『동국여지지』, 『영남읍지』 3,638척은 3,038척의 오기로 파악된다. 그것은 척도가 다르면 높이도 달라져야 함에도 여타의 지리지와 『동국여지지』, 『영남읍지』의 높이는 동일하게 13척으로 기록되어 있으며 성둘레만 달라지는 것은 납득하기 어렵기 때문이다. 특히 이 당시 성기 심정에 사용된 포백척과 영조척 및 주척 비율을 따져 보아서도 알 수 있는 것이다.

다음으로 『문종실록(文宗實錄)』에서 1,916척이라는 성둘레는 고현성이 아닌 사등성 둘레를 기록해 놓은 것이다. 앞서 『세종실록지리지(世宗實錄地理志)』의 경우 성둘레가 321보로 보계치(步計値)로 수록하여 놓았다. 이것 역시 사등성 성둘레를 수록한 것이다. 여기에서 확실하게 용척(用尺)을 적용할 수 있는 것이 『동국여지승람(東國與地勝覽)』거제현 성곽조로 석성으로 높이 13척, 길이 3,038척 읍성이 있으며 성내에는 우물 3, 연못 2개소가 있다고 한다.

고현성 축조는 경상도민 2만 명이 참가하였으며 永川郡事 鄭次泰, 晋州判官 楊淵, 昆陽郡事 崔性老, 淸道郡事 李椅, 泗川縣監 張俣, 鎭海縣監

金漢珍이 감독하였고 巨濟縣令 李孝誠은 관아(官衙)와 부고(府庫)를 세우는 등 3,000척의 성벽과 40여 간의 건물을 9년간에 거쳐 완공하였다고 한다는 기사에서 확인되는 3,038척이다.

이 기사에서 확인되는 3,038척은 포백척(布帛尺)으로서 이것은 문종 원년 5월에 황해도 지역 관방을 순심할 때 정분이 사용한 척수가 포백척으로 동왕 원년 8, 9월에 정분이 올린 충청, 전라, 경상도 읍성의 성기심정에 포함되는 고현성 척수도 역시 포백척이었을 것이라는데 기인한다.[32]

따라서 포백척 기준치인 46.73cm를 현재 미터법으로 환산하면 약 1,419m로 환산되며 이러한 수치는 고현성 측량에서 확인된 1,430m와 거의 유사함을 알 수 있다. 그러므로 『동국여지승람』에 수록된 둘레 3,038척은 포백척으로 측정된 것임을 알 수 있는 것이다.(표 3 참조)

〈표 3〉 각종 문헌기록에 나타나는 고현읍성의 현황

문헌	편찬연대	축성연대	둘레	높이	문지	적대	여장	못	우물	기타
세종실록 지리지	1454년	·	321보	·	·	·	·	·	·	
문종실록	1450년	문종 원년	1,916척	·	·	·	·	·	·	
신증동국여지 승람	1481년	·	3,038척	13척	·	·	·	2	3	
동국여지지	1481년	세조 3년	3,638척	·	·	·	·	2	3	문이 있음
경상도속찬 지리지	1425년	문종 원년	3,038척	12척	·	·	·	2	3	군창이 있음
여지도서	1757~ 1765년	·	3,038척	13척	·	·	·	1	1	

---

32) 『문종실록』권7 원년 5월 임인조.
　　문종 원년 5월에 의정부에서 병조의 정문에 의거하여 계하기를, 황해도 도체찰사 정분이 곡산 방면 아래로 수안 · 서흥 · 봉산 · 황주 등 각 고을의 이전의 관방처를 모두 순찰하면서 그 관방의 구기와 새로 설치할 관방처를 포백척으로 측량하였다 하고 있어 고현성의 성기 심정시에도 포백척이 사용되었을 것임을 알 수 있다.

증보문헌비고	1770~1908년	단종 초	3,038척	13척	·	·	·	1	1	
경상도읍지	1832년	세종 임인년	3,038척	13척	·	·	·	1	1	
대동지지	1861년	단종	3,088척	·	·	·	·	2	3	
여도비지	1856년	단종	3,038척	13척	·	·	·	2	3	
영남읍지	1871년	세종 임인년	3,638척	13척	·	·	·	1	1	
한국근대읍지	1930년	·	3,038척	13척	·	·	·	1	1	
경상남도 여지집성	1963년	세종 임인년	1,038척	13척	·	·	·	1	1	

(4) 체성

① 축조현황

체성 축조수법을 살펴보면, 체성은 아래쪽으로 내려오는 경사면과 거의 나란하게 축조되다가 급경사를 이룬 부분에서는 계단상, 즉 수평기단으로 축조되고 있다. 이러한 체성은 먼저 성벽이 될 부분 표토를 제거하고 성 안쪽에서 외벽 쪽으로 생토면을 'ㄴ'자상으로 정지하여, 그 위로 10cm 내외의 점토를 다지고 할석과 자갈을 이용하여 생토면 위를 정지한 후 그 위에 성벽 기단부를 구축하고 있다. 외벽쪽은 10cm 내외 할석과 자갈을 섞어서 다진 후 그 위에 두께 20cm 내외 장방형의 대석을 깔아 지대석을 만들고, 그 위에 60~130×30~70cm 정도 크기 자연대석을 올려 약 15cm 정도 물리어 놓은 형태이다.

외벽 면석은 자연대석을 사용하고 지대석과는 수평하게 축조하였는데 기단석은 두께 15cm 이상 길이 80~120cm 내외 장방형 석재를 치석하여 사용하고 있다. 고현읍성 발굴조사 가지구 경우에는 비교적 대석을 이용하여 세워쌓기 즉 입수적으로 축조하였다. 반면에 다, 라 지구에서는 세워쌓기, 눕혀쌓기가 교대로 축조하였다. 이와 같은 대석 사용은 중간 적심석 부분 침석이 지탱하여 준 흔적을 보이고 있으며, 침석이 없는 경우는 비교적 큰돌을 적심석으로 사용하고 있다.

내벽은 지표면을 50~60cm 깊이로 파고 그 속에 할석을 채워 기단부를 보강하고 그 위에 인두대 할석으로 조잡하게 쌓아 올렸다. Level 상 외벽 기단부가 낮고 내벽 기단부가 높기 때문에 처음에는 외벽을 내탁수법으로 축조하다가 내벽 기단부에서부터 협축하는 수법을 취했다. 내외벽 간에는 할석편이나 자갈돌로 차곡 채워 다졌으며 외벽쪽 1m 너비로 비교적 대석이 사용되고 간혹 침석이 보이는 구간도 있다.

외벽 기단부 하부에는 성벽에서 해자쪽으로 너비 약 1.2m정도까지 판석 내지 인두대 할석을 기단석과 나란하게 깔고 있다. 이러한 외벽 기단석 바깥 석축은 웅천읍성, 언양읍성, 하동읍성 등에서도 확인되고 있다. 고현성에서는 일부 석축은 체성의 지대석과 맞물려 있는 것이 확인되고 있어 체성과 동시 축조로 판단된다. 하동읍성 서문지 외벽 면석 하부 보조석축은 모두 덧대어서 축조되어 있어 꼭 기저부를 조성하고 정지하기 위해서 사용한 축조수법만은 아닌 것이라고 말할 수 있겠다. 더구나 언양읍성, 웅천읍성 기단석축에는 많게는 4~5단 적게는 2~3단 높이를 가진 할석과 판석층이 각 읍성 중에서도 습지와 인접하거나 하천을 비롯한 물과 관련한 지역에서 확인되고 있어 침수예방과 교통을 위해 축조된 것으로 생각해 볼 수 있겠다.

(5) 부대시설

① 해자
조선시대 단종 즉위년에 충청·전라·경상도 도체찰사 정분이 읍성을 순심한 후 규식대로 축조하지 않았다고 하여 하삼도 51개 읍성을 순심하여 보고할 때 해자에 대해서도 언급하고 있다.[33] 이때 이미 축성한 경상도 곤양, 기장, 동래, 고성, 거제는 해자를 파지 않았다고 하여 본읍이 파도록 하고 있음에서[34] 확인할 수 있다. 즉 정분이 계문할 당시에는 고현읍성 해자는 미착인 상태였던 것이다.[35] 따라서 고현읍성 해자는 단종 즉위년인 1452년 5월 이전까지는 축조되지 않았으며 읍성 필축을 위해 감독관인 김순이 단종 원년 1453년 9월에 파견되는 시점을 전후로 한 시기에 해자가 완축되었을 것으로 생각해 볼 수 있겠다.

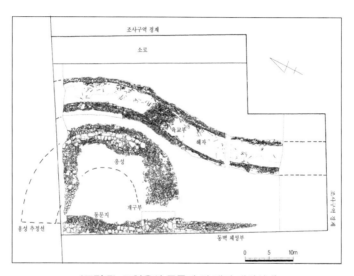

〈그림 7〉 고현읍성 동문지 및 해자 배치상태

---

33) 『문종실록』권9 원년 9월 경자조.
34) 『단종실록』권2 즉위년 8월 신유조.
　　「忠淸全羅慶尙道都體察使鄭苯癸曰…慶尙道昆陽機長東萊固城巨濟　則味著垓子…請령本邑鑿築」
35) 『문종실록』권9 원년 9월 경자조.
　　『愛日堂先生實記續本』,「請慶尙忠淸各官城子尺量計」

고현읍성 해자는 고고학적 조사에서는 동벽 체성 바깥에서 확인되었는데 확인된 해자 규모는 길이 54m, 상부 너비 6.4m, 하부 너비 4.5m, 최대 깊이 2.9m이다. 이미 조사된 고현읍성 측량도와 지적도를 고려한다면 동벽 외부에 축조된 해자 전체 길이는 약 185m로 추정된다. 해자 진행방향은 남남동에서 북북서이며 동문지 옹성을 따라 배치되면서 S자 형태로 사행하고 있다. 이와 같은 양상은 적어도 동문지 옹성 주변 해자는 동문지 옹성이 설치된 이후 축조된 것임을 알 수 있는 것이다.

고현읍성 체성과 해자 간격은 동벽과 해자 사이 이격거리가 5.1m로서 이와 같은 양상이 고현읍성 전체에 걸쳐서 나타나는 현상은 아닌 듯하다. 즉 동벽 체성과 문지에 한해서만 한정되어 나타나는 현상으로 파악된다. 읍성 가장 높은 지점에 위치하는 서벽을 비롯하여 남벽과 북벽 양상은 동벽에서 확인되는 이격거리 보다는 간격이 넓은 것으로 파악된다.

고현읍성 각 시설별 해자와의 이격거리를 살펴보면, 동벽 해자는 체성 외벽 면석으로부터 약 5.1m 떨어져 축조되었다. 동문지에서는 옹성 체성 지대석을 기준으로 불과 2.8m 정도 이격 되어 있다.

해자 규모에 관해 살펴보면, 고현읍성 해자 너비는 상부 너비 6.4m, 하부 너비 4.5m로서 최대 깊이 2.9m이며 단면 U자형을 이룬다.

해자 너비에 있어서는 김해읍성은 5~7m, 웅천읍성 3.4~9.7m, 언양읍성 5.1m, 병영성36)등의 해자와 비교해 볼 때 5~7m 간격인 김해읍성이나 5.1m 간격인 언양읍성보다는 넓은 것으로 확인되고 있다. 해자 내구(內溝) 너비가 6.8m에 이르는 웅천읍성과는 너비가 비슷하며, 8m 울

---

36) 병영성(兵營城) 해자(垓字)는 북쪽에 부분적으로 남아 있다. 외벽에서 10m정도 간격을 두고 폭 8m, 깊이 2m 크기의 단면 U자상으로 파서 그 속 바닥에 판석을 한번 깔아 둔 형태이다. 목익(木杙) 형태는 보고되지 않고 있으며, 조사자는 건호(乾壕)로 추정하고 있다.

산 병영성보다는 작다.

해자 상부 너비와 하부 너비 비율에 관해서 살펴보면, 상부 너비 6.4m, 하부 너비 4.5m로 대략 1:1.5의 비율로 축조되어 있다.

고현읍성 해자 축조수법은 잔존 깊이에 있어서 1.7~2.5m 내외가 대부분을 차지하고 있다. 동벽 해자 잔존 깊이가 최대 2.9m에 이르고 있다. 남해안 연해읍성 가운데 동래읍성은 2.3m 정도가 잔존하는 곳이 확인되고 있다. 고현읍성 해자 석축 높이는 3m를 전후로 한 것이라고 할 수 있다. 이것은 고현읍성 해자 호안석축은 그 기저부에서 최상단부까지 거의 원형을 유지하는데서 알 수 있는 것이다.

고현읍성 해자 석축수법은 공히 허튼층쌓기를 실시하여 장대석과 대석을 사용해서 축조되는 체성에 비해서는 조잡하게 축조되어 있음을 알 수 있다. 그러나 기저부 바닥에 지대석을 놓고 뒤로 물려서 기단석과 해자석을 축조하는 방식은 체성 축조수법과 대동소이하다.

〈사진 9〉 고현읍성 동문지 및 해자 노출 상태

해자석은 대부분 자연할석이나 화강암계통의 자연산석이 대부분이며 강돌과 면석은 부분적으로 가공한 흔적이 확인되고 있으나 그 숫자는 많지 않은 것으로 판명된다.

여기에 사용된 해자석 크기(가로×세로)는 80cm×40cm, 48cm×45cm, 80cm×60~70cm로 언양읍성 20~30cm×20~30cm, 동래읍성 10~25cm, 10~30cm보다 비교적 큰 편에 속한다. 따라서 연해읍성 해자석 크기는 대략 10~30cm 내외 크기 할석이 대부분을 이루고 있는 것을 알 수 있다.

② 해자 조교

거제 고현읍성 동문지 해자에서 토석혼축의 석축시설이 적석층 하단에서 확인되었다. 이 토석혼축 석축시설은 총 두 번에 걸쳐 유형을 달리하는 출입시설이 설치된 것으로 확인되고 있다.

먼저 상단부에 설치된 토석혼축 석축시설의 축조수법을 살펴보면 50cm×30㎝ 내외 자연석을 그 외곽과 중간위치에 해자(垓子) 방향과 직교하게 일렬로 배치하였는데 2~3단 정도 횡평적하고 그 내부는 할석과 자갈로 채움 하였다. 또한 이 육교부[37]와 관련하여 해자 상부 매몰석 제거 후에는 길이 216cm, 두께 13cm의 나무기둥이 쓰러진 채 확인되었다. 이것이 당시 다리의 기둥 목재였던 것으로 추정된다. 즉 최근 조사된 연해읍성 해자에서 확인되는 목익(木杙) 평균 길이는 50~60cm 정도이다. 그중 가장 큰 것이 100cm 내외인데다 제포(薺浦), 당포(唐浦), 수중목책(水中木柵)에서 확인되는 목익 길이 역시 평균 150cm 내외임을 감안한다면 상당히 긴 목재를 사용하였음을 알 수 있다. 더구나 해자 출토 목익 두께는 2~8cm 사이가 주류를 이루며 5~7cm 사이가 확인된다. 따라서

---

37) 석축시설의 명칭을 조교(釣橋)라는 용어가 있으나 여기에서는 들고 내리는 기능이 없는 관계로 육교부란 용어를 사용한다.

길이 216cm와 두께 13cm 목주(木柱)는 목익으로서의 기능보다는 다른 용
도로 사용된 것이라 할 수 있다. 또한 동래읍성 해자 호안석축(護岸石築)
과 직교하는 목주들이 확인되었다. 직경 3~5cm, 길이 40~100cm로 다발
을 묶어 놓은 것이 풀어진 듯하게 확인되고 있다. 조사자는 당시 해자호안
석축 사이를 연결한 가교(架橋) 기둥으로 추정하고 있다.[38]

〈사진 10〉 동벽 해자 육교부

또한 하동읍성 북벽 정상부에서 확인된 해자와 서문지 근처 해자 내에
서 판석과 할석으로 축조된 적석시설 일부가 확인되고 있다. 이 역시 해
자 내외를 출입하는 시설로서의 상관성이 주목된다.

이와 같은 점들을 고려한다면, 고현읍성 해자에서 확인된 교량시설은
동래읍성에서 확인되는 목재교각(木材橋脚)과 더불어 적어도 조선 전기
에는 목제가교(木製架橋) 내지 조교(釣橋) 형태를 유지하였다가 토석을
이용하여 육교의 형태로 점진적인 변화를 보인 것으로 생각할 수 있다.
특히 이때에도 가공석재를 이용하여 정교하게 구축한 석교(石橋)를 설치
하지 않고 토석을 이용하여 다소 조잡하게 설치한 것은 유사시 즉시 해

38) 경남문화재연구원, 2006, 「釜山地下鐵 3號線(壽安停車場) 建設敷地內 文化遺蹟 發
    掘調查 2次 現場說明會 資料」.

체와 복구가 가능하도록 그 기능성을 고려한 것으로 생각해 볼 수 있다. 즉 육교부는 성으로 진입하기 위한 수단으로도 중요한 구조물이다. 그러나 유사시 해자를 넘어 적이 읍성 내로 진입하기에 좋은 시설이다. 이를 감안하여 효과적인 읍성 방어를 위해서는 육교부 파괴가 요구되므로 석재를 이용한 견고한 육교시설보다는 나무를 부재로 사용했던 것이라고 생각할 수 있다.

〈사진 11〉 해자 호안석축 기저부 목익 노출 상태

해자 내부에서 출토되는 목익은 고현읍성에서는 길이 70cm, 직경 2×4cm정도이다. 언양읍성[39]은 직경이 2~3cm 내외이고 웅천읍성은 직경이 4, 6, 8cm의 목익이 출토되고 있다.[40] 하동읍성은 직경 6cm 내외가 다수를 차지하고 있다.

또한 최근 조사된 동래읍성(東萊邑城)[41] 해자 내에서 출토된 목익은 직경이 3~5cm 내외로 확인되고 있으며 상하를 날카롭게 깎아서 바닥에 설치하였다. 또한 이외에도 진해 제포에서 확인된 수중목책 목익은 두께가

39) 東亞大學校博物館, 「彦陽邑城 綜合整備復元을 위한 學術調査報告書」, 2003.
40) 慶南發展硏究院 歷史文化센터, 「鎭海 熊川邑城」, 南撥發展硏究院歷史文化센터 調査硏究報告書第1冊, 2001.
41) 심봉근, 앞의 책, 2003.

약 20cm 내외이고 통영 당포진에서[42] 확인된 목익은 두께가 10~16cm이나 평균 13cm이다.

고현읍성에서는 대부분이 각재 형태로 목익이 출토되고 있다. 석축 육교부 제거 후 바닥에서 확인된 통나무는 목익보다는 목제가교(木製架橋)의 기둥재로 사용된 것으로 생각해 볼 수 있다.(표 4 참조)

〈표4〉 고현읍성 해자 내 출토 목익의 현황

유적명	유구	길이(Cm)	직경	수량	출토지점	출토상태	형태	비고
고현읍성	동벽 해자	68.7~98.6	2~4	다수	해자외벽 주변	수직/사직/횡	각재	
	해자육교부	216	13	1	해자육교부	횡	원형	교각용 목재로 추정

③ 동문지 옹성

문지는 동, 서, 남문이 배치되어 있고, 북쪽에는 문지가 없다. 모두 사방 체성을 절개하고 외측에 반원상 옹성을 두르고 있는 것으로 기록되어 있다.

고현읍성 동문지 옹성 둘레 47m, 성벽 너비는 7m로서 하동읍성 서문지 옹성 둘레 48.5m, 성벽 너비 7.5m와 유사한 평면플랜을 가지고 있다.

고현읍성 동문지 문지 너비 3.2m이고 북문지 너비 4.15m로 확인되었다. 최근 조사된 하동읍성은 서문지 개구부 너비가 바깥쪽은 3m이고 안

---

42) 당포수중유적(唐浦水中遺蹟)에서 수습된 목주는 총 44기이다. 가장 긴 것이 318cm이고 가장 짧은 것이 102cm 정도이다. 목주 평균 길이는 155cm 내외이고 목주 굵기는 10~16cm이며 평균 13cm 정도라고 한다. 조사자는 목주 직경이 13cm 내외인 것이 운반하기에 용이하고 개펄 설치를 위해 다듬기에 적당한 크기이며, 목주 본래 크기는 220cm 이상이 되고 직경이 13cm, 가공면이 65cm 정도에 이를 것으로 추정하고 있다.

쪽은 4.15m로 확인되고 있다. 현재까지 확인된 고현읍성 문지 너비와 길이가 동일한 것으로 확인되고 있어 주목된다. 즉 이러한 것은 고현읍성이 축조되는 시점인 문종 원년과 단종 즉위년인 1452년은 세종 치세 기간에 축적된 읍성 축조 기술이 어느 정도 완성된 단계로서 축조수법 및 부대시설 축조 규식이 이미 정착된 단계라고 할 수 있을 것이다. 더욱이 태종 17년에 초축 되고 세종조에 다시 수개축이 이루어진 하동읍성 서문지에서 확인된 이와 같은 양상은 우연의 일치처럼 고현읍성 북문지와 동문지에서 확인되고 있다. 더구나 북·동문지가 체성과 동시에 축조된 것으로 확인되고 있어 이 당시 문지 간격이 3~ 3.2m, 4.15m 두가지로 사용된 것이 아닌가 생각된다.

따라서 하동읍성에서 사용된 문지 축조 규식이 고현읍성 문지 축조에도 그대로 사용된 것으로 생각할 볼 수 있다. 이에 대한 것은 좀 더 자료의 검토가 필요할 것으로 판단된다.

〈사진 12〉 고현읍성 동문지 옹성

(6) 출토유물

고현읍성에서 출토된 유물은 주로 기와류와 자기류이다. 자기류는 분청사기, 회청사기, 백자로 분류할 수 있고 분청사기 및 회청사기와 백자가 비슷한 수량을 이루고 있다. 기형은 생활기명인 접시와 사발이 중심이다. 분청사기는 문양의 양상을 볼 때 내 외면에 승렴문과 와선문이 빼곡히 시문되거나 내면에만 소국화문과 선문이 인화 후에 백토가 감입되었다. 이러한 문양 양상은 15세기 중반으로 비정할 수 있다.

백자 굽은 낮은 죽절굽과 높은 직립굽이 대부분이다. 유색은 회백색, 회청색. 백색 등이고 번조방법은 3∼12개의 모래비짐받침이 있다. 이러한 백자 양상은 조선 전기에서 후기까지 전시기에 고르게 분포한다.

옹기는 기형, 구연의 받침흔적의 양상은 하동읍성에서 출토된 옹기의 양상과 유사하다. 하동읍성에서 출토되는 옹기는 고창 용산리 가마에서 출토되는 것과 유사하다. 고창 용산리 가마 운영시기는 15세기 중반에서 16세기 초반임을 감안하고, 함께 출토되는 분청사기가 15세기 중엽으로 편년되는 것을 고려한다면 고현읍성 동벽 출토 옹기 역시 주 사용 시기가 대략 15세기 중엽을 전후한 것으로 생각된다.

기와는 암기와 문양은 집선계 직선형 사선문43)이 주류를 이루고 있다. 부분적으로 집선계 사선문, 복합문, 수직선조문, 호상문44)이 시문된 것들이 출토되고 있다. 흥미로운 것은 동문지와 체성에서 출토되는 기와의 양상이 확연하게 다르게 나타나고 있는 것을 알 수 있다. 즉 동문지에서는 절대적으로 집선계 직선형 사선문이 주류를 이루고 있고, 수직선조문과 복합문(호상문+수직선조문, 호상문+집선계 직선형 사선문)이 출토되고 있다. 동벽 체성부에서는 집선계 직선형 사선문이 주류를 이루고 있고 호상문은 극소량만이 출토되고 있다.

---

43) 김성진, 2005, 「조선 전기 경남지역 와요 및 평기와의 전개양상」, 동아대학교석사 학위논문, 48쪽.
44) 김성진, 2005, 위의 논문, 52쪽.

〈사진 13〉 해자 출토 유물

　이와 같은 현상은 체성에서는 초축 시기와 대체적으로 부합하는 집선계 직선형 사선문이 주류를 이루고 있고 호상문은 극소량만이 확인되고 있다. 체성은 초축 이후 대체적으로 별도의 수개축이 없이 그 형상을 유지한 것으로 파악할 수 있다. 반면에 동문지는 14세기 후반에서 15세기 중반이 주 사용시기인 집선계 사선문 계열 기와편과 15세기 중반이후 나타나는 복합문인 (호상문＋수직선조문), (호상문＋집선계 직선형 사선문)이 출토되고 있다.45) 고현읍성 정문으로 추정되는 동문지 중창 및 증개축과 관련이 있는 것으로 생각해 볼 수 있다. 또한 해자 내에서 출토된 유물 가운데 호상문(弧狀文)이 시문된 명문암막새가 있다. 이 명문암막새에는 "도광(道光)"과 "동치(同治) 15年"이라는 명문이 확인되고 있어 건물지 중창과 관련해서 기록된 것으로 추정된다. 해자와 동벽 체성 사이에 잔존했던 추정 건물지와 관련이 있을 것으로 판단되나 단언할 수는 없다. 다만 도광(1821~1850)과 동치(1862~1874)는 청나라 연호로서 이 시기는 조선 순조 21년부터 고종 11년에 해당하는 것으로, 고현읍성이 현종 5년(1664)에 거제면으로 이치하고 폐성된 지 150년 이후 시기라는 점에서 고현읍성과는 직접적인 관련은 없는 것으로 판단된다.

─────────────

45) 김성진, 2005, 위의 논문, 77쪽.

이외 유물 가운데 목기(木器)가 두 점 출토되었다. 이 목기들은 모두 해자 내에서 발견된 것이다. 둘 다 가공된 것으로 하나는 주걱이고 나머지 것은 절구공이의 손잡이로 추정되는데 외형변화가 심해 정확한 형태를 파악할 수는 없다.

3) 고성읍성[46]

(1) 위치와 현황

고성읍성은 경상남도 문화재자료 제89호로 행정구역상 경상남도 고성군 동외리, 수남리 일원으로 현재 고성읍 성내리가 그 중심지이다. 지리적으로 북동쪽으로 당항만과 남쪽으로 고성만에 각각 연접하여 해상교통이 편리한 곳이다. 지형적으로는 평지읍성처럼 보이지만 남쪽에서 바라보면 구릉정상부에 위치하고 있다. 즉 북동쪽과 남쪽이 바다와 근접하면서 그 중간지점에 축조된 형태인데 동쪽은 남산에서 서쪽으로 뻗은 지맥에 해당하고 서쪽도 당몰도, 교사리로 연결되는 구릉상에 해당한다. 또한 북쪽도 구릉상에 해당하며 남쪽은 서문지 주위의 서외리 구릉, 군청 뒤편의 왜성이 있는 구릉, 그리고 그 남쪽의 수남리 구릉이 각각 손가락처럼 뻗어 해안선에 연접하고 있는데 그 구릉 위에 읍성이 위치하고 있다.

원래 고성읍성지는 가야시대 말로왕의 왕궁터라고 전해지고 있으나 현재 남아 있는 성벽은 고성읍성과 고성왜성의 일부이다.

고성읍성은 평지성(平地城)으로 평면 주형이며 성과 성문은 일제시대

---

46) 慶南發展硏究院 歷史文化센터, 2001, 「固城邑城址 地表調査報告書」, 慶南發展硏究院 歷史文化센터調査硏究報告書 第3冊.
　　東亞大學校博物館, 2006, 「固城邑城址」, 고적조사보고서, 제40책.

이후 거의 철거되고 현재는 남문지 옹성부분으로 추정되는 흔적만이 남아 있는 정도이다.

체성은 거의 훼손되었고, 도시내의 일부분이 잔존하고 있고 잔존높이 약 0.8~1.8m이고, 내외벽부 모두 민가의 담장과 학교 담장으로 사용되고 있어 그 훼손의 정도가 훨씬 심각하다.

북벽의 경우는 학교 건립시에 파괴되어 현재는 그 윤곽을 확인할 길이 없고 서벽과 동벽 역시 시가지의 팽창으로 인해 거의 훼손되고 일부가 잔존하고 있으나 이미 건물들이 들어서 있는 상황으로 전반적으로 보존 상태가 좋지 못한 상황이다. 기단부 흔적과 지대석 흔적이 나타나는 것으로 보아서 지하에 유구가 잔존할 것으로 추정된다. 또한 과거 서문지로 추정되는 서벽부에서도 새로이 성벽이 확인되고 있으나 역시 주택들로 인해 그 정확한 양상을 확인할 수는 없다.

수남리에 남아 있는 석축은 정유재란시 읍성을 개축한 왜성으로 왜군의 남해안 장기 주둔을 목적으로 울산에서 순천에 이르는 남해안 일대의 요충지에 쌓은 왜성의 하나이다.[47]

(2) 고성의 연혁

고성에서 인간활동이 이루어진 연원은 현재까지 자료에 의하면 청동기시대 유적에 대해 발견·보고된 예가 45개소[48]에 이르는 것으로 보아

---

47) 東亞大學校博物館, 2006, 위의 책, 18쪽.

48) 昌原文化財硏究所·慶南大學校博物館, 1994, 『小加耶文化圈遺蹟精密地表調査報告 －先史·古代－』, 3쪽.
   1994년 당시까지의 조사에서는 모두 42개소에 이르는 청동기시대의 유적이 확인·
   보고되었다. 1999년 봄 거류면 佳麗里 薛召史旌閭碑 곁에서 3기, 대가면 琴山里 月村 마을에서 2기의 지석묘가 발견되었고, 고성읍 校社里에서는 이 시기의 聚落으로 추정되는 遺物散布地가 발견된 바 있다. 이 유물산포지는 경남문화재연구원의 시·

이전 단계인 신석기시대의 존재를 쉽게 상정할 수 있다.

　삼한시대에는 『삼국지(三國志)』弁辰傳에 등재된 변진고자미동국(弁辰古資彌凍國) 혹은 『삼국사기(三國史記)』 물계자전(勿稽子傳)에 등장하는 포상팔국(浦上八國) 중의 일국인 고사포국(古史浦國) 혹은 『일본서기(日本書紀)』의 고차국(古嗟國)으로 비정된다.[49] 이 시기의 유적으로는 고성패총과 송천리 솔섬 석관묘유적을 들 수 있다.

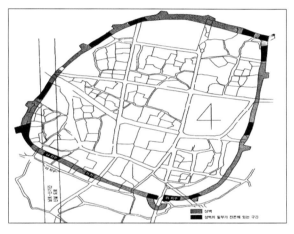

〈그림 8〉 고성읍성 평면도

　삼국시대의 고성은 『삼국사기(三國史記)』 地理志의 고자군(古自郡)과 『三國遺事』 避隱編의 고자국(古自國)의 용례에 근거하여 고자국으로 불려졌을 것으로 여겨진다.[50] 신라가 이곳을 점령하여 고자군(古自郡)을

　　발굴조사결과 住居址와 石棺墓 등으로 구성된 유적으로 확인되었다.

49) 『三國志』권30 魏書三十 烏丸鮮卑東夷傳第三十 弁辰傳.

　　『三國史記』권48 列傳八 勿稽子傳.

　　『三國遺事』권5 避隱八 勿稽子.

　　『日本書紀』권19 欽命天皇 5년 11월.

두었다가 경덕왕(景德王) 때에 고성(固城)으로 개명하였다. 고려시대 성종 때에 고주자사(固州刺史)로 하였다가 뒤에 현으로 강등하였다. 현종이 거제에 예속시켰다가 뒤에 현령을 두었고, 원종은 주(州)로 승격시켰다. 충렬왕은 남해(南海)와 합병하였으나 곧 복구하였다. 공민왕 때에 현으로 강등하였고, 조선시대에 들어와서도 그대로 따랐다. 철성(鐵城)이라는 별칭을 사용하기도 하였다.

선조 37년(1422년)에 삼도수군통제영을 거제현 오아포에서 두량포로 이전하였다가 광해군 9년에 고성현으로 이관하였다. 근대에 이르러서는 고종 7년(1870년)에 고성부로 승격시키고 부의 치소를 통제영내로 이전하였다. 고종 9년(1872년)에는 부의 치소를 고성으로 복귀하였다. 갑오경장을 거치면서 고종 32년(1895년)에 행정구역을 고성군으로 개편하고 수군통제영을 폐지하였다. 1938년에 고성읍으로 승격되었다.[51]

(3) 읍성의 축조

1. 『文宗實錄』卷七 元年 九月條
   「固城縣 邑城周三千十一尺 高十二尺 女墻高二尺 敵臺十二 門三
   有甕城 女墻五百七十五 內井四」
2. 『世宗實錄地理志』
   「固城縣 邑石城 周二百八十五步 內有四井」
3. 『慶尙道續撰地理志』
   「邑城 戊辰石築 周回四千六十九尺二寸 高十五尺 井泉四」
4. 『新增東國輿地勝覽』

---

50) 白承玉, 2001, 「古自國史 및 浦上八國 聯盟史」, 『古自國史와 加耶』, 고성문화원, 4쪽.
51) 『한국민족문화대백과사전』, 2001, 536~545쪽.

「城郭 邑城石築 周回三千五百二十四尺 高十五尺 內有四井一池」

5. 『輿地圖書』慶尙道 固城城池條

「城池 邑城 石築 周三千五百二十四尺 高十五尺 內有四井二池」

6. 『固城縣邑誌』

「城池 邑城 石築周三千五百二十四尺 高十五尺 內有四井二池」

7. 『東國輿地志』

「城郭 縣城 石築 周三千五百二十四尺 有門 城內有四井一池」

8. 『大東地志』

「城址 邑城 周三千五百二十四尺 井四池一 南門曰 晏淸樓」

9. 『嶺南邑志』固城府邑誌

「城池 邑城 石築 周三千五百二十四尺 高十五尺 內有三井二池」

10. 『增補文獻備考』

「固城邑城 石築 周三千五百二十四尺 高十五尺 內有四井池二」

11. 『鐵城誌』

「城郭 邑城 石築 周三千五百二十四尺 高十五尺 內有四井一池 見 勝覽」

12. 『固城誌』

「城郭 邑城 石築 周三千五百二十四尺 高十五尺 內有四井一池 見 勝覽」

이상의 기록에 의하면 고성읍성 축조시기는 『경상도속찬지리지(慶尙 道續撰地理志)』의 무진석축(戊辰石築)이라는 기사의 내용에서 실마리를 찾을 수 있다. 즉 무진년은 세종 30년(1448)에 해당하는 해로서 『조선왕 조실록(朝鮮王朝實錄)』세종 24년(1442) 7월의 기록에 사천, 고성, 영해 등은 방어대책이 시급한데도 읍성이 축조되지 않았다고 하여 마땅히 축 조토록 건의하는 것이 확인되고 있다. 따라서 1442년 당시에는 고성읍성 이 축조되지 않았음을 알 수 있다. 그리고 문종 원년(1450)에는 둘레, 문지, 옹성, 적대, 여장 등 읍성에 대한 기록이 구체적으로 나타나고 있다.

따라서 고성읍성의 축조는 세종 24년 이후에 축조되기 시작한 것으로 파악된다. 문종 원년(1450) 기록에 이미 체성과 적대, 문지옹성과 여장을 구비하고 있어 이때에는 적어도 체성은 축조가 완료된 것으로 파악해 볼 수 있다. 그러나 단종 즉위년(1452) 8월에 忠靑 · 全羅 · 慶尙道 都體察使 鄭苯의 啓聞에서 "청컨대…이미 성을 쌓은 慶尙道 昆陽 · 機長 · 東萊 · 固城 · 巨濟는 垓字를 파지 않았으니, …本邑으로 하여금 파고 쌓게 하소서."52)라는 기사가 확인되고 있어 이때에 이르러서도 아직 부대시설에 있어서는 畢築을 보지 못하고 있음을 알 수 있다. 따라서 해자까지 구비한 邑城으로 畢築 되는 것은 단종 1년 5월 이후임을 알 수 있는 것이다.

또한 『宣祖實錄』 26년 8월 30일(辛亥)조에 선전관 유대기가 진주성의 함락 경위, 적도의 동향에 대해 보고하였는데 이것을 살펴보면 "우도 31 고을 내 고성(固城) 등 고을은 현재 흉적이 웅거하고 있어 인민이 사방으로 흩어졌으므로 군병을 조발할 길이 전혀 없고…53) 라고 하였다. 즉 이것은 선조 25년에 발발한 임진왜란 초에 이미 고성은 왜군에 의해 점령되었고, 고성읍성도 이때에 점령당하였다. 적이 고성읍성을 이용하여 왜성을 축성하기 시작하여 장기적인 주둔을 실시하고 있음을 알 수 있다. 이때에 축조된 왜성이 현재 읍성의 체성에 덧대어져 일부 남아 있음을 확인할 수 있다.

---

52) 『단종실록』권2 즉위년 8월 신유조. *군사─관방(關防) / *군사─군역(軍役) / *농업─수리(水利)
53) 『선조실록』권41 26년 8월 신해조. *외교─왜(倭) / *군사(軍事)

<표 5> 각종 문헌기록에 나타나는 고성읍성의 현황

문헌	편찬연대	축성연대	둘레	높이	문지	적대	여장	못	우물	기타
세종실록지리지	1454년	·	285보	·	·	·	·		4	
문종실록	1450년	·	3,011척	12척	3	12	575		4	·
경상도속찬지리지	1469년	세종 30년	4,069척	15척	·	·	·		4	·
신증동국여지승람	1481년		3,524척	15척	·	·	·	1	4	·
동국여지지	1481년		3,524척	·	유문	·	·	1	4	·
여지도서	1757~1765년		3,524척	15척	·	·	·	2	4	·
증보문헌비고	1770~1908년		3,524척	15척	·	·	·	2	4	·
대동지지	1861년	·	3,524척	·	남문	·	·	1	4	안청루
고성현읍지	1856년	·	3,524척	15척	·	·	·	2	4	·
영남읍지	1871년	·	3,524척	15척	·	·	·	2	3	·
철성지	근대	·	3,524척	15척	·	·	·	1	4	·
고성지	근대	·	3,524척	16척	·	·	·	1	4	·

한편 상기 문헌기사에 기재된 내용 중에 혼동되는 것은 대부분 지리지에는 읍성 둘레가 3,524척인 데 반해『경상도속찬지리지』4,069尺,『세종실록지리지』285步,『문종실록』3,011尺으로 기록되어 있는데 기인한다. 이 가운데『경상도속찬지리지』의 4,069尺은 당시에 성기심정시에 사용되던 포백척이 아닌 다른 용척에 기인하는 것으로 파악된다.

『문종실록』에서 3,011尺이라는 성둘레는 고성읍성 체성만을 기록한 것으로 이것은 세종 때 포백척인 46.74cm로 계산할 때 현재 지적도에서 확인되는 실제 길이 1,644m와 거의 유사한 1,647m로 산출되고 있어 옹성과 적대의 수치를 뺀 체성 길이라고 할 수 있다.

이러한 용척 적용은 문종 원년 5월에 황해도 지역의 관방을 순심할 때 정분이 사용한 척수가 포백척으로 동왕 원년 8, 9월에 정분이 올린 충청, 전라, 경상도 읍성의 성기심정 가운데 들어있는 고성읍성 척수도 역시 포백척이었을 것이라는데 기인한다.[54] 따라서 『동국여지승람(東國輿地勝覽)』이후에 수록된 둘레 3,524尺은 포백척으로 측정된 것임 알 수 있는 것이다.(표 5 참조)

(4) 체성

고성읍성 체성은 먼저 성벽이 될 부분 표토를 제거하고 성안쪽에서 외벽 쪽으로 생토면을 'ㄴ'자상으로 정지하여, 그 위로 10cm 내외의 자갈로 바닥을 정지한다. 그 위에 두께 20cm 내외의 판석을 깔아 지대석을 만들고, 그 위에 기단석을 올려 약 20cm 정도 물리어 대형(180×100×80cm 정도 크기)의 자연대석을 놓은 형태이다.

내벽은 'ㄴ'자상으로 절토된 내벽쪽 수평면에서부터 시작되고 있다. 절개된 성벽을 통해서 보면, 내벽 적심석은 지름 50~60cm 내외 석재를 사용하여 가급적 편평한 면이 바깥쪽으로 보이도록 쌓았다. 적심석은 막 채워 넣은 것 같은 인상을 주고 있으며, 내벽의 정확한 형태는 훼손되어 알 수 없다. 성벽 너비는 526cm로 추정된다.

신기-남포간 도로구간내의 잔존성벽은 현재 길이 15m, 잔존높이 약 2m 성벽 특징은 여타 조선시대 전기읍성 석축과 같은 수법이다.

---

54) 『문종실록』권7 원년 5월 임인조.
　　문종 원년 5월에 의정부에서 병조의 정문에 의거하여 계하기를, 황해도 도체찰사 정분이 곡산방면 아래로 수안 · 서흥 · 봉산 · 황주 등 각 고을의 이전의 관방처를 모두 순찰하면서 그 관방의 구기와 새로 설치할 관방처를 포백척으로 측량하였다 하고 있어 고성읍성의 성기 심정시에도 포백척이 사용되었을 것임을 알 수 있다.

성석은 가급적 평면이 바깥쪽으로 보이도록 하면서 세워쌓기·눕혀쌓기를 성석에 따라 고르게 사용하고 있다. 성석 크기는 170×120×80cm 정도의 것이 대부분이며 상부로 갈수록 작은돌로 축조하고 그 틈새를 끼임돌로 메우는 수법이다.

〈사진 14〉 고성읍성 체성부

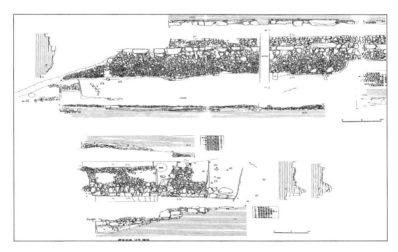

〈그림 9〉 고성읍성 체성부 축조수법

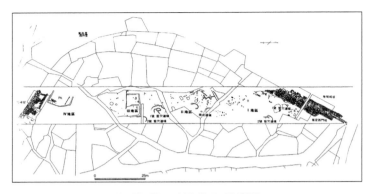

〈그림 10〉 고성읍성 조사현황도

(5) 부대시설

지적도에 의하면 동문지는 읍사무소 부근, 서문지는 서외리 삼거리 부근, 남문지는 군청 동쪽 시장에서 내려가는 고성읍성 남벽부에 왜성지와 연결되어 있는 체성에서 옹성 흔적이 나타나고 있다.

이 옹성은 남문지 밖에 둘러진 보호시설로, 성 밖에서 볼 때 시계 반대 방향으로 돌아서 성벽과 나란히 개구부가 동쪽으로 난 반원형 편문식 옹성으로 추측된다. 현재는 성내로 통하는 도로포장으로 인해 옹성이 절개된 상태로 훼손되었고 하단부는 도로 포장으로 인해 지하에 매립된 상태로 추정된다.

고성읍성 치성은 문지 좌에 적대로 추정되는 것이 각각 2개소, 각 적대와 적대 사이에 1개소씩 더 있고, 북동쪽에는 3개소의 치성이 집중적으로 배치되어 있다.

해자는 남벽과 동벽에서 확인되었는데 남벽은 성의 외벽 밖 약 27m 지점, 동벽은 16m 지점에서 해자로 추정되는 구역이 조사되었다. 평면상에서는 도로포장으로 인해 그 윤곽을 확인할 수가 없고 다만 현재 하수구로 사용되는 도랑의 하부에 일부 흔적이 나타나고 있다. 신기—남포 계획도로 구간 내에도 추정 해자가 있으며 현재는 복개되어 도로로 이용되고 있다. 고노들의 말에 의하면 과거에는 도랑으로 사용되었으며 도랑을 따라서 진주로 가는 간선로가 형성되어 있었다고 한다. 서벽에서는 현재 도랑이 흐르고 있고 동벽에서는 도랑을 복개하여 사용하고 있다. 고성읍성과 관련되는 해자 내지 외황으로 추정된다.

4) 김해읍성

(1) 위치와 현황

원래 김해읍성은 전체 길이가 1,950m이며 평지성으로 동(海東門), 서(海西門), 남(鎭南門), 북(拱辰門)의 4대문이 있었다. 성과 성문은 고종 32년(1895) 이후 거의 철거되고 현재는 동상동 818번지 일대 북벽 일부가 잔존한다. 잔존하는 성벽은 양호한 부분은 2.5m로 내탁부는 모두 훼손되어 면석의 뒷뿌리가 보이는 실정이고 주변지역은 이미 건물들이 들어서 있어 전반적으로 보존상태가 좋지 못한 상황이다. 김해읍성은 1998년 부산박물관에 의해 동상동 상설시장 소방도로 개설공사 구간 내에 대한 시굴조사가 이루어져 체성과 해자를 확인하였고, 2006년도에는 경남문화재연구원에 의해 북문지와 옹성 및 주변 체성에 대한 조사가 이루어졌다. 이후에도 최근까지 계속적인 조사가 이루어지고 있다. 김해읍성 주변지형은 크게 북쪽으로 진산인 신어산(해발 630m)과 분성산·경운산·임호산 등의 산지가 동서로 뻗어 있으며, 남쪽으로는 낙동강의 하안평야가 전개되어 있는 지형이다. 또한 이 평야 주변을 낙동강과 그 지류인 조만강 및 해반천 등이 흐르고 있다. 그리고 해반천은 김해시 서부에서 남류하고 있고, 조만강이 남부 신어천 북부의 농경지를 관개한다.

(2) 김해의 연혁

김해지역은 우리나라에서 가장 일찍부터 농경문화가 시작된 대표적인 지역이다. 낙동강 하구의 삼각주에 넓게 펼쳐진 평야주위의 언덕진 곳이나 들 가운데 섬같이 솟아 있는 대지들은 선사시대의 유적 아닌 곳이 없을 정도이다. 이로 인해 신석기시대부터 삼한시대에 이르는 각종 유적과 유물들이 도처에 산재하고 있다. 그중에서도 장유면 수가리패총(水佳里貝塚)·범방패총(凡方貝塚)·농소리패총(農所里貝塚)·봉황대패총(鳳凰臺貝塚)과 예안리고분군(禮安里古墳群)·양동고분군(良洞古墳群)·대성동고분군(大成洞古墳群) 등은 우리나라의 선사문화와 가야문화를 이해하는데 있어서 대단히 중요한 유적들이다. 또한 일찍부터 철기를 본격적으로 사용하게 되고, 벼농사가 퍼지면서 김해의 문화는 급속도로 발전하여 기원전 2세기경에는 고대국가의 기틀을 마련하여 삼한시대(三韓時代)에는 '구야국(狗耶國)'이라는 이름으로 역사에 등장하였고, 이것이 '가락국(駕洛國)'으로 발전하였던 것이다.

『三國史記』駕洛國記에 의하면 駕洛國은 西紀 42年에 首露王이 駕洛國을 建國하였으며 10代 491年을 이어오다가 新羅 法興王 19年(532), 仇亥王(또는 仇衡王)이 新羅에 投降하여, 新羅는 駕洛國을 '金官郡'으로 고쳐서 食邑으로 주었다고 하였다. 그리고 新羅가 三國統一 후인 文武王 20년(680)에 5京制度를 실시하면서 '金官小京'으로 개칭하였다가, 景德王 16년(757)에 이르러 비로소 '金海小京'으로 개칭하였다. 高麗時代에 와서는 太祖 23년(940)에 '金海府'로 고쳤다가 '臨海縣'으로 降等, 다시 '臨海郡'으로 昇格하였으며, 光宗 22년(971) 金州都護府로 昇格하고, 穆宗 3년(1000) 安東大都護府로 개칭되었다. 다시 成宗 14년(995)에는 '金州 安東都護府'로 고쳤고, 顯宗 3년(1012)에 金州로 개칭하고 방어사를 두었다. 顯宗 9년(1018) 義安(창원), 咸安의 2군과 漆原, 熊新(웅천), 合浦

(마산)의 3현을 속현으로 삼았다.

문종 32년(1078) 東南海船兵都部署使本營을 김해에 설치하여 동남해 방비의 기지로 삼았다. 원종 12년(1271)에 방어사 김훤(金晅)이 밀성에서 일어난 반란을 평정한 공과 삼별초(三別抄)를 막았다는 공으로 '김령도호부(金寧都護府)'로 승격되었다. 그러나 충렬왕(忠烈王) 2년(1276)에 안렴사를 살해한 불상사로 현(縣)으로 강등되었다가, 同王 34년(1308) 다시 '금주목(金州牧)'으로 승격되었고, 忠烈王 37年에 김해부로 개칭되었다. 고려 말기에 이르러 왜구의 침탈로 인한 폐해가 남해안 전 지역을 비롯하여 내륙지방까지 미치고, 특히 김해지역은 日本(倭)과 가장 가까운 해로의 요충지였으며, 잦은 왜구의 침략과 노략질의 대상이 되어 그 피해가 막심하였다.

이에 우왕때 김해부사 박위는 이를 격퇴하는 한편, 김해에 읍성과 분산성을 수축하여 왜구에 대한 방비를 강화하였다.

조선시대에 이르러서는, 먼저 태종 13년(1413)에 '김해도호부'로 승격되었으며, 웅천 · 완포를 속현으로 대산 · 천읍을 부곡으로 삼았다. 문종 2년(1452)에는 웅신현과 완포현을 '웅천현'으로 통합하여 현감을 두었고, 세조 13년(1467)에 지방군제 개편으로 경상우도병마절도사 관하의 진간을 설치하였다. 그러다가 선조 25년(1592)에 임진왜란이 발발하고 가락면 죽동에 상륙한 왜군 제3군과 치열한 전투가 벌어졌으나 결국 금해성이 함락되기도 하였다. 이후 『김해부읍지』의 기록에 의하면, 영조 35년(1759) 김해도호부의 호구 수가 8,511호에 인구가 33,015명으로 기록되어 있다. 그러다가 고종 32년(1895)에 지방관제 개편으로 '김해군'으로 되었다가, 43년(1906) 대산면이 창원군으로 편입되고, 양산군에 대상면 · 대하면이 편입되었다.

〈그림 11〉 김해읍성 평면도

1910년 9월, 21개 면이 13개 면으로 개편되었고, 1914년 군·면 폐합에 따라 밀양군의 하남면·하동면의 일부를 병합하여 14개 면과 134개 리로 개편하여 관할하였다. 1918년 좌부면과 우부면을 병합하여 김해면을 신설하고, 1928년 4월 하계면을 진영면으로 하고, 1931년 11월 김해면을 김해읍으로 승격하였다. 1942년 진영면을 읍으로 승격, 2읍 11면이 되었다.

(3) 읍성의 축조

1. 『文宗實錄』卷九 元年 九月條

「金海府邑城周回四千四百十八尺 高十三尺 女墻高二尺 敵臺二十

門四有甕城 女墻九百三 十一 城內川一井二十八 海子周回四六百

八十三尺.」

2. 『新增東國輿地勝覽』卷三十二 金海都護府 城郭

「邑城石築 周四千六百八十三尺 高十五尺 內有川井二十八川四時不渴」

3. 『東國輿地志』

「城郭 縣城 石築 周三千五百二十四尺 有門 城內有四井一池」

4. 『輿地圖書』慶尚道 固城城池條

「邑城石築 周四千六百八十三尺 高十五尺 女堞三百三十三 甕城四 內有泉二十八川一池 四時不渴」

5. 『慶尚道邑志』第10册, 金海都護府 城池

「邑城 石築 周四千尺 高十一尺 女堞三百三十三內 甕城四 內有泉二十八處 溪貫北部郭南 郭入海」

6. 『增補文獻備考』卷 二十七

「金海邑城 石築 周四千六百八十三尺 高十五尺 女堞三百三十三 甕城四 內有井二十八川 一池二」

7. 『慶尚道輿地集成』卷 二十七

「金海邑城 石築 周四千六百八十三尺 高十五尺 女堞三百三十三 甕城四 內有井二十八川 一池二」

〈표 6〉 각종 문헌기록에 나타나는 김해읍성의 현황

문헌	편찬연대	축성연대	둘레	높이	문지	적대	여장	못	우물	기타
문종실록	1450년	·	4,418	13척	4	20	931	1	2	·
신증동국여지승람	1481년	·	4,683	15척	4	·	·	1	28	·
동국여지	1481년	·	4,683	13척	4	·	·	1	28	·
여지도서	1757~1765년	·	4,683	15척	4	·	333	·	28	·
증보문헌비고	1770~1908년	·	4,000	15척	4	·	333	2	28	·
경상도읍지	1861년	·	4,683	11척	4	·	·	1	·	·

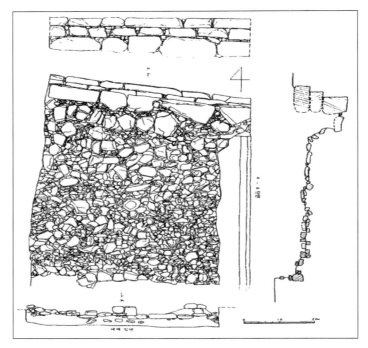

〈그림 12〉 김해읍성의 체성 평면 · 입단면도

(4) 체성

김해읍성 체성 외벽은 생토면에 80×60cm 정도 크기 장방형 지대석을 놓고 지대석 끝에서 약 25cm 정도 물리어 그 위에 70~80×40cm 크기의 화강암재 기단석을 배치한 다음 그 위로 성석을 축조한 형태이다. 성석의 수평을 유지하기 위하여 지대석과 좌우 석재의 틈 사이에 5~20cm 크기의 끼임돌을 끼워 쌓았다. 대체적인 성석 형태는 윗면은 평평하고 좌우 측면은 사선으로 깨어진 성석으로서 좌우 성석을 맞대었을 때 원추형 틈새의 아래쪽에는 비교적 큰 잔돌을 끼웠으며, 위쪽은 비교적 작은 잔돌을 끼워 쌓았다. 성석은 기단석 끝에서 안으로 약 20cm 정도 안으로 들여쌓았다. 지대석이나 기단석보다 훨씬 큰 1~1.6m×1m 정도 크기의 성석을 이용하여 쌓았다. 기본적인 축조 양상은 기단석 축조수법과 동일하다고 한다. 지대석을 포함한 성벽 잔존 높이는 1.6~3.6m에 이른다. 외벽과 내벽 사이에는 50cm 내외의 성석으로서 뒷채움한 상태이다. 이 뒷채움석 바닥에는 내벽 끝까지 판석이 깔려있어 성벽 바닥에는 전면적으로 지대석을 깔고 축조한 것으로 보인다.

체성 너비는 약 8m로 내벽은 거의 멸실된 상태이다. 외벽과 달리 50cm 내외 크기의 방형성석으로 축조하였고, 1단 정도 잔존한다. 또한 외벽에서 내벽 쪽으로 7m 지점에서 성벽과 나란한 석열이 확인되고 있어 증축되거나 원래 계단상으로 뒷채움한 것을 파악되고 있다. 이에 반해 김해읍성 북벽은 동－서방향으로 축조되어 있으며, 현재 외벽 면석과 적심석 일부만이 잔존하고 있다. 내벽은 후대 훼손으로 인하여 흔적을 확인할 수 없다. 현재 잔존하는 성벽 높이는 지대석을 포함하여 2.3m 정도이다.

성벽 축조에 사용한 면석들은 자연석을 일부 가공하여 사용하였기 때문에 면석 사이에 빈틈이 많이 보인다. 빈틈은 10~20cm 정도 잔돌을 깔거나 끼워 빈틈을 채웠다. 간격이 넓은 부분은 쐐기돌 형태의 돌을 끼워 성벽을 고정시켰으며, 면석 뒷부분도 한 단의 성벽을 수직에 가깝게 세우기 위하여 잔돌을 끼워 고정시켰다. 체성 외벽 최하단석은 서쪽으로 갈수록 높아지다가 10m 지점에서 20cm 정도의 단이 지며 낮아진다. 윗단은 동쪽에 대형 면석이 설치되어 있고 서쪽으로 갈수록 소형 면석을 사용하여 수평을 맞추었다. 또한 지대석 바깥은 상부가 교란되어 정확한 너비를 알 수 없으나 최소 너비 80cm 이상으로 10~30cm 할석을 부설하였다. 또한 지대석 하부에 설치된 판석 하부에서 15세기 전반 인화분청이 확인되었고, 판석 상부에서는 조선 후기의 백자편들이 출토되었다. 외벽과 내벽 사이 적심은 20~80cm 정도 할석으로 뒷채움 하였는데 상부는 거의 유실되었고 바닥만 남은 상태이다. 바닥은 역시 30~70cm 정도 판석이 전체적으로 깔려져 있는 것으로 확인되고 있어 체성 바닥에 전면적으로 판석을 깔고 축조한 것이 다시 확인되었다. 성벽 너비는 8.6m 정도이다. 체성 석축은 서쪽으로 가면서 아래쪽으로 경사져 서벽 쪽으로는 6~7단 정도 허튼층쌓기수법을 보이고 있다.

(5) 부대시설

① 해자

해자가 확인되는 곳은 행정구역상 김해시 동상동 306－2번지 일원이다. 김해시에서 도시계획도로 개설공사와 더불어 김해읍성 북문지 복원에 따른 주변지역에 대한 정비사업을 추진 중인 곳으로 2010년 (재)동양문물연구원의 발굴조사에서 김해읍성 해자 호안석축과 건물지의 석축유구를 확인되었다.

〈사진 15〉 김해읍성 해자 호안석축

제2 · 3 · 4 · 5 PIT에서 확인되는 석축은 복개도로를 따라 1열의 석축이 이어지고 있다. 석재들이 도로에 붙어 바깥면을 이루고 있어 해자의 바깥쪽 호안석축인 것으로 판단된다. 25×20cm 내외 장방형 할석을 이용하여 축조하였다. 석축 뒤쪽으로 황갈색 사질토와 점질토를 뒷채움을 실시하였다. 뒷채움한 구간 높이가 약 2m 내외로 확인되고 있어 잔존 해자 높이는 약 2m로 추정된다. 1998년 부산박물관에서 소방도로 개설구간에 대한 발굴조사 당시 확인된 해자 내측 호안석축과 비교해 볼 때, 사용 석재 크기 및 축조방법 등이 유사한 것으로 파악된다. 해자 너비는 약 6m 가량으로 확인되고 있으며 성벽과 거리는 14m 가량이다.

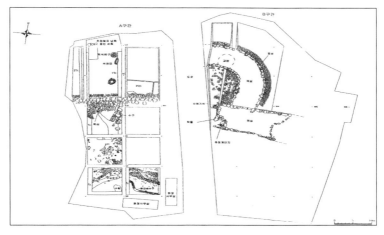

〈그림 13〉 김해읍성 북문지

　발굴조사 1−1 PIT에서 확인된 북문지 옹성 바깥 해자 외벽호안석축은 잔존높이는 약 2.5m가량이다. 석축은 60cm×55cm 내외 비교적 대형 면석을 이용하여 면을 맞추어 축조하였다. 안쪽으로 외벽면석에서 20×22cm 내외 할석을 이용하여 약 1m 가량 뒷채움을 실시하였다. 4−1 PIT

에서 확인된 호안석축 역시 1-1 PIT에서 확인된 것과 같은 양상이다. 잔존높이는 약 1.4m 내외이며 안쪽으로 약 1m 가량 할석을 이용하여 뒷채움을 하였다. 이곳은 기존의 조사에서 확인된 해자 호안석축에 비해 대형 석재를 이용하고 있으며, 할석을 이용하여 뒷채움을 하였으며, 추가 조사된 해자 호안석축이 하부에 위치하고 있다.

따라서 종합하면 토층 양상 및 축조상태로 미루어 볼 때 1-1·4-1 PIT에서 확인된 해자 호안석축은 초축단계 해자로 판단되며 이후 해자가 자연폐기 된 후에 새로이 해자를 축조한 것으로 추정된다.

〈사진 16〉 김해읍성 북문 옹성 전경

〈사진 17〉 김해읍성 북문 옹성 주변 해자 노출 전 전경

제5·6 PIT에서 확인된 석축은 해발고도상 호안석축 최상단부에 위치하고 있다. 석축이 위치한 부분에는 해자 호안석축이 확인되지 않는 것을 볼 때, 해자 폐기 이후에 축조된 건물지 일부로 판단되며 함께 출토되는 기와들이 대부분 조선시대 후기의 것들이다. 제8 PIT에서 확인된 석축유구는 호계천 유수가 김해읍성으로 유입되는 입수로로 파악된다. 즉 김해읍성 문헌기록을 살펴보면 '김해읍성을 관통하는 호계천(虎溪川)이 북쪽성곽을 관통하여 남쪽성곽으로 나가서 바다로 흐른다.'라는 기록이 있다. 이러한 기록은 고지도를 통해서도 확인되는 것이다.

출토 유물은 주로 기와가 주를 이루고 있으며 백자 및 분청사기편들이 함께 출토되고 있다. 문양은 어골문 및 복합문 등이 주를 이루고 있으며 조선시대 중·후기 단계의 것들이 대부분인 것으로 파악된다. 또한 '○北面'으로 보이는 명문 기와가 출토되고 있다.

② 수구

김해읍성 북벽조사에서 수구가 확인되었다. 수구 출수부는 성벽을 축조하기 위해서 조성한 대지를 굴착한 뒤 바닥은 판석형 석재를 출수구 안으로 80cm까지 깔았다. 그 위 상부 끝 지점에 길이 80~180cm 정도 대형 할석을 개석으로 사용하였다. 수구 단면형태는 "ㅍ"자형이고 너비 60cm, 깊이 42cm 정도이다.

(6) 출토유물

김해읍성에서는 양질의 청자와 분청사기, 백자가 출토됨으로써 읍성이 장기간 걸쳐 사용되었으며 이곳에 생활하던 세력들의 사회, 경제적 수준이 상당히 높았다는 것을 알 수 있게 해준다.[55] 청자는 소문청자, 음각청자 등의 순청자와 흑백상감 및 백상감의 상감청자가 있다. 출토된 청자는 모두 유태가 매우 정선되어 있으며 소성 상태도 양호하다. 상감청자 문양은 국화절지문, 단독국화문, 여의두문, 뇌문, 엽지문 등으로 다양하며, 기종도 대접, 접시를 비롯하여 화형접시나 팔각접시, 잔탁, 화분 등으로 다양하다.

분청사기는 흑백상감, 백상감의 상감청자, 인화분청, 인화＋귀얄분청, 귀얄분청, 무분장분청 등 다양한 기법의 분청사기가 출토되고 있다. 특기할 사항은 "김해"라는 생산지명이 뚜렷하게 새겨진 인화분청이 2점 발견 되었다는 점이다. 백자는 지방가마에서 제작된 순백자이며 기종도 대부분 일상적인 대접과 접시 종류이며, 태토 색조가 유백, 회백 등으로 다양하고 주로 고운 모래받침을 써서 구워 내었다.

김해읍성에서 출토된 기와는 대체로 변형어골문이 시문된 것으로 무문양도 다수 출토되었다. 이외에도 김해읍성 성 외벽 표토하에서 마름쇠가 출토되었다. 부식되어 제작수법을 확실히 알 수 없지만 단조된 철막대를 양단에서 절단하여 비틀고 그 끝을 날카롭게 마무리한 것으로 보인다. 잔존고 4.0~5.3cm이다.

---

55) 나동욱, 1999, 「김해 동상동 소방도로 개설구간내 김해읍성지 시굴조사」, 『박물관 연구논집 7』, 부산광역시립박물관, 104쪽.

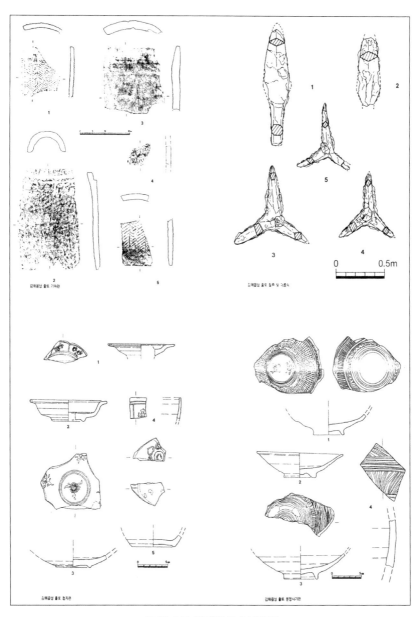

〈그림 14〉 김해읍성 출토유물

5) 남해읍성

(1) 위치와 현황

행정구역상 남해군 남해읍 서변리 24-1번지 일대에 위치하는 평지 석축성으로 둘레가 863m 높이 4m이다. 태종 4년(1404) 축조되기 시작하여 세종 18년(1436)에 개축되고 세종 19년(1437)에 수축하기 시작하여 세조 5년(1459)에 축성을 마쳤다. 『신증동국여지승람(新增東國輿地勝覽)』, 『증보문헌비고(增補文獻備考)』, 『남해읍지(南海邑誌)』에 의하면 석축 둘레는 2,876尺이고 높이가 13尺, 치첩이 590尺(195m)으로 기록하고 있으며 임진왜란시 왜적에게 파괴되어 정란 후 고치어 쌓아서 지금에 이르고 있으며, 영조 33년(1757) 정축년 9월 현령 조세술이 백성을 모집하여 고쳐 쌓아 완고하기가 새것 같고 문이 남·북에 있고 성내에 우물이 하나 있고 샘이 5개였으며 못이 하나가 있다고 기록하고 있다. 현재에는 남해읍을 중심으로 자리 잡고 있으며 전체 둘레 약 1.3km로서 사방에 325m 내외의 정방형에 가까운 석성이다. 현재의 거의 훼손되고 잔존 부분은 남해군청 서쪽의 민가와 담장을 이루는 구간에 석성 110m, 남문 좌·우측에 90m 등만 남아 있다.

기록에는 성내에는 우물이 하나 샘이 5개 못이 하나라고 나와 있다. 또한 세종 26년(1444년)을 전후하여 남해에 부임한 현령은 관내를 순시하면서 동서 남쪽은 방어가 잘 되어 튼튼하고 짜임새가 있으나 북쪽은 배경이 허하다며 부실한 것을 지적해 나무라도 심어 이를 보호하라고 지시했던 곳이 유림동(선소가는길) 실버들 나무를 심은 것으로 알려졌다, 현재는 공원으로 되어있다.

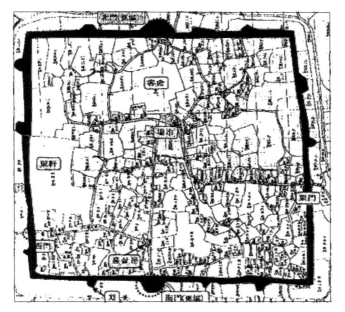

〈그림 15〉 남해읍성 평면도

(2) 남해의 연혁

남해군은 통일신라시대 신문왕 10년인 690년에 전야산군(轉也山郡)이 설치되어 고현면 성산 뒷편 성산성을 에워싼 곳에 전야산군의 치소가 들어섰다.

조선 세종 19년(1437)에 현 남해현이 설치되기 이전의 소재지로서 전야산군과 함께 행정과교통 문물의 교류 중심지였던 곳이 바로 고현성 산성주변으로 비정된다. 현재까지도 고현산성이 남아 있다.

따라서 남해군이라는 이름은 신라 제35대 경덕왕 16년 (757년) 12월에 지방행정구역개편이 대대적으로 이뤄지면서부터다. 그의 영현(領縣)으로 난포현(蘭浦縣)과 평산현(平山縣)이 있다. 고려시대에는 현종 9년에 남해현으로 고쳐 현령을 두었다. 고려말에 이르러 왜구들이 남해안 일대를 침공하여 약탈과 살상을 자행함에 따라 남해현은 정상적인 행정이 불가 능하였다. 이에 공민왕(1352~1353년)때에는 진주관내 대야천부곡(하동 북천)으로 행정관서를 임시로 옮겼다. 조선 태종 4년(1404)에 행정관서 와 주민이 진주 대야천부곡에서 46년만에 남해로 돌아왔다.

태종 13년(1413)에 하동현과 합하여 하남현(河南縣)으로 칭하다가, 태 종 15년(1415)에 진주금양부곡을 남해현에 내속시켜 해양현으로 개칭하 였다. 다시 태종 17년(1417)에 금양부곡을 환속하고 다시 남해현으로 환 원 하였다.

세종 원년(1419)에 곤명과 합하여 곤남군(昆南郡)으로 승격시겼으나 세종 19년(1437)에 남해현으로 환원됨과 동시에 현(縣)의 소재지가 고현 면에서 남해읍(縣)으로 옮겨졌다.

그 후 조선시대 고종 32년(1895)에 23부제가 실시되면서 남해군은 진 주부 관하 행정구역이 되기도 했으나 그 이듬해인 고종 33년에는 13도 제실시에 따라 지금의 경상남도 남해군이 되었다.

(3) 읍성의 축조

1. 『世宗實錄』卷一 卽位年 八月 十九日 丙申
「慶尙道水軍都節制使啓: "巨濟゜ 南海二島, 倭賊往來之地, 近年 以來, 賊變寢息゜ 因此, 人 民避役于二島, 南海二百餘戶゜巨濟 三百六十餘戶, 萬一有變, 則必爲所掠゜ 若不禁二島居民, 則當置 守城軍, 以嚴守禦゜ 南海東面赤梁・西面露梁゜巨濟西面見乃梁, 竝宜置兵船゜ 自水營乃而浦至巨濟, 水路五十餘里, 倘有賊變, 未 易赴援゜ 前者移永登萬戶于玆山島, 請復 還永登浦, 以安民業 上

令議政府´ 六曹議之。 僉曰: "二島所居婦人´ 小兒´ 家財刷出,
止留 丁壯耕農事, 已受敎行移, 不必更論。 玆山萬戶則復還永登
甚當。" 兵曹議曰: "二島之地, 膏腴可耕, 宜置木柵, 以庇農民。"
上從之, 仍命待豐年設木柵」

2. 『世宗實錄』卷十二 三年 七月 二十七日 丁亥 築昆南城

3. 『世宗實錄』卷五十二 年 十二月月 二十九日 乙未
都巡問使崔閏 德, 監築慶尙道 延日 · 昆南 · 蛤浦´ 全羅道 臨陂 ·
務安 · 順天´ 忠淸道 庇仁 · 保寧等城。 是役也, 使副從官率娼妓
宴飮, 郡縣疲於供頓, 民多愁怨。

4. 『世宗實錄』卷五十四 十三年 十月 二十八日 己未
摠制李澄石上言:乃而浦, 倭館所在, 而本處置使防禦之所也。 今
兵船少, 而以秩卑千戶差下, 非徒示弱於倭, 亦恐生變, 宜加兵船倍
於前數, 以玉浦都萬戶, 移差于乃而浦, 乃而浦千戶, 移差于玉浦,
與見乃梁萬戶同力防禦, 則兩處防禦, 可得而實矣。 南海島土地沃
饒, 民多入居, 脫有倭寇, 則水陸之兵, 皆未及救, 深爲可慮。 宜於
本道中央築城, 差遣武人, 令其守禦, 則可無疑慮矣。 船軍者, 所
以整兵船鍊軍器, 以待敵至者也, 而專事屯田陸物之役, 防禦甚爲
虛疎。 屯田則徒勞戍卒, 而無益於國家, 陸物雖除三件, 但備二件,
亦無不足, 若省屯田陸物之役, 則防禦自實, 而民力亦裕矣。下兵
曹, 與政府諸曹同議。 僉曰: "訪問其道監司處置使, 然後更議施
行。" 從之

5. 『世宗實錄』卷五十四 十三年 十一月 十佳日 庚辰
其三曰: '崔閏德獻議曰: '慶尙道 南海 · 東萊相望對馬島, 倭賊最
先之地, 宜速築城, 以備不虞。 若以役農民爲不可, 則當令船軍築
之' 此論何如?" 喜等曰: "京畿船軍, 猶曰不可役使, 況此地, 防禦緊
要之處, 尤不可役船軍也。" 上曰: "大臣所議, 予甚嘉之。

6. 『世宗實錄』卷六十 十六年 八月 一日 乙巳

乙巳朔/兵曹啓: "今年請畢築忠淸´(全罪) ´ 慶尙三道各年始築未
畢城堡, 其南海築城, 曾以船軍役之, 除極寒霾熱防禦最緊時外, 連
續造築° 且海門要衝金海邑城, 亦於今年始築° " 從之°

7. 『世宗實錄』卷八十七 二十一年 十一月 二十日 甲子
   甲子/築慶尙道 長鬐´迎日´南海´金海等城

8. 『文宗實錄』卷九 一年 九月 五日 庚子
   南海縣邑城, 周回二千八百六尺, 高十二尺, 女墻高三尺, 敵臺十
   三, 門三有擁城, 女墻五百五十三, 城內泉三, 小渠一, 海子周回三
   千三十七尺°

9. 『世祖實錄』卷四十一 十三年 三月 五日 庚午
   慶尙道體察使曺錫文等啓曰: "臣等觀本道諸鎭置軍便否, 若於晋
   州鎭, 合泗川鎭軍, 置二旅; 安東´ 尙州兩鎭, 設節度副使, 置二旅;
   迎日鎭, 合寧海鎭, 置二旅; 東萊´ 熊川兩鎭, 各置三旅; 巨濟´ 南
   海兩鎭, 各置二旅; 左右道節度使營, 各置四旅, 則庶幾應援得宜,
   兵勢益壯, 實爲長策° 但南海鎭, 環海絶島, 四面受敵, 而常以縣
   南城峴爲賊路要衝, 悉軍以禦° 官府糧餉兵器, 則皆在城中, 而無
   一人守之, 殊失措置° 請自今謹烽燧遠斥候, 令軍士盡守城中

10. 『成宗實錄』, 卷百八十七 十七年 一月 十六日 癸亥
    江陵大都護府使曺淑沂臨行上書曰:一° 南海縣, 海中絶島, 城甚
    狹小, 又無水泉° 願待有年, 跨川水廣闊退築°

11. 『成宗實錄』, 卷二百二十五 十二年 二月 三十日 戊午
    是月, 築慶尙道 南海縣城´ 古介鎭城, 高十三尺, 周七百六十尺°

(4) 고고학적 조사

체성이 현재 가장 뚜렷하게 남아 있는 곳이 남해읍 서변동 24-1번지
남해군청 바로 뒤편 서쪽의 민가인 서변 25-5번지를 비롯하여 25-2번

지 25 - 4번지와 담장을 이루는 구간에 길이 110m와 담장 높이 약 2m 가량만이 남아 있다. 잔존한 체성 중 양호한 부분은 높이 4m, 너비 3.2m로서 내탁부는 석축이 2단으로 나타나 있으며 경사를 이루고 있는데 당초에는 흙으로 덮혀 있었던 것으로 보인다. 기단부는 성벽에서 30~33cm 튀어나와 있으며 축성 방법은 장대석(길이 70~100cm, 두께 25~30cm)을 맞쌓기 수법으로 쌓았고 큰 돌 사이에는 끼임돌을 끼워 쌓았다. 남해 읍성이 처음 축성되었을 때는 성문이 남북으로 2곳에 두고 그 이후 동, 서쪽의 성문 2개를 다시 낸 것으로 추정되고 있다. 그래서 성문은 4개가 있었던 것으로 전해지고 있다. 서문 성터는 서변 293 - 3번지와 39 - 1번지가 문지 경계였다고 한다. 성내에는 정(井) 1개와 샘(川) 5개 연못(池) 1개가 있었다고 기록돼있다.

다만 서변동 299 - 1번지 우물만이 서문 밖의 우물로서 평민들이 식수로 사용해 왔다고 한다. 성내에 있던 우물들은 사시사철 마르지도 않고 물맛도 좋았다고 한다, 한편 서변동 34 - 2번지에 있는 공동우물은 군청 정문에서 서쪽 방향으로 돌아 4m 지점에 있는 현재 대우식당 뒤편에 또는 36 - 2번지 김수련 씨 집 바로 앞에 있는 샘인데 한때는 칠성세미로 옛부터 물의 양이나 맛으로 인근에 이름난 공동우물이었다고 한다. 또 남문은 현재 남변동 395번지 현대낚시점과 상일가구 옆 47 - 4번지 집이 남문의 정문터 였음이 밝혀지고 있다. 북문은 북쪽에 있었던 것으로 전해지며 북문은 읍간선도로변 북변동 옛중앙병원(현 한국냇과)자리에 위치한다. 성내에는 우물 1개소와 샘(泉) 5개소, 연못(池) 1개가 있었다고 기록돼있다.

〈사진 18〉 남해읍성 체성부 잔존상태

6) 사천읍성

(1) 현황

사천읍성은 행정구역상 사천읍 정의 2리~선인 1리에 해당하며, 현재 북쪽에는 남해고속도로가 지나가고, 사천시청사 및 공설운동장, 사천고등학교 등이 위치한다. 서쪽으로는 사천공항이 자리 잡고 있으며, 남쪽으로는 성황당산성, 남서쪽으로는 선진리성이 위치한다.

아울러 지형적으로 사천읍 일대는 남쪽의 삼천포와 사천만을 거쳐 진주 등의 육지로 향하는 지역에 위치하고 있어 이곳을 지나지 않고는 육지로 진출하기 어려운 길목에 위치하는 전략적 요충지이다. 사천읍성은 평산성으로, 독립구릉의 말단부에서 시작하여 현재의 산성공원을 포함하는 남서쪽 평지로 이어진다. 성황당산성과는 서로 마주하고 있으며, 조선시대 초까지 성황당산성이 이곳 사천 일대의 고읍성인 치소성으로서의 역할을 수행하였으나, 세종 27년(1445) 사천읍성이 축조되면서 사천현의 행정치소가 옮겨졌다. 현재 사천읍성 일부는 1987년부터 착수한 공원 내 정화사업으로 성벽을 개축하고, 성내에 연못 두 곳을 마련하여 분수대를 설치하였으며, 체육시설과 순환도로(400m) 및 산책로 등을 조성하였다. 1992년 공원 정상부에 팔각정(전망대 4층)을 건립하였고 이외에도 곳곳에 시민들의 휴식공간과 기념비 등을 건립하였다.

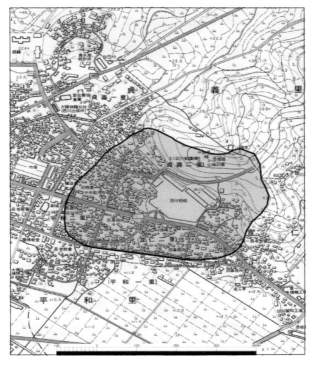

〈그림 16〉 사천읍성 평면도

사천읍성은 공원조성 및 시가지 형성과정에서 읍성의 보존·복원에 대한 관심의 결여로 망실 및 원형을 잃어버린 곳이 많다. 특히, 산성공원은 동쪽 성벽 약 100m와 북쪽 성벽 150m를 허물고 재축성하는 과정에서 축성에 사용된 석재 등을 원래와 다르게 사용하는 등 원형과는 전혀 다른 형태로 복원하였다. 더구나 90년대 후반에는 산성공원의 남서방향에 기존의 성벽 위치가 아니었던 곳을 따라 약 150m의 성벽을 쌓음으로써 마치 사천읍성이 평산성이 아니라 둘레 600~700m의 산정식 산성으로 왜곡되어 있는 상태이다.

〈사진 19〉 사천읍성 전경(위성사진)

(2) 문헌기록

사천읍성(泗川邑城)과 관련한 문헌내용을 정리하여 보면 문종 1년 정분(鄭苯)의 계문에 "泗川縣 邑城은 주위가 3千 15尺, 높이는 평지가 11尺 5寸이고, 높고 험한 곳은 10尺 5寸이며, 敵臺가 15개소이고, 門이 3개소인데 擁城이 있고, 女墻이 5백 80개이며, 성안에 우물이 7개소이고, 垓子는 아직 파지 않았다"라고 하였다. 이에 반해『신증동국여지승람(新增東國輿地勝覽)』이후 각종지지(地誌)에 확인되는 성둘레는 5千 15尺으로 2千尺의 차이를 보이고 있다. 더구나 文宗朝에 치성(雉城) 수는 15개소인데 반해『여지도서(輿地圖書)』,『경상도읍지(慶尙道邑誌)』,『증보문헌비고(增補文獻備考)』등에는 옹성이 6개소로 기록되고 문지가 3개소인 것은 전기와 후기가 모두 동일하게 확인되는 양상임을 고려할 때 사천읍성 성둘레는 일정 부분 확대된 것으로 볼 수 있다. 다만 문종조의 여장(女墻)이 580개소인데 반해『여지도서』,『증보문헌비고』에서 확인되는 여장의 수가 630개소임을 감안한다면 2,000尺이 확대된 체성에 단지 50개소의 여장이 늘었다는 것은 납득하기 어렵다. 따라서 사천읍성의 둘레가 5千 15尺으로 포백척으로 환산 시 2.3km 이상을 상회하는지는 검토가 이루어져야 할 것이다.

또한 文宗朝의 치성이 15개소에 문지가 3개소가 있는 것에 반해『여지도서』,『경상도읍지』에는 문지가 3개소에 옹성이 6개소라고 기록되어 있어 옹성과 치성을 혼동한 것이 아닌가 생각된다. 또한 이것은 성내의 시설물이 조선후기에 편찬된 사료인『여지도서』및『경상도읍지』의 경우를 살펴보면, 그 규모가 동일하게 기록되어 있으며, 이후『증보문헌비고』에서도 옹성의 차이만 보일 뿐 여타 내용은 전대에 기록되어 있는 것과 동일한 것에서도 알 수 있다. 사천읍성에서 조사된 지점은 산성공원으로 알려진 경남 사천시 사천읍 선인리 580−2번지 일원으로 경상남도 기념물 제144호인 '사천읍성'의 동쪽 지점이다. 이곳의 해발고도는 45m로 주변보다 다소 높고, 전반적으로 북고남저 형태의 독립구릉 지역이다.

(3) 읍성의 축성현황

1. 『文宗實錄』卷九 元年 九月 五日 庚子條

   「泗川縣邑城 周回三千十五尺 高平地十一尺五寸 高險處十尺五寸
   敵臺十五 門三 有擁城 女墻五百八十 城內井七 海子未鑿」

2. 『新增東國輿地勝覽』卷之三十一 泗川縣 城郭條

   「邑城 石築 周五千五十五尺 高十五尺」

3. 『輿地도書』<慶尙道－泗川> 城池條.

   「城堞 周回五千十五尺 高十五尺 女城六百三十堞 擁城六 城門東
   西南三門 池二庫井四庫」

4. 『慶尙道邑誌』<泗川縣> 城池條.

   「城堞 周回五千十五尺 高十五尺 女城六百三十堞 擁城六 城門東
   西南三門 池二庫井四庫」

5. 『東國輿地志』丁册 卷之四 下－慶尙道 泗川.

   「縣城 石築 周五千十五尺 有門」

6. 『增補文獻備考』卷二十七 泗川條 輿地考十五 關防三 城郭三

   「泗川邑城 石築 周五千十五尺 高十五尺 女堞六百三十 瓮城三 內
   有井四池二」

(4) 고고학적 조사

　동아세아문화재연구원에 의해 조사된 사천읍성은 87년도에 정비·복
원하면서 개방형 개구부로 조성된 곳으로, 공원을 관통하는 산책로 포장
공사가 여러 번 있었던 곳이다. 또한 주변에는 팔각정과 연못 등이 인접
해 있다. 현재 공원을 관통하는 개방형 개구부로 조성된 곳으로, 북고남
저 지형에서 산정에 가까운 북쪽 급경사면에 위치한다. 체성은 외벽쪽인
동쪽이 높고, 내벽 쪽인 서쪽이 낮다. 노출된 체성 단면 너비는 6.1m이

며, 내탁부는 교란으로 인해 3m 가량만 남아있다.

체성 축조수법은 먼저 기반암을 정지한 후, 내외벽 사이에 직경 5~8cm 가량의 지정을 5cm 간격으로 박고, 할석을 한 벌 깔아 지반을 조성하였다. 북쪽 급경사면은 풍화암반층을 2단의 계단식으로 굴착하였으며, 상하단 간의 거리는 2.4m 가량이고, 높이 차이는 30cm이다. 외벽 앞 기단보축 너비 110cm 가량으로, 대체로 북쪽은 30×30×10cm 가량 편평한 자연석을 사용하였으며, 남쪽으로 갈수록 60×30×10cm 크기 판석을 깔았다. 내벽은 황갈색 및 황적갈색 사질점토층 위에 길이 50cm, 높이 10cm 가량 편평한 기단석을 놓거나, 또는 기단석 없이 45×25×20cm 가량 판석을 쌓아 조성하였다. 기저부 적심은 교란으로 인해 정확히 알 수 없으나, 대략 할석 위에 20cm 내외 편평한 자연석을 깔았다. 재미있는 것은 외벽에서 내측 중간까지 기저부를 조성하기 위해서 풍화 암반층 위에 할석을 한 벌 깔고 다시 흙으로 수평 다짐하였다. 이는 지반을 어느 정도 수평하게 조성하기 위한 것으로 이해된다. 내탁부는 3m 가량 잔존하고, 내벽 상부까지 경사지게 조성되어 있다.

제2 트렌치는 제1 트렌치에서 남쪽으로 70m 거리에 위치하며, 전체적으로 북고남저형에서 다소 평탄한 곳으로, 체성 단면은 내벽쪽인 서쪽이 높고, 외벽쪽인 동쪽이 낮다.

〈사진 20〉 사천읍성 체성부 전경

외벽기단보축은 이미 유실되어 지대석과 기단석 일부가 노출되어 있고, 면석 1단 정도를 제외하고는 상부는 완전히 교란된 상태이다. 잔존한 체성 너비는 6.6m가량이며, 내탁부는 3m가량 남아있다. 체성 축조수법은 먼저 지표를 풍화암반층까지 정리한 후 체성 내측바닥 중간을 30cm가량 단차를 두고 굴착하거나, 복토하여 지반을 조성하였다. 내벽석 아래에서부터 외벽 지대석 아래까지 직경 7cm 가량 지정을 약 40cm 간격으로 30cm 깊이까지 박아 지반을 개량하였다. 그 위에 체성 너비만큼 할석을 깔아 기저부를 조성하였다. 외벽은 70×35×20cm 가량 지대석을 편평하게 놓고, 20cm 가량 퇴물려 비슷한 크기 기단석을 놓았다. 면석 크기는 약 100×70×70cm로, 기단석에서 10cm가량 물려 놓았으며, 제1 트렌치와 같이 심석은 없다. 대신 면석 내측에 110×55×45cm 가량의 큰 대석을 면석과 직각방향으로 놓아 면석을 직접 받도록 했다. 면석과 대석사이는 40cm 가량 자연석을 넣어 면석과 대석이 일체화 되도록 하였다. 내벽은 40×20cm 크기 편평한 자연석을 쌓아 올리다가, 높이 약 1m부터는 내벽에서 외벽 방향으로 계단상으로 축조하였다. 내부적심은 대체로 내벽쪽은 작은 돌을 깔고, 외벽쪽은 큰 돌을 깔아 조성하였다.

〈사진 21〉 사천읍성 체성부 내벽 계단식 전경

기단보축은 30×40×10cm 가량 편평한 판석을 사용하였다. 지형의 경사가 북쪽에서 남쪽으로 내려오다 다시 동쪽으로 급경사로 내려가기 때문에 기단보축을 계단식으로 쌓아 경사도를 줄였다. 계단식 단은 2개소로, 북쪽 체성에서 내려오는 첫째 단과 둘째 단 간의 높이 차이는 70cm 가량이며, 둘째 단과 치성 기단보축이 놓여있는 바닥간 높이 차이 역시 70cm 가량이다.

〈사진 22〉 사천읍성 외벽기단보축 축조현황

(5) 출토유물

출토된 유물은 청자, 분청, 백자 등 자기류가 대부분이다. 기종은 발, 접시, 병, 잔 등의 생활용기가 주류를 이룬다. 청자는 기형을 알 수 있는 것은 소수에 불과하고, 대부분 자기편이 출토된다. 시기적으로는 간지명 청자에서 상감분청사기로 넘어가는 고려말에서 조선 전기 것이 대부분이다. 분청사기는 발, 접시 등이 대부분으로, 조선 전기 초의 것으로 문양은 상감선문으로 장식되어 있다.

종류는 상감분청사기를 비롯하여 인화·귀얄문 분청사기도 출토되었다. 백자는 발, 접시, 병 등 다양하게 확인되며, 대부분 연질 백자이나 경질 백자도 소량 출토되었다. 내저원각이 있는 것과 없는 것이 공존하며,

비짐의 재질이 분청사기의 것과 동일한 것으로, 16세기에서 18세기의 것까지 출토된다. 특히 인근 산청 방목리 등지에서 출토되는 것과 유사한, 굽의 한부분을 잘라낸 도린굽이 있는 것도 확인된다. 백자는 대부분 하품으로 경상도 일대의 지방가마에서 생산된 것으로 조사자들은 생각하고 있다.

기와는 대부분 암기와편이며, 시기는 대부분 고려시대에서 조선시대 것들이다. 두께가 다소 두꺼운 기와가 많으며, 대부분이 2㎝ 이상이다. 문양은 무문, 세선호상문, 세선종선문, 태선집선문, 태선사선문, 어골문, 창해파문 등이 주류이며, 색조는 회청색, 회흑색, 적갈색이 있다.

7) 동래읍성

(1) 현황

동래읍성은 동래읍성 이전에 부산광역시 수영구에 축조된 동래고읍성과 고려 말에서 조선 초에 동래지역에 축조되었다가 임진왜란으로 폐성된 조선 전기 동래읍성, 그리고 임진왜란 이후 조선 전기 읍성을 넓혀서 축조한 현재 동래구에 소재하고 있는 조선 후기 동래읍성으로 세분할 수 있다.

동래읍성은 부산광역시 동래구 안락동, 명장동, 명륜동, 복산동에 걸쳐 위치하고 있으며 평면형태는 타원형에 가까운 평산성이다. 북쪽과 동쪽은 산에 둘러져 있고 남쪽과 서쪽이 열려 있어 남쪽이 정문에 해당된다. 문은 서문, 암문, 북문, 동문, 인생문의 6개가 있다. 성내부의 건물로는 객사를 중심으로 동헌, 누정, 향청, 무청, 창고 등의 건물과 누각이 배치되어 있으며 동헌과 객사를 중심으로 연결된 도로가 '+' 자형으로 조성되어 있다. 남문과 서문 연결도로가 주도로로 서문으로 연결된 도로는 온천, 부곡동으로 이어지면서 조선 영남로로 이어지고 있다.

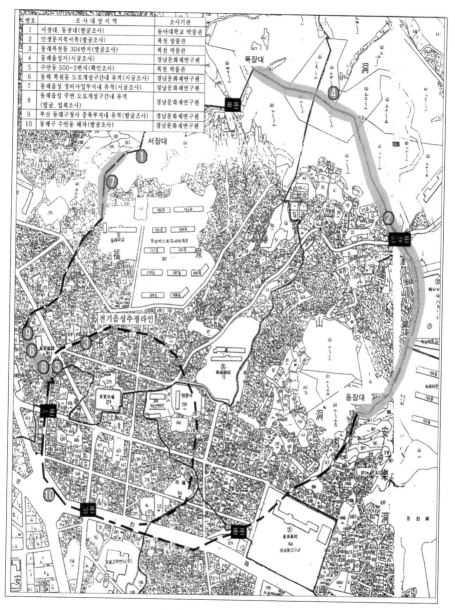

번호	조사 대상 지역	조사기관
1	서장대, 동장대(발굴조사)	동아대학교 박물관
2	인생문지복서북(발굴조사)	복천 박물관
3	동래복천동 304번지(발굴조사)	복천 박물관
4	동래읍성지(시굴조사)	경남문화재연구원
5	수안동 500~2번지(확인조사)	복천 박물관
6	동래 복천동 도로개설구간내 유적(시굴조사)	경남문화재연구원
7	동래읍성 정비사업부지내 유적(시굴조사)	경남문화재연구원
8	동래읍성 주변 도로개설구간내 유적(발굴, 입회조사)	경남문화재연구원
9	부산 동래구청사 증축부지내 유적(발굴조사)	경남문화재연구원
10	동래구 수안동 해자(발굴조사)	경남문화재연구원

〈그림 17〉 동래읍성 평면도

(2) 읍성의 축성현황

1. 『文宗實錄』卷九 元年 九月 庚子條

    「忠淸全羅慶尙道體察使 鄭苯啓曰 東萊縣邑城 周回三千尺 城高 平地十三尺 高險處十二尺 女墻高二尺 敵臺十二 門四有甕城 女 墻五百十三城內井六 海子未鑿」

2. 『世宗實錄』卷一百五十 地理志 慶尙道 東萊縣

    「邑石城 周回三百九十七步 內有井五」

3. 『慶尙道續撰地理志』東萊縣

    「邑城 正統丙寅年石築 周廻三千九十二尺 高十五尺 有軍倉 泉一 冬夏不渴」

4. 『新增東國輿地勝覽』卷二十三 東萊縣 城郭

    「邑城石築 周三千九十尺 高 十三尺 內有六井」

5. 『東萊府築城謄錄』

    「(辛亥)正月初三日 城基尺量 用指尺 周廻二千八百八十一步五尺 作里八里一步五尺...女墻 四所合一千三百十八垛」

6. 『萊州築城碑記』

    「周廻二千八百八十步 爲八里許 高可數十尺」

7. 『東萊府誌』城郭條

    「邑城石築 周三千九十尺 內有六井 萬曆壬辰倭亂 頹圮 李詹記見 下今辛亥 府使鄭彦燮更築 周二千八百九十一步 五尺 女墻一千三 百十八垛」

8. 『輿地圖書』慶尙道 東萊鎭 東萊都護府 城池

    「邑城石築 周三千九十尺 高十三尺 內有六井 擁正辛亥 府使鄭彦 燮 拓其舊址 而稍廣之改 築石城 周一萬七千二百九十一尺 高十 七尺 內有十井 又有池」

9.『慶尙道邑誌』第五册 東萊府邑誌 城池條

「邑城石築 周三千九十尺 高十三尺 內有六井 擁正辛亥 府使鄭彦
變拓其舊址 而稍廣之改築 石城 周一萬七千二百九十一尺 高十七
尺 內有十井 又有池」

10.『嶺南邑志』第三十四册 東萊(附事例)城池

「邑城石築 周三千九十尺 高十三尺 內有六井 李詹記...」

11.『增補文獻備考』卷二十七 輿地考十五 關防三 城郭三

「東萊邑城石築 周三千九十尺 高十三尺 英祖七年 拓其舊址 而稍
廣之改築石城 周一萬七千 二百九十一尺 高十七尺 內有井十池一」

12.『東萊郡誌』城郭

「世宗二十九年 今僉節制使築石 周三千九十尺 內有六井 因壬亂
破壞 英宗七年辛亥 府使鄭 彦變狀請更築 周二千八百八十一步五
尺 女墻一千三百十八垛 高宗庚午 府使鄭顯德廣築城 壁門樓 今
因道路開通 爲平地 東北只有殘跡」

문헌에서 최초로 확인되는 東萊[56]는『三國史記』居道列傳에「新羅 脫
解王 때 거도가 干이 되어 于尸山國과 居柒山國을 멸했다」는 내용이 있
는데 이 거칠산은 오늘날의 황령산의 우리말인 거친 뫼에서 유래한 것임
을 들어 거칠산국을 東萊로 비정하는 견해가 있다.[57] 東萊郡은 新羅 景
德王 16年 12月에 居柒山郡을 東萊郡으로 고치고 인근의 大甑縣을 東平
縣으로 고쳐 東萊郡의 領縣으로 하였다. 高麗時代 顯宗 9년(1018)에 울주
동래현으로 격하되어 울주의 屬縣이 되었고 東萊縣의 領縣인 동평현은
梁州(양산)에 편제된 것으로 추측된다. 그 후 동래현은 高麗 中期까지 蔚
州郡의 屬縣이었으나 中期 이후 주현의 위치로 승격되었고 朝鮮 開國初

---

56) 東萊란 명칭의 유래는 동쪽의 萊山을 말하는 것으로 이는 신선이 산다는 蓬萊山에
    서 유래되었다.
57) 심봉근, 2004, 11,「東萊와 金井山城」, 한국성곽학보 총서 6, 1쪽.

에 高麗時代 이래 양주군의 屬縣이었던 동평현을 속현으로 삼았다. 朝鮮 太祖 6年(1397) 東萊鎭이 설치되었으며, 中宗 14年(1519) 慶尙道가 좌, 우도로 나뉠 때 東萊는 洛東江 이동의 좌도에 속해 있었으며 明宗 2年 (1547) 國防과 對日外交의 중요성을 인정받아 都護府로 昇格되었다가 壬 辰倭亂 최초의 패전지라는 이유로 일시 현으로 격하되었다가 宣祖 32年 (1599) 다시 都護府로 昇格되었다.

東萊邑城에 관한 최초 記錄은 『高麗史』 兵志에 顯宗 12년(1021) 東萊 郡城을 修築하였다는 것인데 이 東萊郡城은 『新增東國輿地勝覽』에 古邑 城이 海雲違에 있으며, 東南은 石築이고 西北은 土築인데 둘레가 4,130 尺이다. 지금은 頹廢하였다. 는 기록이 보이는데 이 古邑城은 東萊邑城을 축조하기 이전에 東萊地域의 治所城으로 설치된 것으로 統一新羅時代까 지 소급될 수 있는 版築土城임이 최근 조사에서 확인되었다. 현재 이 古 邑城의 위치는 옛 국군통합병원을 중심으로 하는 수영구 망미동 일대로 지금의 東萊邑城址로 치소를 옮기기 전 高麗 顯宗 때 설치된 東萊郡城으로 비정되고 있다. 현재의 東萊邑城址에 대한 기록은 高麗時代 修築에 관한 내용으로 『東國輿地勝覽』 邑城條에 나타나고 있는데 이첨(李詹)의 기록 에 의하면, "元帥 박위(朴葳)가 禑王 13년(1387) 8월 19일 東萊邑城의 築 城에 착수하여 한 달 이상 걸려서 완공하였는데 석축으로 둘레가 3,090 尺, 높이 13尺으로 우물이 6개가 있었다"고 되어 있다. 『慶尙道續撰地理 誌』에 世宗 28년(1446) 석축 둘레 3,092尺, 높이 15尺 등의 기록이 보이 며, 『新增東國輿地勝覽』에는 "元帥 朴葳가 禑王 13년(1387) 8월 19일 東 萊邑城의 築城에 착수하여 한 달 이상 걸려서 完工하였는데 石築으로 둘 레가 3,090尺, 높이 13尺으로 우물이 6개가 있었다"는 기록이 보인다.

이 기록에서 알 수 있는 것은 동래고읍성의 축조 이후 英祖 7年(1731) 東萊府使 정언섭(鄭彦燮)이 축조한 후기 동래읍성과 별개의 東萊邑城이 축조된 것을 알 수 있는데 이 동래읍성이 임진왜란 당시 동래성 함락 후 폐성된 조선시대 전기에 축조된 읍성임을 알 수 있다.

(3) 고고학적 조사

전기 동래읍성[58]은 2002년 동래구 복천동 304번지에서 공사 전 입회조사에서 기단부만 남아 있는 성벽이 확인되어 2002년 9월~12월에 걸쳐 발굴조사되었다.[59] 동래읍성 체성 조사는 총 4차례에 걸쳐서 조사되었는데 조사지점에 따라 그 현황이 다소 상이한 것으로 확인되고 있으며 그것은 전기읍성과 후기읍성의 차이에 기인하는 것과 아울러 입지조건에 따라서도 다소 차이가 있는 것으로 파악하고 있다. 따라서 여기서는 각 지점별 축조수법을 확인해 보도록 한다. 먼저 2000년 5월부터 6월까지 조사가 진행된 동래읍성 북벽의 축조수법을 살펴보면, 외벽은 기단부를 입수적하고 그 상부를 횡평적한 수법과 달리 방형 또는 장방형 성석을 이용하여 외벽을 축조하고 그 내벽은 성토한 내탁식 성벽으로 축조된 것으로 확인되었다. 이 지점 축조수법은 먼저 하부 토층 위에 외벽을 쌓았다. 즉 평탄면을 정지하고 바로 석축한 것이 아니라 토루를 중심으로 판축한 토층 위에 외벽을 석축하였고 내벽의 축조 또한 그 위에 설치하고 있다.

따라서 축조수법 선후시기를 정하면, 먼저 토루를 중심으로 한 판축과 그 이후에 외벽과 내벽 석축이 이루어지고 있다. 이와 같은 양상에 의거하여 보고자는 석성 이전에 토성 존재 가능성과 기존 토성을 이용하여 그 외면에 석축을 보강해서 석축성을 완성한 것으로 추정하고 있다.

---

58) 이후로는 동래읍성으로 지칭한다.
59) 복천박물관, 2002, 『동래 복천동 304번지 유적 발굴조사 약보고서』.

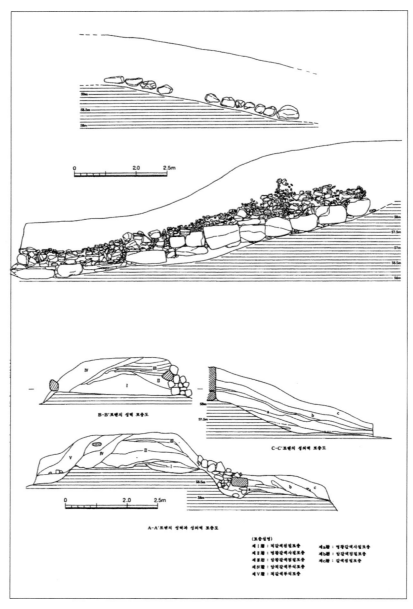

<그림 18> 후기 동래읍성 체성 입 · 단면도

다음으로 2003년 8월에 조사한 동래구 명륜동 산 26-2번지 340㎡ 일대에서도 체성이 확인되었다. 이 체성 축조수법을 살펴보면, 자연암반 기반암층 위에 소할석과 암갈색사질점토를 다짐하여 수평을 맞춘 후 수직으로 외벽석을 축조하였다. 외벽에서 체성 내벽쪽으로 약 1m 정도까지 20cm 내외의 할석으로 뒷채움하였고 외벽 바깥쪽은 보강토가 확인되었는데 5~10cm 정도 두께의 사질층과 사질점토층을 교차하여 기단석까지 덧대어 체성의 기단부를 보강하고 있다. 현재 남아 있는 성석은 3~5단 정도이고 3단까지는 경사에 따라 세워쌓기를 하였으며 그 위로는 눕혀쌓기를 하였다. 체성 외벽에서는 축조 구분점이 확인되는데 확인된 구간의 너비는 4m 정도이다. 전체적으로 외벽축조는 경사면을 따라 지대석을 놓고 수평을 맞추어 기단석을 놓았으며 그 위로 성석을 축조하고 있는데 성석과 성석 사이에는 소할석, 황갈색 사질토와 강회를 발라 마무리한 것으로 확인되고 있다. 이외에도 이 구간에 대한 조사에서는 체성 외벽 축조는 생토층 위에 암갈색점질토를 정지한 후 바로 대형의 장방형 성석을 기단부로 축조한 경우도 확인되고 있어 구간별로 축조수법에 일정한 차이가 확인되고 있는 것이다. 한편 체성 성둘레를 확인하는 과정에서 체성 외벽기단석에서 각자(刻字)된 명문이 확인되었다. 그 명문 내용을 살펴보면,「북소구 패장, 출신 서후봉, 석수승 0명, 00군경주, 사청도」라 되어있는데 여기에서 확인되는 서후봉의 경우는『래주축성비』,『동래부축성담록』에도 그 이름이 확인되고 있어 이 지점이 1731년에 수축된 후기동래읍성 체성임을 알 수 있는 것이다.[60]

---

60)『萊州築城碑』,「...辛亥正月丁卯 尺量城基 今定各任牌將 其器機物力 宿己備 無一之不給焉...都牌將兼西門監閑良 李德蔓 出身 金重鳴, 徐後逢...」

〈사진 23〉 전기 동래읍성 체성부　　　　〈사진 24〉 전기 동래읍성 체성부
　　　　　　　　　　　　　　　　　　　　　　 기단부 세부

〈사진 25〉 전기 동래읍성 체성부 내벽　　 〈사진 26〉 전기 동래읍성 체성부 외벽
　　　　　　 잔존상태　　　　　　　　　　　　　 기단부

〈사진 27〉 전기 동래읍성 체성부 하부
선축 기단부 축조상태

　　다음은 2005년 7월에 경남문화재연구원에 의해 조사된 동래구 복천
동 535번지 일대 1,573㎡에서 조사된 체성 축조수법으로 체성 기저부는
체성을 축조할 부분보다 넓게 정지한 후, 성석이 위치할 곳을 굴착한 뒤
성벽 최하단석을 세우고, 바깥은 사질점토로 되메우기를 하였으며, 외벽
바깥의 굴착선의 너비는 20~50cm 가량이다. 성석은 50~80cm×30~

50cm×55~70cm 정도 장(방)형 및 부정형 할석을 이용하여 수평줄눈에 의한 품자형쌓기를 실시하였으며, 잔존높이는 2~5단, 180cm 정도이다. 또한 체성 외벽하단 퇴적토에서도 수축 흔적이 확인되고 있다.

내벽은 후대 훼손으로 정확한 축조 양상을 파악하기 힘들지만, 성벽 내외벽 경사가 심한 것으로 보아 성벽 내부 경사면 높이까지 성토다짐을 하여 평탄면을 조성하였던 것으로 추정 되고 있다. 내벽 적심은 사질점토를 성 토다짐한 부분과 사질점토를 's'자상으 로 굴착하여 10~30cm 정도 할석을 너 비 80cm 정도로 채운 것으로 나뉘어진 다. 이 구간에서도 조사구역에 따라 체 성 축조수법이 다소 상이하게 확인되는 곳이 있다. 서장대에서 서쪽으로 내려 오던 성벽이 남쪽으로 꺾이는 지점인 기단부 1~2단은 장(방)형 및 부정형 할

〈사진 28〉 전기 동래읍성 체성부 기단부 지정현황

석을 이용하여 축조하였다. 그 사이는 끼임돌을 끼워 견고성을 높인 반 면에 상부 3~5단은 치석된 성석을 이용하여 치밀하게 축조하였다.

이 구역 조사에서 확인된 체성 축조수법 가운데 외벽 바깥 구상유구는 성벽 붕괴를 방지하기 위한 배수로로 판단하고 있으나 단언할 수 없다. 여기서 확인된 성벽은 동서 방향을 가로질러 약 30m 가량 조사되었다. 체성 상부 성석은 이미 훼손되었으나 기단부와 지대석, 그리고 성벽의 기초를 조성하기 위한 적심석은 원형 그대로 확인되고 있다. 그 축조수 법을 살펴보면, 먼저 풍화암반토를 "ㄴ"자상으로 정지하여 외벽쪽에서 인두대 크기의 적심석을 5~6단 정도 축조하고 그 안쪽으로는 약 70cm 높이까지 돌로 채웠다. 외벽 적심석 최상단 위에 너비 40cm 내외, 두께

20cm 내외의 판석을 지대석으로 놓고 두께 35cm 내외 대형 판석을 기단석으로 삼았다. 내벽은 외벽으로부터 600cm 안쪽에서 확인되며 30~35cm×35~40cm 크기 삼각형상 석재로 입수적하여 3~4단 정도 쌓았다. 그 바깥쪽으로는 황갈색마사토와 갈색점토가 덧대어져 있어 수축 또는 증축된 흔적이 확인되고 있다.

(4)출토유물

동래읍성 출토유물은 경남문화재연구원에서 조사한 인생문지 주변조사에서는 치성에서 다량의 기와편이 수습되었다. 이 기와편의 타날문양은 창해파문이 압도적이며 선문, 집선문, 복합문, 무문이 일부 확인된다. 명문와는 『己巳三月名 七十名 辛未五月名 0瓦』 성명이 출토되었다. 그 외 백자편이 확인되고 있다.

8) 웅천읍성

(1) 현황

웅천읍성은 불모산-보배산-봉화산맥 남쪽 해안에 위치하며, 봉동산과 자마산에 둘러싸인 소분지에 위치하는 남-북 장축을 가진 평면 장방형 평지성이다. 동서남북 사방에 반원형 옹성문지를 두고 기본적으로 읍성 네모서리에 성우를 배치하고 동, 서문 좌 또는 우에 하나씩 총 6개 치성을 배치하고, 사방에 해자를 구비한 구조를 갖고 있다. 진해 웅천읍성은 세종 16년(1434)에 축조되었으며, 부근 군현 읍민을 동원하여 쌓은 사실이 성벽에 남아 있는 창녕부, 진주부민 동원사실을 기록한 명문을 통해 확인된다. 또한 웅천읍성은 축성신도가 반포되는 세종 20년(1438)

이전에 축성신도에서 규식화한 체성 축조양상을 충실히 따르고 있다. 이 것은 세종 연간 연해읍성 축조 시 이미 규식화된 축조계획을 가지고 이 성을 축조한 것임을 알 수 있다. 기타 옹성, 해자, 적대 등의 부속시설은 아직 축조되지 않은 상태로 남아 있었다. 따라서 적어도 2번 이상 증개 축이 이루어졌을 것으로 추측된다.

(2) 문헌기록

웅신현(熊神縣)은 본디 웅지현(熊只縣)이었는데 경덕왕(景德王)이 개 명하여 의안군(義安郡)의 영현(領縣)으로 삼았다. 속군이 2이고 속현이 3 이다.[61] 高麗 顯宗 9년(1018)에는 김해에 내속되었다. 高麗朝에 省法部 曲을 龜山縣으로 승격시켜 金州의 임내에 두었다가 恭讓王 때 漆原으로 이속시켰다. 加德島가 있다. 인접한 莞浦縣은 본디 高麗의 莞浦鄕이었다 가 뒤에 현으로 고쳤다. 부곡이 둘이니 대산부곡(大山部曲)과 천읍부곡 (川邑部曲)이다. 동쪽으로 김해부와 경계까지는 15리이며, 남쪽으로 제 포까지는 2리이다. 서쪽으로 창원부와의 경계까지는 25리이며, 북쪽으 로 김해부와의 경계까지는 15리이다. 서울까지의 거리는 9백 1리이다. 서쪽의 兵營까지는 190리이며 2일이 소요되고, 남쪽의 통영과는 210리 이며 2일 반이 걸린다. 세종조에는 구자를 설치하여 첨절제사(僉節制使) 를 두었으나, 문종조에 지금의 이름으로 고쳐서 현감을 두었다. 관원은 현감과 훈도가 각 1명이다. 중종 5년(1510년)의 삼포왜란(三浦倭亂)시에 일시 함락되었다.[62] 이후 잠시 도호부(都護府)로 승격되었다가 얼마 되 지 않아서 다시 현으로 강등되었다.[63] 宣祖 25년(1592)에는 壬辰倭亂이

---

61)『三國史記』권9 新羅本紀九 景德王 16년조.
62)『新增東國輿地勝覽』권32 熊川縣 宮室 縣城條.
63)『중종실록』권10 15년 6월 을미조, 권12 8월 정해조.

발발하여 熊川의 熊浦와 安骨浦가 倭軍의 침입경로가 되었는데, 안골포 해전(安骨浦海戰)에서 이순신 장군(李舜臣 將軍)이 이끄는 조선 수군이 왜군에게 대승을 거두었고,[64] 또한 이듬해에는 조선수군과 승의병의 연합군이 웅천을 탈환하기 위해 熊浦에서 수차에 걸쳐 격전을 치렀다.[65]

熊川에 관한 최초의 기록은 『慶尙道續撰地理誌』 慶州道 熊川條에서 찾을 수 있다.[66] 이 기록에 의하면 熊川은 朝鮮 前期인 世宗 16년(1434년)에 初築하여 端宗 1년(1453년)에 增築된 것으로 기록하고 있다. 그러나 初築 시기에 대해서 『朝鮮王朝實錄』에는 다소 다른 내용이 등재되어 있어 그 내용을 살펴볼 필요가 있다. 『世宗實錄』에는 世宗 16년에 金海邑城과 熊川邑城을 같이 축조하기로 결정하여 築城을 始作하였는데,[67] 이듬해에도 熊川邑城이 완공되지 않자 각 浦鎭의 水軍을 動員하여 完工시키라 조처했다.[68]

이로써 보면 熊川邑城의 初築年代는 『慶尙道續撰地理誌』와 『世宗實錄』에서 본 바와 같이 1434年에 着工하여 1435年에 完工되었음을 알 수 있다. 이후 世祖 3年(1457) 1월 29일에는 熊川邑城이 狹窄하므로 서쪽으로 옮겨 增築하자는 馳啓가 있었다. 이 啓를 접한 世祖가 兵曹에 명하여 의논케 하니 兵曹에서 아뢰기를 "熊川 등은 防禦가 緊急하니 즉시 가까운 고을 사람을 赴役시켜 築造케 하소서" 하니 그대로 따랐다.[69] 다시 世

『輿地圖書』卷四十五 金海鎭管 熊川縣 建置沿革條.

64) 鎭海文化硏究所, 1997, 『鎭海의 文化遺蹟』, 109쪽.

65) 鎭海文化硏究所, 1997, 위의 책.

66) 熊川邑城은 甲寅年(세종 16년, 1434)에 石築하였으며, 癸酉年(단종 1년, 1453)에 增築하였다. 성 둘레는 3,514尺 9寸이며 높이는 15尺이다. 두 곳에 우물이 있는데 사철 마르지 않으며 軍倉이 있다."라 기록하고 있다.

67) 『세종실록』권65 16년 8월 을유조.

68) 『세종실록』권69 17년 8월 무진조.

69) 『세조실록』권6 3년 1월 갑오조.

祖 6년(1460)에도 熊川邑城의 增築 논의가 있었다. 兵曹에서 慶尙道 都體
察使의 單子에 의거하여 "都體察使가 熊川城은 둘레가 3千 5百 14尺인
데, 狹小하여서 넓혀 쌓으려고 합니다. 그러나 아직 老弱者들을 수용하
기에는 부족함이 없으니 어찌 백성들을 勞役시켜 넓혀 쌓을 수 있겠습니
까. 만일 넓혀 쌓게 되면 더욱 지키기 어렵습니다. 시내와 골짜기가 가까
워 賊이 무찔러 깨트릴 형세이고, 서쪽으로 확장하게 되면 西山이 가까
워 賊이 반드시 여기에 임하여 공격할 것이니 그대로 두는 것만 못합니
다."고 고하니 그대로 따랐다.[70]

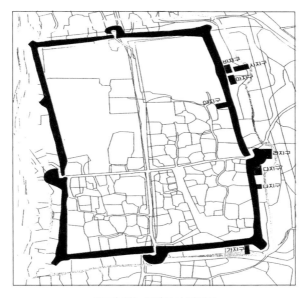

〈그림 19〉 웅천읍성 평면도

　熊川邑城의 규모와 시설물에 대해 朝鮮時代의 각종 地誌에는 비슷한
내용을 담고 있으나 후기에 이르면서 시설물이 증가되고 명칭이 바뀌기

---

70) 『세조실록』 권20 6년 6월 신해조.

도 하였다.

　『慶尙道續撰地理誌』에 의하면 성의 규모는 둘레가 3,514자이고, 높이는 15자이다. 우물 2개소와 軍倉이 있다고 한다. 『新增東國輿地勝覽』에는 앞의 내용과 비슷하게 등재되어 있다.

　『輿地圖書』에는 公廨인 客舍, 東軒, 鄕射堂, 軍官廳, 人吏廳이 있다고 전한다.71)

　『大東地志』十卷 慶尙道 熊川條에는 읍성 내의 시설물로 우물 외에 못이 한 곳 있는 것으로 전하고 있다.72)

　『東國輿地誌』에는 웅천읍성내의 주요 건물들인 鎭東樓, 息波樓에 관해 언급되어 있으며, 鎭東樓는 客館의 동쪽에 있으며 縣監 梁瓉이 세웠고, 息波樓는 城의 南門樓이다.73)

　『熊川誌』城池條에는 邑城에 垓字와 우물 6개소, 邑倉, 官需庫, 工庫, 陸軍兵器庫가 있다고 전한다.74)

　이 밖에 4대문의 이름을 명기하였다. 동문은 見龍門인데 지금은 헐렸다. 서문은 睡虎門인데 역시 지금은 헐렸다. 북문은 拱宸門이다. 이로 보아 19세기 말까지도 남문과 북문은 건재하였음을 알 수 있다.

---

71) 『輿地圖書』권45 김해진관 웅천현 공해조
　　「客舍, 東軒, 鄕射堂, 軍官廳, 人吏廳」
72) 『大東地志』권10 경상도 웅천현 현성조.
　　둘레는 3,514자이고 우물이 둘, 못이 한 군데 있으며 南門은 息波樓라 한다.
73) 『東國輿地誌』권4 下 웅천현.
74) 「읍성은 석축성인데, 둘레가 3,514자, 높이가 15자이며 성안에 우물이 여섯 군데에 있고 네 곳에 성문이 있다. 해자는 북·동·서의 삼면에 호참을 갖추었으나 물이 흘러들지 않고 비가와도 가득 차지 않는다.」고 하였다.

(3) 고고학적 조사

웅천읍성 체성은 동쪽 성벽 단면을 통하여 그 축조수법을 알 수 있다. 먼저 성벽이 될 부분의 표토를 제거하고 성 안쪽에서 외벽 쪽으로 생토면을 'ㄴ'자상으로 정지하여, 그 위로 10cm 내외의 점토를 다져서 성벽 기단부를 구축하고 있다. 외벽 쪽은 10cm 내외 점토다짐층 위에 자갈로서 바닥을 정지하고 상부는 외벽에서 내벽 쪽으로 1.6m 정도까지 3단의 인두대석을 쌓고 그 위에 두께 20cm 내외 판석을 깔아 지대석을 만들고, 그 위에 기단석을 올려 약 20cm 정도 물리어 대형(200×160×150cm 정도 크기) 자연대석을 놓은 형태이다.

〈그림 20〉 웅천읍성 체성부 평/입면도

내벽은 'ㄴ'자상으로 절토된 내벽 쪽 수평면에서부터 시작되고 있다. 노출된 성벽을 통해서 보면, 내벽 뒷채움석은 지름 50~60cm 내외의 성석을 사용하여 가급적 편평한 면이 바깥쪽으로 보이도록 쌓았다. 적심석은 막채워 넣은 것 같은 인상을 주고 있으며, 외벽 쪽으로 계단상을 이루고 있다. 성벽 너비는 기저부가 8.1m 내외로 'ㄴ'자상으로 생토면을 정지한 부분에서 외벽 간이 5.5m로 거제 고현성의 체성 너비와 일치하고 있다. 'ㄴ'자상으로 절토된 곳에서 내벽까지가 약 2.6m 정도이다. 성벽 잔존 높이는 3~5m 내외로 동벽은 여장(女墻)부분까지 잘 남아 있다. 또한 내벽에서는 기저부에서부터 30cm, 60cm, 90cm 등의 높이로 위로 올라갈수록 점차 높아지다가 내벽에서 외벽사이에 너비 260cm 지점부터 본격적으로 협축(夾築)하고 그 상단에는 미석(眉石)을 30cm 외벽 쪽으로 돌출시켜 설치하고 그 위에 너비 70cm의 여장이 2단 정도 잔존하고 있다. 외벽 쪽으로는 지대석 부분 축조시 지형조건에 따라 레벨차를 두고 있음을 알 수 있다. 이러한 것은 과거 읍성의 좌우로 흐르던 하천의 범람으로 인해 성 주위가 습지였던 것으로 성벽의 유실을 막기 위한 축조수법으로 파악된다.

웅천읍성 내벽 축조수법을 살펴보면, 생토층면에 점토를 다져 지반을 형성한 뒤 외측에는 장대석을 지대석으로 삼고 그 위에 자연대석의 성석을 올려놓았으며 내벽은 명황갈색점토층(明黃褐色粘土層) 지반위에 약간 큰 할석으로 쌓았다. 내벽은 동시에 축조하였으며, 처음부터 계단식 축조수법을 사용하였다. 따라서 상단부를 올려 쌓으면서 내벽은 30cm, 60cm, 90cm 의 높이로 계단상(階段狀)을 이루며 협축(夾築)하고 있다. 처음 내외벽 기저부가 8.1m이고 최상부는 2m 60cm로서 최상부인 2m 60cm에서 협축을 실시하고, 그 상단에는 미석을 30cm 외벽 쪽으로 돌출시켜 설치하고 그 위에 너비 70cm 여장이 2단 정도 잔존하고 있다. 여장 부분 석열 사이에서 다량의 기와가 출토되고 있다.

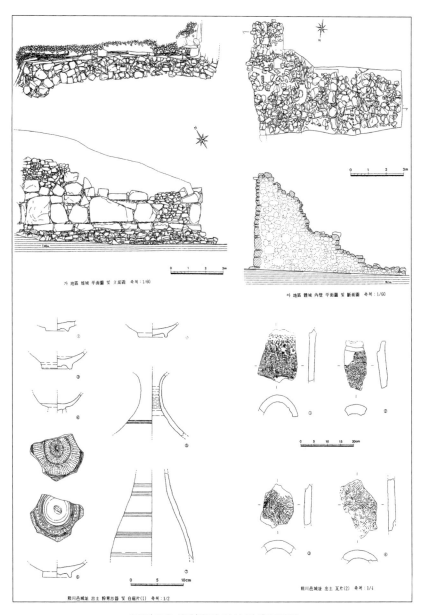

가 地區 雉城 平面圖 및 立面圖　축척 : 1/60

아 地區 體城 內壁 平面圖 및 斷面圖　축척 : 1/60

熊川邑城址 出土 粉靑沙器 및 白磁片(1)　축척 : 1/2

熊川邑城址 出土 瓦片(2)　축척 : 1/4

〈그림 21〉 웅천읍성 치성 및 출토유물

<사진 29> 동벽 체성부 및 해자　　　　　<사진 30> 동벽 체성부 잔존상태
호안석축 내측벽 노출상태

<사진 31> 동벽 체성부 기단보축　　　　　<사진 32> 남벽 내벽 적심상태
토층상태

<사진 33> 남벽 내벽 조사 후　　　　　<사진 34> 남벽 내벽 기저부 상태

<사진 35> 동벽 내벽 조사 후　　　　　<사진 36> 동벽 내벽 세부

〈사진 37〉 동벽 내벽 기저부 노출상태   〈사진 38〉 동남성우 내벽 내탁부
토층상태

9) 기장읍성

(1) 현황

기장읍성은 현재 기장읍 동부리, 서부리, 대라리 일원에 걸쳐 있으며, 북쪽 낮은산과 남쪽 평지에 걸쳐 축조된 평산성이다. 이 읍성은 고려 공민왕 5년(1356)에 성을 쌓았으며 조선시대에 편찬된 문헌기록에 의거하여 규모를 살펴보면, 둘레가 968m, 높이가 3.6m 정도인 것으로 추정된다. 현재 읍성 동벽 잔존 체성 100m 정도 확인되고 있으며 높이는 3m이다. 체성 축조는 평지에는 성벽의 내외측 모두 돌로 쌓은 수법이지만 지형이 높은 곳은 성벽 밖은 돌로 쌓고 내부는 흙으로 채우는 내탁식으로 축조한 것으로 보고 되고 있다. 성벽 곳곳에는 'V' 자형으로 훼손된 부분을 작은 석재로 이용하여 수축한 흔적이 확인되고 있다. 남쪽벽 하단부에는 입수적한 대석들이 잔존하고 있어 조선 전기 연해읍성 축조와 일정한 상관성이 있음을 확인할 수 있다. 동서남북 4대문이 설치되어 있었으며, 동, 서, 남문에는 성문을 보호하는 반원형 옹성이 설치되어 있다. 특히 북문은 서문에 치우쳐 암문으로 사용된 것으로 추정하고 있다. 과거 성내에 설치된 동헌을 비롯하여 향사당, 객사들은 모두 철거 훼손되었으

며 현재는 장관청 건물만이 약간 변형된 채 원래 위치에 남아 있다. 그리고 과거에 성 밖에 망풍정, 망루대가 있었다고 전해진다. 기장읍성은 부산시 편입 이후 부산시 지정 기념물로 지정되어 117필지 12,003㎡로 문화재 보호구역이 확대되어 오늘에 이르고 있다.

(2) 문헌기록

기장(機長)은 신라(新羅) 지증왕 6년(505)에 갑화양곡현(甲火良谷縣)이라 지칭되었으며, 신문왕(神文王) 5年(685)에는 삽량주(揷梁州)에 편입되었다가 경덕왕(景德王) 16년(757)에 기장현(機長縣)으로 개칭되었다. 고려시대 들어와서 성종(成宗) 14년(995)에 영동도(嶺東道) 소관으로 겨주목(慶州牧), 양주군(梁州郡)의 영현이 되었으며, 현종(顯宗) 9년(1018)에 울주군(蔚州郡)의 영현이 되고 별호(別號)를 차성(車城)이라고 하였다. 고려 충렬왕 30년(1394)에 양산군의 영현이 되었으며, 기장현은 신라시대부터 이때에 이르기까지 고촌부곡, 결기부곡, 사랑부곡, 사야부곡의 4개 부락을 거느렸다. 조선 개국 후 태조 3년(1394)에 전국을 8도로 개편 시 경상도 기장현으로 존속하였으며 선조 32년(1599) 폐현되어 남쪽은 동래현에 편입되고 북쪽은 울산군에 편입되어 울산군의 하미면이 되었다. 광해군 9년(1617) 다시 기장현으로 복구되었으며, 1895년 을미개혁시 동래부 기장군으로 개명되고 읍내면, 동면, 남면, 중북면, 하서면, 하북면, 상서면, 상북면을 두었다. 1914년 기장군이 폐지되고 동래군에 속하여 기장면, 장안면, 일광면, 정관면, 철마면 5개면으로 개편되었다.

1973년 동래군에 속하여 있다가 그해 7월 1일 자로 동래군이 폐지되고 양산군에 병합되었다. 1980년 12월 1일 자로 기장면이 기장읍으로 승격되었고 1985년 10월 1일 장안면이 장안읍으로 승격되었다. 1986년 11월

1일 梁山郡 동부출장소가 설치되어 기장읍, 장안읍, 일광면, 정관면, 철마면의 5개 읍면을 관할하게 되었다. 1995년 3월 1일 자로 기장군이 설치되어 경상남도에서 부산광역시에 편입되어 오늘에 이르고 있다.

기장읍성과 관련한 내용을 살펴보면 기장읍 지역에는 고읍성(古邑城)과 조선 전기에 축조된 신축읍성이 있었던 것이라고 할 수 있겠다. 즉 원래 기장읍성은 고려 공민왕 5년(1356)에 축조한 토성(土城)이 있었던 것을 우왕 때 지금의 교리(校理)에 위치하는 고읍성이 왜구에 의해 함락되면서 파괴되었다.

이에 현재의 읍성이 있는 곳으로 읍치를 옮길 것을 결정하였고, 울산(蔚山), 언양(彦陽), 창녕(昌寧) 등지의 주민들을 동원하여 축성한 석성이 지금 잔존하는 기장읍성으로 알려져 있다. 그러나 『경상도속찬지리지(慶尙道續撰地理志)』慶尙道 機張縣 關防條에는 읍성은 홍희 을사(世宗 7年) 1425년에 돌로 쌓았다고 하였으며 성둘레는 1,527尺이고 높이는 15尺, 군창이 있고, 우물과 못이 각각 하나씩 있으며 가물면 곧 마른다고 기록되어 있다. 반면에 『문종실록(文宗實錄)』문종 원년(1451)에 하삼도체찰사(下三道體察使) 정분(鄭苯)이 올린 서계(書啓)에 의하면 기장읍성은 성둘레 1,527尺이고 높이는 11尺이고 여장 수는 383개, 적대가 6개소에 문지가 3개소인데 옹성이 있으며 성안에 우물이 1개소인데 판 깊이가 20尺이고 물의 깊이는 1尺이며, 성 밖의 방천에서 城을 뚫고 물을 끌어들여 못을 만들어 저수하였는데 깊이는 1尺이며 해자는 아직 파지 않았습니다. 고 기록되어 있다. 또한 『세종실록』에 의하면 세종 3년(1421) 9월에 경상도 관찰사로부터 기장현의 성내에 천수(泉水)가 없다고 하여 박곡리로 옮기기를 청하니 그대로 시행케 하였다는 기록이 있다.

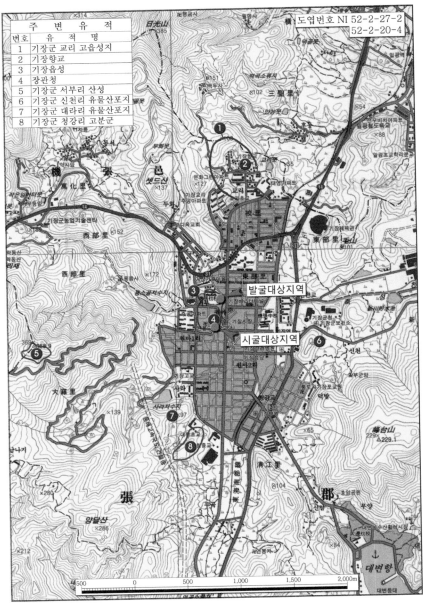

주 변 유 적	
번호	유 적 명
1	기장군 교리 고읍성지
2	기장향교
3	기장읍성
4	장관청
5	기장군 서부리 산성
6	기장군 신천리 유물산포지
7	기장군 대라리 유물산포지
8	기장군 청강리 고분군

도엽번호 NI 52-2-27-2
52-2-20-4

발굴대상지역

시굴대상지역

〈그림 22〉 기장읍성 조사구역 및 주변유적 위치도

『世宗實錄地理志』제150권 지리지 경상도 기장현조에 의하면 「남쪽에 邑城을 돌로 쌓았는데 둘레가 350보이며, 성안에 못과 우물이 각각 하나씩 있다.」라고 기록되어 있다. 따라서 위의 자료를 살펴보면 기장읍성은 세종 3년에 이전 신축토록 논의가 이루어져 4년 뒤인 世宗 7年에 築城된 것이라고 할 수 있겠다. 이렇게 축조된 기장읍성의 성둘레가 1,527尺으로서 『신증동국여지승람(新增東國輿地勝覽)』의 3,197尺과는 배 이상의 차이를 보여주고 있다.

이러한 것은 세종조 이후 기장읍성이 계속적인 개수축(改修築)이 이루어졌거나 아직 완성치 못한 적대(敵臺), 옹성(甕城), 해자(垓子) 등이 필축(畢築)을 보면서 성둘레가 늘어난 것으로도 판단해 볼 수 있지만 용척(用尺)에 기인하는 것으로 생각해 볼 수도 있다. 그러나 용척에 기인하더라도 성둘레가 배 이상 차이가 나지는 않는 점을 고려한다면 용척보다는 역시 개수축에 의해 체성의 길이가 늘어난 것으로 판단하는게 합리적일 것이다. 따라서 성종조 이후 중종을 거쳐 임진왜란이 발발하는 선조조에 이르기까지 기장읍성은 이때 당시의 성둘레를 유지한 것으로 판단된다. 임진왜란이 발발하자 기장은 가장 먼저 왜군에 의해 함락되고 가장 나중에 수복되는 곳으로 그 폐해가 막심하였던 것을 유추해 볼 수 있다. 더구나 정유재란 이후 지루하게 끈 농성전의 한 축을 담당하였던 가등청정(加藤淸正)이 울산, 서생포, 기장, 동래, 부산으로 그 주둔지를 이동하는 점과 기장지역에 왜성(倭城)이 다수 축조되어 있는 점을 감안할 때 임진왜란이 종결되는 시점에는 기장지역은 이미 일본의 영향력에 의해 읍성 내부의 시설물과 체성의 석재는 왜성 축조 자재로 운반되거나 파괴되는 등 상당한 변화를 겪게 된 것이라고 할 수 있겠다. 더욱이 이러한 것은 선조 32년(1599)에 기장현이 폐현되어 남쪽은 동래현에 편입되고 북쪽은 蔚山郡에 편입되어 蔚山郡의 下味面이 되는 것에서 추정해 볼 수 있는 것이다. 즉 壬辰倭亂 초에 倭軍에 陷落되어 戰爭 종결 시까지 미수복지역으로 남은 곳인데다 일부 일본에 동조하는 세력이 있었던 점이 감안되고 이미 邑城을 비롯한 기간시설이 모두 파괴 훼손된 상황에서 중앙의 統治權을 행사하는데 상당한 문제점이 확인됨에 따라 縣을 폐현하였던 것이라고 할 수 있겠다. 이후 光海君 9年(1617) 다시 機長縣으로 복구되었지만 機長邑城에 대한 대대적인 수개축은 이루어지지 않은 것으로 판단된다. 다만 연해지역에 위치하는 관계로 부분적인 성지(城址)의 수리는 가능했지만 이때 당시에 이미 수리에 의한 성곽 본래의 기능은 상실된 것으로 파악해 볼 수 있겠다. 따라서 이후 17세기에 들어오면서 계속적인 훼손이 이루어지다 1908년에 폐쇄되기에 이르렀다.

〈그림 23〉 기장읍성 평면도

(3) 읍성의 축성현황

1. 『慶尙道續撰地理志』慶尙道 機張縣 關防條

   「洪熙乙石築 周回一千五百二十七尺 高十五尺 有軍倉 井一池一旱

   則 渴」

2. 『世宗實錄地理志』卷一百五十 地理志 慶尙道 機張縣

   「縣南邑石城 周回三百五十步 內有池一井一」

3. 『新增東國輿地勝覽』卷二十三 機張縣 城郭條

   「邑城石築 周三千一百九十七尺高十二尺」

4. 『輿地圖書』慶尙道 左水營 城址條

   「邑城石築 周三千一百九十七尺 高十二尺 頹毁」

5. 『慶尙道邑誌』第十九册 機張縣 城池條

   「邑城石築 周三千一百九十七尺 高十二尺 頹毁」

6. 『增補文獻備考』卷三十六 輿地考十五 關防八 海防條

   「機張邑城石築 周三千一九十七尺 高十尺 今廢」

(4) 체성

기장읍성은 2006년 3월에 경남문화재연구원에 의해 실시된 서부리 도로 확장구간에 대한 조사에서 체성과 주변 시설물이 일부 확인 조사되었다.

1차 조사는 2005년 8월 19일에서 10월 17일 사이에 조사지역 서쪽 약 4,000㎡를 대상으로 실시하여 추정 적심 1기, 수혈 1기, 성격 미상유구 1기 등 총 3기의 읍성 초축 당시 유구를 확인하였다. 2차 조사는 기장읍성 동벽을 관통하는 구간으로, 이곳으로부터 북쪽 약 100m에 위치하고 있는 동문지 사이는 기장읍성 내에서 체성이 가장 양호하게 잔존하는 구간이다. 또한 조사지역 북쪽 50m에는 적대가 잔존하고 있다. 체성은 현재 외벽의 석축벽만 주로 남아 있는데 평지는 내외측 모두 돌로 쌓은 협축 이나 지형적으로 높은 북쪽의 경우는 외측만 돌로 쌓고 내측은 흙으로 채우는 편축도 병용했을 것으로 추정된다.

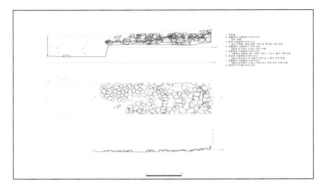

〈그림 24〉 기장읍성 남벽 체성 평/입단면도(1/40)

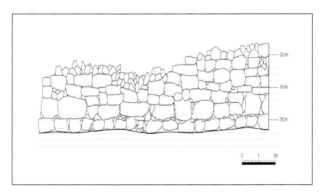

〈그림 25〉 기장읍성 동벽 체성 입면도(1/60)

체성 축조수법을 살펴보면 먼저 경사진 지표면을 정지한 후 계획된 기 저부 너비에 맞춰 'ㄴ'자상으로 굴착하고, 레벨이 낮은 외벽부분은 잡석을 다량 혼입한 점토를 깔아 지반을 보강하였다. 그 위에 30~70cm×20~40cm 크기의 치석된 할석으로 외벽 기단석을 축조하고, 그 상단에 60~140cm×40~80cm 크기의 비교적 대형 지대석을 사직선으로 축조하였다.

〈사진 39〉 기장읍성 동벽 체성 축조수법(경남문화재연구원 조사)

그 위로 10~15cm 정도 안쪽으로 들여서 1.4×1.2×0.4~0.5cm 정도 크기의 대석을 기단석으로 축조하고 위쪽으로 가면서 70×50×30~40cm 정도 크기보다 작은 돌을 이용하여 축조하였다. 각 성석 틈새에 10~20cm 크기의 끼임돌을 끼워 견고하게 하였고 대체로 횡평적을 실시하고 있다. 내부적심석은 외벽 성석 축조에 맞춰 채워 넣었으며, 외벽석 사이 빈틈은 끼임돌을 끼워 견고성을 높였다. 외벽이 내벽 기반층 높이까지 축조되는 시점에 적심 상부에 기단을 시설하고, 내벽석을 축조한 것으로 추정된다. 외벽 기단에는 보강토로 생각되는 점토가 일부 덮힌 부분이 보이고, 내벽은 토층 단면상에서 점토에 풍화암반을 혼입한 2개 층의 보강토층을 확인되었다.

현재 잔존 높이는 3m 정도이고 상부 너비는 2.2m 정도이다. 체성부 상부 통로는 동문지와 서문지 체성의 상부 너비를 확인한 결과 대략 1.15~1.2m 내외 너비로 확인되고 있다.

〈사진 40〉 기장읍성 동문지 육축부

　내벽에서 약 50㎝ 정도 떨어져서 체성과 평행하게 진행하는 너비 250 ㎝ 정도의 구상유구가 노출되었다. 바닥에 퇴적된 유물은 분청사기편이나, 백자편 등으로 체성 사용시기와 거의 일치하는 것으로 보여 내황으로 추정하고 있다. 경남문화재연구원 조사지역에서 노출된 체성은 조사지역 북쪽에 양호하게 잔존한 체성부에 비해 매우 조잡하게 축조된 양상이다. 조사자는 수축 시 축조되었을 가능성과 지형상 문제일 가능성을 언급하고 있다. 즉, 조사지역 북쪽 축조상태가 양호한 체성은 비교적 평탄한 구릉 상단에 축조되었다. 조사지역에 위치한 체성은 구릉과 평지가 이어지는 경사면에 축조되어 있어 축조상태와 수법에서 차이를 보일 가능성이 있는 것으로 판단하고 있다. 현재 체성 잔존 높이는 2.2m, 성 너비 6.2m 정도이며, 성벽석은 3~5단 잔존하고 있다. 경남문화재연구원 조사에서 외벽 밖에서는 자연 경사면을 따라 잡석과 점토를 혼입하여 축조한 석축시설이 노출되었다.

<그림 26> 기장읍성 동문지 적대(1/60)　　<사진 41> 기장읍성 동문지 적대

<사진 42> 기장읍성 체성 내 · 외벽

　석축시설은 외벽 기단 보강토로 생각되는 점토층 위에 있어 수축이나 증축시 축조된 것이다. 석축시설이 벽석과 면한 부분 상부에 치성 기단

으로 추정되는 석렬이 일부 노출되었으나, 잔존상태가 좋지 않아 명확하지 않다. 노출상태로 볼 때 석축시설은 치성 축조 시 경사면에 대지를 조성하기 위해 축조한 것으로 추정하고 있다.

(6) 출토유물

기장읍성에서 출토된 유물은 자기, 도기, 기와 등이 확인된다. 자기류는 분청사기편, 백자편, 석간주 등이 출토된다.

분청사기는 상감 분청과, 인화분청, 귀얄분청 등이 출토된다. 상감분청과 인화분청 등은 기장읍성 초축 당시 유물로 추정된다.

백자는 미백색과 회청색의 유색을 띠는 것이 다량 출토된다. 15세기 후반에서 16세기에 지방 백자 특징을 보이는 것이며, 회청색 유조 백자는 대체로 17~18세기로 편년된다.

기와는 사선 집선문과 호상집선문 단독 시문, 종선문 등이 중앙에 부가된 호상집선 복합문 등이 타날된 기와가 대부분이다. 사선집선문 계열이 고려 후기에서 조선 전기로 편년되고 있어 읍성 초축 당시 유물로 추정하고 있다. 적심 내부나 외벽 하단 퇴적층, 외벽 밖 석축시설 등에서 수습된 기와 중에는 17세기 중반 이후에 주로 나타나는 변형 호상집선문이나, 동심원문이 타날된 것은 전혀 보이지 않았다.

출토된 유물 중 상감분청과 인화분청, 사선집선문 기와 등은 15세기 전반 초축 당시의 유물로 추정되고, 출토된 유물 중 대부분이 18세기 이전 것이다.[75]

---

75) 경남문화재연구원, 2006, 「釜山 機張 西部里 道路開設區間內 文化遺蹟 發掘調査(2次) 指導委員會議 資料」.

10) 장기읍성

(1) 현황

장기읍성은 경상북도 영일군 지행면 읍내리에 위치한 해발 252m인 이 고장의 진산인 동악산에서 해안쪽인 동쪽으로 뻗은 고위평탄면(해발 100m)에 축조되어 있는 석성이다. 북으로 영일군 구룡포읍, 서로는 영일군 오천읍, 남으로 경주시 감포읍과 접하고 있는 그 구릉 아래쪽으로는 장기천이 동해로 흘러 들판을 형성하고 있다. 읍성은 해발 100m에 제형상으로 형성된 능선을 따라 축조되어 있는 석성으로 동서를 장축으로 한 제형 형태를 하고 있다. 현재는 서남벽, 북남벽 및 동북벽의 일부만 양호하게 남아 있을 뿐이며 동남벽은 거의 허물어져 기저부만 2~4단이 남아 있는 상태이다. 성의 내벽도 동문지와 북문지 일부만 잔존할 뿐 거의 허물어진 상태이다.

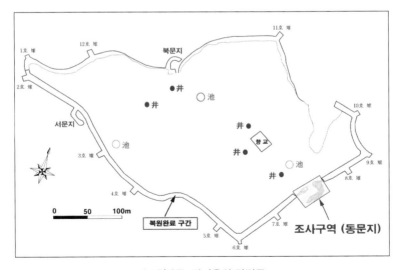

〈그림 27〉 장기읍성 평면도

장기읍성에 대한 조사는 1991년 4월에 경주문화재연구소에 의해 지표조사가 실시되었다. 읍성 둘레는 약 1.3km이고 성내 면적은 약 81,738㎡(24,726평)정도로 3개소 문과 1개소 수구를 시설하였고 각 성문마다 옹성을 설치하였다. 치성은 12개소가 설치되어 있다.

읍성 지형은 서쪽이 가장 높고 수구쪽인 동북벽의 계곡쪽이 가장 낮으며, 성벽으로 둘러져 있는 가장자리가 높고 성내 가운데가 낮은 요형으로 지면이 되어있다. 성내 물이 지형상 계곡쪽으로 흐르도록 되어있어 배수시설을 다른 곳에는 별도로 마련하지 않은 것으로 추정하고 있다.

체성은 동문지가 있는 동남벽만 거의 직선에 가깝고 그 외 성벽은 지형에 따라 곡선을 이루고 있다고 한다. 체성 외곽지형은 서북벽 및 동북벽쪽이 급경사를 이루고 있는데 반해 서남벽과 동남벽쪽은 평지 및 완만한 경사를 이루고 있다. 적의 침입이 가장 용이한 지역인 관계로 치성 대부분이 서남벽과 동남벽에 설치되어 있는 것과 무관하지 않은 것이라 할 수 있겠다.

특히 평지를 이루고 있는 서남벽 외곽에는 해자까지 마련되어 있는 것이 확인되었다. 여장은 현재 잔존하지 않고 여장 기단으로 보이는 석열 흔적만 2~3곳에서 확인될 뿐이다. 기록과는 일치하지 않지만 현재 성내에는 5개소의 우물과 3개소의 못이 있는데 축성 당시의 것과는 차별되는 것이라고 할 수 있겠다.

(2) 문헌기록

장기(長鬐)는 三國時代 新羅 양주(良州) 의창군(義昌郡)에 속한 지답현(只畓縣)이었으며, 경덕왕(景德王)대에 기립현(鬐立縣)으로 개명되고 고려조에 장기현(長鬐縣)으로 불리웠다.76) 현종 2년(1011)에 청하(淸河),

홍해(興海), 영일(迎日), 울주(蔚州) 등과 같이 城을 쌓았고, 경주부(慶州府)의 속현으로 공양왕대에는 감무를 두었다.[77]

조선 태종 15년(1415)에 장기읍성(長鬐邑城)의 지리적 중요성에 따라 현감의 위계를 사품 이상으로 높여 무신으로 고관을 임명하여 지현사(知縣事)라 하였다가[78] 세조 5년(1460)에는 독진(獨鎭)으로 되었다가 동왕 12년(1467)에 독진을 파하였다.[79] 뒤에 현감으로 고치고 그 밑에 훈도(訓導)를 두었다.

고종 23년(1895)에는 장기군으로 바뀌고 감포(甘浦), 양남(陽南), 양북면(陽北面)을 흡수하고 군수, 좌수와 별감 2人을 관원으로 두었다.

일제하의 1914년 행정구역 통폐합에 따라 감포읍, 양북면, 양남면이 경주군에 귀속되고 창주면과 서면을 합하여 봉산면으로 개명되고 현내면을 장기면으로 고쳐 영일군에 편입되었다가 1934년 봉산면과 장기면을 합하여 지행면으로 바뀌어 면으로 격하되고 치소도 성 아래 마을인 하성마을로 옮겨졌다. 이후 읍성이 오늘에 이른다.

단종 2년 1454년에 편찬된『世宗實錄地理志』에는 "城의 둘레가 174步이고 城內에 우물이 두 곳이 있다."라고 하였다.『新增東國輿地勝覽』長鬐縣 建置沿革條와 城郭條에「...本朝太宗時 以地濱大海 當用武臣官高者鎭之 遂爲知縣事 後改縣監」이라 한 것과「邑城 石築 周二千九百八十尺 高十尺 內有四井二池」라는 기록으로 보아 朝鮮 初期에는 이미 石城으로 築造되어 있었음을 알 수 있다.

---

76)『三國史記』志 第三 地理「良州 義昌郡 鬐立縣 本只沓縣 景德王改名 今長鬐縣」.
77)『高麗史』志 권36,「兵二 城堡 顯宗二年 城淸河 興海 迎日 蔚州 長鬐」.
78)『世宗實錄地理志』,「長鬐縣 本朝太宗乙未 以地濱大海 當用武臣官高者鎭之 始置知縣事 以四品以上尤之」.
79)『慶尙道續撰地理誌』,「長鬐縣一州鎭設立草罷 天順庚辰獨鎭 城化丁亥罷」.

(3) 읍성의 축성현황

1. 『世宗實錄地理志』,「長鬐縣 邑石城 周回一百七十四步 內有井二」
2. 『慶尙道續撰地理誌』,「長鬐縣 一 邑城 正統己未石築 周廻三千六
   百 六十四尺 高十二尺 泉二池二 冬夏不渴 有軍倉」
3. 『新增東國輿地勝覽』卷之 二十三 城郭條「邑城 石築 周二千九百
   八十尺 高十尺 內有四井二池」

(4) 고고학적 조사

체성은 기단부를 조성한 뒤 길이 1m, 내외 높이 50~60cm 되는 대형
할석을 4~5단 정도로 거의 수직 되게 쌓고 위로 올라갈수록 성석의 크
기를 차츰 작아지게 하여 내경(10~13°)되게 쌓았다. 다음 상단부는 미석
을 마련하고 여장을 설치한 것으로 보이나 현존하는 여장은 없고 여장
기단으로 추정되는 너비 1.2~1.4m인 할석열의 흔적을 몇 군데 확인할
수 있다. 체성 높이는 미석까지 남아 있는 부분의 높이가 서남벽에서는
3.7~4.2m, 동북벽에서는 3.7m인 것으로 확인되고 있다. 외곽지형이 급
경사를 이루는 성벽보다는 평지를 이루는 서남벽쪽이 조금 높을 것으로
추정된다. 체성 기저부 너비는 7~8m 내외일 것으로 추정되고 있다.

〈사진 43〉 장기읍성 체성

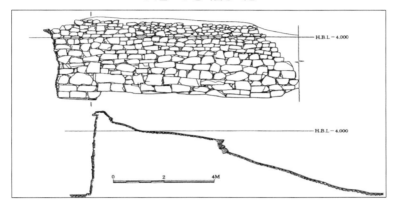

〈그림 28〉 장기읍성 체성부 입/단면도

(5) 출토유물

장기읍성에서 확인된 유물은 자기류와 기와류, 석기 등이 확인되었다.
이 가운데 자기류는 모두 기저부만 남아 있다. 구연부 형태로는 전체적
인 기형을 알 수 없지만 채색이나 굽다리 등의 제작수법은 알 수 있다.
백상감한 분청사기편을 비롯한 자기편은 6점으로 회청색을 띠는 것과
담청색을 띠는 것이 있으며 1점은 부분적으로 자연유가 묻은 초벌구이
한 저부편이다.

장기읍성 주위에는 다수 와편이 널려 있는데 전(塼) 1점과 평기와가 대

부분이다. 이 가운데 평기와는 무문, 선조문, 어골문, 삼각집선문, 창해파문, 복합문, 사격자문, 卍형 등의 다양한 문양의 기와가 출토되고 있다.

11) 진해읍성

(1) 현황

이 성은 행정구역상 경상남도 마산시 진동면 진동리 241－1번지 일대로 현재의 진동면사무소의 주변에 분포해 있는 평지성이다. 현재 진동면사무소는 조선시대 진해현 치소인 진해현청이 있던 자리이다.『文宗實錄』文宗 元年(1450) 九月 庚子條에「鎭海縣邑城周圍一千三百二十五尺四寸 女墻 高三尺 敵臺六 內己築三門 二有甕城 女墻三百八十二 城內井二」라고 성의 규모와 관련 시설에 대해 기록하고 있다.

위의 기록을 살피면, 여장과 적대, 삼문, 이 중 삼문을 에워싼 옹성 등을 갖춘 정비된 형태로 추정되지만, 지금은 주변지역이 도시화하면서 시설물들은 거의 훼손되었고 동벽쪽에서만 성벽을 확인 할 수 있을 뿐이다. 현존 길이는 약 800m, 너비 4.5m, 높이 3m이다.

3. 체성부 속성별 특징 검토

1) 사직선 기단 축조

산지에 축성이 많은 우리나라 성곽 축조 특성상 급경사를 포함한 자연적인 제약 조건을 극복해야 하는 체성 축조에 있어 일반적으로 사용되는 것으로 판단되는 기단수평화 공법과 달리 사직선상 기단부를 축조하는 것은 기단수평화 공법에 비해 많은 공력이 수반되고 축조 이후에도 그

관리에 상당한 문제점을 안을 수밖에 없는 것이다. 그런데 남해안 지역 연해읍성 체성 축조수법 가운데 기단부 축조에 있어서 이러한 사직선기 단이 확인되고 있다. 이 사직선기단 축조수법은 여타 조선시대 읍성 및 영진보성 기단부 축조수법과는 다소 상이한 것이다. 즉 평지읍성 경우에 는 기단부 지대석과 기단석이 수평줄눈쌓기를 실시하여 수평을 유지하 며 축조되어 있다. 그러나 평산성이나 산성은 대부분 경사지와 기반암 등 자연적인 요인에 따라 기단부가 기단수평화를 이루며 축조되는 것이 일반적인 현상이다. 즉 체성 축조 시 내외측 지반을 전반적으로 같게 평 탄화한다면, 복토량이나 작업량이 많고, 아울러 급경사지에 복토된 곳은 체성 하중으로 붕괴 우려가 있다. 따라서 내벽쪽 지반을 계단식으로 굴 착하거나 복토하여, 시공상 작업량을 줄이거나, 지형 경사도를 줄여 체 성 하중을 지반이 견고하게 받는 기단수평화공법이 사직선기단공법 보 다 평산성이 다수를 차지하는 연해읍성의 입지유형에 있어 더 적절한 공 법이라고 할 수 있다.

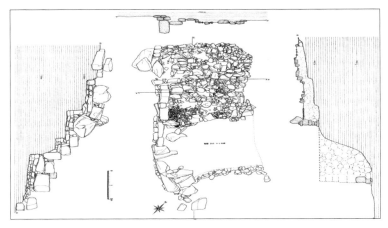

〈그림 29〉 체성부 축조에서 확인되는 기단수평공법 1

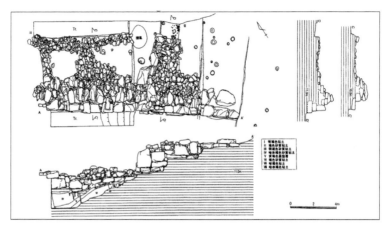

〈그림 30〉 체성부 축조에서 확인되는 기단수평공법 2

　　그러나 남해안 연해읍성 가운데 하동읍성(河東邑城)의 기단부 축조수
법을 살펴보면 기단수평화 공법을 사용하지 않고 사직선상의 기단축조
수법으로 축조되어 있는 것이 확인된다. 이러한 사직선기단은 특히 서문
지를 기준으로 서남쪽 방면 체성부 가운데 가장 높은 지점에 위치하는
제5 치성 체성부로부터 제7 치성을 거쳐 남문지에 이르는 지형적으로
그 경사도가 매우 급경사인 지점에 축조하고 있다. 반면에 하동읍성 제2,
3, 4, 5, 6 치성의 경우에는 외벽 기단부 축조 시 기단수평화 공법을 사용
하여 축조하고 있는 것으로 확인되고 있어 체성과 치성 축조 시기차를
반영하는 기준이 되고 있다. 더구나 제5, 6 치성은 그 평면플랜이 초축
이후 치성 길이가 확장된 것으로 개축되어 길이가 늘어난 곳의 기단부는
역시 기단수평화 공법에 의해 축조되고 있는 것이 확인된다.

　　이외에도 사직선기단 축조가 확인되는 곳은 기장읍성으로 북벽 정상
부 평탄대지에서 경사지에 축조된 동벽 체성에서 확인되고 있다. 영산읍
성은 북쪽 정상부 태자각 부분의 체성에서도 일부 확인되고 있다. 따라

서 하동읍성, 기장읍성, 영산읍성 체성은 구릉 정상부를 삭토하여 기저부를 정지한 후 그 위에 사직선상의 기단을 축조한 것이라고 할 수 있다. 하동읍성에 설치된 적대를 포함한 치성은 기단수평화 공법을 사용하여 축조하고 있어 시간적, 공간적 차이가 확인되는 것이다. 특히 치성은 기단수평화 공법이 적용되는 것이 지형적인 요인에 의한 것으로도 생각해 볼 수 있지만 하동읍성에서는 동일한 경사지에서 체성을 사직선기단으로 축조하고, 덧대어져 축조된 치성은 기단수평화 공법을 사용한 것은 단순히 지형의 요인으로만 파악할 수 없는 것이다.

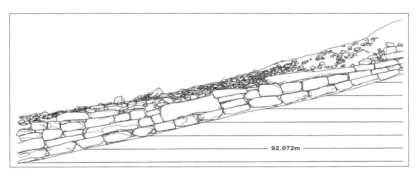

〈그림 31〉 사직선기단 축조상태(하동읍성)

더구나 하동읍성 사직선기단 구간은 앞서에서 언급한 것처럼 급경사인데다 축조 이후에도 계곡부를 포함한 저지대 체성부에 쏠리는 성석 무게로 인한 압력과 고지대 체성에서 저지대 체성에 쏠리는 하중에 의해 붕괴가 우려됨에도 특별한 장치 없이 축조되어 있는 것은 특이한 양상으로 받아들여진다. 이러한 것은 남문지 옹성 내벽부 안쪽에 접합되어 있는 남벽 체성 하단에 대석을 일부 덧대어 하부로 쏠리는 압력을 분산하는 것으로 추정되는 보강석이 확인되고 있어 체성이 남문지로 내려올수록 그 간격이 넓게 벌어지고 있는 것에서 알 수 있다.

시대	유형	기단	성곽명
고려시대 이전	읍성 관방성	수평기단	당감동성 동래고읍성 폐왕성
고려시대	읍성 (판축토성)	사직선 기단	회원현성 선진리성
조선시대 전기전반	읍성 (석축성)	사직선 기단	하동읍성 기장읍성
조선시대 전기중반	읍성 (석축성)	수평기단	고성읍성
조선시대 전기후반	영진보성 석축성, 토석혼축성	수평기단	밀양읍성 경상좌수영성 금단곶보성

〈그림 32〉 연해읍성 체성부 기단의 변천흐름

그러나 읍성 축조 시에 이와 같은 장치를 설치하기보단 오히려 기단수
평화 공법을 적용시킬 경우에 체성부를 보다 안정적으로 축조할 수 있을
것인데 그렇게 하지 않은 이유는 무엇인가? 우선 결론부터 말하자면 하
동읍성과 기장읍성에서 확인되는 사직선기단 축조는 급경사라는 지형
적인 제약조건이 있음에도 과거 고려시대 말까지 계속 축조된 판축토성
기단부 축조방식을 읍성축조에 적용한 결과라고 하겠다. 따라서 사직선
기단 전통이 조선 전기까지도 계속해서 성곽축조 방식에 적용되고 있다
고 하겠다. 이러한 사직선기단은 백제권에서 조사된 판축토성이 수평화
기단과 사직선기단 가운데 사직선기단이 수평화기단보다 앞선 축조수
법임을 피력하는 견해가 있다.[80] 그러나 창원 회원현성에서는 3차례의

판축기단이 조성된 것이 확인되었다. 그 가운데 초축 시에 급경사지에 축조된 판축기단 석축은 수평화기단으로 축조되어 있으며 동일한 지점 상부에서 수축시에 축조한 기단 석축이 사직선상으로 축조된 것이 확인된다. 따라서 백제권에서 판축기단 사직선화기단 중 앞선다는 견해는 마산 회원현성에서는 해당 되지 않는 것이라고 할 수 있겠다.

　오히려 창원 회원현성에서는 수평화기단이 사직선기단보다 앞선 축조기법이라고 할 수 있겠다. 또한 부산 망미동에서 확인된 동래고읍성은 최하단에서 확인된 판축기단이 수평화기단으로 확인되고 있고 수축기단은 사직선을 띠고 있다. 당감동성에서도 역시 동일한 양상이 확인되고 있다. 또한 최근 조사된 김해고읍성 초축기단은 수평기단을 이루고 있다. 사천 선진리성은 판축토성 기단석축이 사직선기단으로 축조된 것이 확인되고 있다. 따라서 통일신라 말, 고려시대에 축조된 것으로 파악되는 경남지방 기단석축형 판축토성들은 수평화기단→사직선화기단으로 기단석축 형태가 변화하고 있어, 하동읍성과 기장읍성 체성 기단부에서 확인되는 사직선상 기단은 전시대인 고려시대에 축조된 판축토성 영향을 받은 것이다. 따라서 하동읍성과 기장읍성 초축 및 개축 시는 고려에서 조선으로 전환된 지 불과 30년을 전후한 시기에 해당하므로 계속해서 전시대 판축토성 축조 전통이 이어지고 있다고 할 수 있는 것이다. 또한 사직선기단이 축조되는 남해안 연해읍성 체성은 구릉 정상부를 이용하여 축조되고 있으며 기단수평화 공법으로 축조된 연해읍성은 구릉 사면을 이용하여 체성을 축조하고 있다. 이러한 것은 조선 전기 이른 시기일수록 체성 축조는 구릉 정상부를 이용하여 축조하고 있다. 조선 전기 이후 중기로 넘어갈수록 체성 축조는 구릉 사면을 이용하고 있는 것이라고 할 수 있겠다. 그러므로 구릉 사면을 이용하여 체성을 축조하게 되는

80) 심정보, 2004,『백제 산성의 이해』, 백제문화개발연구원 역사문고 07, 주류성, 214쪽.

것은 내탁식 축조법이 재도입되는 이보흠 상소 시기 이후에 축조되거나 수개축 되는 연해읍성에서 나타나는 양상이다. 그러므로 세종조 최윤덕 등에 의해 심정되고 축조된 체성 내벽부를 계단식으로 축조한 체성은 고려시대부터 이어져 내려온 판축토성 전통을 이어받아 기단부 조성시 구릉정상부를 이용하여 사직선기단으로 체성을 축조하였던 것이다. 따라서 성곽사적 위치에 있어서도 하동읍성 및 기장읍성 사직선기단 축조는 고려에서 유행하던 판축토성에서 조선시대 석축성인 남해안 연해읍성 축조로 이어지는 흐름의 연결고리라고 할 수 있다.[81]

〈사진 44〉 마산 회원현성 석축기단 축조상태
(우: 초축수평기단 좌: 수축 사직선기단)

2) 체성부 외벽 성석의 크기와 형태

두 번째로 체성 외벽 성석의 크기와 형태가 통상 알려진 조선 전기 연해읍성 체성 외벽에 사용된 성석 크기 및 형태와는 일정한 차이가 나타나는 것이다. 이것을 확인하기 위해 기장읍성 동벽 체성 100m 가운데 3개 지점을 선정하여 해당지점에 잔존하는 기단석을 비롯한 성석 총 63개의 표본을 지정하여 그 길이와 높이를 계측하였다. 계측된 수치는 60

---

81) 이일갑, 2007, 「경남지역 연해읍성에 대한 연구」, 동아대학교 대학원 박사학위논문, 90~92쪽.

×27cm, 96×30cm, 105×46cm, 60×42cm, 67×41cm 등으로 이것을 다시 높이:길이로 나눈 수치를 가지고 길이 값을 1로 할 때 높이 값의 변화를 파악하였다. 이때 총 표본 가운데 가장 높은 값과 가장 낮은 값은 버리고 나머지 값을 표본집단으로 설정한 결과 총 5개 집단군이 형성되었다. 5개 집단은 수치에 따라 제1 집단 표준값이 0.3, 제2 집단 0.4, 제3 집단 0.5, 제4 집단 0.6, 제5 집단 0.7로서 수치 1에 가까울 수로 성석의 형태가 정방형에 가까워지는 것을 알 수 있으며 0에 가까울수록 길이가 길고 높이가 짧은 것을 파악할 수 있다. 따라서 기장읍성 동벽 체성에서 파악된 표본 성석은 0.5의 값을 가진 성석이 높이에 비례해 길이가 2배가량 길게 나타나고 있어 세장방형내지 장방형의 석재가 주로 사용된 것을 확인할 수 있다. 반면에 남해안 지역 연해읍성 체성 외벽에 축조된 기단석은 외벽면석이 1.5~3m 내외의 장대석으로 입수적으로 되어 있는 것을 확인할 수 있다. 고성읍성 100×300×250cm 크기 자연대석, 고현읍성 기단석은 200×300×50cm 크기 자연대석, 사천읍성 기단석은 100×70×70cm, 웅천읍성 기단석은 200×160×150cm 등으로 축조되어 있어 수치를 비교해 본 결과 고성읍성의 높이:길이를 나눈 값이 3, 고현읍성이 1.5로 기준인 1을 초과하고 있어 길이보다 높이가 더 큰 장대석이 입수적으로 축조되어 있는 것을 알 수 있다.

따라서 기장읍성 동벽 체성은 세장방형 내지 장방형 자연석 및 가공한 할석을 이용하여 축조되어 있다. 기단석 및 성석에 사용된 성석의 크기와 형태에 차이가 있는 것을 확인할 수 있다.

이렇게 남해안 지역 여타 연해읍성 외벽 축조수법과 차이가 확인되는 기장읍성 동벽 체성 외벽 축조수법은 최근 조사된 부산 강서구 미음 구랑동 유적의 석축성곽 축조수법과 진도 용장산성, 전라도 광주읍성 초축 성벽과 유사하거나 동일한 양상으로 축조되어 있고 이러한 제 성곽들의 초축 및 사용시기가 고려시대로 상정되고 있어 고려시대 읍성축조수법의 전통이 계속해서 세종 7년(1425) 축조되는 기장읍성에서도 사용된 것이라고 할 수 있겠다.

통상 남해안 지역 연해읍성 체성 외벽 면석에서 볼 수 있는 입수적한 장대석과 직교하게 좁고 길쭉한 성석을 뒷채움하여 장대석의 높이만큼 축조한다. 이러한 기단석 윗단에 축조되는 성석부터는 성석간에 서로 눕혀쌓기와 세워쌓기를 반복해서 실시하여 체성 여장 하단 미석까지 이르고 있는 축조수법이 조선시대 성곽을 이해하는 척도로 인식하고 있다. 즉 외벽면석으로 사용되는 성석은 정면이 넓고 뒤가 좁은 길쭉하게 치석한 성석을 눕혀쌓고 그 위에 길이와 너비가 비슷한 장방형 성석을 세워쌓고 다시 그 위로 좁은 길쭉하게 치석한 성석을 눕혀쌓기를 반복해서 실시하고 있다. 이때 내부 적심석은 장방형 성석과는 직교하도록 하고 그 위에 눕혀쌓기한 성석이 아래의 성석을 맞물리도록 하고 있고 각 단마다 성석이 포개져서 축조되고 있다. 이러한 연해읍성 성벽은 외양적으로는 허튼층쌓기로 축조된 것으로 보여지나 실제 몇 개 공정으로 이루어져 그 공정구간에 있어서는 수평줄눈을 맞추어 축조되어 있다. 그렇기 때문에 기장읍성 동벽 체성에서 확인되는 외벽 축조수법은 일반적으로 알려진 조선시대 읍성 축조수법과는 차별성을 지니는 것으로 파악되는 것이다.

그렇다면 과연 조선시대 남해안 연해읍성을 비롯한 내륙읍성에서도 확인되는 입수적한 장대석을 이용한 체성의 축조수법은 과연 언제부터 사용된 것인지에 대한 검토가 필요하다.

연해읍성의 본격적인 축조는 세종 12년(1430)에 경상도 연일(迎日), 곤남(昆南), 합포(合浦), 전라도의 임피(臨陂), 무안(務安), 순천(順天), 충청도의 비인(庇仁), 보령(保寧) 등 8개처의 읍성을 시작으로 왜구(倭寇)의 침탈이 빈발한 남해안 연해지역 중 방어가 가장 긴요한 곳부터 축조하기 시작하였다. 이후 문종 원년(1451)까지 하삼도 뿐만 아니라 강원도의 연해지역도 축조가 계획되었고, 세조 이후 성종, 중종조에 이르면서 점차로 내륙지역의 읍성 축조로까지 확대되어 갔다. 특히 남해안 연해지역 가운데 경상도는 『新增東國輿地勝覽』에 의거하면 행정단위가 설치된 군현 가운데 25개소에 읍성이 축조되고 있다.[82]

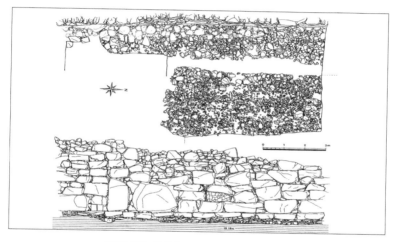

〈그림 33〉 웅천읍성 동북벽 외벽 축조수법

남해안 지역 연해읍성 축성시기는 세종 12년(1430)을 시작으로 축조되기 시작하여 『축성신도(築城新圖)』가 반포되는 세종 20년(1438)을 기점으로 한 한 시기와 문종 원년(1451)을 전후한 한 시기로 나눌 수 있을 것이다. 이러한 연유는 문종 원년과 단종 원년에 들어서 우의정 정분이 하삼도 성기를 심정하고 세종 년간에 축조하여 퇴락한 읍성 수개축에 적극 나서며 축조한 대표적인 읍성이 거제 고현읍성으로 잔존하는 체성 외

---

82) 이일갑, 2007, 앞의 글, 19쪽.

벽에서 2m 이상 장대석을 입수적하여 축조된 것을 확인할 수 있다. 또한 세종 16년(1434)에 축조된 웅천읍성은 단종 원년(1451)년에 다시 증축이 이루어지는데 이때 역시 정분에 의해 이루어지는 역사로, 증축된 동남벽 체성 외벽에서 역시 2m 이상 자연대석을 입수적하여 축조된 것을 확인할 수 있다.

그렇지만 초축 당시 잔존 성벽인 동북벽 체성 축조수법에도 일부 장대석의 입수적쌓기 수법이 확인되고 있어, 세종 20년 축성신도 반포 이전에도 장대석 입수적 쌓기는 이루어지고 있었던 것으로 판단된다.

또한 세종 25년(1443)에 축조되는 장기읍성 외벽 축조수법에서는 여전히 기장읍성에서 확인되는 고려시대 축조수법 전통인 장방형 성석과 방형 성석이 혼용되어 일부 장대석이 입수적으로 축조되고 있다. 세종 28년(1446)에 축조된 것으로 알려진 동래읍성 역시 체성 기단부 조사에서 장대석을 이용한 외벽축조가 확인되고 있다. 따라서 적어도 각 구간별 일정 정도 장대석을 이용한 입수적쌓기 수법은 축성신도가 반포되기 이전 웅천읍성과 김해읍성이 축조되는 세종 16년 이전 어느 단계부터 축조되기 시작하였으며, 축성신도가 반포되는 이후에도 고려시대 읍성 축조수법 전통이 혼용되다가 문종 원년(1451)을 기점으로 한 시기에는 조선만의 읍성 축조수법이 완성된 것이라고 할 수 있다. 이후 세조와 성종, 중종조를 거치면서 축조되는 내륙읍성에서도 이러한 축조수법 전통은 계속해서 지켜지고 있으며 아울러 영진보성 축조에서도 계속적으로 사용되었다.

3) 판상형 외벽기단보축

남해안 연해읍성 체성 축조수법에 있어 또 하나 주목되는 것은 체성 외벽 지대석 앞에 축조된 판상형기단보축이다.

판상형 기단보축은 통상 기단보축석벽, 기단보축, 기단 외면보축, 보축, 보도, 포석, 퇴박석 등 명칭이 다양하게 불리우고 있다. 삼국시대 기단보축과 구별할 수 있는 용어 정립이 이루어지지 않은데다 그 축조수법과 용도에 대해서도 정확히 규명된 바가 없다. 다만 일부 조선시대 읍성 조사에서 확인된 것을 조사자들에 의해 체성 지대석이 밀려나는 것을 방지하고, 성벽 위로 흘러내리는 수량으로 인해 기저부가 훼손되는 것을 방지하기 위하여 시설한 것으로 주장되고 있다. 이와 같은 것은 삼국시대 성곽 여타의 곳에서도 확인되고 있다고 하였다.[83] 따라서 남해안 연해읍성에서 확인된 체성 외벽 하단에 설치된 판상형 기단보축 축조수법 검토를 통한 용도와 명칭 문제를 우선 살펴본다.

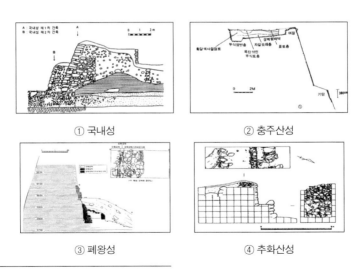

① 국내성   ② 충주산성

③ 폐왕성   ④ 추화산성

---

83) 심정보 외, 1999, 『면천읍성』, 102쪽.

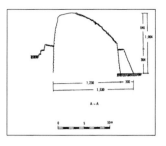

⑤ 성산산성

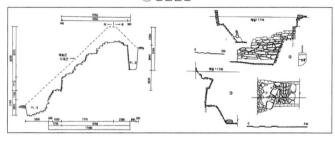

⑥ 삼년산성

〈그림 34〉 삼국시대 산성 외벽기단 보축 사례

　　남해안 연해읍성 가운데 하동읍성 체성 기단부는 제5 치성 남측벽 외벽 기단부와 제6 치성 남측벽 외벽 기단부에 포도처럼 너비 1.8m로 구획하고 납작한 판석을 깐 것이 확인되고 있다. 웅천읍성은 남벽과 동벽이 만나는 성우에 해당하는 지점에서 기단석 하단부에 판상형 기단보축이 확인되고 있다. 이 판상형 기단보축은 보통 4~5단 정도이며 자갈이 혼입된 마사토층 위에 자갈을 깔아 다지고 그 위에 굵은 할석을 이용하여 3~4단의 기초를 다진 후 그 위에 두께 10cm 내외의 판석을 너비 120cm로 깔아 놓았다. 이외에도 김해읍성 100~160cm, 고성읍성 140cm, 고현읍성 130~170cm, 그리고 언양읍성은 치성하단에서 확인된 판상형 기단보축 너비 정면 240cm, 측면 120cm로 확인되고 있다. 사천읍성은 지형의 경사가 북쪽에서 남쪽으로 내려오다 다시 동쪽으로 급경사로 내려가기 때문에 기단보축을 계단식으로 쌓아 경사도를 줄였다. 계단식 단은 2개소로, 너비 110cm 가량으로 판석을 깔았다. 따라서 남해안 연해지역에 축조된 읍성에서는 외벽 하단에 판상형 기단보축이 동일하게 축조되고 있는 것이라고 할 수 있다.

〈표 7〉 삼국시대 산성의 기단보축 현황

성곽명	성둘레(m)	높이(m)	너비	해발고도	기단보축 너비	기단보축 높이	기단보축 형태
삼년산성	1,680	10~15	10	325	0.8~1	1.7	삼각형
명활산성	4500	10	12.3	252	1.7~1.9	2.78	제형
성산산성	1400	4.8	8	139	1.5	1.4	삼각형, 방형
대모산성	1400	4~5	6.4	212	1		제형
온달산성	680	6~8	3.8~4	427	1.2	1	방형
단양적성	923	3		323		1.3~1.4	방형
충주산성	1120	6.5	5~6.5	636	1.4	3.8	제형
진해구산성	350	5	6	116			방형
추화산성	1,430	1~2	6	185	1.2	1	방형
폐왕성	526		5.3~6.9	326	1.2~1.4	1	방형, 삼각형
죽주산성	1,125	1.6~2.5	2~4	240	2	1.6	삼각형

이러한 기단보축 축조수법은 삼국시대 고구려 굽도리 양식에서 연유하여 백제로 전파되어 기단석축열만 기저부에 형성하고 그 위는 판축토 성벽이 형성된 것으로 파악하고 있다. 신라 성곽 축조 도입시에는 기단보축 2가지 형식으로 발전하였다는 연구결과가 있어 주목된다.

이 연구에서 필자는 협축성은 외벽 기단보축으로 내탁식성은 기단 외면보축으로 나눠진다고 하였으며 삼년산성과 성산산성의 예를 들어 기단보축 구조가 체성과 분명히 별개의 구조로 되어 있으나 시간차가 인정되지 않는 기간 내에서 축조되어 외벽 기저부를 보강하고 있는 것이라고 하였다.

또한 사용 시기에 있어서도 성산산성 폐기 연대를 고려하여 조선시대 중엽 그 이전 시기까지 존속되었을 것으로 추정하였다.[84] 아울러 좁은 산성에서 사용된 기단보축 축조기법이 조선 전기 평지 연해읍성 축조로 인해 그 축조수법이 점차 소멸하였다고 하였다. 그러나 박종익의 주장과 달리 연해읍성이 축조되면서 기단보축이 점차 소멸한 것이 아니라 오히려 기단보축이 연해읍성의 축조에 있어 변형된 양상으로 축조되고 있는 것이다.

다시말하자면 삼국시대 산성에 축조된 기단보축은 초기. 경사각도 45~50°로 물려쌓거나 비스듬히 축조하여 단면 형태가 삼각형 양상을 띠고 있다가 함안 성산산성 동벽에서 확인되는 것처럼 삼각형 기단보축 상면에 덧대어 장방형 형태로 변화한다. 이후 통일신라시대 때 축조된 거제 폐왕성 외벽하단에 설치된 기단보축 경우에는 너비 140cm로서 밀양 추화산성 기단보축 너비 120cm로서 그 평면형태가 방형을 띠고 있다. 그 너비와 높이 역시 명활산성, 삼년산성, 성산산성에 비해 점차로 줄어들거나 낮아지고 있다. 더구나 폐왕성 기단보축은 발굴조사 결과 고려시대에도 체성과 함께 외부로 드러나 있었던 것으로 파악되고 있다. 기단보축의 전통이 이어지면서 점차 판상형 기단보축의 양상으로 축조되고 있음을 알 수 있는 것이다. 따라서 기단보축은 삼국시대 산성에서 시작하여 고려 말을 거쳐 연해읍성이 축조되는 조선 전기에 이르러서는 좀 더 새로운 양상을 띠게 된다. 즉 조선 전기에 이르러서는 체성 하단에 축조되는 기단보축 형태가 두 가지의 형태로 변형하여 나타나게 된다.

첫 번째 유형은 기단분리형으로서 산성에서 확인되는 기단보축 너비와 비슷하게 축조되고 있다. 또한 체성에 덧대어져 있는 것이 동일한 양상으

---

84) 박종익, 1993, 「삼국시대의 산성에 대한 일고찰－신라산성의 기단보축을 중심으로」, 동의대학교대학원 석사학위논문, 36쪽.

로 확인되고 있다. 이 기단분리형은 체성 외벽 하단에 판상석재를 한 단 내지 2단 정도 축조하는 것으로서 형식적인 기단보축 양상을 보이고 있다. 더구나 체성 기저부를 정지한 후 기저부 바닥에는 판석이 바닥에 깔려 있으며 이것이 체성 전체에 걸쳐 조성되어 있지 않고 대략 2m 내외로 축조되어 있다. 이 유형으로는 하동읍성, 고성읍성, 김해읍성이 해당된다.

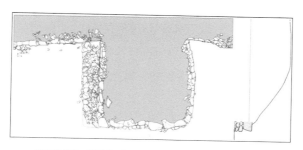

〈그림 35〉 하동읍성 제4치성 평면도(좌측 기단보축)

〈사진 45〉 웅천읍성 동북벽 체성부
기저부 축조상태(서－동)

〈사진 46〉 웅천읍성 동북벽 체성부
기저부 축조상태(남－북)

두 번째 유형은 기단일체형으로 기존 기단보축이 조선 전기에 축조되는 연해읍성에서는 기저부 정지시에 체성이 축조되는 범위보다 좀 더 넓게 바닥을 정지한다. 그 위에 할석과 자갈을 이용하여 바닥을 다진 후 다시 그 위에 판석재를 정연하게 깔아 둔 후 일정 간격을 물려 지대석을 설치한다. 그 위로 기단석과 성석을 축조하여 기단보축이 읍성 체성 기단이 되는 형태이다. 이것은 기단보축과 체성 기단부가 일체화된 것으로 체성 축조시 고려시대 이래 기단보축 너비를 유지하거나 다소 축소되는 지점에서부터 지대석을 설치하고 그 위로 기단석을 설치하여 체성을 축조하고 있다. 이 유형으로는 사천읍성, 웅천읍성, 언양읍성 등이 해당된다.

다음으로 선후시기에 관해 <표 8>를 참조하면 태종 17년(1417)에 초축 되는 하동읍성과 세종 30년(1448)에 축조된 고성읍성에 이르기까지 기단분리형 수법이 적용된 연해읍성이 축조되고 있다. 세종 16년(1434)에 축조되는 웅천읍성부터 연산군 6년(1500)에 축조된 언양읍성에 이르기까지 기단일체형 수법의 연해읍성이 지속적으로 축조되고 있다.

〈표 8〉 연해읍성의 체성부 축조 현황

유형	읍성명	체성부 축조 수법	기단부 형태	기단부 너비	기단보축 너비(m)	판석 두께(m)	유형	평면 형태	연대
기단분리형	하동읍성	계단식	사직선기단	6	1.4	0,35	산성형	제형	1417 태종 17년
	김해읍성	협축식	수평기단	8~8.6	1.8	0.1	평지형	방형	1434 세종 16년
	고성읍성	협축식	수평기단	5.25~6.05	1~1.6	0.2~0.5	평산형	주형	1448 세종 30년
	사천읍성	계단식	수평기단	6.1~6.6	1.4	0.1	평산형	제형	1445 세종 27년
기단일체형	언양읍성	협축식	수평기단	5.4~5.6	1.1 정면: 2.4 측면: 1.2	0.1 0.2	평지형	방형	1500 연산군 6년
	고현읍성	계단식	수평기단	7.5	1.3~1.7	0.1	평산형	주형	1451 문종 1년
	웅천읍성	계단식	수평기단	8.1	1.2	0.1	평지형	방형	1434 세종 16년
	합포성	계단식	수평기단	9	1.0	0.2	평지형	주형	1430 세종 12년

따라서 연해읍성 판상형 기단보축은 태종 17년에 초축되는 하동읍성과 1448년에 축조된 고성읍성에서 확인되는 기단분리형 석축이 전 시대 기단보축에 이어서 나타난다.

　다음으로 웅천읍성, 언양읍성 등에서 확인되는 기단일체형이 시기적으로 중복하여 나타나다가 나중에는 기단일체형만 남게 되는 것이라고 할 수 있겠다.

　이러한 판상형 기단보축 용도는 이전 시대의 산성에 축조된 기단보축이 말그대로 체성 기단부를 보호하기 위한 것이 주요 축조목적이다. 이 외에도 사천읍성 체성 하단에서 확인된 판상형기단보축이 경사면을 따라 계단식으로 설치되어 있어 체성 외벽 하단을 따라 마치 성아래를 순찰할 수 있는 순찰로로 사용되거나 성 외벽 하단을 따라 성문의 출입시설까지 설치된 보도의 개념으로 운영된 것이라고 할 수 있겠다.

　따라서 남해안 연해읍성 체성 하단에서 확인되는 판상형 기단보축은 삼국시대 산성에 축조된 기단보축이 고려시대를 거쳐 조선 전기 읍성의 축조에도 계속해서 그 전통이 이어지는 것이라고 할 수 있겠다.(그림 38 참조)

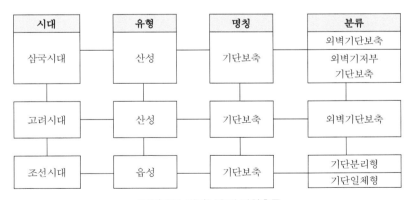

〈그림 36〉 기단보축의 변천흐름

4. 체성부의 형식분류

남해안 연해읍성은 체성 축조수법 특징 중 하나인 계단식 축조와 더불어 내륙읍성이나 기타지역 읍성에서도 확인되고 있는 내외협축식과 외벽석축내탁식을 이용한 읍성 축조도 다수 이루어졌다.

이러한 점을 감안하면 체성 축조수법은 축조방식에 따라 크게 내외협축식, 계단식, 외벽석축내탁식으로 크게 대별된다.

다음 내외협축식, 계단식, 외벽석축내탁식은 기단축조유형에 따라 기단수평식과 사직선기단식으로 나눠지고, 외벽판상형기단보축 유무에 따라 외벽기단보축과 외벽무기단보축 형식으로 나눠진다. 이 형식은 내벽지대석 설치유무에 따라 내벽지대석과 내벽무지대석의 소형식으로 세분된다. 이것을 고고학적 조사가 이루어진 남해안 연해읍성 체성을 대상으로 분류하여 <표 9>에 제시하였다. 여기 분류에 사용한 연해읍성은 총 12개소이며 상호비교를 위해 내륙 및 기타지역 읍성과 고고학적 조사가 이루어진 영진보성 일부를 포함하였다.[85]

<표 9>에 나타낸 내용 가운데 축조방식은 기저부 축조수법만을 놓게 볼 때는 기반암을 정지하거나 기반암을 절개하여 자갈과 할석, 점토 등을 이용하여 지반을 먼저 다지는 것이 구릉의 사면이나 산지의 급경사면인 경우 내탁식이라고 할 수 있다. 따라서 축조방식 분류에 있어 내벽 축조시 석재와 흙을 이용하여 동시에 축조한 것인가, 석재만을 사용한 것인가, 석재만 사용시에도 퇴물림에 의한 축조방식인지 상하수직적인 축조방식인지에 따라 분류하는 것은 다소 문제가 있다.

---

85) 분류에 포함된 영진보성은 개운포성, 금단곶보성, 소비포진성, 장안진성이며 내륙 및 기타읍성으로는 밀양읍성, 영산읍성, 청도읍성, 남포읍성, 면천읍성, 무장읍성으로 연해읍성을 포함 22개소이다.

<표 9> 연해읍성 체성부의 분류

분류단위 축조방식	유형식	형식	소형식
내외협축식	Ⅰ-기단수평식	A-외벽기단보축	a-내벽지대석식
		B-외벽무기단보축	b-내벽무지대석식
	Ⅱ-사직선기단식	A-외벽기단보축	a-내벽지대석식
		B-외벽무기단보축	b-내벽무지대석식
계단식	Ⅰ-기단수평식	A-외벽기단보축	a-내벽지대석식
		B-외벽무기단보축	b-내벽무지대석식
	Ⅱ-사직선기단식	A-외벽기단보축	a-내벽지대석식
		B-외벽무기단보축	b-내벽무지대석식
외벽석축내탁식	Ⅰ-기단수평식	A-외벽기단보축	a-내벽지대석식
		B-외벽무기단보축	b-내벽무지대석식
	Ⅱ-사직선기단식	A-외벽기단보축	a-내벽지대석식
		B-외벽무기단보축	b-내벽무지대석식

　따라서 성곽 축조방식 분류는 체성 축조 시 내탁부 축조방식에 따라 내외벽석축 후 내벽에 덧댄 것을 내외협축식, 계단상의 내벽석축 후 내벽에서부터 전체적으로 토사로 피복한 것을 계단식, 외벽석축 축조와 동시에 내벽부가 토사로 축조되는 것을 외벽석축내탁식으로 나눌 수 있다.

　다음 유형식은 사직선기단과 수평기단식으로 분류하였는데 사직선기단은 조선시대 이전 시기에 축조된 기단석축형 판축토성 축조수법이 반영된 것으로 체성 상부와 하단부가 지형조건에 상관없이 수평을 이루며 축조되고 있는 것이 특징이다. 수평기단식은 역시 조선시대 이전 시기부터 축조되기 시작하며 급경사지역 기반암을 'ㄴ'상으로 절개한 후 상단부 절개시점까지 하단부에서 성석을 축조하여 지반을 안정토록하여 체성 전체 안정화를 유지한다. 이러한 수평기단은 그 축조수법 연원에 있어서는 오히려 사직선기단식보다 앞선다고 할 수 있다. 그럼에도 불구하고 조선 전기에 축조된 남해안 연해읍성에서는 사직선기단식으로 축조된 연해읍성이 수평기단식 연해읍성보다 선행하는 것은 흥미로운 일로서 이 지역에 있어온 판축토성의 강한 지역색이 반영된 것이 아닐까 생각된다.

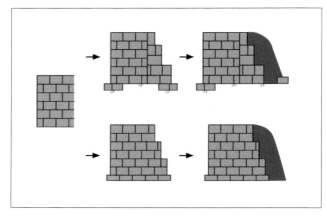

〈그림 37〉 연해읍성 체성부 계단식 축조수법 모식도

사직선기단식과 수평기단식은 다시 A형 외벽 기단보축, B형 외벽 무기단보축으로 세분된다. 이러한 분류는 연해읍성 체성 하단에 축조된 외벽 판상형 기단보축의 축조 유무에 따라 시간성이 반영된 것에 착안한 것이다. 즉 외벽 기단보축은 삼국시대 산성에서부터 전통이 이어져 오는 축조수법으로서 조선시대 전기 연해읍성 축조에 있어서는 단면삼각형→단면 장방형→판상형으로 외벽 기단보축이 변화하며 체성에 덧댄 것과 체성 축조시 기저부부터 동시에 축조된 것으로 세분되어 덧댄 것이 동시에 축조된 것보다 선행하는 것이므로 분류하였다.

다음 A형 외벽기단보축, B형 외벽무기단보축의 소형식으로 a형 내벽지대석식, b형 내벽무지대석식으로 나누었다. 이 소형식 역시 내외협축식, 계단식, 외벽석축내탁식에 모두 확인되는 것으로 연해읍성 체성 축조시 내벽 기단부 조성 시에 지대석이 축조된 것과 되지 않은 것에 따라 시기성을 파악할 수 있어 세분하였다. 즉 내벽지대석식인 a형은 체성 축조시 기저부 전체바닥을 석재로 축조한 것으로 외벽기단보축과 동시에 축조된 것이고 b형은 체성 축조 시 기저부 바닥을 외벽기단보축을 포함한 일부지점에만 한정하여 축조한 것으로 외벽기단보축을 덧댄 경우가 많다. 따라서 b형식이 a형식에 비해 선행하며 오랜 기간 성곽 축조에 사용되었으며 따라서 b형식→a형식으로 변화된다고 할 수 있겠다.

5. 조선시대 성곽의 시기설정

이상의 특징을 바탕으로 시기설정에 관해 살펴보면 다음과 같다. 이제까지 성곽연구에 있어 시대구분과 시기설정 문제는 항상 모호하고 답보 상태에 머물러 온 것이 사실이다. 단지 편의상 삼국시대, 고려시대, 조선시대 등 왕조중심으로 불리우거나 분류하는 것이 일반화되어 있는 것이 현실이다. 그러나 왕조별 분류자체가 전혀 무의미한 것은 아니지만 문제가 없는 것도 아니다.[86] 왕조별 분류방식은 분류에 내포된 시대의 단절이라는 치명적 오류를 간과하고 있는 것이다. 즉 삼국시대, 고려시대, 조선시대의 성곽들은 앞선 시대의 그것들과는 전혀 별개의 것으로 취급되고 실제로 이러한 것이 우리가 사용하는 용어 자체 속에도 자연스럽게 내포되어 나타나고 있는 것도 사실이다. 또 하나 문제점은 과연 성곽축성사적 입장에서 이러한 구분과 설정이 가능한 것인지에 대한 어떠한 진지한 고민이나 연구가 없었다는 점이다. 즉 왕조의 교체에 따라 사회 제반 상황이 하루아침에 변할 수 없듯이 성곽축성술 역시 마찬가지인 것이

---

86) 유재춘, 2003, 「한국 중세축성사 연구」, 경인문화사.

다. 따라서 성곽축성사적 입장에서는 시대구분 및 시기구분은 좀 더 신중한 접근이 필요하고 기존 왕조중심 시대구분 및 설정은 지양되어야 할 것이다. 이러한 가운데서도 문헌사적 입장에서 우리나라 성곽 시대구분을 실시한 차용걸,[87]이나 성곽에 중세라는 획기를 도입한 유재춘[88] 등의 연구결과가 있어 돋보이긴 하지만 이러한 연구 역시 문헌기록에 의지한 것일 뿐 실제 고고학적 조사에 기반한 성곽의 시대구분 및 시기설정을 비롯한 시간적 요소 체계를 세우는 작업은 여전히 미미한 실정이다.

따라서 남해안 지역 연해읍성 체성부 축조수법에 대한 고고학적 조사와 현황에 의거하여 성곽의 복원적 고찰을 하는 것도 성곽사적 시대구분 및 시기설정에 일조할 수 있을 것이라 생각된다.

그러므로 여기에서는 앞서 분류한 연해읍성 체성 축조수법 형식분류를 통한 전개양상과 시간적 속성 체계를 파악해 본다. 이 시간적 속성 체계는 연해읍성 각 체성 축조수법을 상호비교 하여 공통된 축조수법의 양상이 확인되는 것을 동일한 시간적 속성으로 파악하고 초축 시기가 확인되는 절대 년대와의 비교를 통해 검증하였다.

조선시대 성곽은 체성 축조수법에 따라 축조유형을 분류하면 4기로 나눌 수 있는데 남해안 연해읍성 역시 이 범주에 속하고 있어 여기서는 조선시대 성곽 축조시기를 중심으로 연해읍성 축조시기를 분류한다. 조선시대 성곽 축조시기 분류설정에 있어서는 산성과 영진보성, 읍성이 모두 망라되지만 여기서는 남해안 지역 연해읍성을 중심으로 분류하고 영진보성도 내상성을 중심으로 일부 분류에 포함하였다. 남해안 지역 연해읍성은 다음의 4기로 나눌 수 있다.

---

87) 차용걸, 1975, 「한국 성곽의 사적 고찰」, 충남대학교 대학원 석사학위논문.
　　차용걸, 1988, 「고려말 · 조선 전기 대외 관방사 연구」, 충남대학교 대학원 박사학위논문.
88) 유재춘, 2003, 위의 책.

가. Ⅰ기: 연해읍성 여명기(태조 원년−세종 10년)
나. Ⅱ기: 연해읍성 발전기(세종 11년−성종 15년)
다. Ⅲ기: 연해읍성 정체기(성종 16년−임진왜란 이전)
라. Ⅳ기: 연해읍성 쇠퇴기(양란 이후−19세기 초)

가. Ⅰ기: 연해읍성 여명기(태조 원년−세종 10년)

Ⅰ기는 외벽지대석과 기단석은 방형내지 장방형 할석을 이용하여 축조하고 있다. 품자형 상하교차 전통적인 축조수법을 답습하고 있다. 특히 상하교차 축조 시 아래 성석에 윗성석이 접합되는 부분이 성석 전체 3/4을 넘지 않고 있다. 내벽은 지대석이 설치되지 않는 막돌쌓기를 하고 있으며 외벽기단보축은 덧대거나 축조되지 않는다. 또한 부분적으로 기단석에 길이 1m 내외 대석을 입수적한 형태가 세종 7년(1425)에 축조되는 기장읍성에서 확인되고 있다. Ⅰ기에 해당하는 연해읍성은 하동읍성(1417년 초축), 기장읍성(1425년 토성에서 개축)이 있고 울산내상성(1417년)도 여기에 해당한다. 기타지역에서는 무장읍성(1415년)이 여기에 해당한다.

따라서 연해읍성 체성 축조수법 분류에 의거하여 Ⅰ기에 해당하는 유형은 내외협축식인 경우 <표 9>에 의거하면 Ⅱ−B−a, Ⅱ−B−b, 계단식은 Ⅱ−B−b형이다. 이것은 내외협축식이든 계단식이든 Ⅰ기에 해당하는 읍성은 사직선기단으로 축조되어 있다. 체성 외벽하단은 외벽기단보축이 아직 축조되지 않거나 덧대어져 있는 것을 알 수 있다. 따라서 Ⅰ기는 아직 조선만의 독특한 성곽축조방식이 도입되기 이전 시기로 이전 시대의 축조전통을 답습하는 경향 속에 연해읍성 축조에 있어서는 새로운 축조수법이 도입되는 시기로 연해읍성의 여명기라고 할 수 있다. 이러한 것은 태종 15년(1415년)에 축조되는 전라도 무장읍성은 초축 시 체성 너비가 3.3m이고 연해읍성인 하동읍성은 역시 태종 17년에 축조되면서 체성 너비가 3.5m로 확인되고 있는데서 잘 알 수 있다. 또한 세종 7년(1425)에 축조되는 기장읍성은 체성 축조수법이 이전 시기 태종조에 축조된 연해읍성들의 특징과 함께 Ⅱ기에서 유행할 길이 1m 이상의 장대석이 체성 축조에도 사용되고 있어 본격적인 연변지역의 축성 사무에 대한 논의와 축성이 시작되는 세종 11년 이전인 세종 7년에 경남 연해지역에서는 체성 축조수법에 변화가 나타나기 시작한다고 할 수 있겠다.

나. Ⅱ기: 연해읍성 발전기(세종 11년 – 성종 15년)

Ⅱ기는 우리나라 성곽축성의 획기적인 시기로 세종 11년부터 문종, 세조를 거쳐 성종조에 이르는 기간이다. 세종 20년『축성신도』의 반포를 통해 조선 전기 읍성 및 영진보성의 축성규식을 정하여 시행한 시기로 그 축조수법이 다른 시기와 확연한 차이를 보여주고 있는 것이다. 따라서 조선조만의 독특한 성곽축조수법이 만개한 시기로 이전 시대 축조 전통을 계승 발전하였으며 연해읍성 축조에 있어서는 그 축조수법의 완성을 본 연해읍성 발전기라고 할 수 있다.

Ⅱ기 체성 축조수법의 특징은 외벽지대석은 Ⅰ기때의 방형 지대석은 거의 사라지고 장방형 지대석이 대부분을 이룬다. 이때 사용되는 장방형 지대석은 방형내지 장방형 할석을 이용하여 축조하고 있다. 기단석은 100~200cm×80~150cm×50~80cm, 내벽은 지대석이 설치되고, 축조수법은 막돌쌓기 하고, 판상형외벽기단보축이 축조되고 있다. 또한 기단석으로 사용되는 성석의 길이가 1.5~2m 내외 대석을 입수적하여 기단부를 축조하고 있다. 1m 내외 장대석을 외벽면석과 직교하여 놓거나 맞물려 놓고 있다. 또한 대형 할석과 할석 사이에는 수평을 맞추기 위해 잔돌을 채우고 있다. 이 시기에는 체성 축조수법에 있어서 Ⅰ기에서 축조되던 사직선기단이 연해읍성에서는 축조되지 않고 있다. 내륙읍성인 영

산읍성과 영진보성에서 주로 축조되고 있다. 또한 사직선기단을 대신하여 수평기단이 대세를 이루며 축조되고 있는 것도 이 시기의 특징 중 하나다. 또한 Ⅱ기에 해당하는 읍성은 체성 외벽하단은 판상형외벽기단보축이 축조되고 있다. 내벽 축조수법에 있어서는 Ⅰ기와 마찬가지로 막돌쌓기식 담장형 축조가 이루어진다. 내벽 기저부 축조수법에 있어서는 지대석을 설치하고 그 위에 내벽 성석을 축조하고 있는 읍성들이 나타나고 있다. 따라서 연해읍성 체성 축조수법 분류에 의거하여 Ⅱ기에 해당하는 유형은 내외협축식은 Ⅰ-A-b가 4곳, 계단식은 Ⅰ-A-b형 3곳으로 두 형식이 공존하고 있다. Ⅱ기에 해당하는 연해읍성은 김해읍성(1434년), 웅천읍성(1434년), 사천읍성(1442년), 고성읍성(1448년), 고현성(1451년), 영산읍성(1477년), 밀양읍성(1479년) 등이다. 또한 개운포영성(1459년)이 해당한다.

다. Ⅲ기: 연해읍성 정체기(성종 16년-임진왜란 이전)

Ⅲ기는 Ⅱ기 연해읍성 축조수법 전통이 계속적으로 이어지고 있으나 내외협축 석축수법 읍성 축조는 점차 쇠퇴하기 시작하며 그 축조수법에 있어서도 외벽석축 내탁식이 주류를 이루고 있다. 특히 이때는 태종 15년 이래 의욕적으로 추진된 연해읍성 축조 및 내륙읍성 축조가 일단락되는 시점이다. 이때부터 경상도 연해지역에는 영진보성 축조가 시작된다. 따라서 국가에 의한 연해읍성 축조는 마무리된 상태였다. 이후 16세기 말 임진왜란 발발 직전에 잠시 전국 성곽보수령에 의해 새로이 신축되는 읍성이 있으나 Ⅱ기 최성기 발전단계 읍성축조수법과는 일정한 차이가 있으므로 이때를 연해읍성 정체기라고 할 수 있다.

Ⅲ기는 언양읍성과 같은 평지방형 읍성은 축조수법Ⅱ기에서 나타나는 1.5~2m 장대석을 입수적한 것을 비롯하여 전체적으로 Ⅱ기 특징에

부합되는 것도 있다. 성종 16년을 기점으로 축조되기 시작한 영진보성의 축조는 대부분 외벽석축내탁식으로 축조되었다. 또한 사직선 기단과 수평기단이 혼용되고 있으나 수평기단 빈도가 더 높다. 외벽축조에 사용되는 석재는 지대석의 경우는 세장형 내지 장대형으로 축조되고 있다. 기단석은 방형내지 장방형 할석을 이용하여 축조하고 있다. 또한 계단식 축조수법이 금단곶보성에서 일부 확인되는 등 Ⅱ기처럼 전반적인 축조 양상으로는 확인되지 않으며 내외 협축식과 외벽석축 내탁식이 주를 이루며 축조되고 있다. 특히 Ⅲ기는 압도적으로 외벽석축 내탁식이 축조되고 있다. Ⅲ기에 해당하는 금단곶보성이나 소비포진성처럼 계단식 축조법을 비롯하여 1.5~2m의 장대석을 입수적한 것과 이중기단 등 전반적으로 Ⅱ기의 축조수법에 의거하여 축조된 경우도 있다. 15세기 말부터 임진왜란 직전인 16세기 후반으로 갈수록 Ⅱ기 장대석 입수적 축조수법보다 위아래 성석을 포개서 쌓거나 막돌쌓기를 하고 있으며 외벽기단보축은 축조된다. 특히 Ⅲ기의 특징적인 체성 축조수법은 내외벽 중간에 막돌로 채우는 것 보다 적심구간 상부를 비롯한 내부를 판축상 흙으로 채우는 것이다. 외벽 바로 뒷부분에 한해서는 잡석과 할석을 채우고 내벽에는 1단 1열 내벽석을 외벽석과 수평하게 설치한 후 그 사이에는 유사판축에 해당하는 흙과 모래 및 자갈을 혼합하여 다져두고 있는 것으로 태반의 영진보성이 여기에 해당된다.

　연해읍성 체성 축조수법 분류에 의거하여 Ⅲ기에 해당하는 유형은 내외협축식인 읍성은 Ⅰ-A-b가 2곳, 외벽석축내탁식은 Ⅰ-A-b형 5곳 Ⅰ-B-b형 3곳이다. Ⅲ기에 해당하는 연해읍성은 언양읍성(1500년), 청도읍성(1590년)이 여기에 해당한다. 또한 영진보성의 경우 금단곶보성(1485년), 옥포진성(1488년), 장암진성(15C 후반), 소비포진성(1486년)등이 해당한다.

라. Ⅳ기: 연해읍성 쇠퇴기(양란 이후 – 19세기 초)

Ⅳ기는 임진왜란과 병자호란 양란 이후부터 19세기까지로 이 시기는 특히 임진왜란 이후의 중국, 일본으로부터 전수된 성곽축성술에 따른 문화적 충격을 소화한 새로운 유형의 성곽이 축조되고 있다. 하지만 이때의 성곽체계는 임진, 병자 양란으로 인해 도성의 함몰에 따른 도성방어 체제를 강화하기 위한 수도방위 성곽에 대한 집중적인 축성사업과 읍성 무용론과 함께 대두된 산성 방어 효용론으로 인해 산성 가운데 거점 성곽에 대한 수개축 및 신축이 행하여졌다. 조선 전기와 같은 연해읍성 축조는 이루어지지 않으며 기존 읍성 역시 점차 폐기되는 등 남해안 연해 읍성 쇠퇴기에 해당한다고 할 수 있다.

Ⅳ기 특징은 계단식은 확인되지 않는다. 내외 협축식 역시 성문 육축부를 제외한 체성부에서는 외축 내탁식만이 축조되고 있다. 또한 사직선 기단은 나타나지 않으며 수평기단이 축조되고 있다. 특히 Ⅳ기는 체성 축조수법에 있어서 산지는 물론 평지에 축조된 체성 경우에도 생토면을 굴착하고 점토와 모래를 이용하여 교대로 지반을 정지하고 외벽에는 지대석이 없이 치석한 성석을 바로 축조하고 있다. 이때 성석과 성석 사이는 이전 시기와 달리 되도록 끼임돌 사용을 줄이고 마찰면을 치석하여 맞추고 있다. 또한 외벽과 내벽 사이는 점토와 모래, 자갈을 이용하여 유사판축한 후 외벽에서 내벽쪽으로 약 1.8~2m를 'ㄴ'자상으로 절개하고 그 내부를 잡석으로 채우고 있다. 내벽은 Ⅲ기에서 나타나는 1단 1열 할석으로 축조되는 수법이 계속해서 사용되고 있다. 외벽기단보축은 축조되지 않는다. 또한 외벽축조에 있어서는 전기 대형할석을 입수적한 것에 비해서는 크기에 있어 그 규모가 작아지고 눕혀쌓기를 실시하여 수평줄눈을 맞추고 있다.

Ⅳ기에서는 화약무기인 화포 발달과 상용화로 인해 포루 등이 축조되

고, 전석의 사용 등도 이루어지고 있는데 이것은 서양을 비롯한 중국과 일본성의 영향에 기인한다.

따라서 연해읍성 체성 축조수법 분류에 의거하여 IV기에 해당하는 유형은 외벽석축내탁식으로 Ⅰ-B-b식이 3곳으로 IV기에 해당하는 연해읍성은 동래읍성(1500년), 통영성(1678년)이고 기타 지역에서는 경성읍성(1616) 강화읍성(17C), 수원 화성(1789년) 등이 있다. 그리고 이 IV기에서는 산성의 수축이 활발하게 진행되어 남한산성, 북한산성, 상당산성 등도 이 시기에 해당한다.

6. 맺음말

남해안 연해읍성 체성 축조수법은 축조방식에 따라 크게 내외협축식, 계단식, 외벽석축내탁식으로 크게 대별된다.

다음 내외협축식, 계단식, 외벽석축내탁식은 기단축조유형에 따라 기단수평식과 사직선기단식으로 나눠지고 각 유형식은 외벽기단보축의 유무에 따라 외벽기단보축과 외벽무기단보축 형식으로 나눠지며 이 형식은 내벽지대석 설치유무에 따라 내벽지대석과 내벽무지대석형 소형식으로 세분된다.

남해안 연해읍성은 체성 축조수법에 따라 축조유형을 분류하면 Ⅰ기: 여명기(태조 원년-세종 10년), Ⅱ기: 발전기(세종 11년-성종 15년), Ⅲ기: 정체기 (성종 16년-임진왜란 이전), IV기: 쇠퇴기(양란 이후-19C 초)로 나눌 수 있다.

Ⅰ기에 해당하는 유형은 내외협축식은 Ⅱ-B-a, Ⅱ-B-b, 계단식은 Ⅱ-B-b형이다. 이것은 내외협축식이든 계단식이든 Ⅰ기에 해당하는 읍성은 사직선기단으로 축조되어 있으며 체성 외벽하단은 외벽기단

보축이 아직 축조되지 않고 있는 것을 알 수 있다. Ⅰ기에 해당하는 연해읍성은 하동읍성(1417년 초축), 기장읍성(1425년 토성에서 개축)이 있고 울산내상성(1417년)도 여기에 해당한다. 기타지역에서는 무장읍성(1415년)이 여기에 해당한다. 따라서 연해읍성 체성 축조수법 Ⅰ기는 아직 조선조만의 독특한 성곽축조방식이 도입되기 이전 시기로 전 시대의 축조전통을 답습하는 경향 속에 신축읍성에 있어서는 새로운 축조수법이 도입되는 시기라고 할 수 있다.

Ⅱ기에 해당하는 유형은 내외협축식은 Ⅰ-A-b가 4곳, 계단식은 Ⅰ-A-b형이 3곳으로 두 형식이 공존하고 있다. Ⅱ기에 해당하는 연해읍성은 김해읍성(1434년), 웅천읍성(1434년), 사천읍성(1442년), 고성읍성(1448년), 고현성(1451년), 영산읍성(1477년), 밀양읍성(1479년) 등이다. 또한 개운포영성(1459년) 등이 해당한다.

연해읍성 체성 축조수법Ⅱ기는 우리나라 성곽축성사의 획기적인 시기로 알려진 세종11년부터 문종, 세조조에 이르는 기간으로, 세종 20년 『築城新圖』의 반포를 통해 조선 전기의 읍성 및 영진보성의 축성규식을 정하여 시행한 시기로 그 축조수법이 다른 시기와 확연한 차이를 보여주고 있는 것이다. 따라서 조선조만의 독특한 성곽축조방식이 만개한 시기로 전 시대 축조전통을 계승 발전하였으며 연해읍성 축조에 있어서는 그 축조수법의 완성을 본 시기라고 할 수 있다.

Ⅲ기는 내외협축식인 읍성의 경우 Ⅰ-A-b가 2곳, 외벽석축내탁식은 Ⅰ-A-b형 5곳 Ⅰ-B-b형 3곳이다. Ⅲ기에 해당하는 연해읍성은 언양읍성(1500년), 청도읍성(1590년)이 여기에 해당한다. 또한 금단곶보성(1485년), 옥포진성(1488년), 장암진성(15C 후반), 소비포진성(1486년) 등이 해당한다.

따라서 연해읍성 체성 축조수법Ⅲ기는 Ⅱ기의 연해읍성 축조수법의 전통이 계속적으로 이어지고 있으며 아울러 영진보성의 집중적인 축조가 이루어지며 그 축조수법에 있어서도 외벽석축내탁식이 주류를 이루고 있다.

IV기는 외벽석축내탁식으로 I−B−b식이 3곳으로 IV기에 해당하는 연해읍성은 동래읍성(1500년), 통영성(1678년)이고 기타 지역에서는 경성읍성(1616) 강화읍성(17C), 수원 화성(1789년)이 있다. 그리고 이 IV기에서는 산성의 수축이 활발하게 진행되어 남한산성, 북한산성, 상당산성 등도 이 시기에 해당한다.

따라서 연해읍성 체성 축조수법 IV기는 전단계 시기로부터 이어져 온 조선만의 독특한 성곽축조수법 전통의 바탕 위에 새롭게 도입되기 시작한 서양성곽축성술을 비롯한 주변 국가 성곽축성술의 도입과 적용이 이루어지는 시기라고 할 수 있다.

Ⅲ. 남해안 지역 연해읍성의 평면형태

III. 남해안 지역 연해읍성의 평면형태

1. 머리말

성곽을 일컫는 순수한 우리말로는 '잣', 혹은 '재'가 있다.[1] 城郭이라는 말은 '城'과 '郭'의 한자가 합쳐진 말로 中國에서 기원하는 것이다. 이 '城'은 土와 成으로 구성된 글자로 中國에서는 황하 유역의 황토를 가지고 일찍부터 거푸집을 만들어 흙을 겹겹이 넣으면서 축조하는 울타리 보호벽을 의미하는 것이다. 中國에서는 나라를 의미하는 國은 성벽을 뜻하는 울타리(ㅁ)와 그 속에 사는 구(口), 즉 과(戈)라는 무기를 가지고 방어하는 조직을 의미하였다.[2] 이 가운데 울타리(ㅁ)인 성벽은 당시의 도시국가 혹은 성읍국가를 구성하는데 필수불가결한 것으로 당대에는 판단한 것을 알 수 있는 것이다. 이러한 울타리는 목책(木柵), 루(壘), 벽(壁), 등 다양한 형태로 나타나고 있으며 이것을 연결하면 하나의 평면형태로 나타나는 것이다. 평면형태가 중국은 이른 시기부터 변경지역을 제외한 대부분 지역에서 방형 형태를 띠고 있다. 방형으로 축조된 성곽은 版築으로 축조된 土城이며 입지적인 조건에 의하면 평지에 주로 축조되고 있다.

---

1) 기다랗게 돌을 쌓아 올린 담(제주 방언)
2) 차용걸, 2003, 「京畿道의 城郭」, 기전문화예술총서13, 경기문화재단, 14쪽.

이에 반해 우리나라의 城郭은 입지적인 조건에 따르면 山城이 주류를 이루고 있어 평면형태는 지형에 따라 축조하여 부정형이 대부분을 이루고 있는 것으로 파악되고 있다. 이것은 邑城 평면형태 역시 지형조건에 기인하는 것으로 파악하고 방형 및 원형보다 부정형을 이루는 경우가 많다는 주장이 심정보[3]를 포함한 기존의 연구자들에 의하여 통용되고 있다. 특히 심정보의 견해는 충청도 지역에 산재하는 읍성들에 대한 조사 결과를 토대로 제기된 주장이나 우리나라 전역에 산재한 읍성 형태도 대부분 이와 같은 형태들의 범주를 크게 벗어나지 않는 것으로 판단하여 연구자들 사이에서도 현재까지 별다른 이견 없이 받아들이고 있는 실정이다.

따라서 조선시대 읍성 평면형태 분류는 현재까지 대략적으로 원형, 방형, 부정형으로 나눈다. 좀 더 세분하여 원형, 타원형, 장방형, 방형, 부정형으로 나누는 것이 일반적이다.

또한 역사지리학 분야에서는 고지도에 나타나는 평면형태에 따라 분류한 경우도 있다. 그러나 고지도에 나타난 양상은 실제 邑城 형태와는 거리가 먼 당시 사람들의 읍성에 대한 관점을 나타낸 것이다. 고지도에 그려진 것은 원형이나 장방형 형태로 읍성 평면형태가 축조되어 일치하는 邑城은 극소수에 불과하다. 실제 현장조사에서 확인되는 읍성 평면형태와는 근본적으로 다른 양상으로 분류안으로서는 적합하지 않은 것이다.

다음 考古學的 조사에서 확인되는 읍성 평면형태에 따라 나눈 것은 실제 측량된 성곽 평면형태로 나눈 것이라 그 자료적 가치는 크다고 할 수 있다. 다만 정확한 기준이나 통계수치의 적용 없이 직감적인 분류안을 선택하여 전형적인 원형이나 방형을 제외한 모든 읍성 平面形態를 부정형으로 분류하고 있어 그 세분에 문제가 있는 것이다. 즉 부정형은 방형

---

3) 심정보, 1995, 「韓國 邑城의 硏究」, 학연문화사.

과 장방형에 가까운 것과 원형과 타원형에 가까운 것 등으로 다양하게 세분할 수 있고 더구나 주형, 제형 등으로 좀 더 세분할 수 있다. 특히 부정형 평면형태가 대부분 성곽에 적용된 것이라는 견해와 달리 최근 조사된 남해안 지역 연해읍성은 평면형태가 다른 양상으로 확인되고 있다. 그것은 기존 산성축조에 따른 대부분 평면형태를 부정형 평면형태로 분류하는 것과 달리 연해읍성 평면형태에서는 방형[4], 원형, 주형, 제형의 4가지 형태가 확인되고 있는 것이다. 또한 최근 활발하게 조사되는 남해안 지역 성곽 가운데 조선시대 영진보성은 역시 평면형태가 일반적인 원형과 방형, 부정형의 분류와는 다른 양상으로 나타나고 있다. 이것은 기존에 일률적으로 적용한 3가지 내외의 분류안과는 확연히 구별되는 것으로 남해안 연해읍성 양상과 동일한 것으로 파악되는 것이다.

그러므로 이 장에서는 남해안 연해읍성 평면형태에 대하여 분류를 시도한 후, 연해읍성 평면형태 시원 및 평면형태 특징에 대해 검토하여 연해읍성 평면형태 변화양상을 파악해보고자 한다.

2. 연해읍성 평면형태의 분류

남해안 연해읍성 특징과 그 축조양상을 파악하는 한 방법으로서는 연해읍성 평면형태를 먼저 형식분류 할 필요성이 있다.

따라서 지금까지 조선시대 읍성 평면형태를 분류한 기존안을 살펴보고 연해읍성을 평면형태 편년적 근거에 의해서 분류해 보기로 한다. 우

---

4) 車勇杰, 1984, 「方形土城의 二例」, 『尹武炳博士回甲紀念論叢』, 通川文化社
특히 방형은 일반적으로 고대 중국 성곽의 전형으로 인식되어 왔다. 우리나라에서 방형계 성곽이 존재하는 것은 우리나라 성곽 기원과 계통문제를 살필 수 있는 중요한 자료로 일찍부터 주목되어 왔다.

선 지금까지 연해읍성 평면형태에 대해서 기존 연구자들의 분류안을 살펴보면 다음과 같다.

〈표 1〉 평면형태 기존 분류안

분류자	분류방법	유형	형식	비고
최원석	지형조건		방형, 부정형	
장재훈	지형조건	해안성	원형, 방형	
		내륙성	방형	
김명철	평면형태	읍성	방형, 원형, 타원형, 부정형	
		진성		
김한기	평면형태	읍성	원형, 방형, 부정형	읍성평면형태는 풍수의 영향에 따라 변함.
이상구	고지도의 성곽형태		원형, 방형	고지도에 나타나는 성곽형태로 분류
현남주	지형조건	산성	타원형, ㅓ자형, 마름쇠형	삼태기형의 경우 구릉정상부와 평지를 모두 포함하기 때문에 발생.
		평지성	방형	
		평산성	삼태기형	
유재춘		읍성	방형, 부정형	군사전략에 따라 평면형태 결정
이재혁	지형조건	읍성	원형, 방형, 자유형	방형중에 장방형이 대부분
나동욱		읍성	방형, 말각방형	자연지세에 따라 타원형의 경향을 보임
		진성	직선형	방형과 직선형 성벽은 평지토성 및 중국성제의 영향으로 판단.
차용걸	평면형태	폐합된 것	방형, 원형, 반월형, 부정형	개방된 것은 장성, 차단성, 행성으로 구분
심정보	평면형태		방형, 원형, 타원형, 삼태기형, 부정형	읍성이 지형조건을 이용함으로서 방형 및 원형보다는 부정형을 이루는 경우가 많다
손영식	평면형태	폐합여부	방형, 원형, 부정형	邑城의 평면형태는 方形, 圓形, 自然地勢形 조선시대 읍성의 주류가 원형이거나 원형에 가까운 형태를 취하고 있으며 이러한 것은 정형성을 만들고자 한 것으로 파악.
		선형상 구분	곡선형, 직선형, 혼합형	
		기타	.	

이상의 내용을 종합하면 朝鮮時代 邑城의 平面形態는 대다수의 연구자들이 기본적으로 방형과 원형으로 나눈 것에 지형적인 조건에 기인한다고 하여 부정형의 3가지 유형으로 나누는 것이 일반적 현실이다. 그러나 이러한 分類案은 정확한 型式分類의 진행 없이 직관적인 분류안이나 古地圖에 수록된 理想化 된 邑城 형태를 세분한 것에 지나지 않아 型式分類라 명명하기에는 맞지 않는 것이다.

따라서 필자는 최근 각종 조사에서 확인된 邑城 平面形態를 바탕으로 필자 나름대로 沿海邑城 平面形態에 대한 試案을 작성해서 도표로서 나타내었는데 이것은 <표 2>와 같다.

여기에서 필자는 沿海邑城의 平面形態를 크게 방형, 원형, 주형, 제형의 4형식으로 나누고 이 가운데 첫 번째 방형 평면형태를 Ⅰ형식으로 하고 다시 Ⅰ형식은 體城 장축길이:단축길이로 나누었을 때 1:1.1 이하를 정방형(Ⅰ-A)으로 1:1.1 이상을 장방형(Ⅰ-B)로 세분하였다. 둘째, 원형 평면형태를 Ⅱ형식이라 하고 體城의 네 지점에 임의의 기준점을 설정하고 원의 가운데를 직교한 선 가운데 긴지름과 짧은 지름의 차가 큰 것을 Ⅱ-A식, 작은 것을 Ⅱ-B식으로 세분하였다. 셋째로 南海岸 沿海邑城에서 확인되는 독특한 양상인 주형은 Ⅲ형식으로 이 주형은 장축의 한쪽 정점은 비교적 돌출되어 전체적으로 좁아지는 형태인데 반해 대칭되는 정점의 경우는 직선형 내지는 말각형을 띠고 있다. 따라서 이 두 정점이 연결된 정직선을 기준으로 돌출한 정점의 너비이 대칭되는 정점의 너비의 1/2를 넘지 않은 것을 Ⅲ-A식으로 1/2를 넘는 것을 Ⅲ-B식으로 나누었다. 마지막으로 제형은 Ⅳ형식으로 Ⅳ-A식과 Ⅳ-B식으로 나눌 수 있는데 體城의 4面 가운데 한 면의 돌출로 인하여 생겨난 굴절된 지점이 직각이나 그와 유사한 형태로 변형되어 마치 평면형태가 "L"형을 이루는 것을 Ⅳ-A식이라 하고 Ⅳ-B식은 Ⅳ-A식에 비해 돌출된 지점이 점차 사선화되어 종래에는 사다리꼴 즉 진정한 제형으로 평면형태가 축조되고 있는 것으로 나누었다. 이 가운데 Ⅳ-A식은 다시 Ⅳ-A-1, 2, 3식의 소형식으로 나누었다.

<표 2> 남해안 연해읍성의 평면형태 분류

분류	유형	형식	소형식
읍성	방형	Ⅰ-A	
		Ⅰ-B	
	원형	Ⅱ-A	
		Ⅱ-B	
	주형	Ⅲ-A	
		Ⅲ-B	
	제형	Ⅳ-A	Ⅳ-A-1
			Ⅳ-A-2
			Ⅳ-A-3
		Ⅳ-B	

그러면 이 시안을 보다 구체적으로 살펴보면 다음과 같다.

1) 방형(Ⅰ식)

방형은 朝鮮時代 이전부터 가장 오랫동안 존재하였던 城郭 平面形態로서 연구자에 따라서는 방형의 平面形態가 나타나는 것이 『周禮考工記』의 영향에 의한 중국적 요소로 파악하고 있다.[5]

우리나라는 三國時代 이전 한강 이북 지역 초기 土城들을 살펴보면 대략 방형 평면이거나 방형에 가까운 원형 부정형의 평면을 가지고 있다.

5) 최원석, 2004, 「경남도 읍치 경관의 역사지리학적 복원에 관한 연구: 남해읍을 사례로」, 『문화역사지리』제16권, 한국문화역사지리학회.

이러한 방형은 대체로 남북방향보다는 동서방향으로 긴 장방형의 형태를 취하고 있다.

또한 戰國時代에서 漢代에 걸쳐 요동반도, 열하, 요녕성 지역에 축조된 土城 19개소 가운데 3개소만 원형 내지 불규칙한 반원형이고 나머지 16개소 土城들이 방형이거나 장방형의 평면으로 되어 있다.

뿐만 아니라 요녕성 지역 것들은 동서로 긴 장방형이 대부분을 차지하고 있다.6)

이처럼 방형 평면형태는 三國時代 이전부터 高麗時代를 거쳐 朝鮮時代에 이르기까지 지속적으로 사용되어 온 城郭 평면형태로서 南海岸地域 沿海邑城 축조에서도 사용되고 있다.

〈표 3〉 읍성 방형 I 식 현황

읍성명	축조 년대	성둘레	성높이	동벽길이	서벽 길이	남벽 길이	북벽 길이	문지	치성	형식
경주읍성	1378년	4,075척	11.6척	624m	612m	570m	606m	4	29	I － A
김해읍성	1434년	4,418척	13척	500m	500m	450m	500m	4	20	I － A
남해읍성	1439년	2,876척	10척	336m	325m	331m	314m	4	12	I － A
언양읍성	1500년	3,064척	13척	374.4m	376.8m	372m	376.8m	4	12	I － A
웅천읍성	1434년	3,514척	15척	342m	323m	225m	188m	4	6	I － B
함안읍성	1555년	5,160척	13척	645m	670m	530m	370m	3	10	I － B
남포읍성	1445년	2,476척	12척	190m	230m	195m	200m	3	5	I － A
정의읍성	1423년	2,986척	13척	140m	140m	160m	160m	3	9	I － B
대정읍성	1416년	2,647척	28척	·	·	·		3	6	I － B

남해안 지역에서 방형 평면형태로 축조된 읍성은 경주읍성, 김해읍성, 남해읍성, 웅천읍성, 언양읍성 등이다. 충청도 지역은 남포읍성, 전라도

6) 차용걸, 1996, 「百濟 城郭의 比較 硏究 試論」, 『百濟論叢』第5輯, (財)百濟文化開發硏究院, 247쪽.

의 경우는 남원읍성, 낙안읍성, 제주도는 대정읍성, 정의읍성 등에서 확
인되고 있다.

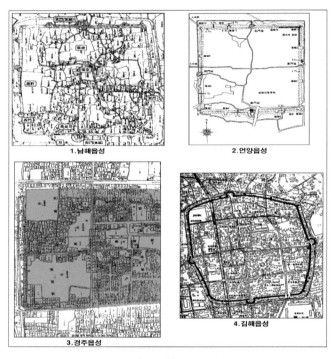

〈그림 1〉 방형 Ⅰ-A식

(1) Ⅰ-A식

　연해읍성으로 평면형태가 정방형인 Ⅰ-A식인 것은 4개소로서 방형
의 평면형태를 가진 읍성 가운데 80%에 해당한다. 원래 4면의 체성 길
이가 동일하여야 하지만 실제 체성 각 성벽의 길이는 남북벽 길이보다
동서벽 길이가 약간 더 긴 형태이다. 이 유형으로 경주읍성, 김해읍성,
남해읍성, 언양읍성을 들 수 있다. 충청도 남포읍성도 이 유형에 속한다.

(2) Ⅰ-B식

연해읍성으로 평면형태가 장방형인 Ⅰ-B식인 것은 1개소로서 방형의 평면형태를 가진 읍성 가운데 10%에 해당한다.

이 유형으로는 웅천읍성이 해당되는데 체성 전체 길이가 미터 환산치 1,078m로서 남북의 길이가 동서의 길이보다 동벽의 경우 117m, 서벽의 경우 172m 가량 더 길다.

이러한 평면형태는 평지읍성 형태를 띠고 있으나 지형적으로 북쪽이 높고 남쪽이 낮은 것에 기인하기 때문이다. 함안읍성과 제주도 정의읍성, 대정읍성이 이 유형에 속한다.

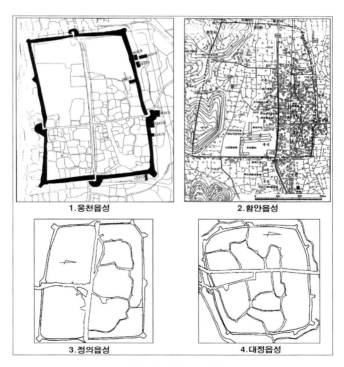

1. 웅천읍성
2. 함안읍성
3. 정의읍성
4. 대정읍성

〈그림 2〉 방형 Ⅰ-B식

2) 원형(II식)

南海岸地域 沿海邑城 가운데 원형 평면형태를 가진 읍성 수는 소수에 불과하다. 특히 정형화된 원형 평면형태를 가진 읍성 보다 타원에 가까운 평면형태를 나타내는 邑城이 대부분이다.

南海岸 沿海邑城으로 원형에 가까운 평면형태로 축조된 것은 前期 東萊邑城 1개소에 불과하다.

특히 연해읍성 가운데 원형 평면형태를 갖춘 읍성은 평지성과 산성형의 읍성에서는 확인되지 않으며 평산성형 邑城에서만 1개소가 확인될 뿐이다. 오히려 정형화된 원형 평면형태를 가진 읍성은 충청도의 당진읍성, 태안읍성, 전라도의 나주읍성, 제주도의 제주읍성에서 확인되고 있다.

이 원형 평면형태를 가진 邑城은 원형의 체성 네 지점에 임의의 기준점을 설정하고 원의 가운데를 직교한 선 가운데 긴 지름과 짧은 지름의 차가 1:1.5 이상 큰 것을 II─A식, 작은 것을 II─B식으로 세분하였다.

(1) II─A식

II─A식은 후술할 주형 III─A식과 비슷한 양상을 보이고 있으나 II─A식이 장축과 단축을 이루는 대칭점이 있어 전체적인 만곡도가 비슷한 반면에 III─A식은 장축 한쪽 정점은 비교적 돌출되어 전체적으로 좁아지는 형태인데 반해 대칭되는 지점은 직선형 내지는 말각형을 띠고 있는데 차이가 있다.

연해읍성에서 이 형식 읍성으로는 평해읍성(1357년 초축)이 해당된다. 이외에도 충청도 해미읍성(1418년), 태안읍성(1417년), 전라도 나주읍성(1404년), 제주읍성(1411년) 등이 여기에 해당된다.

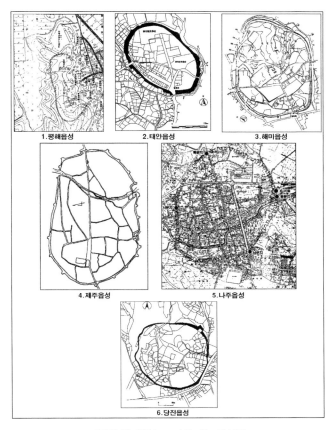

〈그림 3〉 원형 II − A(1~5) · B식(6)

(2) II −B식

II −B식은 평면위의 두 정점에서의 거리의 합이 언제나 일정한 점의 자취로 지름의 차가 없거나 작다. 이 II −B식은 연해읍성에서는 전기 동래읍성만이 추정된다. 또한 충청도의 당진읍성(1427년)이 여기에 해당된다할 수 있다. 이 당진읍성은 당진읍내에 위치하는 평지성으로서 읍내의 서쪽을 흐르는 당진천을 자연해자로 이용하고 있다.

3) 주형(Ⅲ식)

남해안 지역 연해읍성을 비롯하여 내륙읍성 및 영진보성 등의 성곽 평면형태에서는 기존의 연구에서 분류되지 않는 다소 특이한 평면형태가 확인되고 있는데 그것이 바로 주형 평면형태이다. 이 주형 평면형태는 기존에는 부정형과 타원형으로 분류되던 것들로서 그 평면형태가 배모양을 닮았는데 따라 명명한 형식이다.

분류기준에 있어서도 타원형은 원형을 기준으로 돌출되는 양지점 대칭점을 선으로 연결이 가능한 반면에 주형은 장축의 한쪽 정점은 비교적 돌출되어 전체적으로 좁아지는 형태인데 반해 대칭되는 정점은 직선형 내지는 말각형을 띠고 있는데다 흡사 우리나라 한선(韓船)의 구조와 동일한 형태로 앞은 좁고 뒤는 넓은 형태로 이루어져 있다.

따라서 이 두 정점이 연결된 정직선을 기준으로 돌출한 정점의 너비의 대칭되는 정점의 너비의 1/2를 넘지 않는 것을 Ⅲ-A식으로 1/2를 넘는 것을 Ⅲ-B식으로 나눈다.

(1) Ⅲ-A식

Ⅲ-A식으로서 전형적인 것은 내륙읍성인 영산읍성(1477년)이다. 이 영산읍성의 경우는 북쪽 구릉 정상부에 위치하는 태자각을 기준으로 좌우에 성우(城隅)를 배치하고 좌우 능선을 따라 체성 내려오다가 평지에 이르러서는 직선을 이루면서 남쪽에 이르러서는 다시 좁아지는 구조로 역시 전형적인 배모양으로 축조되어 있다. 이와 같은 주형 평면형태는 전체적으로 한쪽 부분을 구릉정상이나 돌출된 지형에 체성이 축조되어 있는 형태로 인해 지형조건에 의해 축조된 것으로 판단하여 부정형에 포함되는 것이 대부분이다. 그러나 단순히 지형적인 원인에 의해서만 축조

된 것으로 보기에는 다소 이견이 있을 수 있는 것이다. 즉 기존의 타원형 내지 부정형으로 분류되는 평면형태 가운데 타원형의 경우는 장축과 단축을 이루는 대칭점이 있는 반면에 영산읍성을 비롯한 주형 Ⅲ-A식인 읍성들의 경우는 한쪽 정점은 비교적 돌출되어 전체적으로 좁아지는 형태인데 반해 대칭되는 지점의 경우는 직선형 내지는 말각형을 띠고 있는 것이 대부분이라 타원형이라고 지칭하기에는 다소 무리가 있다.

1.영산읍성　　2.비인읍성　　3.칠원읍성

4.강진읍성　　5.기성읍성

〈그림 4〉 주형Ⅲ-A식

이 유형에 속하는 읍성들로서는 칠원읍성(1492년), 기성읍성이 있고 남해안 연해지역 이외의 지역에는 홍주읍성(1451년 이전), 비인읍성

(1430년), 강진읍성 등이 있다. 또한 주형 Ⅲ-A식 평면형태는 영진보성
에서도 확인되는데 개운포성지(1459년), 소을비포진성(1481년 이전), 금
단곶보(1485년), 가배량성(1488년) 등이 있다.

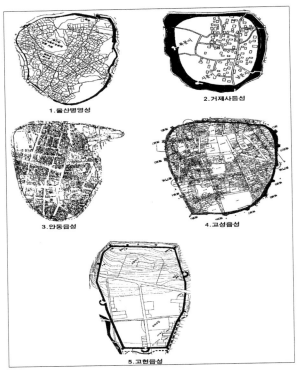

〈그림 5〉 주형Ⅲ-B식

(2) Ⅲ-B식

Ⅲ-B식의 대표적인 곳이 고현성이다. 고현성은 남북벽이 둥글게 만
곡하고 서벽에 비해 동벽이 현저하게 좁아지는 전형적인 한선(韓船)의
형태를 이루고 있다. 이러한 형태는 邑城 좌우에 위치한 자연하천을 해

자(垓子)로 이용하기 위해 지형을 적절히 이용하는 과정에서 생겨난 현상으로 파악할 수도 있으나, 당시 하나의 축성패턴으로 주형 평면형태를 생각해 볼 수도 있을 것이다.7) Ⅲ－B식 전형으로서는 南海岸地域에서는 평면 장타원형 토성(土城) 치소성(治所城)으로 축조된 마산 회원현성이 朝鮮時代 전 단계의 모티브라고 할 수 있다. 따라서 이와 같은 양상을 염두에 두고 邑城들을 살펴보면 울산 병영성(1417년), 사등성(1426년), 고성읍성(1448년) 등이 이 형식에 속하는 것으로 분류할 수 있다. 또한 경상좌수영성도 여기에 해당한다.

4) 제형(Ⅳ식)

南海岸 沿海地域 朝鮮前期에 신축된 邑城 형태와 기존 고읍성 내지 산성을 개축하여 축조한 邑城 형태를 년대별로 분류하여 볼 때 토성(土城) 형태에서 개축된 邑城과 신축된 邑城 가운데 석재로 축조된 城郭 평면형태에는 일정한 형태변화가 확인된다. 즉 高麗時代를 포함한 그 이전에 축조된 土城은 土城에서 석성(石城)으로 개축되는 평면형태가 제형이 압도적으로 많은 양상이다. 이러한 제형은 高麗時代의 土城인 <形→梯形의 형태로 점차 변형되어 나타나는 것이라고 할 수 있겠다. 이와 같은 제형은 통상 사각형, 사다리꼴, 마름모, 오각형 등 다각형 등을 모두 포함하는 용어로서 다소 부족한 면이 없지 않지만 부분적인 차이로 인해 너무 분류가 세분되는 번잡함을 피하고 실제 형식분류에 있어서도 차이가 없기 때문에 그대로 사용한다. 이 제형은 크게 Ⅳ－A와 Ⅳ－B 형식으로 나뉜다.

---

7) 심봉근은 1991년 앞의 논문에서 이러한 고현읍성 평면형태에 주목하여 배(舟)와 관련한 것에 관해 언급하고 있다.

(1) Ⅳ-A식

Ⅳ-A식은 體城의 4면(面) 가운데 한쪽면이 돌출되는 형태로 마치 평면형태가 "L"형으로 축조된 것이 특징이라 할 수 있다. 이 형식에 해당하는 연해읍성은 하동읍성, 장기읍성이다. 이외에도 진주 촉석성, 청도읍성, 강릉읍성, 영동읍성, 안동읍성(1592년)이 있으며 영천읍성이 장방형으로 변형되는 형식으로 이 범주에 포함된다. 이 유형은 전 시대의 판축토성(版築土城)으로 축조된 치소성(治所城) 평면형태가 朝鮮時代에 들어서도 계속적으로 사용되는 것으로서 후술할 Ⅳ-B식으로 점차 변형되어 간다.

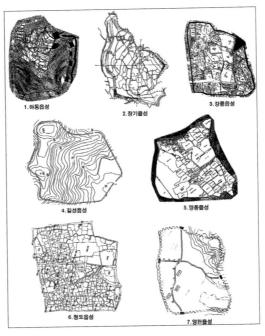

〈그림 6〉 제형 Ⅳ-A식

(2) Ⅳ-B식

Ⅳ-B식은 Ⅳ-A식이 體城 돌출로 인하여 생겨난 굴절된 지점이 직각이나 그와 유사한 형태로 변형되던 것에 비해 돌출된 지점이 점차 사선화되어 종래에는 사다리꼴 즉 진정한 제형으로 평면형태가 축조되고 있는 것이 특징이라 할 수 있다. 따라서 여기에 해당하는 연해읍성으로서는 오량성지가 있고 내륙읍성에는 성주읍성, 밀양읍성 등이 있다. 또한 연해읍성 이외의 지역에서는 충청도 한산읍성, 면천읍성, 전라도 광주읍성 등이 해당하고 영진보성에는 서천 장암진성이 여기에 해당한다. 특히 이 Ⅳ-B식은 전시대인 고려시대와 삼국시대 축조된 화산리성지와 동래고읍성 평면형태에서 이 지역 모티브를 찾을 수 있다.

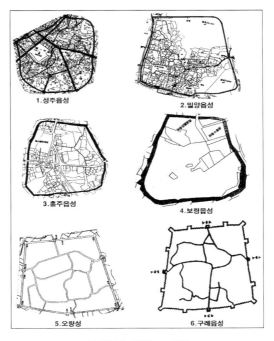

〈그림 7〉 제형Ⅳ-B식

3. 연해읍성 평면형태의 특징

조선 전기에 남해안 지역에 축조된 연해읍성 평면형태 변화를 파악할 때, 그 전시대의 治所城 평면형태와 상호 비교하는 것이 가장 적절할 연구방법의 하나일 것이다. 특히 南海岸 沿海邑城 이전에 축조된 마산 회원현성, 부산 당감동성, 울주 화산리성, 동래고읍성은 三國時代부터 高麗時代와 朝鮮 初에 이르기까지 해당지역 治所城으로 사용된 것으로 邑城의 전신이라고 할 수 있다. 따라서 沿海邑城에서 확인되는 평면형태는 전 시기 治所城에 해당하는 城郭들에서 계승 발전되고 있는 것이라고 할 수 있다. 그러므로 沿海邑城 평면형태별 분류를 기준으로 각 평면형태 특징과 축조흐름을 파악해 볼 수 있는 것이다.

南海岸 沿海邑城에서 확인되는 평면형태는 앞서에서 언급한 것처럼 방형과 원형, 제형, 주형이다. 이 4가지 유형의 평면형태 비율을 살펴보면, 방형(Ⅰ식)은 전체 12개소 가운데 3개소로 25%에 해당한다. 원형(Ⅱ식)은 8%인 1개소, 주형(Ⅲ식)은 5개소로 42%, 마지막으로 제형(Ⅳ식)은 3개소로 25%에 해당한다.

제Ⅰ식인 방형은 조선시대 이전부터 가장 오랫동안 존재하였던 城郭 평면형태로서 邑城은 경주읍성, 김해읍성, 남해읍성, 웅천읍성 등과 언양읍성, 함안읍성에서 확인되고 있다. 축조시기와 체성 둘레와 상관없이 평지성(平地城) 유형으로 축조되나 內陸邑城에서는 평산성(平山城) 형태도 확인되고 있다.

방형 Ⅰ-A식은 南海岸 沿海邑城에서 확인되는 방형읍성 가운데 80%에 해당하는 4개소이다. 가장 빠른 축조 년대는 경주읍성으로 1378년에 초축된 것으로 土城이었으며 실제적으로 沿海地域에서 평면형태가 정방형으로 축조된 가장 빠른 읍성은 세종 16년(1434)에 축조된 김해읍성이다.

김해읍성은 이후에 축조된 남해읍성(1439년)과 언양읍성(1500년)과 더불어 남해안 연해지역에 축조된 대표적인 평지방형읍성에 해당한다. 이 김해읍성은 남해안 연해지역에서 축조되는 가장 빠른 단계 방형 평면형태를 갖춘 읍성이나 같은 해에 축조된 장방형 Ⅰ-B식인 웅천읍성을 고려하면 조선시대 연해읍성의 축조에 있어서는 Ⅰ-A식이 Ⅰ-B식보다 선행하는 평면형태라고 말하기는 어렵다. 더구나 우리나라는 사국시대 이전 한강이북 지역 초기 토성들을 살펴보면, 대략 방형 평면이거나 방형에 가까운 원형의 부정형 평면을 가지고 있다. 이러한 방형은 대체로 장방형 형태를 취하고 있다. 또한 전국시대에서 한대에 걸쳐 중국 동북지역에 소재하는 토성 가운데 요동반도, 열하, 요녕성 지역 토성들 19개소 가운데 3개소만 원형 내지 불규칙한 반원형이다. 나머지 16개소 土城들이 방형이거나 장방형 평면으로 되어 있다. 요녕성 지역 것들은 장방형이 대부분을 차지하고 있다.[8] 朝鮮時代 이전 시기에 축조되는 방형 평면형태는 장방형이 선행하는 형식이고 정방형이 그 뒤를 잇는 것이라 할 수 있다.

조선 개국 이후 태종 16년과 세종 5년에 각각 축조된 제주도 대정읍성과 정의읍성은 장방형인 Ⅰ-B식인 것이고 보면, 남해안 지역 연해읍성에서 확인되는 방형 평면형태 역시 Ⅰ-B식에서 Ⅰ-A식의 형식으로 변화한다고 할 수 있다. 하지만 중국적 요소로 축조된 것이라 파악하고 있는 정방형 Ⅰ-A식이 장방형 Ⅰ-B식에 비해 시기적으로 떨어진다고 할 수 없으며, 더구나 충청도에 축조된 남포읍성은 말각방형 형태를 띤 정방형으로서 그 축조 연대가 세종 28년(1446)인 것과 남해안 내륙지역에 위치하는 언양읍성이 성종조 축성논의를 거쳐 연산군 6년에 정방형으로 완성되고 있는 예에서도 알 수 있는 것이다.

더욱이 성종조에 축조되는 거제도 구율포진성은 장방형 평면형태로

---

8) 차용걸, 1996, 위의 논문 247쪽.

축조되어 있고, 선조 30년 이후 축조된 제주도 수산진성은 정방형으로 축조되어 있다. 따라서 장방형→정방형으로의 형식변화가 있기 보다는 두 형식이 계속적인 공존을 한 것으로 파악해 볼 수 있겠다. 다만 여기서는 판단을 유보하고 보다 적극적인 자료가 나오길 기대한다. Ⅰ-A식과 Ⅰ-B식은 조선시대 남해안 지역 연해읍성 축조에서는 시기차가 없이 동시기에 축조되고 있다고 말할 수 있겠다. 그러면 이러한 방형 평면형태를 갖춘 평지읍성 출현의 연유가 궁금한데, 결론적으로 말하자면 방형 평면형태를 갖춘 연해읍성은 경상도 지역 지방 행정 위계상 최상위에 속하는 도호부 설치와 삼포의 하나로 일본과의 대외창구로서의 역할을 가진 제포에 인접하여 내외국인의 입출입이 활발한 지역적 특성과 남해안 지역 연해의 내해와 외해를 모두 통제할 수 있는 군사적인 요충의 중심에 위치하는 점과 경부축선상에 위치하는 점이 고려된 축성이라고 할 수 있겠다. 따라서 일반적으로 방형 평면형태 읍성 축조가 『周禮考工記』의 영향에 따른 축성양상으로 보는 역사지리학적 관점[9]은 재고되어야 할 것이라고 생각된다.

제Ⅱ식인 원형 평면형태는 방형인 Ⅰ식과 더불어 조선시대 고지도에 가장 많이 나타나는 평면형태이다. 이 원형은 이른 시기부터 축조되어 조선시대까지 그 명맥이 유지된 것으로, 『三國志 魏書』夫餘傳에「...作城柵皆員 有似牢獄...」라고 하여 부여에 성곽에 축조되고 그 형태가 원형임을 기록하고 있다. 그러나 실제 삼국시대와 고려시대를 거쳐 조선시대 전기에 이르기까지 정형화된 원형 평면형태를 갖춘 성곽은 거의 없다고 해도 무리가 아니다. 이것은 실제 기하학적인 형태인 원형이나 방형은

---

9) 최원석, 2004, 『경상도 邑治 경관의 역사지리학적 복원에 관한 연구－南海邑을 사례로－』, 문화역사지리 제16권 3호, 중국 주(周)나라 때의 주례(周禮) 동관(冬官)편에 보면 고공기(考工記)에 도성의 제도에 대하여 서술하고 있는데, '匠人營國 方九里 方三門...'라고 되어 있다.

현실세계에서 축조가 양성화되기보다 당대 사람들이 생각하는 읍성의 관념적인 모습을 표현하는 그림 작업에 다수 사용되었던 것으로 실제 축성의 예가 극소수에 불과한 것도 이러한 연유라고 하겠다. 특히 해안평야가 발달한 남해안 지역에서는 다소 많은 양이 확인될 수도 있으나 실제로 확인되는 경우는 없다. 따라서 남해안 지역 연해읍성 축조에 있어서도 원형 평면형태를 갖춘 읍성은 동래읍성(1387년)과 평해읍성(1357년 초축)이 해당된다. 그러나 동래읍성은 주형의 형태와 유사점이 많아 전형적인 원형이라고 분류하기는 다소 예외를 둘 수도 있다. 이외에도 충청도 지역에서 확인되는 읍성 역시 정형화된 원형 평면형태를 갖춘 것이 아니고 장타원형 형태에 가까우며 지형적으로 다소 굴절이 수반되는 것도 있다. 이러한 원형 평면형태를 갖춘 읍성은 충청도 해미읍성(1418년), 태안읍성(1417년), 전라도 나주읍성(1404년), 제주읍성(1411년) 등이 여기에 해당된다. 대체로 그 초축연대 내지 축성연대가 고려 말과 조선시대 태종조에 집중되고 있어 시기적으로 고려에서 조선으로 넘어오는 과도기적 상황에서 이루어진 축성에서 사용된 평면형태라고 할 수 있겠다. 다만 특징적인 것은 연해읍성은 평산성이며 기타지역은 나주읍성 입지조건이 평산성임을 제외하면 모두 평지성으로 축조되어 있다. 또한 당진읍성(1427년)이 여기에 해당한다고 할 수 있다.

이 제II식 원형 평면형태 선후시기에 관해 살펴보면, II식에 해당하는 각 읍성들 지름을 측정하고 장축과 단축 지름을 비교하여 지름 길이 차가 많은 II－A식에 해당하는 읍성들이 지름 길이 차가 적은 II－B식 읍성에 비해서 읍성 축조시기에 있어 앞서는 것으로 나타나고 있어, 보다 정형화된 원형 평면형태로의 축조가 장타원형 축조보다는 뒤에 이루어지는 것이라고 할 수 있겠다. 이와 같은 연유는 조선 개국 초 이후 세종조를 중심으로 문물 정비로 인해 보다 확고하게 자리 잡은 유교문화

영향으로 건축에 있어서도 관념화가 진행될 수 있을 것으로 파악해 볼 수 있지만 실제 축성에 있어서는 정형화된 원형보다는 풍수와 지형, 방어도 등을 고려한 현실감 있는 축성을 지향한 것으로 파악할 수 있다.

제III식인 주형 평면형태는 독특한 형식으로서 기존에는 삼태기형, 타원형, 삼각형, 그리고 가장 많이 쓰인 부정형으로 명명되던 것이다. 제III식은 크게 두 유형으로 분류할 수 있다. 우선 III-A식에 대표적인 것이 영산읍성이다. 이외에도 기장읍성, 평해읍성, 칠원읍성, 강진읍성 등이 있다. III-B식 대표적인 읍성은 고현성, 고성읍성, 울산병영성, 사등성 등이 있다. 제III식은 고현성을 중심으로 검토해 보도록 한다.

이 고현성에서 주형 평면형태가 사용된 이유는 지형적인 조건보다는 방어시 전단을 좁혀서 사각을 줄여 효과적인 방어를 하기 위한 것으로 생각해 볼 수 있다. 또한 주형 평면형태 채택은 서쪽에서 내려오는 용수가 바다로 흘러가는 것을 호안석축에 흡수하여 효과적인 담수를 통해 읍성 방어를 강화하고자 한 해자와 더불어 조선 전기 연해읍성의 또다른 축조양상이라고 할 수 있다. 따라서 고현성 평면형태는 조선 전기에 축조된 연해읍성은 체성 축조가 먼저 이루어지고 적대와 옹성 및 해자 등의 부대시설 설치가 나중에 이뤄지는 것을 감안할 때 부족한 방어시설과 방어시 사각을 최대한 줄이기 위해 성벽 체성 축조 시 적절한 만곡과 돌출을 실시하고 방어전면을 좁혀 방어력을 극대화하기 위해 한선(韓船)구조를 체성 축조형태에 차용한 것으로 생각해 볼 수 있다. 이후 이러한 한선 구조는 성종조를 거쳐 16세기말까지 사용된 것으로 판단되며 후대로 내려올수록 기능적인 면보다는 형식적으로 퇴화되는 것으로 생각 된다. 이러한 주형 형태 범주에 속하는 읍성 및 영진보성에서는 동일한 양상이 확인되는 것을 알 수 있다. 즉 이 주형 평면형태를 가진 성곽들은 태종 17년(1417)인 15세기 초에서 출현하여 집중적으로 사용된 것은 세종조에서 성종조에 해당하는 15세기 말에 이르는 시기로 이때 당시에 유행한 평면형태 중 하나였던 것이라 할 수 있다.

다음으로 제Ⅲ식인 주형 평면형태가 읍성축조에 사용된 연유로서는 크게 두 가지로 생각해 볼 수 있다. 첫 번째는 세종 20년 1월 15일 경자조에 언급된 내용으로, "의정부에서 병조 정문에 의거하여 아뢰기를, … 연번 여러 구자(口子)에 돌 보루(堡壘)를 쌓을 때에도 적대·옹성 및 연대의 견양(見樣)을 수성전선색9修城典船色)에게 도본(圖本)을 만들게 한 다음, 도절제사(都節制使)에게 내려 보내 이를 참고하고 쌓는 것을 감독하도록 하옵소서." 하니, 그대로 따랐다. 라는 기사가 확인되고 있다. 이 기사 내용에서 적대, 옹성 및 연대의 견양을 수성전선색에게 도본을 만들도록 하고 있는데 여기에 나타나는 수성전선색은 사수감10)의 다른 이름으로 이 사수감은 전선(戰船)의 건조와 수리를 포함한 전반을 담당하던 부서로서 세종 18년(1436)에 수성전선색으로 부서명이 개칭되는데 이후 선박 뿐만 아니라 축성에 관련한 사무도 같이 관장된 것으로 보여진다. 따라서 병선의 건조와 수리를 통해 축적된 도면과 기술력이 읍성의 축성 도면 작성에도 일정부분 반영이 될 수 있었을 것이고 이와 같은 연유로 주형 평면형태를 가진 읍성의 형태가 나타날 수 있었을 것으로 생각해 볼 수 있겠다. 또한 명종조에 건조된 판옥선(板屋船)이 운용되기 이전에 조선 전기에 사용된 우리나라 선박인 한선의 경우에는 전면이 좁고 후면

---

10) 『경국대전』에는 경외(京外)의 주함(舟艦)을 관장하는 기관으로 규정되었다. 태조 1년(1392)에 설치하였다. 관원으로는 판사(判事: 정2품) 2명, 감(監: 종3품) 2명, 소감(少監: 종4품) 1명, 승(丞: 종5품) 1명, 겸승(兼丞: 종5품) 1명, 주부(注簿: 종6품) 3명, 겸주부(兼注簿: 종6품) 1명, 직장(直長: 종7품) 2명, 녹사(錄事: 종8품) 2명 등이다. 태종 3년(1403) 사재감(司宰監)에 병합되었다가, 세종 14년(1432년) 병선(兵船) 제조의 중요성이 강조되어 사수색(司水色)으로 부활되었다. 세종 18년(1436)에는 수성전선색(修城典船色)으로 개편되고, 세조 12년(1466년) 전함사(典艦司)로 그 명칭이 고정되었다.

이 넓은 형태로 좌우가 약간 만곡하여 볼록한 형태를 유지하고 있어 고현성을 비롯한 상기에 언급한 읍성 및 영진보성들의 형태와 일정한 상관성이 있는 것이라고 할 수 있어 주형 평면형태의 모티브는 한전의 구조에서 영향을 받은 것이라고 할 수 있겠다

두번째로, 행주형[11]으로 일컬어지는 풍수지리사상의 영향이다. 이 행주형은 사람과 물산 및 금은보화를 신고 있는 것으로 부를 상징하는 풍수형에 해당한다. 행주형은 물에 흘러가는 배의 모양보다는 물을 거슬러 올라가는 형이 힘이 있고 모든 면에서 좋다고 한다. 따라서 전형적인 행주형에 해당하여 굳이 풍수지리적(風水地理的)인 보완이 필요치 않은 강릉읍성이나 안동읍성에 반해 고현성이나 영산읍성은 입지한 지형이 風水的인 약점을 보완하고 고을 안녕과 번영을 바라는 염원에 따라 그 축조방향에 있어서도 동쪽과 북쪽으로 배가 떠나는 형국으로서 힘있는 배의 형상을 하고 있는 주형으로 축조된 것으로 나타나는 것이 아닐까 생각한다. 이와 같은 배경에 의해 축조된 주형 평면형태를 가진 읍성은 안동읍성[12]을 제외하고는 고려 말에 토성으로 축조된 읍성을 석축화한 기존의 읍성의 형태에서 확인되는 경우가 아닌 이때 당시에 신축된 읍성에서 확인되고 있어 역시 조선 전기에 들어서 유행하였던 하나의 축성패턴임을 알 수 있는 것이다. 또한 명종조에 건조된 판옥선이 운용되기 이전에 조선 전기에 사용된 우리나라 선박인 한선의 경우에는 전면이 좁고 후면이 넓은 형태로 좌우가 약간 만곡하여 볼록한 형태를 유지하고 있어 고현성을 비롯

---

11) 행주형은 삼면이 강이나 개천으로 둘러싸인 것이 특징이다. 우리나라에 행주형 마을은 일일이 열거할 수 없을 정도로 많다. 주요 도시로는 나주, 청주, 북한의 평양 등을 꼽을 수 있다. 행주형은 배 모양의 지형이므로 키, 돛대, 닻 세 가지가 함께 있으면 아주 좋은 명당으로 치며, 세 가지 가운데 하나만 갖추어도 좋은 땅으로 여긴다. 따라서 이것들을 연상시키는 자연물이 없을 경우 인위적으로 세워놓기도 한다.
12) 林承佑, 1999,「朝鮮時代 安東邑城 硏究」, 安東大學校 碩士學位論文, 9쪽.

한 상기에 언급한 읍성 및 진성들의 형태와 일정한 상관성이 있는 것이라고 할 수 있다. 따라서 주형 평면형태의 모티브는 일찍부터 우리나라에서 운용되던 한선 구조에서 영향을 받은 것이라고 할 수 있다.

제IV식인 제형은 전 시대인 고려시대와 그 이전시기부터 축조되어 있던 판축토성을 조선 개국 이후 석축화로 전환하거나 읍성을 신축 시 그 이전에 축조된 고읍성 및 산성의 평면형태를 계승한 형으로 남해안 지역에서 제형 평면형태의 양상은 두 가지의 흐름으로 대별된다.(표 4 참조)

〈표 4〉 제형(梯形) 평면형태의 흐름

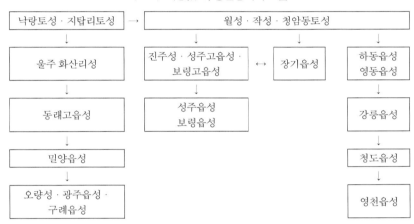

<표 4>를 살펴보면 제IV식인 제형은 삼국시대 이전 낙랑토성과 지탑리토성 평면형태를 모티브로 삼국시대 경주 월성, 청암동 토성, 영천 작성 등과 같이 저지성 구릉에 초승달 모양으로 정형화(定型化) 된 형태로 변화한다.13)

---

13) 閔德植, 1994,「三國時代 以前의 城郭에 관한 試考」, 韓國上古史學報 16, 254쪽.
    필자는 여기에서 우리나라 성곽의 기원을 토성에 두고 그 평면형태의 흐름을 추론하여 성곽 축조 양상의 시간적 흐름을 찾으려고 하였다.

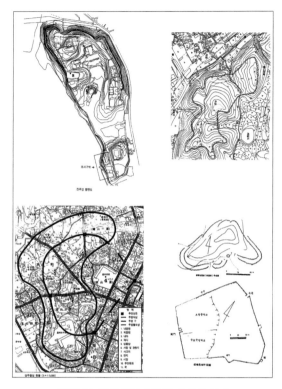

〈그림 8〉 제형으로 축조된 고읍성 사례

　　따라서 제형은 이미 삼국시대 이전 시기부터 출현하는 것이라고 할 수
있겠다. 즉 제형은 초기 체성일부 돌출형(體城一部 突出形) 방향토성(方
形土城)인 낙랑토성과 지탑리토성에 기원을 두고 출발하였다. 여기에서
월성, 작성인 Ⅳ－A식과 울주 화산리토성인 Ⅳ－B식으로 변화된다. 먼
저 첫 번째 유형 Ⅳ－A식은 낙랑토성과 지탑리토성과 같은 체성일부 돌
출형 방형토성에서 경주지역에 위치한 월성이나 작성과 같이 저지성 구
릉에 초승달모양 내지 활이 만곡한 것과 같은 형태로 변화하고 다시 세
가지 소형식으로 세분하여 변화되는 것을 확인할 수 있다.

Ⅳ－A－1 소형식은 전 단계 유형을 계승하여 동일한 평면형태를 유지하고 있다. 여기에 해당하는 읍성으로서는 진주성과 성주고읍성, 보령고읍성이 해당한다. 다시 이 단계를 넘어 시기적으로 가장 늦은 유형으로 나타나는 것이 성주읍성과 보령읍성이다.

다음으로 두 번째 Ⅳ－A－2은 월성이나 작성 평면형태가 내부를 확장한 형태로 나타난다. 여기에 해당하는 것은 장기읍성이다. 세 번째 Ⅳ－A－3 소형식은 조선 전기 태종 17년에 초축되는 하동읍성을 필두로 영동읍성이 여기에 해당한다. Ⅳ－A－3식은 초기의 체성 일부 돌출형의 돌출부 흔적을 제외하고는 읍성 평면형태는 전체적으로 방형에 가깝게 축조되고 있다.

또한 다음단계에서 확인되는 읍성은 강릉읍성을 거쳐 청도읍성에서 영천읍성으로 넘어가면서 전체적으로는 평면형태가 장방형으로 진전되고 있음을 알 수 있다.

두 번째의 유형인 Ⅳ－B식은 통일신라시대(統一新羅時代) 축조된 유사판축토성(有似版築土城)인 울주 화산리성을 거쳐 고려시대 판축토성인 동래고읍성과 조선시대 밀양읍성을 거친다. 평면 전체 형태에 있어서는 방형에 가깝게 변화하고, 체성 각 곡선형 구간은 직선형 체성 형태로 이행되어 가는 양상으로 변화한다. 특히 거제 오량성과 광주읍성, 구례읍성에 이르러서는 곡선형 체성은 잔영만 남아 있으며 전체적으로 체성 곡선화는 퇴화하고 직선화가 이뤄진다. 이 제형은 신축되는 읍성에서도 확인되지만 압도적인 다수는 조선시대의 전시대나 그 이전의 시대에 축조되고 사용되었던 판축토성 및 토석병축성(土石竝築城)에 해당하는 성곽을 석축으로 개축하거나 확장한 것이다. 따라서 조선 전기 연해읍성 가운데 일부는 축조재질상 석축성으로 축조되었으나 판축토성 및 토석혼축성에서 다수를 차지하는 제형 평면형태의 채용과 더불어 이전시기 판축토성에서 확인되는 토성적(土城的) 요소의 흔적도 확인되고 있는 것이다.

이와 같은 근거로 태종 17년(1417)에 축조된 하동읍성은 전시대의 판축토성의 기단부의 축조수법인 사직선기단과 체성 너비 3.5m 협축성벽, 지대석이 없이 기단부를 조성하고 체성과 직교하는 계단지 등이 확인되고 있다. 이러한 축조수법 가운데 사직선기단은 목천토성[14], 사산성[15], 신금성[16], 회진토성[17]을 비롯한 백제지역의 토성 뿐만 아니라 경남지방의 울주 화산리성[18], 마산 회원현성[19], 사천 선진리성[20], 당감동성[21], 동래고읍성[22] 등 고려시대 이전부터 고려 말에 이르기까지 조성된 기단석축형 판축토성의 흔적으로 파악해 볼 수 있다. 또한 너비 3.5m 체성은 체성을 계단식으로 축조하는 조선 전기 축조수법과는 다른 수법으로 이 협축성벽에 덧대어서 계단식으로 체성이 축조되고 있어 조선 전기에 연해읍성 축성규식이 정해지기 전에 축조된 것으로 판단해 볼 수 있다. 또 내벽에 축조된 체성과 직교하는 계단지는 강릉읍성 석축성벽 이전에 축조된 판축토성의 내벽에 덧대어져 있는 것과 동일한 형태로 확인되고 있어 판축토성 흔적을 확인할 수 있는 것이라고 하겠다. 더구나 이러한 체성에 직교하는 계단시설은 마산 회원현성 내벽에 4m 간격으로 체성과 직교하게 덧대어져 있는 석축열과도 일정한 관련이 있는 것으로 시사되

---

14) 忠南大學校博物館, 1984, 『木川土城』.

15) 忠南大學校 百濟研究所, 1986, 『稷山 蛇山城 發掘調査報告書』.

16) 忠南大學校博物館, 1994, 『신금성』.

17) 全南大學校博物館, 1995, 『會津土城 I 』.

18) 심봉근, 1990, 『蔚州 華山里城址』, 古蹟調査報告書 第十六册, 東亞大學校博物館.

19) 심봉근, 「마산 자산성지」, 1995, 『韓國南海沿岸城址의 考古學的 研究』, 學研文化社.

20) 安城賢, 2003, 「泗川 船津里城에 대하여—築造手法 및 築造年代를 中心으로」, 『韓國城郭研究會 定期學術大會』, 韓國城郭研究會.

21) 羅東旭, 1996, 『堂甘洞城址 I 』, 釜山廣域市立博物館, 釜山廣域市立博物館 研究叢書 第10册.

22) 동의대학교박물관, 2006, 『釜山 望美洞 東萊古邑城』, 東義大學校博物館學術叢書12.

고 있어 판축토성의 축조수법이 계속적으로 조선 전기 연해읍성의 축조에도 사용되고 있음을 알 수 있는 것이다.

다음으로 영동지역 강릉읍성 역시 평면형태가 제형으로 이루어져 있으며 그 축조시기는 대략 고려 말로 추정되고 있다. 이후 조선 문종조에 이르러 고려 말에 축조된 토성의 내외벽에 석축을 덧대어 석축화를 실시하고 중종조에 이르러 다시 개축되었다. 또한 그 축조수법에 있어서는 고려 말에 축조된 판축토성의 요소를 가지고 있다. 즉 체성과 직교하게 치석된 돌을 이용하여 계단시설을 설치하였다. 내벽 축조수법은 할석과 강돌을 이용하여 수직으로 축조하였다. 역시 4m 간격으로 목주(木柱)가 설치되고 있어 앞서 언급한 마산 회원현성 양상과 대동소이하다. 이 가운데 계단지는 하동읍성 내벽에서 확인되는 양상과 동일하게 확인되고 있어 상호비교가 가능하다고 할 수 있다. 또한 고려시대 이전에 축조된 울주 화산리성은 유사판축토성으로 그 평면형태가 제형이고 목주의 간격이 3.8~4m이다. 강릉읍성이나 회원현성과 동일하거나 유사하다. 직교하는 계단지 형태역시 회원현성, 강릉읍성, 하동읍성과 동일하게 나타나고 있다. 따라서 하동읍성과 강릉읍성을 살펴볼 때 고려시대 판축토성에서 연해읍성으로 그 축조수법 및 평면형태 등이 계속적으로 이어지고 있다고 할 수 있는 것이다.

4. 연해읍성 규모와 호구 수의 비교

1) 읍성규모와 평면형태

연해읍성의 평면형태와 성둘레의 상관관계를 살펴보면, 방형 평면형태를 가진 연해읍성은 성둘레가 대부분 3,000尺을 기준으로 할 때 일반적인 연해읍성 성둘레 비해서는 조금 긴편에 속한다고 할 수 있다. 반면에 원형은 3,000尺의 기준(基準)에 부합하고 있다. 또한 주형은 3,000尺을 기준으로 울산내상성과 합포내상성은 그 둘레가 주형 여타읍성들에 비해 조금 큰 편으로 확인되고 있고 전체적으로 원형과 제형에 비해서는 큰 편에 속한다고 할 수 있다. 마지막으로 제형은 연해읍성 평면형태 가운데 가장 작은 성둘레를 가진 읍성들이 해당되고 있다. 즉 제형 평면형태를 가진 邑城은 3,000尺을 전후로 한 읍성이 대부분을 차지하고 있는 것이다. 따라서 남해안 연해읍성은 김해읍성 및 울산내상성, 합포내상성과 같이 행정단위체계에 있어 상위군현 및 군사지휘체계상 최상위급 지휘관이 위치하는 읍성의 평면형태는 주형과 방형으로 축조되어 있다. 이러한 읍성들은 <표 5>에서 성둘레가 3,500尺 이상으로 남해안 연해읍성 대부분이 3,000尺을 전후한 것에 비하면 월등하게 크게 축조되고 있음을 알 수 있다. 또한 평면형태별 축조시기에 있어서 남해안 연해읍성에서 가장 빠르게 나타나는 것은 태종 17년에 축조된 하동읍성 제형으로서 주형인 울산병영성과 동시에 축조되고 있다.

〈표 5〉 최근 조사된 남해안 연해읍성 현황

	읍성명	성둘레 (尺)	높이	평면 형태	해발 고도	유형	부대시설				축조년대	축조 유형
							치성	문지	여장	우물		
연해읍성	하동읍성	2,943	8	제형	43~149	평산성	11	3	588		1417 태종 17년	신축
	울산병영성	3,732	13	주형	25~60	평산성	21	4	908	7	1417 태종 17년	신축
	기장읍성	3,197	15	주형	20~30	평산성	6	3	383	1	1425 세종 7년	신축
	합포병영성	4,291	15	주형	30이내	평지성	12	4		5	1430 세종 12년	토성→ 석성
	김해읍성	4,683	15	방형	20 이내	평지성	20	4	931	28	1434 세종 16년	신축

웅천읍성	3,514	15	방형	8~20	평지성	6	4	·	2	1434 세종 16년	신축
장기읍성	2,980	12	제형	100 이내	평산성	12	3	·	4	1439 세종 21년	신축
남해읍성	2,876	10	방형	15~30	평지성	12	4	553	3	1439 세종 21년	신축
사천읍성	3,015	11.5	제형	12~45	평산성	15	3	580	7	1445 세종 27년	신축
동래읍성	3,090	15	원형	3~125	평산성	12	4	513	6	1446 세종 28년	신축
고성읍성	3,524	15	주형	2~10	평산성	12	3	575	4	1448 세종 30년	신축
고현읍성	3,038	13	주형	15~45	평산성	6	3	·	1	1451 문종 원년	신축

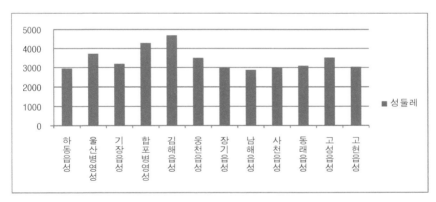

〈그림 9〉 연해읍성의 성둘레 *〈표5〉의 연해읍성 성둘레를 도식화

    남해안 연해읍성은 제형이 가장 빠른 평면형태로 확인되고 아울러 주형 역시 동시기에 축조되고 있다. 조선 전기 후반으로 갈수록 제형과 주형이 혼용되어 축조되고 있다. 또한 연해읍성에서 확인되는 방형 평면형태는 앞서 언급한 것과 같이 상위군현 및 군사지휘체계상 최상위급 지휘관이 위치하는 읍성에만 적용되고 있어 지형적인 조건보다는 유교적 신분질서사회에 기초한 행정체계의 질서에 더 무게를 두고 있는 것이라고

할 수 있다. 이러한 것은 남해안 연해읍성 평면형태가 결정되는 것이 자연환경에 의한 것으로 평면형태가 대다수 부정형으로 이루어져 있다는 환경결정론적 견해를 제고하는데 중요한 준거가 될 수 있는 것이다. 다시 말하자면 남해안 연해읍성 축조과정에 있어 평면형태가 결정되는 것은 자연환경에만 기인하는 것이 아니고 오히려 평면형태에 적합한 자연지형을 심정하여 축성하였다고 하겠다. 더욱이 이러한 것은 조선 전기에 중앙권력에 의해 일관되게 추진되는 축성사업이 단순히 국방 문제 이외에도 유교적 신분질서 사회의 유지에 바탕을 둔 지방통제를 통한 왕권강화라는 당시 위정자들의 현실인식에 따른 것으로 통일된 축성규식과 평면형태의 일관된 적용이 남해안 연해읍성에서 확인되는 것이다.

반면에 내륙읍성 방형은 연해읍성과 비슷한 양상이 확인된다. 즉 언양읍성 경우만 3,000尺을 조금 넘을 뿐 나머지 경주읍성과 함안읍성은 4,000尺 이상으로 축조되고 있음을 알 수 있다. 또한 제형 평면형태를 가진 읍성은 역시 성둘레가 4,000尺 이상 대규모 성곽으로 축조되고 있는 것으로 확인되고 있으며, 원형은 확인되지 않는다.

〈표 6〉 최근 조사된 영남 내륙읍성 현황

	읍성명	성둘레 (尺)	높이	평면 형태	해발 고도(m)	유형	부대시설				축조년대	축조 유형
							치성	문지	여장	우물		
영남 내륙 읍성	경주읍성	4,075	12	방형	·	평지성	26	4	1,155	80	1378 우왕 4년	토성→ 석성
	진주성	4,359		제형	50m 내외	평지성	·	4	·	·	1380 우왕 6년	신축
	안동읍성	3,947	8	주형	97~ 101m	평산성	·	4	841	18	1380 우왕 6년	신축
	영산읍성	3,810	12.5	주형	25~ 28m	평산성	6	3	·	·	1477 성종 8년	신축
	창원읍성	4,920	12.7	제형	50~ 85m	평지성	18	4	600	2	1477 성종 8년	토성→ 석성

밀양읍성	4,670	9	제형	100~110m	평산성	·	3	1,580	4	1479 성종 10년	신축
칠원읍성	1,595	11	주형	35~87m	평지성	6	4	136	1	1492 성종 23년	토성→석성
언양읍성	3,064	13	방형	70~118m	평지성	12	4	834	4	1500 연산군 6년	토성→석성
함안읍성	5,160	13	방형		평산성	10	3	504	75	1510 중종 5년	토성→석성
성주읍성	6,755	13	제형	35~65m	평지성	·	4	500	·	1520 중종 15년	토성→석성
청도읍성	1,570 (步)	5.5	제형	100~122m	평지성	4	3	600	·	1592 선조 25년	토성→석성

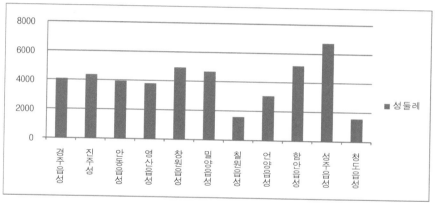

〈그림 10〉 영남 내륙읍성의 성둘레

　내륙읍성에서는 안동읍성과, 영산읍성, 칠원읍성 등에서 주형 평면형
태가 확인되고 있다. 1,595尺 칠원읍성이 내륙읍성 중 가장 작은 성둘레
를 가지고 있다. 안동읍성은 3,000尺 전후인 2,947尺이고 영산읍성은
3,810尺으로 최근 조사된 내륙읍성 평균 성둘레가 4,400尺 이상임을 감
안할 때 비교적 소형에 속하는 것을 알 수 있다. 이와 같이 남해안 내륙
읍성에서 성둘레가 비교적 짧은 것은 대부분 주형에 속하는 읍성으로서

조선시대에 들어와서 새롭게 신축된 것들이다.

　따라서 남해안 내륙읍성은 연해읍성과 달리 평면형태가 방형과 제형은 주형에 비해 성둘레가 월등하게 길다. 이러한 방형과 제형 평면형태를 가진 읍성은 조선시대 이전 시대부터 해당지역의 치소성(治所城)으로 사용되던 것들이다. 조선시대 들어서는 경상도 지역 행정체계에 있어 상위의 행정단위에 속하는 읍성들임을 알 수 있다. 그러므로 남해안 내륙읍성 평면형태는 상위 행정단위 읍성일수록 방형과 제형으로 축조되어 있다. 축조유형에 있어서도 이전 시대 읍성을 확대 개수축한것으로 성둘레 4,000尺 이상 넓고 큰 평면형태로 나타나고 있다.

　또한 남해안 내륙읍성은 시기적으로 조선 전기 전반에 비해 전기 후반으로 갈수록 평면형태에 상관없이 체성 둘레가 크게 확대되고 있음을 알수 있다. 입지유형에 있어서, 방형은 모두 평지성으로 축조되어 있다. 제형과 원형은 평산성으로 축조되어 있다. 주형은 역시 대부분 평산성으로 축조되어 있다. 그러나 내륙읍성은 이와는 좀 더 다른 양상이 확인되고 있다. 즉 진주성, 성주읍성, 청도읍성 등 제형 평면형태를 가진 읍성은 평산성이 아닌 평지성으로 축조되어 있다. 그 외 방형은 연해읍성과 동일하게 평지에 축조되어 있으며 주형은 역시 평산성으로 축조되어 있다. 이러한 양상은 기타지역 읍성 현황에서도 확인되고 있다. 제형인 광주읍성, 강릉읍성은 평지에 축조되어 있고, 평산성으로는 진도읍성과 영동읍성이 있다.

　또 주형인 강진읍성, 황간읍성은 모두 평산성이며 무장읍성과 남포읍성은 방형, 나주읍성은 원형으로 축조되어 있다. 영남내륙지방 읍성 현황과 대동소이함을 알 수 있다. 따라서 우리나라 남해안 지역 연해읍성은 제형 평면형태로 축조된 읍성 수는 극소수에 불과하다. 성둘레 역시 내륙읍성 및 여타지역의 읍성에 비해 작다. 오히려 주형이 다수를 차지하며 축조되고 있는 것을 알 수 있다.

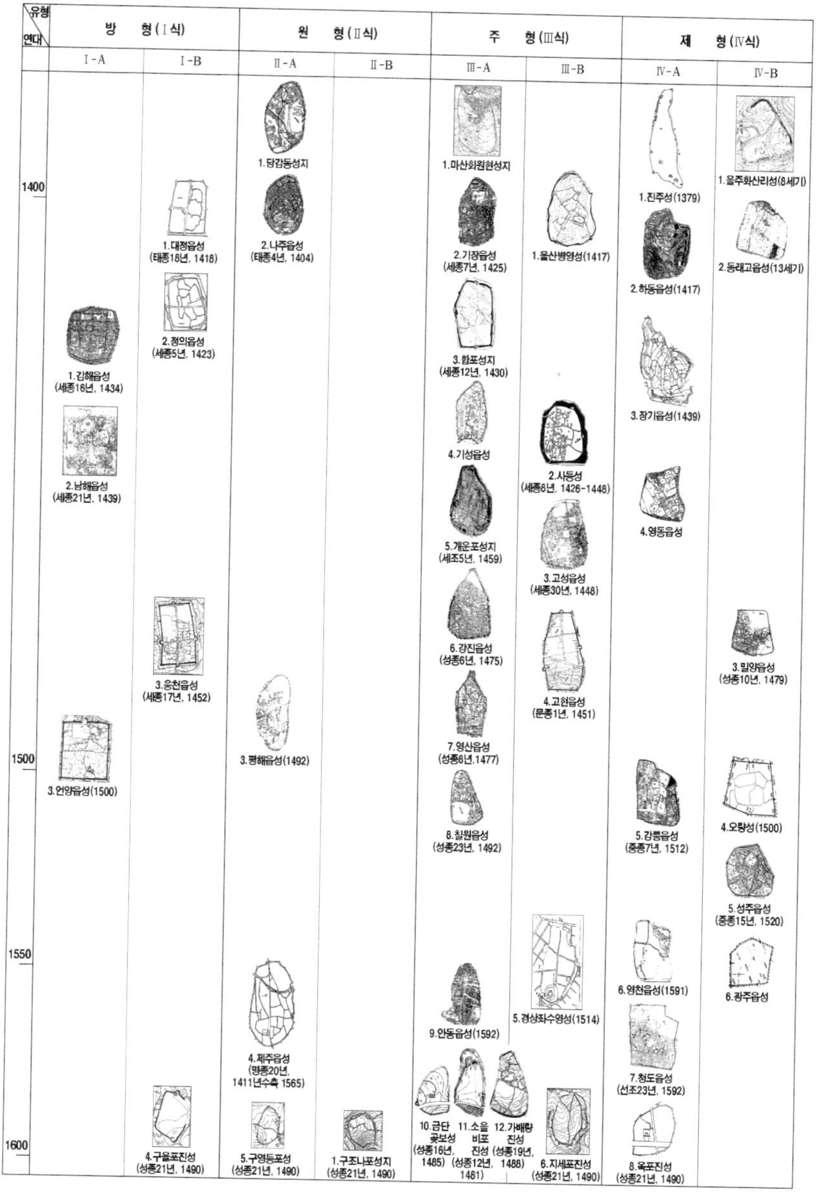

유형 연대	방 형 (I식)		원 형 (II식)		주 형 (III식)		제 형 (IV식)	
	I-A	I-B	II-A	II-B	III-A	III-B	IV-A	IV-B

방 형 (I식)

I-A
1. 김해읍성 (세종16년, 1434)
2. 남해읍성 (세종21년, 1439)
3. 언양읍성 (1500)

I-B
1. 대정읍성 (태종18년, 1418)
2. 정의읍성 (세종5년, 1423)
3. 웅천읍성 (세종17년, 1452)
4. 구율포진성 (성종21년, 1490)

원 형 (II식)

II-A
1. 당감동성지
2. 나주읍성 (태종4년, 1404)
3. 평해읍성 (1492)
4. 제주읍성 (명종20년, 1411년수축 1565)
5. 구영등포성 (성종21년, 1490)

II-B
1. 구조나포성지 (성종21년, 1490)

주 형 (III식)

III-A
1. 마산회원현성지
2. 기장읍성 (세종7년, 1425)
3. 화포성지 (세종12년, 1430)
4. 기성읍성
5. 개운포성지 (세조5년, 1459)
6. 강진읍성 (성종6년, 1475)
7. 영산읍성 (성종6년, 1477)
8. 칠원읍성 (성종23년, 1492)
9. 안동읍성 (1592)
10. 금단곶보성 (세종16년, 1485) 11. 소을비포 (성종19년, 1481) 12. 가배량진성 (성종12년, 1488)

III-B
1. 울산병영성 (1417)
2. 사등성 (세종6년, 1426-1448)
3. 고성읍성 (세종30년, 1448)
4. 고현읍성 (문종1년, 1451)
5. 경상좌수영성 (1514)
6. 지세포진성 (성종21년, 1490)

제 형 (IV식)

IV-A
1. 진주성 (1379)
2. 하동읍성 (1417)
3. 장기읍성 (1439)
4. 영동읍성
5. 강릉읍성 (중종7년, 1512)
6. 영천읍성 (1591)
7. 청도읍성 (선조23년, 1592)
8. 옥포진성 (성종21년, 1490)

IV-B
1. 울주화산리성 (8세기)
2. 동래고읍성 (13세기)
3. 밀양읍성 (성종10년, 1479)
4. 오량성 (1500)
5. 성주읍성 (중종15년, 1520)
6. 광주읍성

연대: 1400, 1500, 1550, 1600

〈그림 11〉 축조시기로 본 읍성 및 영진보성 평면형태

이것은 분명 내륙지역 읍성과 여타지역의 읍성과는 다른 양상이다. 이러한 연유는 내륙지역 읍성과 여타지방 읍성은 전시대 토성 내지 석성을 재수축하여 사용하는 토성→석축화 작업이 진행되면서 기존 체성을 확대 및 개축한 것이다.

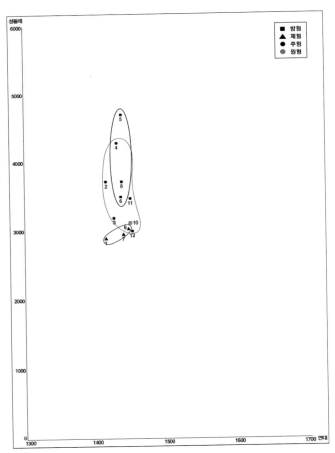

〈그림 12〉 연해읍성별 평면형태 분포도
(1. 하동읍성 2. 울산병영성 3. 기장읍성 4. 합포성 5. 김해읍성 6. 웅천읍성
7. 장기읍성 8. 남해읍성 9. 사천읍성 10. 동래읍성 11. 고성읍성 12. 고현읍성)

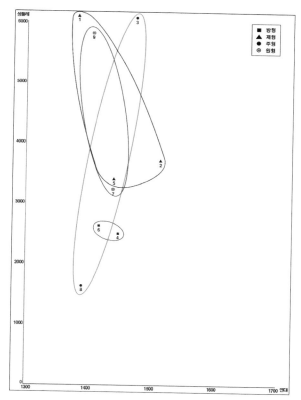

〈그림 13〉 기타지역 읍성의 평면형태분포도
(1. 광주읍성 2. 황간읍성 3. 나주읍성 4. 무장읍성 5. 면천읍성
6. 진도읍성 7. 남포읍성 8. 강진읍성 9. 강릉읍성 10. 영동읍성)

　반면 연해읍성은 조선 개국 이후 축조되는 신축읍성이 대부분을 차지하고 있는 것이다. 이때 신축읍성은 입지를 고려한 지형조건에 더하여 유교적 신분질서 확립과 중앙 지방에 대한 통치권 확립 및 군사방어체계 개편에 따른 행정단위 위계질서에 맞는 읍성 체성 평면형태를 적용한 것이라고 할 수 있다. 또한 풍수지리사상에 의한 읍성의 취약한 풍수 기운을 보호하기 위해 새로운 형식의 읍성 평면형태를 적용한 것이라고 할 수 있다. 즉 풍

수지뢰에 있어 행주형(行舟形)은 재화와 물산이 풍부하여 해당지역이 발전하는 형국임을 고려하여 인위적으로 부족하거나 좋지 않은 현지세를 보호하는 차원의 "비보(裨補)"의 개념을 적용하여 배 모양을 본뜬 읍성 형태를 축조함으로서 부족한 풍수를 보완하고자 한 것은 아닌지 생각된다.

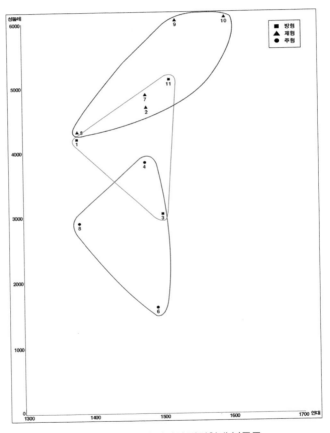

〈그림 14〉 내륙읍성별의 평면형태 분포도
(1. 경주읍성 2. 진주성 3. 안동읍성 4. 영산읍성 5. 창원읍성
6. 밀양읍성 7. 칠원읍성 8. 언양읍성 9. 함안읍성 10. 성주읍성 11.
청도읍성)

2) 호구 수와 평면형태

성곽을 축조하는데 있어 중요하게 고려되어야 할 사항 중에는 해당성
곽에 입보하여 농성하거나 수용할 수 있는 인력에 따라 성곽 형태가 달
라질 수도 있는 것이다. 더구나 기존의 연구에서는 자연조건에 못지않게
성내 수용인원 역시 성곽을 축조하는데 중요한 고려 요인이었다는 점이
강조되고 있다. 남해안 연해읍성 평면형태 역시 이러한 것이 충분히 고
려되었는지를 검토할 필요가 있다.

다음에서 <표 7>은 최근 조사된 남해안 연해읍성 호구 수 현황을 파
악한 것이다. 이것에 의거하여 연해읍성 및 내륙읍성 성둘레와 호구 수
를 비교한 것을 도식화한 것이 <그림 15>이고 <그림 16, 17>은 연해
읍성 및 내륙읍성의 성둘레/호구 수를 평면형태별로 도식화한 것이다.

<표 7> 남해안 연해읍성 호구 수 현황

	읍성명	성둘레	호구 수	위곽형태		읍성명	성둘레	호구 수	위곽형태
남해안연해읍성	웅천읍성	3514	15742	방형	남해안내륙읍성	경주읍성	4075	71956	방형
	남해읍성	2876	25949	방형		언양읍성	3064	9410	방형
	김해읍성	4683	35833	방형		함안읍성	5160	22841	방형
	동래읍성	3090	28864	원형		진주성	4359	69495	제형
	고성읍성	3524	41823	주형		창원읍성	4920	29452	제형
	울산내상	3732	32382	주형		밀양읍성	4670	50901	제형
	거제읍성	3038	30023	주형		성주읍성	6755	54365	제형
	기장읍성	3197	12962	주형		청도읍성	7850	34186	제형
	사천읍성	3015	17562	제형		안동읍성	2947	50603	주형
	장기읍성	2980	8138	제형		영산읍성	3810	20412	주형
						칠원읍성	1595	11785	주형

<표 7>을 살펴보면 남해안 지역 내륙읍성은 성둘레 4000尺 이상인 진주, 밀양, 성주, 청도읍성이 해당된다. 평면형태는 모두 제형으로 축조되어 있다. 또한 4000尺 이하 읍성은 평면형태가 주형으로 축조되어 있고 영산읍성과 칠원읍성이 해당된다. 호구 수 30,000명 이상 군현(郡縣)에 축조된 읍성 평면형태는 제형이고 호구 수 20,000명 이하 군현에 축조된 읍성 평면형태는 주형이다.

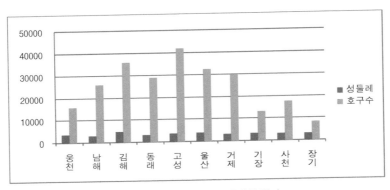

〈그림 15〉 연해읍성의 성둘레/호구 수

방형은 성둘레가 3,000尺 이상 4,000尺 중대형으로 길어지고 있다. 호구 수에 있어서는 제형으로 축조된 읍성들에 비해서는 적다.

또한 <표 7>에서는 남해안 내륙읍성 방형과 제형으로 축조된 경주, 진주, 성주, 밀양, 안동읍성이 성둘레와 호구 수에 있어서도 여타 군현 읍성에 비해서도 월등하게 우위를 보이고 있다고 할 수 있다.

그러므로 남해안 내륙읍성은 행정단위체계 속에서 상위체계에 속하는 읍성 평면형태는 방형 및 대부분 제형으로 축조되어 있다. 하위체계에 속하며 성둘레 및 호구 수에 있어서도 가장 작거나 적게 나타나는 읍성 평면형태는 주형으로 축조되어 있다. 따라서 남해안 내륙읍성에서 이와 같은 양상이 나타나는 연유는 방형 및 제형으로 축조된 읍성은 과거 해당지역 치소성인 토성을 석축화 한 것으로서 과거 평면형태 전통이 잔존하는 것에 기인하는 것이다. 주형은 주로 신축되는 읍성에 축조되는 것으로 조선시대 전기에 연해읍성 축조에 유행하던 평면형태 하나인 주형 영향에 기인하는 것이다. 특히 성종조에 남해안 연해지역에 축조된 영진보성 평면형태 다수가 주형인 것과 일정한 상관관계가 있다고 할 수 있다.

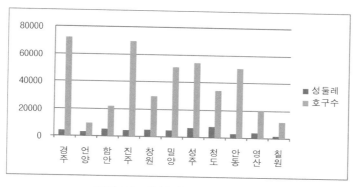

〈그림 16〉 내륙읍성의 성둘레/호구 수

반면에 연해읍성은 성둘레 4000尺 이상의 경우인 김해읍성만이 해당되며 평면형태는 방형으로 축조되어 있다. 또한 연해읍성은 3000尺을 전후한 읍성이 대부분을 차지하며 평면형태는 주형과 방형, 제형이 혼용되어 축조되어 있다. 호구 수를 살펴보면 대부분 읍성이 축조된 군현은 30,000명 이상을 넘는 군현은 10개소 가운데 4개소에 불과하고 나머지는 30,000명부터 그 이하에 해당하고 있다. 특이한 것은 30,000명 이상 호구 수를 가진 군현에 축조된 읍성 평면형태는 방형 1개소와 주형 3개소로 주형이 과반수 이상을 차지하고 있는 것으로 내륙읍성에서 제형이 과반수를 차지하는 것과는 확실히 대비되는 현상이라고 할 수 있다.(그림 17 참조)

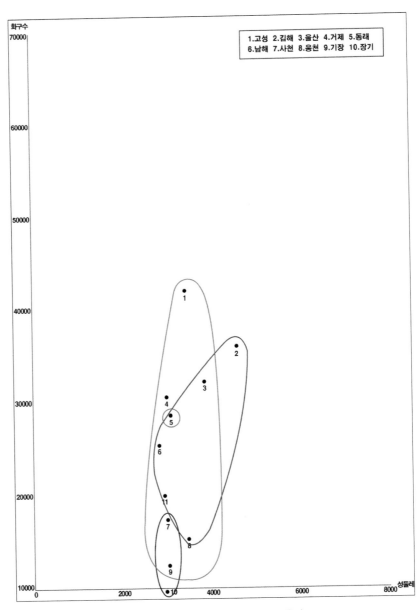

〈그림 17〉 연해읍성 위곽형태별 호구 수

(파란색:방형, 붉은색:주형, 검은색:제형)

이와 함께 연해읍성에서는 제형 평면형태 채택이 소수에 불과한데 하동읍성, 사천읍성, 장기읍성이 해당한다. 이러한 제형은 성둘레에 있어서도 3000尺을 전후하고 있으며 호구 수에 있어서도 20,000명 이하에 해당하는 군현이다. 따라서 비교적 연해읍성 가운데서도 중소형에 속하는 읍성이라고 할 수 있다. 더구나 내륙읍성 제형과 비교하여서는 그 규모가 월등한 차이를 보이고 있다. 내륙읍성 제형 읍성은 모두 토성→석축화한 읍성인 것에 반해 연해읍성 제형 읍성은 모두 신축된 읍성들인 차이를 보이고 있다. 이러한 제형 평면형태를 채택한 읍성 가운데 하동읍성은 평면형태가 제형으로 나타나는 것이 초축 연대가 태종 17년이라는 비교적 조선 개국 초라는 점으로 이 시기는 이전시대인 고려시대와의 문화적 연결성이 계속적으로 이어지고 있는 시기이므로 판축토성 축조 수법과 고려시대 및 그 이전시대부터 유행하였던 제형을 석축읍성 축조 시에도 사용하였던 것이라고 할 수 있다.

또한 남해안 연해읍성에서는 내륙읍성에서 나타나는 행정단위체계 속에서 상위체계에 속하는 읍성 평면형태가 방형 및 대부분 제형으로 축조되어 있는 것이다. 위에 반해 읍성 평면형태는 주형으로 축조되어 있다고 할 수 있다. 따라서 남해안 연해읍성에서 이와 같은 양상이 나타나는 연유는 방형 및 제형으로 축조된 읍성은 과거 평면형태 전통이 잔존하는 것에 기인하는 것이다. 주형은 주로 신축되는 읍성에 축조되는 것으로 조선시대 전기에 연해읍성 축조에는 주형이 유행하던 패턴이라고 할 수 있다. 이후 연해읍성 축조에 사용된 주형의 규식은 성종조와 중종조까지 계속되는 내륙읍성의 축조와 남해안 영진보성 축조에 있어 그 평면형태를 결정하는 중요한 단초가 되는 것은 물론이고 영진보성의 평면형태로 다수 채택하여 축조하고 있다고 할 수 있다. 따라서 주형의 전통은 연해읍성에 이어 남해안 영진보성 축조에도 계속적으로 이어지고 있다고 할 수 있다.

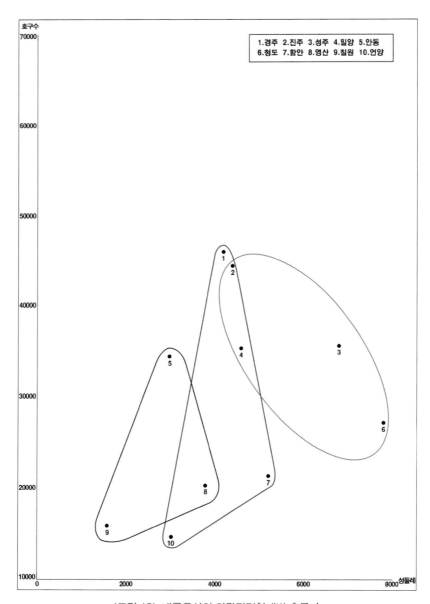

〈그림 18〉 내륙읍성의 위곽평면형태별 호구 수
(파란색: 방형, 붉은색: 제형, 검은색: 주형)

5. 맺음말

남해안 연해읍성이 축조되기 이전에 축조된 마산 회원현성, 부산 당감동성, 울주 화산리성, 동래고읍성, 김해고읍성의 경우는 삼국시대부터 고려시대와 조선 초에 이르기까지 해당지역의 치소성(治所城)으로 사용된 것으로 읍성(邑城)의 전신이라고 할 수 있다. 따라서 연해읍성에서 확인되는 평면형태는 전시기 치소성에 해당하는 위의 성곽들에서 계승 발전되고 있는 것이라고 할 수 있다.

남해안 지역에 축조된 연해읍성의 평면형태는 크게 방형, 원형, 주형, 제형의 4형식으로 나누어진다. 방형의 평면형태를 갖춘 연해읍성은 경상도 지역 지방 행정 위계상 최상위에 속하는 도호부의 설치와 삼포의 하나로 일본과의 대외창구로서의 역할을 가진 제포에 인접하여 내외국인의 입출입이 활발한 지역적 특성과 남해안 지역 연해 내해와 외해를 모두 통제할 수 있는 군사적인 요충의 중심에 위치하는 점과 경부축선에 위치하는 점이 고려된 축성이라고 할 수 있다. 원형은 실제 삼국시대와 고려시대를 거쳐 조선시대 전기에 이르기까지 정형화된 원형의 평면형태를 갖춘 성곽은 거의 없다. 현실세계에서 축조가 양성화되기보다 당대 사람들이 생각하는 읍성의 관념적인 모습을 표현하는 그림 작업에 다수 사용되었던 것이다. 실제 축성 예가 극소수에 불과한 연유이다. 대체로 그 초축연대 내지 축성연대가 고려 말과 조선시대 태종조에 집중되고 있어 시기적으로 고려(高麗)에서 조선(朝鮮)으로 넘어오는 과도기적 상황에서 이루어진 축성에 사용된 평면형태라고 할 수 있다. 보다 정형화된 원형 평면형태로 축조가 장타원형 축조보다는 뒤에 이루어지는 것이라고 할 수 있다.

주형 평면형태는 독특한 형식으로서 제Ⅲ식은 크게 두 유형으로 분류할 수 있다. 주형 평면형태가 사용된 이유는 지형적인 조건보다는 부족한 방어시설과 방어시 사각을 최대한 줄이기 위해 성벽 체성 축조 시 적절한 만곡과 돌출을 실시하고 방어전면을 좁혀 방어력을 극대화하기 위해 한선 구조를 체성 축조형태에 차용한 것으로 생각해 볼 수 있다. 이후 이러한 한선 구조는 성종조를 거쳐 16세기 말까지 사용된 것으로 판단된다. 후대로 내려올수록 기능적인 면보다는 형식적으로 퇴화되는 것으로 생각된다. 이러한 주형 범주에 속하는 읍성 및 영진보성에서는 동일한 양상이 확인되는 것을 알 수 있다. 즉 이 주형 평면형태를 가진 성곽들은 태종 17년(1417)인 15세기 초에서 출현하여 집중적으로 사용된 것은 세종조에서 성종조에 해당하는 15세기 말에 이르는 시기로 이때 당시에 유행한 평면형태의 하나였던 것이라 할 수 있다.

　주형 평면형태가 읍성축조에 사용된 배경으로서는 크게 두 가지로 생각해 볼 수 있다. 첫 번째는 세종 18년(1436)에 전선의 건조와 수리를 포함한 전반을 담당하던 수성전선색(修城典船色)이 선박 뿐만 아니라 축성에 관련한 사무도 같이 관장하게 되었다. 이에 병선(兵船)의 건조와 수리를 위해 축적된 도면과 기술력이 읍성의 축성도면 작성에도 일정 부분 반영이 될 수 있었을 것이다. 이와 같은 연유로 주형 평면형태를 가진 읍성 형태가 나타날 수 있었을 것으로 생각해 볼 수 있다. 두번째로, 행주형(行舟形)으로 일컬어지는 풍수지리사상(風水地理思想) 영향으로 이 행주형은 사람과 물산 및 금은보화를 싣고 있는 부를 상징하는 풍수형에 해당하는 것이다. 해당 지역이 발전하는 형국임을 고려하여 인위적으로 부족하거나 좋지 않은 현지세를 보호하는 차원의 "비보" 개념을 적용하여 읍성이 입지한 지형의 풍수적인 약점을 보완한다. 아울러 고을의 안녕과 번영을 바라는 염원에 따라 그 축조방향에 있어서도 물을 거슬러 오르거나 넓은 바다로 떠나는 힘 있는 배의 형상을 본뜬 평면형태를 형상화 한 것이 주형으로 읍성이 축조되는 것이 아닐까 생각한다. 이러한 주형 평면형태를 가진 읍성은 안동읍성을 제외하고는 고려 말에 토성으로 축조된 읍성을 석축화한 기존 읍성 형태에서 확인되는 경우가 아닌 이때 당시에 신축된 읍성에서 확인되고 있다. 역시 조선 전기에 들어서서 유행하였던 하나의 축성패턴임을 알 수 있는 것이다.

제형은 이전시대인 고려시대와 그 이전시기부터 축조되어 있던 판축토성을 조선 개국 이후 석축화로 전환하거나 읍성을 신축 시 그 이전에 축조된 고읍성 및 산성 평면형태를 계승한 형이다. 남해안 지역에서 제형 평면형태 양상은 두 가지의 흐름으로 대별되고 있다. 삼국시대 이전 시기부터 출현하는 것이라고 할 수 있다. 그러므로 연해읍성에 축조된 제형은 신축되는 읍성도 있지만 압도적인 다수는 조선시대 이전 시대나 그 이전 시대에 축조되고 사용되었던 판축토성 및 토석병축성(土石並築城)에 해당하는 성곽을 석축으로 개축하거나 확장한 것이다. 따라서 하동읍성과 강릉읍성처럼 석축읍성이라 할지라도 곳곳에서 토성 흔적을 파악할 수 있다. 또한 고려시대 판축토성에서 하동읍성과 같은 조선 전기 석축읍성으로 그 축조수법 및 평면형태 등이 계속적으로 이어지고 있다고 할 수 있는 것이다.

남해안 연해읍성은 김해읍성 및 울산내상성, 합포내상성과 같이 행정단위체계에 있어 상위군현 및 군사지휘체계상 최상위급 지휘관이 위치하는 읍성 평면형태는 주형과 방형으로 축조되어 있다. 또한 이러한 읍성들은 성둘레가 3,500尺 이상으로 남해안 연해읍성 대부분이 3,000尺을 전후 한 것에 비하면 월등하게 크게 축조되고 있음을 알 수 있다. 또한 남해안 연해읍성 평면형태에서 가장 빠르게 나타나는 것은 태종 17년에 축조된 하동읍성 제형으로서 주형인 울산병영성과 동시에 축조되고 있다. 따라서 남해안 연해읍성은 제형이 가장 빠른 평면형태로 확인된다. 아울러 주형 역시 동시기에 축조되고 있으며 조선 전기 후반으로 갈수록 제형과 주형이 혼용되어 축조되고 있다고 하겠다. 특히 연해읍성에서 확인되는 방형 평면형태는 앞서 언급한 것과 같이 상위군현 및 군사지휘체계상 최상위급 지휘관이 위치하는 읍성에만 적용되고 있다. 지형적인 조건보다는 유교적 신분질서사회에 기초한 행정체계 질서에 더 무게를 두고 있는 것이라고 할 수 있다.

남해안 연해읍성은 조선 개국 이후에 신축되는 읍성들이 대부분이며 조선 전기 후반으로 갈수록 연해읍성은 평면형태에 상관없이 성둘레가 3,000尺을 기준으로 일관되게 축조되고 있다. 이러한 것은 연해읍성 평면형태가 결정되는 것이 자연환경에 의한 것으로 평면형태가 대다수 부정형으로 이루어져 있다는 환경결정론적 견해를 제고하는데 중요한 준거가 될 수 있을 것이다. 다시말하자면 남해안 연해읍성 축조과정에 있어 평면형태가 결정되는 것은 자연환경에 기인하는 것이 아니고 오히려 평면형태에 적합한 자연지형을 심정하여 축성하였다고 하겠다. 더욱이 이러한 것은 조선 전기에 중앙권력에 의해 일관되게 추진되는 축성사업이 단순히 국방상 문제 이외에도 유교적 신분질서 사회 유지에 바탕을 둔 지방통제를 통한 왕권강화라는 당시 위정자들의 현실인식에 따른 것으로 통일된 축성규식과 평면형태의 일관된 적용이 남해안 연해읍성에서 확인되는 것이라고 하겠다.

입지유형에 있어서 방형은 모두 평지성으로 축조되어 있다. 제형과 원형은 평산성으로 축조되어 있다. 주형은 역시 대부분 평산성으로 축조되어 있다. 그러나 내륙읍성인 진주성, 성주읍성, 청도읍성 등의 제형 평면형태를 가진 읍성들은 평산성 형태가 아닌 평지성으로 축조되어 있다. 그 외의 방형은 연해읍성과 동일하게 평지에 축조되어 있다. 주형은 역시 평산성으로 축조되어 있다. 따라서 우리나라 남해안 지역 연해읍성은 제형 평면형태로 축조된 읍성 수는 극소수에 불과하며, 성둘레 역시 내륙읍성 및 여타지역 읍성에 비해 작다. 오히려 주형이 다수를 차지하며 축조되고 있는 것을 알 수 있다. 이것은 분명 내륙지역 읍성과 여타지역의 읍성과는 다른 양상이다. 이러한 연유는 내륙지역 읍성과 여타지방 읍성은 전시대 토성 내지 석성을 재수축하여 사용하는 토성→석축화 작업이 진행되면서 기존 체성을 확대 및 개축한 것인데 반해 연해읍성은 조선 개국 이후 축조되는 신축읍성이 대부분을 차지하고 있는 것에 기인하는 것이다. 이때 신축읍성은 입지를 고려한 지형조건에 더하여 유교적 신분질서 확립과 중앙의 지방에 대한 통치권 확립 및 군사방어체계 개편에 따른 행정단위 위계질서에 맞는 읍성 체성 평면형태를 적용한 것이라고 할 수 있다. 또한 풍수지리사상(風水地理思想)에 의한 읍성 취약한 풍수 기운을 보호하기 위해 새로운 형식의 읍성 평면형태를 적용한 것이라고 할 수 있다.

성곽을 축조하는데 있어 중요하게 고려되어야 할 사항은 해당성곽에 입보하여 농성하거나 수용할 수 있는 인력에 따라 성곽 평면형태가 달라질 수도 있는 것이다. 연해읍성 가운데 30,000명 이상 호구 수를 가진 군현에 축조된 읍성 평면형태가 방형 1개소와 주형 3개소로 주형이 과반수 이상을 차지하고 있는 것이다. 내륙읍성에서 제형이 과반수를 차지하는 것과는 확실히 대비되는 현상이라고 할 수 있다. 이 제형 평면형태를 가진 읍성 가운데 하동읍성은 초축 연대가 태종 17년이라는 비교적 조선 개국 초라는 점이다. 이 시기는 전시대인 고려시대와의 문화적 연결성이 계속적으로 이어지는 시기이므로 판축토성 축성수법 흔적과 고려시대 및 그 이전시대부터 유행하였던 제형을 석축읍성 축조시에도 사용하였던 것이라고 할 수 있다. 또한 남해안 연해읍성은 내륙읍성이 상위 행정단위에 속하는 읍성 평면형태가 방형 및 대부분 제형으로 축조되어 있는 것에 반해 주형으로 축조되어 있다고 할 수 있다. 따라서 조선시대 전기에 연해읍성 축조에는 주형이 유행하던 패턴이라고 할 수 있다.

남해안 연해읍성 역시 내륙읍성과 마찬가지로 방형 및 제형으로 축조된 읍성은 과거 평면형태 전통이 잔존하는 것에 기인하는 것이다. 주형은 주로 신축되는 읍성에 축조되는 것에 있다. 이후 연해읍성의 축조에 사용된 주형 평면형태는 성종조와 중종조까지 계속되는 남해안 영진보성 축조에 있어 그 평면형태를 결정하는 중요한 단초가 되는 것은 물론이고 다수 영진보성에 그 평면형태를 채택하여 사용하고 있어, 주형 전통은 연해읍성에 이어 남해안 영진보성의 축조에도 계속적으로 이어지고 있다고 할 수 있다. 그러므로 연해읍성은 평면형태 비교에도 알 수 있는 것처럼 동일한 시기 여타의 다른 지역에 비해서도 단일한 축성패턴을 가지고 있다. 이러한 것은 남해안 연해지역이 대왜구 최일선 전략적거점인 군사적인 기능으로 인해 국가로부터 엄격한 축성관리를 받으며 일관되게 축성사업이 진행되었던 것이라고 할 수 있다. 아울러 지형조건에 따라 읍성 평면형태가 결정되었다기 보다는 규식에 맞는 지형을 심정하여 정해진 읍성형태 가운데서 선택하여 읍성을 축조케한 제식적인 규식이 있었다고 할 수 있다.

IV. 읍성 옹성

IV. 읍성 옹성

1. 머리말

조선시대 전기 하삼도 지역에 축조된 읍성은 전시대 성곽축조수법과는 확연한 차이를 보여주고 있다. 특히 체성 이외에도 읍성에는 치성, 옹성, 해자, 여장 등의 부대시설이 축조되고 있다. 이 가운데 치성과 더불어 읍성을 방어하는 또 하나의 구조물이 옹성이다. 옹성은 성문을 밖으로부터 보호하기 위하여 성문 외부로 둘러쳐진 성벽으로서 이중적인 출입문 역할을 하기 때문에 옹문이라고 한다.[1] 옹성은 성문이 적의 공격을 받으면 성문에 직접 당도하기 전에 앞서 방어하게 되어 시간적 여유를 얻을 수 있고 성문이나 성벽에 바짝 붙어 기어오르거나 파괴하려는 것을 제어하고 감시하는 장소가 된다.[2] 따라서 옹성은 성문구조와 관련하여 가장 주목되는 시설로서 삼국시대 고구려에서는 중대형급 산성에서 거의 대부분 발견되고 있다. 옹성 형태는 성문 위치에 따라 중앙식과 편문식으로 분류된다. 평면구조에 따라 어긋문식, 지그재그식, 장방형, 반원

---

1) 이원근, 1980, 「三國時代 山城研究」, 단국대학교 대학원 박사학위논문, 644쪽.
2) 李應默, 1983, 「韓國城郭의 城門建築樣式에 關한 研究」, 단국대학교 대학원 석사학위논문, 78쪽.

형 등으로 분류한다.3)

조선시대에는 태조 3년에 개성 서소문 옹성이 무너져 감독관을 귀양
보냈다는 기사가 있어 조선개국 이전부터 즉 고려시대에도 옹성 축조가
삼국시대 이어 계속적으로 축조되고 있음을 알 수 있다. 그리고 태조 6
년 1월에 한양 동대문 축조시에 옹성을 축조하는 기사가 확인되고 있어
개국초에도 계속적인 옹성 축조양상이 나타나고 있다.4) 또한 세종 3년
에 도성수축도감이 계한 내용 가운데 도성을 수축하는데 ".... 서전문과
옹성이 1천 명이니,,, 합계 40만 3千 7백 55명이라고 하여, 토성은 매척
당 각 15名씩 인력이 소요되며, 석성은 매 척당 각 5명씩 인력이 소요된
다고..."5) 하여 세종 3년 도성수축시에 서전문 축조시에 옹성을 축조하
는 것을 알 수 있다. 세종 20년 1월 의정부에서 연변 여러 구자에 석보루
를 축조할 때에 적대, 옹성 및 연대의 도본을 수성전선색에게 만들도록
하여 도절제사에게 보내 참고하도록 하는 방안을 보고한6) 내용과 세종
22년 3월에 최윤덕이 상언한 내용 가운데, "야인과 왜노가 화포를 사용
하지 못하니 옹성과 적대를 없애도 가하다고 하고 있는데 옹성 길이는
50~60尺정도로 성문에 설치하면 그뿐이며..."라는 내용이 있어 세종 20
년을 전후한 시점에 연해읍성 옹성 축조는 도본에 의거한 통일된 규식으
로 축조되고 있음을 알 수 있다. 또한 옹성 규모에 있어서도 길이는
50~60尺정도로 축조토록 하고 있다. 이것을 당시에 사용한 포백척으로

3) 余昊奎, 1999, 『高句麗 城 II』, 國防軍史研究所, 43쪽.
4) 『태조실록』권11 6년 1월 경진조.
5) 『세종실록』권13 3년 10월 무오조.
　　「都城修築都監啓 諸道軍丁內除甲士別牌侍衛牌水軍鎭軍守城軍翼正軍 簽發奉足及雜
　　色軍以築之土城傾頹處二萬　　五千五百三十五尺 每一尺各十五名築之 計三十八萬三
　　千二十五名石城傾頹處三千九百四十六尺, 每一尺各以五名　築之 計一萬九千七百三
　　十名 西箭門甕城一千名 并四十萬三千七百五十五名 各齎四十日糧 分地受工」
6) 『세종실록』권80 20년 1월 경자조.

환산하면 23.4~28m의 규모임을 알 수 있다.[7] 아울러 세종 25년 11월에 겸성균주부인 이보흠이 올린 상소 중에 "개자무오년 축성신도반강 이후...."의 무오년에 축성신도가 반강되어 축성 규식으로 적용토록하고 있는 점을 볼 때 무오년 즉 世宗 20年은 그 이전과 이후 읍성 축조 분수령이라고 할 수 있다. 특히 여기에서 다루고자하는 옹성 경우는 세종 20년에 설계도면과 같은 축성시방서인 도본을 중앙정부에서 직접 작성하여 지방군현 축성현장에 하달토록하고 있는 점을 감안할 때 이때부터 축조되는 옹성과 이전 옹성 축조수법 및 규모에는 분명한 차이가 있을 것이라는 가정을 할 수 있다.

따라서 본장에서는 최근 고고학적 조사에서 확인된 연해읍성 옹성에 대한 규모와 축조수법의 각 속성을 산술적 수치로 산출하여 이를 통해 옹성을 형식분류하고 아울러 연해읍성 축조양상에 따른 시기를 구분하고 그 특징을 살펴본다.

2. 고고학적 조사사례

1) 고현성

고현성 성문은 정문인 동문을 비롯하여 서, 남문이 배치되어 있고 북쪽에는 문지가 없다. 모두 문지 측벽 외측에 반원상 옹성을 두르고 있는 것으로 확인되고 있다. 고고학적 발굴조사에서는 서문지와 동문지가 조사되었다. 고현성 서문지 옹성은 반원형 편문식 옹성으로 북쪽에서 반원상으로 만곡하다가 서쪽에 개구부를 두고 있으며 옹성체성과 대칭되게 체성에 돌출부가 축조되고 있는 형태이다. 옹성 너비는 6~7m, 반원상

---

7) 沈正輔, 1995, 『韓國 邑城의 硏究』, 學研文化社, 377쪽.

안지름은 11~13m, 개구부 너비 3.6m, 성문 너비 4.15m이다. 축조수법을 살펴보면, 경사진 기단 아래에는 1~2m 너비 판석을 한 벌 깔아 생토층 유실을 방지하고 경사가 급한 곳은 단상을 만들어 연속적으로 축조하고 있다. 체성과 옹성 접합부분은 체성에 덧댄 형태가 아니고 체성 연결선상에서 체성과 동시에 축조되고 있다. 성문은 조사 당시 문설주 초석인 확돌이 나란히 놓여 있다. 이것과 나란하게 체성이 연결되고 있어 당시 조사자는 암수 기와편이 주변에 산재하고 있어 문루 형태를 누층건물로 추정하였다.

고현성 동문지 옹성은 반원형 편문식 옹성으로 동문지는 고현성 3대문 가운데 평면형태상 가장 중앙에 위치하고 있을 뿐만 아니라 북문지를 비롯한 남문지에 비해서도 해발고도가 낮은 지대에 위치하고 있다. 또한 동문지는 주변에서 가장 평탄한 지형에 위치하고 있는데다 해안에서도 가장 가까우며 구릉이 돌출된 지점에 해당되는 곳으로 전체적으로 출입이 가장 용이하였던 것으로 판단된다. 따라서 지형적인 조건으로 인해 방어상 취약점이 많은 점을 감안하여 이 동문지 좌우에는 성우가 위치하고 있는 것으로 파악된다.[8]

동문지 옹성은 동쪽에서 반원상으로 만곡하다가 남쪽에 개구부를 설치하였다. 외벽 대부분과 동벽 체성과 연결된 부분, 개구부와 내벽 대부분은 훼손된 상태이다. 옹성 체성 너비는 7m 내외이고 반원상 둘레는 약 47m이며 잔존높이는 약 1.3m이다. 옹성과 성벽 체성 접합부분은 체성에 덧댄 형태가 아니라 성벽 체성과 연결선상에서 계속 축조하고 있다. 고현성 동문지 너비가 3.2m이고 북문지는 4.15m이다. 동문지 옹성 축조수법을 살펴보면, 기단부는 생토층 위에 할석과 자갈로서 기저부를 정지

---

8) 沈奉謹, 1991, 「巨濟古縣城址」, 東亞大學校博物館 古蹟調査報告書 第18册, 東亞大學校博物館.

하고 그 위에 편평한 장대석을 배열하고 그 위에 자연대석 기단석이 올려진 모습으로 고현성 여타 체성 축조수법과 동일한 양상이다. 이때 외벽에 축조하는 면석은 지대석에서 15cm 가량 물러서 쌓아 계단상을 이루고 있으며 위로 갈수록 작은 성석을 이용하여 축조한 것으로 보여진다. 적심석 내부는 외벽 및 내벽 면석과 직교하게 장대형 성석을 설치하고 그 사이에 할석과 자갈을 채워 넣어 내외벽 면석이 유실되더라도 무너지지 않게 조치하고 있다. 특히 적심석 가운데 부분에는 자갈을 채워 넣은 것으로 확인된다.

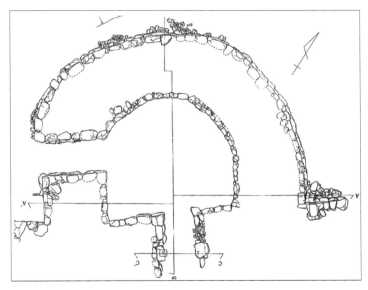

〈그림 1〉 고현성 서문 옹성 평면도

다음으로 동문지 옹성 외벽 기단석 바깥으로 35~70×15~40cm 크기 판석과 할석을 깔았다. 이것은 체성 기단부를 보강하는 듯한 느낌을 주며 고현성 북문지 외벽 바깥에서도 확인되고 있다. 이러한 기단석축은 평상시에는 옹성 내외를 다닐 수 있는 통로로 사용된 것으로 추정된다.[9] 또한 옹성부 측벽과 마주보는 체성에서 옹성 개구부쪽으로 적대와 같이 돌출하여 개구부 너비를 좁히는 시설이 있었던 것으로 추정되는 석열이 확인되고 있다. 고현성 동문지 주변에서 와편이 다량으로 수습되는 것으로 볼 때 성문 형태는 누층건물로 추정되며 이와 같은 양상은 북문지와 남문지에서도 마찬가지로 생각된다.[10]

2) 기장읍성

기장읍성은 남문, 동문, 서문 등 3개 성문과 1개 암문이 있었던 것으로 추정된다. 동문지는 동부리 293, 310번지 일대, 서문지는 125, 127번지 일대로 추정된다. 남문지는 반원형 옹성이 남아 있는 대라리 186번지 주변으로 확인된다. 그리고 암문으로 사용된 북문지는 서부리 324, 82번지로 문지는 있으나 옹성의 흔적은 확인되지 않고 있다. 특히 남문은 1880년 사진에서 보면 이 당시에도 성문이 존재했던 것을 확인할 수 있다. 옹성 중 남문지 옹성이 지적도상으로 가장 큰 것을 알 수 있다. 그리고 기장읍성 동문지 옹성은 반원형 편문식으로, 조사 전 체성과 마찬가지로 민가나 밭으로 이용되고 있어 상당 부분이 훼손된 상태였으며 외벽은 대부분이 유실되거나 잡목이 우거진 상태였다. 옹성은 체성에 덧대어 축조되었으며 내벽 직경은 약 14m, 내벽 둘레는 약 23.5m, 높이 2.3~0.3m, 외벽 잔존둘레 약 50m, 너비는 6.5~7m이다.

---

9) 慶南發展研究院 歷史文化센터, 2004, 「河東邑城 Ⅰ」, 慶南發展研究院 歷史文化센터 調査研究報告書 第15冊.

10) 沈奉謹, 1995, 「韓國南海沿岸城址의 考古學的 研究」, 학연문화사.
   필자는 고현읍성의 서문지 조사에서 확인된 양상을 언급하며 남문지와 동문지도 동일한 양상일 것으로 추정하였는데, 그와 같은 추정이 사실임이 확인되었다.

〈사진 1〉 기장읍성 동문지 옹성 전경

　옹성이 위치하는 지역은 성내부(西)에서 외부(東)로 경사진 지형으로 확인되었는데, 옹성 또한 이러한 지형적 여건을 고려하여 축조하였다. 옹성 지대석은 체성 연접하거나 인접한 부분은 체성 지대석 높이와 유사하나 옹성의 동편부분은 약간 낮은 형태로 확인되었다. 옹성 체성 외벽은 전술한 바와 같이 대부분이 훼손되어 외벽 면석은 약 7.5m만이 잔존하고 있으며, 그마저도 다소 교란되고 지대석만이 잔존하는 양상을 보이고 있다. 한편 현재 확인되는 외벽부 외에 또 다른 석축이 길이 약 6m 정도 확인되고 있는데 이는 옹성 외벽 개축부로 추정되나 역시 훼손이 심해 단언할 수는 없다. 내벽부는 외벽부보다는 비교적 양호하게 잔존하고 있다. 옹성 축조수법은 체성에서 이어지는 적갈색 정지층 상부에 비교적 작은 할석과 자갈을 깔아 기저부를 조성한 후 1.2×0.9~0.6×0.4m 크기 지대석을 놓고 그 위에 약 1m 크기 기단석을 10cm 정도 뒤물려 쌓은 뒤 침석을 설치하고 그 위에 적심석을 채우고 있고 지대석을 포함한 1~6단이 잔존하고 있다. 또한 이 내벽부 지대석에 연접하여 조성된 기단보축부가 확인되었다. 10×10cm 크기 비교적 작은 할석들을 정지한 적갈색토를 굴착한 후 설치하였으며, 너비는 1.9~2.7m로 옹성 내벽부와 같은 방향으로 축조되어있다.

3) 김해읍성

북문지 옹성이 확인되었는데, 옹성은 홍예석에서 동쪽으로 3.1m 정도에서 외벽에 덧대어 쌓았다. 평면형태는 반원형이며 체성을 기준으로 북쪽에 붙여 시계반대방향으로 돌아가며 개구부는 서쪽에 두고 있는 편문식 옹성이다. 옹성 둘레는 60m이고 너비는 7.1~7.5m이다. 잔존 높이 내벽 2.5m, 외벽 2.4m, 내부 직경 12~13.5m이다. 옹성 내부에는 전면적으로 판석을 부석하였던 것으로 보이며, 외벽은 지대석 바깥으로 1~1.8m 정도로 판석을 보축하였다. 내벽은 외벽과 비슷한 축조수법을 보이고 있으며, 성벽에서 4.3m까지는 1.2m 이상 대형 할석을 성벽 최하단에 쌓았으며, 이 부분은 제외하고는 50~100cm 내외로 축조하였다. 이러한 양상은 옹성 내부에 부설한 판석에서도 수축 흔적을 확인 할 수 있다. 옹성 내벽을 따라 90~120cm의 너비로 면석을 맞춘 판석은 정연한 상태를 띠고 있으나 판석 외부에 부설한 판석은 조잡한 양상을 보인다. 내벽 지대석 바깥으로 20~60cm 정도 할석으로 바닥을 정지하였으며 비교적 대형 할석을 사용하였다. 이 할석 너비는 1.1~1.2m 정도이며 옹성 중앙부분으로 갈수록 너비가 줄어든다. 적심은 역시 20~60cm 정도 할석으로 채웠으며, 외벽 및 내벽에서 옹성벽 중앙으로 갈수록 소형 석재를 사용하였다. 옹성 개구부의 너비는 옹성과 체성의 지대석을 기준으로 3.3~3.4m 정도이다. 옹성 북쪽 측벽 바깥으로 너비 80~140cm의 판상형기단보축이 확인되었는데 체성 판상형기단보축보다 레벨이 20cm 정도 높게 축조되어 있어 시기차가 난다. 김해읍성북문은 1차례 이상 수축

이 이루어진 것으로 조사자는 보고 있으며 수축 북문지 너비는 약 3.6m
이다. 성문은 평거식 구조로 양측벽 평면은 "ㄷㄱ"형태이다. 옹성 개구
부에서 확인되는 부석층은 옹성내부가 높고 옹성 개구부 입구쪽으로 갈
수록 낮아진다. 조사자는 옹성내부 물이 옹성외부로 자연배수가 되도록
한 것으로 파악하고 있으며 개구부 중앙에만 기단보축이 설치되지 않은
이유로 꼽았다. 출토된 유물 가운데 기와 출토량이 소량이라 김해부내지
도에서 표현된 북문지 형태와 달리 기와지붕의 문루를 조성하지 않은 것
으로 파악되고 있다.

4) 언양읍성

문지는 동(望月樓), 서(愛日樓), 남(暎花樓), 북(啓乾門)사방에 배치되어
있었다. 모두 사방 체성 중앙을 절개한 형태로서 외측에 반원상 옹성을
두르고 있다. 이 중 남문지가 가장 규모가 크고 아울러 체성과 동시에 축
조되어 있으며 나머지는 체성 축조 후 덧붙여 축조하였다. 각 문지 개구
부는 남문지는 동쪽이며, 서문지는 남쪽을 향하고, 북문지는 동쪽을 향
하고 있으며 동문지는 조사가 이뤄지지 않아 정확한 양상을 확인할 수
없지만 대략 남쪽을 바라본 것으로 추정하고 있다. 언양읍성 정문은 남
문지로 판단하고 있으며 남문지와 서문지에서 확돌이 발견되었고, 4대
문 주변에서 다량이 기와편들이 출토되고 있어 기와지붕을 가진 문루에
목제문이 사용되었을 것으로 추정하고 있다.

서문지는 북쪽 20여 미터 지점에 동문지와 직선상으로 이어지는 시멘
트 포장된 도로가 체성을 파괴하고 조성되어 있다. 서문지를 포함한 이
일대에 민가 건물이 들어서 있었던 곳이다. 체성은 북쪽에서부터 직선상
으로 문지 개구부까지 이어지고 있으며 옹성은 그 이후 체성 벽체에 덧

붙여 별도로 조성된 구조로 되어 있다. 체성의 너비는 5.4m이며 축조수법을 살펴보면, 율석을 두껍게 깔아 지반을 다지고 그 위에 판상의 지대석을 3중으로 덮은 후 두꺼운 판상 석재를 세워 기단부를 조성하였다.

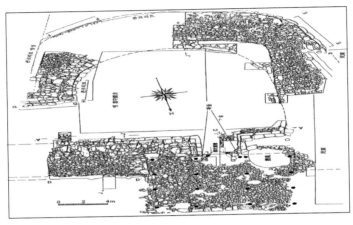

〈그림 2〉 언양읍성 남문 옹성 평면도

옹성 평면플랜은 '『' 자상으로 조성되어 체성 개구부를 외부에 노출되지 않게 하였으며, 끝부분과 외벽 곡각지점은 약간 둥글게 처리되어 있다. 기저부 축조는 체성과 동일한 양상으로 파악되며 기단부는 석재의 크기가 비교적 작기 때문에 체성과는 뚜렷이 구분된다. 체성 외벽에서 10.3m 가량 돌출하였으며, 옹성 체성의 너비는 8.65m, 개구부 너비는 4.5m이다. 체성 개구부 너비는 3.5m 가량이다. 북문지는 북쪽 체성 중앙에 위치하고 있으며 좌우에 치성 11과 치성 12가 위치하여 문지 적대로 추정된다. 문지는 체성 사이에 너비 3.5m 규모로 체성 축조 수법과 동일한 수법으로 축조되어 있다. 동쪽 문지 단벽은 내벽부에도 외벽과 동일한 수법으로 생토면 위에 막돌이나 자갈돌을 깔고 그 위에 편평한 장대석을 놓아 지대석으로 삼고 약 50cm 정도 안쪽으로 판상 석재를 이용하여 기단부를 조성하고 있다. 체성 너비는 6.9m정도로 확인되었으며 내외벽이 동일한 것이 협축으로 축조된 것으로 판단하고 있다.

〈사진 2〉 언양읍성 북문 옹성 전경

5) 웅천읍성

(1) 현황

동문지 밖에서 시계 반대방향으로 돌아서 성벽과 나란히 개구부가 북쪽으로 난 반원형 편문식 옹성이다. 옹성 외벽은 과거에 옹성 상단에 민가가 들어서 있어서 부분적으로 훼손되어 복원한 흔적이 나타나고 내벽은 성벽이 3단 정도 남아 있는 상태이다. 성벽 특징은 성석은 가급적 평면이 바깥쪽으로 보이도록 하면서 세워쌓기·눕혀쌓기를 성석에 따라 고르게 사용하고 있다. 성석 크기는 200×150×100cm 정도의 것이 대부분이며 상부로 갈수록 작은돌로 축조하고 그 틈새를 끼임돌로 메우는 방식이다. 옹성 너비는 6.8m, 최고 잔존높이는 3.5m이다.

〈사진 3〉 웅천읍성 동문지 및 옹성

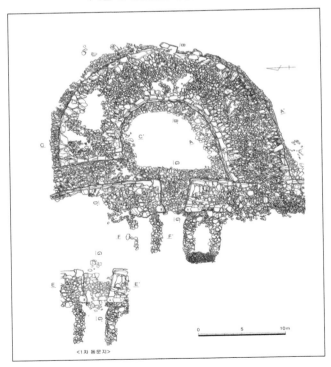

〈1차 동문지〉

0   5   10m

〈그림 3〉 웅천읍성 동문지 및 옹성

기단부 축조는 바닥에 부석을 깔고 외벽 끝에서 약 1.6m 정도까지 판석으로 깐 지대석이 돌출되어 있다. 그 위에 기단석을 설치하고 20cm 정도 뒤로 물려서 성석을 쌓고 있다. 옹성 내부는 두께 4~5cm의 판석이 깔려 있고 그 위에 10cm 내외의 자갈을 깔고 다시 점토를 그 위를 다져 놓았음이 확인되었다. 따라서 옹성 축조 시 바닥 전면에 판석으로 기단부를 조성한 것으로 확인되었다. 옹성 내벽 뒷편 속채우기는 성석 바로 뒤편에 심석처럼 생긴 긴돌을 일정한 너비로 쌓았으며 내벽이 무너져도 그 뒷편의 긴 돌로 쌓은 적심은 훼손되지 않고 원상대로 남아 있게 하였다. 동벽 체성과 옹성벽의 접합부가 서로 맞물려 있는 것으로 보아 성벽과 동시에 축조된 것으로 보인다.

6) 장기읍성

(1) 현황

성문은 동문, 서문, 북문에 각각 1개소씩 설치되었으며 동문지와 북문지는 현재 성내마을 통행로로 사용되고 있다. 동문지와 북문지는 반원형 옹성 편문식으로 동문지는 오른쪽 육축 일부가 남아 있을 뿐 개구부와 옹성은 허물어져 흙으로 덮혀 있고, 북문지는 옹성 내벽만 양호하게 남아 있을 뿐 거의 다 허물어졌다. 서문지는 길이가 긴 반원형 옹성에 가까운 편문식으로 옹성 내외벽이 양호하게 남아 있고 부분적으로 미석도 확인할 수 있다. 여장도 설치되어 있었던 것으로 추정된다. 동문지 옹성은 반원형 편문식 옹성 형태를 보이고 있으며 편문 방향은 우측이다. 성문 개구부는 서문과 북문 너비와 거의 같은 것으로 추정한다. 3.2~3.6m 내외일 것으로 추정되며 성문 형식은 사각형 평거식 성문으로 추정된다. 성문 개구부 우측 육축벽은 내외협축방식으로 쌓았는데 내벽은 길이 70

~80cm, 두께 30~40cm 내외로 다듬은 성석으로 층고름을 하지 않고 거의 수직에 가깝게 쌓았다. 현재 잔존높이 2.2m에 6단이 남아 있고 외벽은 높이 1.4m에 3단, 측벽은 높이 1m에 2단이 남아있으며 육축 너비는 5.3m이다. 성문 좌, 우 약 60m지점에 치성이 각각 설치되어 있다.

 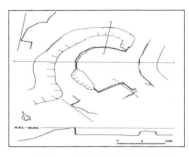

〈사진 4〉 장기읍성 서문 옹성 평면도　　　〈그림 4〉 장기읍성 동문지 및 옹성

　서문은 서남벽 중앙에서 서쪽으로 약간 치우쳐 지형이 조금 높은 곳에 설치하였는데 길이가 긴 반원형 옹성에 가까운 편문식이다. 이 서문지는 후대에 완전히 성문을 폐쇄하였으며, 성문 개구부는 위가 약간 벌어진 형태이며 성문의 너비는 3.6m이다. 높이는 현존하는 체성의 높이로 보아 3m 이상이었을 것으로 추정되며 성문 형식과 여장, 문루 흔적은 확인할 수 없다. 서문지 좌우 육축벽은 외축 내탁식으로 길이 60~120cm, 두께 30~60cm 되는 대석을 다듬어서 기단을 마련한 다음 약 20cm 뒤로 물려서 큰 할석으로 아랫부분을 4~5단 정도는 거의 수직되게 쌓고, 위로 올라갈수록 작은 돌로 내경(10~13°)되게 쌓았는데 수평을 맞추기 위하여 잔돌을 많이 사용하였다.

　현재 잔존하는 육축벽은 약 3m의 높이로 확인되고 있다. 개구부 안쪽 내탁이 끝나는 부분에 1×1.5m 크기 상면이 고른 자연석 2개가 4.8m 간격으로 남아 있다. 서문지 옹성 너비는 약 6.6m이고 편문 너비는 3.4m로 서문 너비와 비슷한 크기이며 편문 방향은 우측으로 마련되어 있어 동문지 옹성 편문과는 반대방향을 나타내고 있다. 외벽은 기단에서 미석까지 높이가 5m인데 미석상단 여장시설을 감안하면 거의 6m 가까이 되리라 추정된다. 옹성 축조수법은 내외 협축식으로 옹성벽은 기단끝에서 약 20cm 뒤로 물려서 길이 0.8~2m, 두께 40~80cm되는 대석으로 아래 4~5단 정도는 약간씩 뒤로 물려서 거의 수직되게 쌓고 그 위로는 성벽위로 올라갈수록 잔돌을 이용하여 안쪽으로 횡평적을 실시하여 수평을 유지하며 쌓은 다음 성벽 상단에 미석을 설치하고 그 위에 여장을 마련하였다.

북문은 반원형 옹성 편문식으로 편문 방향은 동문지 옹성 편문방향과 같이 우측이다. 북문은 개구부 좌측에 육축벽을 마련하고 우측은 육축시설을 설치하지 않고 체성 외벽 바깥쪽에 우측 문배를 설치하였다. 옹성 성벽과 개구부 좌측 육축벽은 내외협축방식으로 쌓았는데 외벽은 거의 허물어져 기저부만 일부 남아 있다. 내벽은 길이 30~60cm, 두께 15~50cm의 할석으로 내경(內傾)되게 쌓았는데 현재 높이 2.3m에 10단이 남아 있다. 개구부 좌측 육축외벽은 길이 60~90cm, 두께 20~40cm의 다듬은 돌과 길이 40~90cm 두께 30~70cm의 자연석을 혼용하여 축성하였는데 높이 2.4m에 6~7단이 남아 있으며 길이는 6.2m이다. 육축 너비는 약 4.6m이다.

7) 하동읍성

(1) 현황

『문종실록』에 하동읍성 성문은 동문, 서문, 남문에 옹성을 시설하였는데, 고지도에는 남문만이 홍예식으로 표시되어 있고 동문과 서문의 형태는 확인되지 않으며 문루를 비롯한 상부의 건물형태 역시 확인되지 않는다. 성문은 동, 서, 남문이 배치되어 있고, 북쪽에는 문이 없다. 모두 사방 체성을 절개하고 외측에 반원형의 옹성을 두르고 있는 것으로 기록에 나와 있다.

동문과 서문 옹성은 같은 반원형 편문식 옹성이라고 하더라도 옹성과 교차하는 체성 형태가 상이하게 나타나고 있다. 또한 서문지 옹성은 체성을 먼저 축조한 다음, 후에 덧대어 축조한 순서이며, 동문지 역시 마찬가지이다. 서문지 개구부는 남쪽이고 동문과 남문은 각각 남쪽과 동쪽일 것으로 추정된다.

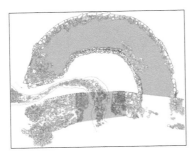 

〈그림 5〉 하동읍성 서문 옹성 평면도　　〈사진 5〉 하동읍성 서문 옹성 및 문지

서문지는 원래 하동읍성 초축 시에 축성된 문지를 폐쇄하고 인접한 곳에 다시 서문지와 옹성을 설치한 것이 확인된다. 하동읍성 서문지에서 확돌이 발견되었고 문지 간격은 3.6m이고 성벽에 덧대어져 있는 초석이 4개이다. 이 초석 간 간격이 좌 · 우로 4.2m이고, 전 · 후로 5.3m였다. 문지 주변에서는 와편이 확인되어 기와지붕 문루가 건립되었을 가능성을 말해주고 있다.

동문지는 하부 자갈층을 깐 기단부만이 남아 있으며 그것도 일부는 훼손되어 원형을 완전히 파악할 수는 없다. 다만 체성과 옹성부 사이에 기둥 초석 흔적이 나타나고 있어 이곳에 문루가 있었을 것으로 파악된다. 서문지와 달리 "ㄱ"자상의 옹성 문지를 가지고 있으며, 확인된 초석군이 4개로 잔존하는 초석 좌우 6m, 전후 3.6m이다.

남문지는 옹성 둘레가 대략 40m 정도인 것으로 추정되며 옹성 체성 성벽 너비는 협축은 최대 8m 최저 6m, 잔존 높이는 내벽쪽은 2.3m, 외벽쪽은 최저 1m, 최고 2.74m이다. 남문지는 반원형 편문식 옹성이라고 하더라도 옹성과 교차하는 체성 형태가 상이하게 나타나고 있다.

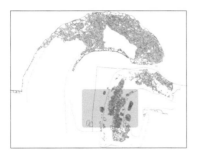 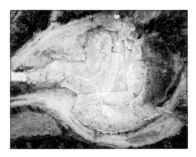

〈그림 6〉 하동읍성 동문 옹성 평면도   〈사진 6〉 하동읍성 동문 옹성 및 문지

옹성 외벽은 지대석을 포함하여 2~3단이 내벽은 지대석을 포함하여 외벽면석은 2~3단이 남아 있다. 적심부는 양호한 상태를 유지하고 있으며 내외벽 높이차이가 나고 있음을 확인할 수 있다. 남문지는 개구부가 동쪽이고 남문지 옹성부 주변에서 확돌이 깨진 채로 발견되었다. 문지 주변에서 와편이 확인되어 기와지붕의 문루에 목제문이 사용되었을 것으로 추정된다.

3. 형식분류와 전개양상

1) 형식분류

연해읍성 옹성 축조수법 및 특징에 따라 연해읍성 옹성을 분류해보면 남해안 연해읍성 옹성은 평면형태에 따라 'ㄱ'자형과 반원형으로 분류할 수 있다. 'ㄱ'자형과 반원형은 다시 옹성의 체성 끝측벽과 마주보는 체성에 돌출성벽이 있는 형을 I식, 체성에 돌출성벽이 없는 형을 II식으로 나눌 수 있다. I식과 II식은 옹성체성이 성벽 체성과 직교하는 성벽 유무에 따라 A형인 옹성접합체성돌출형과 B형인 옹성접합체성무돌출형으로 세분된다. 여기에서 고고학적 조사가 이루어진 읍성 옹성을 대상으로 <표 1>을 제시하였다.

〈표 1〉 연해읍성 옹성의 분류

분류단위 평면형태	유형식	형식	소형식
ㄱ자형	I - 체성돌출형	A - 옹성접합체성돌출형	
	II - 체성무돌출형	A - 옹성접합체성돌출형	a - 체성돌출부수치2 이상
		B - 옹성접합체성무돌출형	b - 체성돌출부수치 2 이하
반원형	I - 체성돌출형	A - 옹성접합체성돌출형	a - 체성돌출부수치 2 이상
		B - 옹성접합체성무돌출형	b - 체성돌출부수치 2 이하
	II - 체성무돌출형	A - 옹성접합체성돌출형	a - 옹성내부 부분포석형
		B - 옹성접합체성무돌출형	b - 옹성내부 전면포석형

다음 연해읍성 옹성의 분류에 관해서 살펴본다.

(1) ㄱ자형 옹성

연해읍성 옹성 가운데 'ㄱ'자형이며 체성 돌출형이고 옹성접합부에서 성문 방향으로 체성이 연장된 경우인 Ⅰ－A형은 남해안 연해읍성에서는 아직 확인되지 않는다. 반면에 Ⅱ－A형은 언양읍성 서문(1500년), 면천읍성 남문(1439년), 개운포영성 동문(1459년)이 해당하며 이 가운데 Ⅱ－A－a형은 언양읍성이고 Ⅱ－A－b형은 면천읍성, 개운포영성이 해당한다.

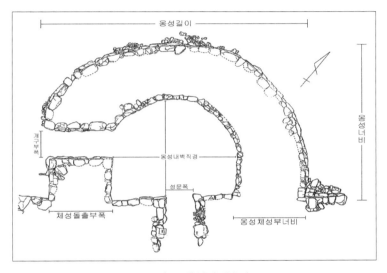

〈그림 7〉 옹성의 계측점

(2) 반원형 옹성

반원형 옹성 역시 체성 돌출형 Ⅰ식과 체성 무돌출형 Ⅱ식으로 나눠진다. 반원형 Ⅰ－A형은 고현성 동문(1451년), 서문(1451년), Ⅰ－B형은 남포읍성이다. 이 가운데 Ⅰ－A－a형은 고현성 동문, 서문이고, Ⅰ－A－b형은 아직 확인되지 않는다. Ⅱ－A형에 해당하는 읍성은 김해읍성 북문(1434년 초축, 17c 수개축), 언양읍성 남문(1500년), 장기읍성 북문(1439년), 장기읍성 서문(1439년), 하동읍성 서문(1417년), 하동읍성 남문(1417년), 영진보성은 금단곶보성 동문(1485년)이다. 이 가운데 II−A−a형은 하동읍성 서문, 남문, 장기읍성 북문, 서문, 금단곶보 동문, 언양읍성 동문, 김해읍성 북문이고 II−B−a형은 하동읍성 동문이다.

(3) 옹성의 형식설정

연해읍성 옹성을 균등구획법으로 계측하여 그 계측치를 가지고 옹성의 형식설정 및 전개양상을 파악해 본다. <그림 7>은 옹성 각 속성을 표시한 것으로서 이 도면에 나타나는 속성은 옹성 길이, 옹성 너비, 개구부 너비, 성문너비, 옹성내벽직경, 옹성체성 너비이다. 이러한 속성에 따라 각 연해읍성과 영진보성 옹성을 균등구획법으로 계측한 수치를 기록한 것이 <표 2>이다.

<표 2>는 고고학적 조사로 확인된 연해읍성과 영진보성 성문 가운데 옹성이 설치된 것들을 골라 옹성 너비를 동일한 크기로 맞추어서 균등구획법에 의해 옹성 평면플랜을 가로 20등분, 세로 10등분하여 그 결과를 계측한 수치를 나타낸 것이다.

이 <표 2>에 기록된 수치 가운데 옹성 길이 10을 기준으로 하여 옹성 길이:옹성너비를 나누었을 때 각 읍성 수치를 파악해 본 결과 평면형태가 'ㄱ'자형 옹성은 면천읍성(세종 21년 1439)이 0.89, 개운포영성(세조 5년 1459) 0.76, 언양읍성(연산군 6년 1500) 0.62로 추출되었다. 또한 성문에서 옹성 내벽까지 내직경도 면천읍성 7, 개운포영성 5, 언양읍성 서문 4로 나타나고 있다.

성문명	옹성 너비	옹성 길이	길이:너비	개구부	성문	옹성 체성부	옹성 내직경	옹성체성접합 돌출부
하동읍성 서문	18	10	0.55	2.2	3.2	4.5	5	3
하동읍성 동문	19	10	0.52	1.5	4	5	5	·
하동읍성 남문	16	10	0.62			4.2	4.5	3
장기읍성 서문	17.5	10	0.57	2.5		4.2	6	3
장기읍성 북문	18.5	10	0.54	2	3	5	9	4
고현읍성 동문	18.5	10	0.54	2	4	6	4	4
고현읍성 서문	16.5	10	0.60	1.8	2	4.2	7	2.5
언양읍성 남문	16	10	0.62	1.5	3	3	7	2
언양읍성 서문	16	10	0.62	4.5	3.2	6	4	2
언양읍성 북문	15	10	0.66	3	2	7	4.5	·
김해읍성 북문	14	10	0.71	2	1.5	6.5	6.5	1
개운포진성 동문	13	10	0.76		2.5	4.2	5	1.2
금단곶보 동문	18.5	10	0.54	3		5.5	5.8	2
남포읍성 동문	16.5	10	0.60	4	3.5	5	7.5	4.5
면천읍성 남문	11.2	10	0.89		4.5	3.5	7	1

따라서 조선시대 연해읍성을 포함한 내륙 및 영진보성에서 확인되는 'ㄱ'자형 옹성은 옹성길이:너비의 수치가 0.6 이상이고 옹성내직경이 5 이상이며 옹성 접합체성 돌출부 수치가 1.5 이상인 것을 A 직각형이라 한다.

옹성길이:너비의 수치가 0.6 이하이고 옹성내직경이 5 이하이며 옹성 접합체 성돌출부의 수치가 1.5 이하 인 것을 B 반원형이라 할때 A형→B 형으로 변화를 보인다. 이것은 'ㄱ'자형 옹성은 조선 전기의 직각에 가까운 옹성의 형태가 15세기 중후반 이후 및 16세기로 갈수록 점차 곡선형으로 변화되고 있는 것으로 'ㄱ'자형 옹성은 직각형→반원형으로 형식변화가 전개되고 있는 것이다.

다음 반원형 옹성은 옹성길이:옹성너비로 나누었을 때 체성 돌출형인

Ⅰ-A형은 고현성 동문(문종 1년 1451) 0.54, 고현성 서문(문종 1년 1451) 0.60, Ⅰ-B형 남포읍성 동문(세종 28년 1446)이 0.60이다. 체성 무돌출형은 Ⅱ-A형으로 하동읍성 서문(태종 17년 1417), 0.55, 하동읍성 남문(태종 17년 1417) 0.6, 장기읍성 서문(세종 21년 1439) 0.57, 장기읍성 북문(세종 21년 1439) 0.54, 언양읍성 남문(연산군 6년 1500) 0.625, 금단곶보성 동문(성종 16년 1485) 0.54, 김해읍성 북문(16C 이후 수축) 0.71, Ⅱ-B형은 하동읍성 동문(태종 17년 1417)이 0.52로 계측된다.

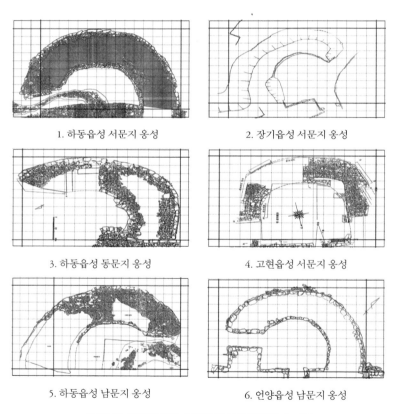

1. 하동읍성 서문지 옹성   2. 장기읍성 서문지 옹성

3. 하동읍성 동문지 옹성   4. 고현읍성 서문지 옹성

5. 하동읍성 남문지 옹성   6. 언양읍성 남문지 옹성

〈그림 8〉 균등구획법에 의한 옹성의 평면플랜 비교

이것은 체성 돌출형이나 체성 무돌출형이 모두 계측치 0.6을 기준으로 그 이상과 이하로 나누어짐을 알 수 있다.

　따라서 옹성길이:옹성너비의 계측치가 0.5 이상 0.6 이하인 옹성이 반원형 옹성 가운데 9개소로 80%에 해당하며 0.6 이상은 2개소 20%에 해당하는 것을 알 수 있다. 이것은 0.5 이상 0.6 이하로 축조된 연해읍성 반원형 옹성은 옹성길이에 비해 옹성너비가 더 길게 축조되고 있는 것이다. 전체적으로 장타원형 형태로 축조된 반면 0.6 이상으로 축조된 반원형 옹성은 점차적으로 원형에 가깝게 축조되고 있는 것이다. 전자를 A형, 후자를 B형이라 할 때 남해안 지역 연해읍성과 더불어 영진보성에 축조된 옹성은 A형인 타원형에서 B형인 반원형으로 평면형태가 변화하여 축조되고 있다고 할 수 있다.

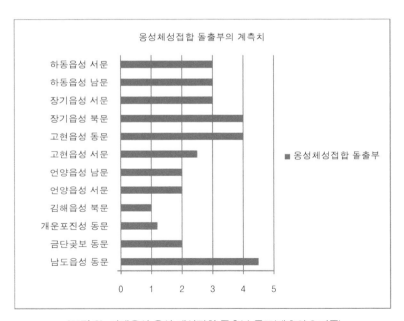

〈그림 9〉 연해읍성 옹성 체성접합 돌출부 규모(계측치 2 기준)

유형	ㄱ자형	반원형	
		A 형	B 형
Ⅰ형식		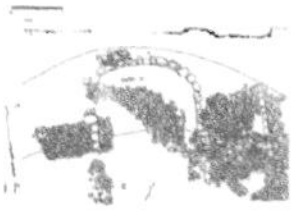 1. 무장읍성남문(1415년)  2. 고현성동문(1451년) 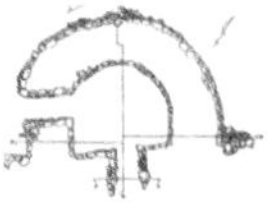 3. 고현성서문(1451년)	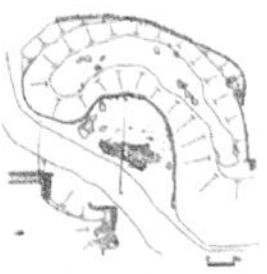 4. 남포읍성(1446년)
Ⅱ형식	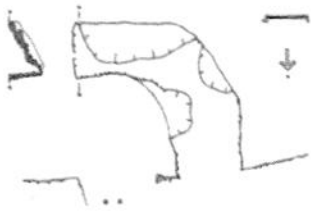 5. 면천읍성 남문(1439년)  6. 개운포영성 동문(1485년)  7.언양읍성 서문(1500년)	  8. 하동읍성 서문(1417)  9. 하동읍성 남문(1417) 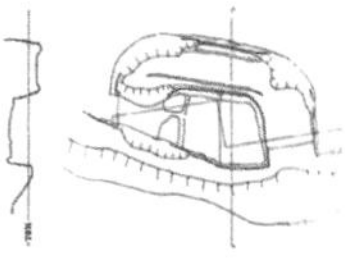 10. 장기읍성 서문(1439) 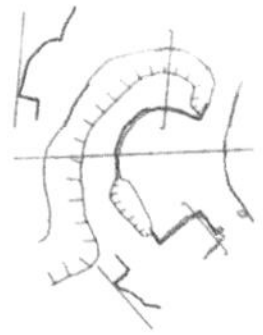 11. 장기읍성 북문(1439) 12. 금단곶보성(1485)  13. 언양읍성북문(1500년) 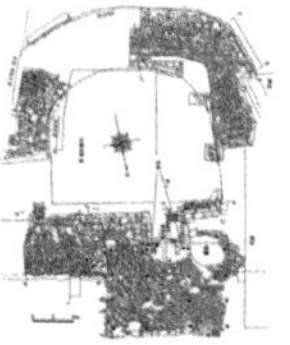 14. 언양읍성 남문(1500) 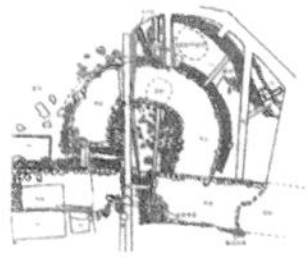 15. 김해읍성(16C 이후 수축)	 16. 하동읍성 동문(1417)

〈그림 10〉 연해읍성 옹성의 평면형태별 분류

이러한 것은 또한 균등구획법으로 확인된 속성 가운데 옹성이 접합된 체성이 성문방향으로 돌출한 부분의 수치가 2를 기준으로 2 이상은 모두 A형인 타원형이고 2 이하는 B형인 원형으로 나타나고 있고, 2 이하의 계측치가 확인되는 연해읍성 옹성은 언양읍성 서문, 남문, 김해읍성 북문, 영진보성은 개운포영성 동문, 금단곶보성 동문 등이 해당한다. 2 이상 계측치를 보이는 옹성은 하동읍성 서문, 남문, 장기읍성 서문, 북문, 고현성이 해당하여 A형은 대부분 조선 전기에 축조된 것이며 B형은 조선 전기 후반에서 중기에 속한다.

따라서 반원형 옹성은 16세기로 갈수록 타원형에서 반원형으로 변화하고 있다고 할 수 있다.(그림 9, 10 참조)

4. 옹성의 검토

1) 옹성의 설치 수

조선 전기 하삼도에 축조된 읍성 가운데 경상도지역 특히 남해안 연해지역 읍성에는 각 성문마다 옹성을 설치하였다. <표 3>은 『문종실록』에 기록된 경상도 읍성 축조현황으로서, 문종 1년에 삼도도체찰사 정분이 하삼도 읍성들을 간심하고 그 가운데 '잉구' 즉 읍성 보수 없이 그대로 둘 곳을 선정하여 문종에게 건의한 곳 중 경상도는 잉구읍성과 즉시 개축토록한 읍성을 포함하여 12개소가 기록되어 있다. 이 가운데 경주읍성에는 성문이 3개소 설치되면서 옹성은 1개소도 설치되지 않으며 그 외에는 성문의 숫자에 따라 옹성 숫자 역시 동일하게 축조되고 있다.

<表 3> 문종실록에 기록된 경상도 읍성 축조현황(충청, 전라도는 仍舊邑城)

	읍성명	성둘레(尺)	치성	성문	여장수	옹성설치수
경상도	경주읍성	4075	26	3	1155	.
	김해읍성	4418	20	4	931	4
	창원읍성	3775	12	4	635	4
	곤양읍성	3765	13	3	514	3
	기장읍성	1521	6	3	383	3
	동래읍성	3000	12	4	513	4
	고성읍성	3011	12	3	575	3
	남해읍성	2806	13	3	553	3
	하동읍성	2943	11	3	588	3
	울산내산성	3,732	21	4	908	4
	사천읍성	3,015	15	3	580	3
	진해읍성	1,325.4	6	2	382	2

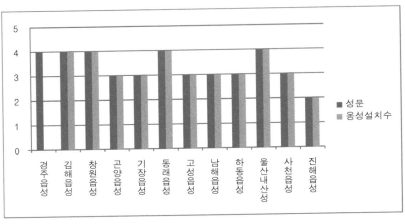

<그림 11> 문종실록에 수록된 경상도 읍성 옹성축조현황

　　<그림 11>에 나타나는 바와 같이 진해읍성은 성문 2개소에 옹성 2개
소가 설치되어 있은 것이 경상도 연해지역에서 가장 적게 성문과 옹성이
축조된 것이다. 고성, 곤양, 기장, 남해, 사천, 하동읍성은 3개소 성문에

모두 옹성이 축조되고 있어 일률적인 축성체계가 적용된 것임을 알 수 있다. 더구나 김해읍성, 동래읍성 등의 도호부 이상 상위체계 행정단위 치소성과 울산병영성과 같은 내상성은 4개소 성문과 옹성이 설치되고 있어 행정단위가 상위체계 일수록 옹성 설치 숫자 또한 증가한다고 할 수 있다. (그림 11 참조)

　반면에 충청, 전라도 지역 읍성은 <그림 12>에 수록된 바와 같이 읍성에 설치된 성문 숫자는 3개소가 수록된 18개소 읍성 가운데 11개소로 61%로 과반을 넘고 있는 것이 확인되고 있다. 경상도를 비롯한 하삼도 지역에 동일한 축성체계가 이루어졌음이 확인할 수 있다. 다만 성문 숫자가 3개소로 일률적인 적용으로 축조되고 있는 반면에 옹성이 축조된 곳 역시 남포읍성, 보령읍성, 면천읍성, 홍주읍성, 순천읍성, 강진읍성 등 소수에 불과하며 축조 숫자 또한 성문 모두에 설치되지는 않았다. 더구나 옹성이 설치된 곳은 충청도는 해안지역이 대부분이거나 병영이 설치된 내상성에 축조되고 있다. 전라도지역은 도호부 내지는 병영이 설치된 내상성에 축조되고 있다. 경상도 연해지역에 축조된 읍성 대부분에 성문 숫자와 동일하게 축조된 양상과는 확연한 차이를 보여준다.

　이것은 충청, 전라도 지역 읍성도 행정단위 체계상 최상위 속하는 행정치소에 설치되거나 내상성에 성문과 옹성이 설치되는 것이 여타의 군현보다 많은 것은 경상도와 동일한 나타나는 현상이라고 할 수 있다. 다만 경상도 연해지역 즉 남해안 연해지역에 일률적인 성문과 옹성 축조가 이루어지는 것은 경상도 연해지역이 일본과 가장 가까우며 왜구 침입로의 최전선에 해당하는 군사적, 지리적인 요인에 기인하는 것이라 할 수 있다.(그림 12 참조)

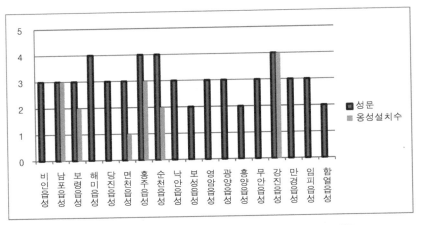

<그림 12> 문종실록에 수록된 충청·전라도 읍성 옹성축조현황

2) 옹성의 평면형태와 규모

옹성은 삼국시대 산성에서도 확인되는 방어시설로서 그 형태는 반원형, 장방형, 특수형으로 세분되고 있다.11) 이 가운데 특수형에 해당하는 흔히 어긋문형이 초기 형태로 추정되고 이것이 장방형으로 발전하였다가 반원형으로 전환되었다는 연구결과가 있다.12) 특히 반원형이 장방형에 비해 전투에서 유리하기 때문에 반원형으로 발전하였다고 한다.13) 조선시대 남해안 연해지역 읍성에 축조된 옹성은 그 평면형태는 대체로 앞서 분류한 'ㄱ'자형과 반원형으로 크게 나눌 수 있다. 'ㄱ'자형과 반원형은 다시 옹성 체성 끝측벽과 마주보는 체성에 돌출성벽이 있는 형과

---

11) 이응묵, 1983, 「한국성곽의 성문건축양식에 관한 연구」, 단국대학교 대학원 석사 학위논문, 79쪽.

12) 사회과학출판사, 1975, 『고구려문화』, 52~53쪽.

　温秀榮·張波, 1996, 「關于撫順地區的高句麗山城」, 『博物館研究』, 1996－1, 53~54쪽.

　林起煥, 1987, 「高句麗 前期 山城 硏究」, 『國史館論叢』82, 67쪽.

13) 이응묵, 1983, 위의 논문, 79쪽.

체성에 돌출성벽이 없는 형이 축조되고 있다. 옹성 체성이 성벽 체성과 직교하는 성벽 유무에 따라 옹성 접합 체성돌출형과 옹성 접합 체성 무돌출형으로 세분된다.(그림 13 참조)

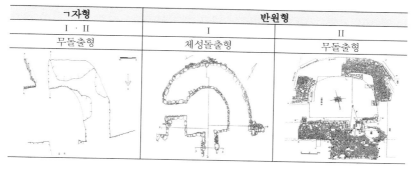

ㄱ자형	반원형	
I · II	I	II
무돌출형	체성돌출형	무돌출형

〈그림 13〉 연해읍성 옹성 평면형태

다음 연해읍성 옹성의 규모에 있어서는 최윤덕이 세종 22년 3월에 상언하여, "야인과 왜노가 화포를 사용하지 못하니 옹성과 적대를 없애도 가하다고 하고 옹성 길이는 50~60尺정도로 성문에 설치할 뿐"이라고 하고 있는데 여기에서 나타난 50~60尺을 당시 옹성 규모로 파악하고 있다.[14] 그러나 <표 4>에서 확인된 양상은 기존의 연구 성과와는 다소 다르게 나타나고 있다. <표 4>는 고고학적 조사로 확인된 옹성 규모를 나타낸 것으로 이것을 살펴보면 연해읍성 옹성은 세종 22년 당시 최윤덕이 언급한 옹성 규모인 50~60尺에는 부합되지 않는다. 즉 세종 21년에 축조된 면천읍성 옹성 축조규모를 50~60尺을 기준으로 하면 부합되지만 동년에 축조된 경상도 장기읍성 옹성은 면천읍성 옹성 배가 되는 것

---

14) 심정보, 1995, 『한국의 읍성 연구』, 학연문화사, 377쪽.
　　저자는 50~60尺을 布帛尺으로 환산하여 옹성의 길이를 23.4m~28m의 규모로 파악하여 충남지역 읍성에서 확인되는 옹성의 현존하는 측정치와 비교하였다.

으로 파악되고 있다. 더구나 세종 20년 1월 의정부에서 연변 여러 구자에 석보루를 축조할 때에 적대, 옹성 및 연대의 도본을 수성전선색에게 만들도록하여 도절제사에게 보내 참고하도록 하는 내용[15]과 그해 『축성신도』가 반강되어 축성의 기준규식을 적용토록한 것을 염두에 두면 다음해인 세종 21년은 축성규식 반포 초기로서 그 시행이 엄격한 이루어졌을 것이라는 일반적인 생각과는 배치되는 현상이라고 할 수 있다.

〈표 4〉 고고학적 조사가 이루어진 옹성 체성부 둘레 현황

	읍성명	성문방향	성둘레(尺)	옹성둘레(cm)	축조시기
읍성	고현읍성	서문	3,038	4,700	문종 1년(1451)
		동문		4,700	
	김해읍성	북문	4,418	6,000	세종 16년(1434)
	하동읍성	서문	2,943	4,850	태종 17년(1417)
		동문		4,930	
	기장읍성	남문	1,521	4,000	세종 7년(1425)
		동문		3,000	
	장기읍성	서문	2,980	4,200	세종 21년(1439)
		북문		4,500	
	언양읍성	서문	3,064	1,030	연산군 6년(1500)
		북문		1,060	
		남문		5,280	
	면천읍성	남문	3,225	2,540	세종 21년(1439)
	남포읍성	동문	2,476	2,600	세종 28년(1446)
영진 보성	개운포영성	동문	2,705	2,100	세조 5년(1459)
	금단곶보	동문	2,568	3,000	성종 16년(1485)

더구나 태종 17년에 초축된 하동읍성 옹성은 옹성 체성 둘레가 40m를 넘고 세종 16년에 축조된 김해읍성은 60m, 앞서 언급한 장기읍성 역시

---

15) 『세종실록』권80 20년 1월 경자조.

42m 둘레를 가진 옹성이 축조되고 있다. 이것을 당시 기준척인 포백척으로 환산하면 100尺~150尺에 해당하고 있음을 알 수 있다.

따라서 남해안 연해읍성 옹성은 『축성신도』가 반포되는 세종 20년 이전부터 축조된 것은 70척~150척으로 축조되고 있다. 문종 1년 축성년대가 확인되는 둘레 47m 옹성 체성이 성벽 체성과 동시에 축조된 고현성 옹성 예에서도 알 수 있는 것처럼 『축성신도』 반강 이후에도 45m 이상 성둘레를 가진 옹성이 계속적으로 축조되고 있는 것을 알 수 있다.

그러므로 세종 22년에 최윤덕이 언급한 50~60尺은 남포읍성과 면천읍성 옹성과 같이 평면형태별 분류에서 ㄱ자형에 해당하는 옹성으로 반원형 옹성에 비해 그 성둘레가 짧게 축조되고 있는 것에 기인하는 것이라 할 수 있다.

따라서 남해안 연해읍성에 축조된 옹성은 『축성신도』 반강된 세종 20년을 기준으로 그 이전부터 40m 이상을 상회하는 옹성체성을 축조하는 것으로 파악되고 있다. 세종조를 거쳐 문종조 이후에도 100尺 이상 옹성이 축조되고 있는 점을 감안한다면 조선시대 전기 연해읍성 옹성 체성 둘레 축조규식은 세종 22년에 최윤덕이 상언한 50~60尺이 아닌 100척으로 축조되었다고 할 수 있다. 또한 언양읍성에서 축조되는 옹성은 정문으로 추정되는 남문 옹성둘레가 52m에 이르고 있고 서문과 북문은 10m로 축조되고 있다. 성종조에 축조된 영진보성 옹성 규모가 반원형이며 50~60尺 전후에 축조되는 점 등에서 알 수 있는 것처럼 옹성 체성 둘레는 세종조 이후에도 100尺으로 축조가 되고, 16세기로 갈수록 옹성 체성 둘레가 짧아지고 있다. 다만 언양읍성 남문과 같은 정문에는 여타 성문 옹성보다는 크게 축조되고 있다.(표 4 참조)

4) 옹성의 축조수법

옹성을 비롯한 적대와 여장 등 부대시설은 연해읍성 축조에 있어 우선적으로 체성이 완성된 후 점차적으로 축조토록 하고 있다. 더구나 문종 원년 정분의 계문에 나타나는 바와 같이, 경상도 지역 읍성 즉 연해읍성 옹성은 이미 축조를 완료한 것이 대부분임을 알 수 있어 동시축조와 추후 설치된 옹성 시기차도 세종 즉위년을 기준하여 문종 원년까지를 기준하면 약 30년, 읍성 축조가 본격화되는 세종 11년을 기준하면 20년이 채 되지 않음을 알 수 있다. 따라서 축조규식이나 형태 차이를 발견하기란 쉽지 않다. 그럼에도 남해안 연해읍성 옹성 축조에는 전 시대와 다른 특징적인 요소들이 있어 연해읍성의 또다른 특징 중 하나라고 할 수 있다.

다음으로 여기서는 연해읍성 옹성에서 나타나는 축조수법상의 특징을 좀더 세분하여 살펴본다.

먼저 연해읍성 옹성 축조수법에서 시간성을 파악할 수 있는 속성으로서 옹성 체성과 성벽 체성 너비와 관계를 살펴 볼 필요가 있다. 남해안 연해읍성에서 조사된 옹성 축조규모를 정리한 <표 5>를 살펴보면

<표 5> 남해안 연해읍성 옹성의 축조규모

읍성명	옹성회전 방향	체성부 너비 cm	옹성 체성부 너비 cm	옹성 외벽 둘레cm	개구부 형태	개구부 너비 cm	성문 너비
하동읍성 서문	반시계방향	600	750	4,850	편문식	300	360
하동읍성 동문	시계방향	600	640	4,930	편문식	530	410
김해읍성 북문	반시계방향	740	750	6,000	편문식	340	360
장기읍성 서문	시계방향	700	700	4,200	편문식	400	320
장기읍성 북문	반시계방향	700	700	4,500	편문식	350	360
면천읍성 남문	반시계방향	760	600	2,540	편문식	900	880
남포읍성 동문	반시계방향	700	850	3,200	편문식	620	600
고현읍성 서문	반시계방향	550	700	4,700	편문식	360	415

고현읍성 동문	시계방향	550	700	4,700	편문식	300	320
언양읍성 동문	반시계방향	550	865	1,030	편문식	450	350
언양읍성 서문	시계방향	550	630	1,060	편문식	220	350
언양읍성 남문	반시계방향	550	600	5,280	편문식	730	330

옹성이 접합된 읍성 체성 너비는 하동읍성 6m, 장기읍성 7m, 면천읍성 7.6m, 남포읍성 7m, 김해읍성 7.4m이고, 고현성과 언양읍성이 5.5m로 축조되고 있다. 연해지역 영진보성은 4~6m 내외로 축조되고 있는 것을 알 수 있다. 이것은 남해안 지역 연해읍성에서 옹성이 축조되거나 접합되는 체성은 16尺(7m 이상) 규식을 적용하거나 근접하게 축조된 것이라 할 수 있는 것이다. 반면에 체성에 접하거나 동시 축조된 옹성 체성 너비를 살펴보면, 하동읍성 서문 7.5m, 김해읍성 7.5m, 장기읍성 7m, 고현성 7m, 언양읍성 8.6m로 나타난다. 하동읍성 동문, 면천읍성 남문, 언양읍성 서문과 남문 등이 6.5m 내외로 확인되고 있어 대체로 7m 이상으로 축조되고 있다. 부분적으로 6.5m도 확인할 수 있어 역시 16尺을 기준으로 한 축조가 이루어지고 있음을 알 수 있다.

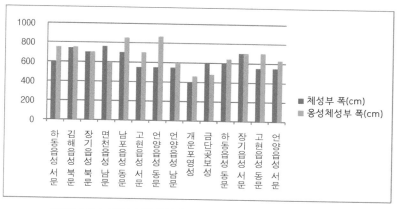

〈그림 14〉 남해안 연해읍성 옹성의 체성부 너비/옹성 체성부 너비

따라서 연해읍성 옹성 체성 너비와 체성 너비를 비교하면 체성 너비에 비해 옹성 체성 너비가 1~1.5m 가량 더 크게 축조되고 있음을 알 수 있다. 이것은 체성과 동시에 축조되거나 덧된 옹성이 동일하게 나타나는 현상으로 추후 축조로 인한 너비의 확대로 인한 것이 아닌 축조 당시부터 체성보다는 더 넓게 축조토록 한 것이라고 할 수 있다.(그림 14 참조)

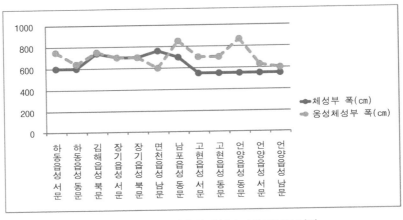

〈그림 15〉 연해읍성 옹성 체성부 너비/체성부 너비

<그림 15>는 연해읍성 옹성이 축조시기에 따라 체성 너비와 옹성 체성 너비가 어떻게 변화하는지 추세를 보여주는 것이다. 체성 너비는 y축 길이 중 6m를 기준으로 시작하여 최대 7.6m에서 최소 4m에 이르는 범위에서 축조되고 있다. 이때 옹성 체성 너비는 4m에서 최고 8.6m로 범위 내에서도 배 차이가 나타나고 있음을 알 수 있다. 따라서 이러한 양상을 x축 연해읍성 축조시기와 비교하여 보면 연해읍성 옹성은 태종 17년에 축조된 하동읍성에서 알 수 있는 것처럼 조선 전기에는 옹성 체성 너비가 읍성 체성 너비보다 넓게 축조되고 있다. 이것은 세종조 연해읍성 축조시기에는 옹성 체성과 읍성 체성이 같은 너비로 축조되다가 문종조

이후로 갈수록 옹성 체성 너비가 읍성 체성 너비보다 넓어지고 있다는 것이다.

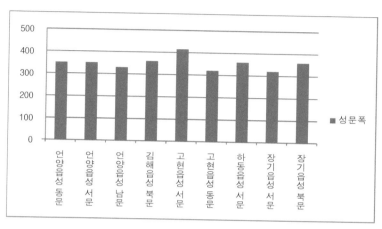

〈그림 16〉 연해읍성 성문 너비

　연해읍성 옹성 개구부와 성문 너비를 <그림 16>에서 비교해 보면 하동읍성 성문 너비는 3.6m, 4.1m, 김해읍성 3.6m, 장기읍성 3.2m, 3.6m, 고현성 4.15m, 3.2m, 언양읍성 3.5m, 3.5m, 3.3m, 면천읍성 8.8m, 남포읍성 6m, 개운포영성 4m, 금단곶보성 3.6m로 고현성의 서문과 하동읍성 동문이 4.15m와 4.1m로 가장 크고 고현성 동문과 장기읍성 서문이 3.2m로 가장 작다. 따라서 대부분 연해읍성 성문은 3.5m 내외로 축조되고 있다. 또한 남해안 지역 영진보성 성문은 3.5m~4m 사이로 연해읍성과 거의 유사한 성문 너비를 가지고 있다. 다만 3.5m보다 좁은 성문 너비를 가진 연해읍성 성문이 다수인 점을 감안하면 다소 큰 편에 속한다고도 할 수 있다. 반면에 충청도 지역에 축조된 면천읍성과 남포읍성 성문은 그 너비가 8.8m와 6m로 남해안 지역 연해읍성에 비해서는 1.5배 내지 2배의 차이를 보이고 있어 충청도 지역 읍성 성문이 더 넓게 축조되고 있다고 하겠다. (그림 16 참조)

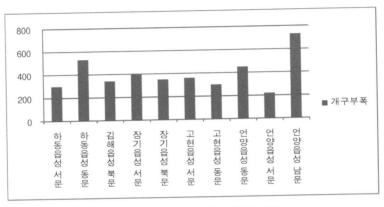

〈그림 17〉 연해읍성 옹성 개구부 너비

또한 <그림 17>은 연해읍성 옹성 개구부 너비를 수치화한 것으로 하동읍성 서문 3m, 동문 5.3m, 김해읍성 북문 3.4m, 장기읍성 서문 4m, 북문 3.5m, 면천읍성 남문 9m, 남포읍성 동문 6.2m, 고현성 서문 3.6m, 동문 3m, 언양읍성 서문 4.5m, 동문 2.2m, 남문 7.3m로 축조되고 있다. 이 표를 보면 연해읍성 옹성 개구부 너비는 3m 이상 4m 이하가 대부분으로 조선 전기부터 중기 이후 시기에도 개구부 너비를 일관되게 유지하고 있다. 다만 언양읍성 남문 경우에는 성문 너비과 마찬가지로 여타 개구부 1.5배 내지 2배 가량 크게 축조되고 있다. 이것은 언양읍성이 경부축선 상 왜인 상경로에 위치하는데다 읍성 정문으로 사용된 것에 기인한다고 하겠다.(그림 17 참조)

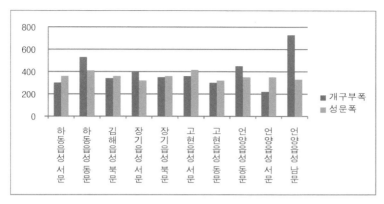

〈그림 18〉 연해읍성 성문 너비/옹성 개구부 너비 *y축의 수치 300cm가 기준

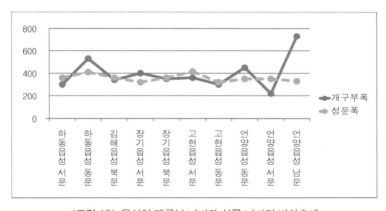

〈그림 19〉 옹성의 개구부 너비과 성문 너비의 변화추세

　따라서 옹성 성문 너비는 〈그림 18, 19〉에 나타나는 것처럼 3.5m 내
외를 중심으로 3~4m 범위 내에서 변화의 추이가 나타난다. 조선 전기
태종 17년에 축조되는 하동읍성으로부터 연산군 6년에 축조 완료되는
언양읍성에 이르기까지 전기 전반부터 전기 후반에 이르는 시기 연해읍
성을 비롯한 영진보성 옹성에도 일관되게 축조되고 있어 규격화가 이루
어진 것으로 판단해 볼 수 있다. 개구부는 성문 너비보다는 변화의 범위

가 다소 넓은 편인데 <그림 19>에 나타나는 것처럼 3m에서 7m 이상까지 다소 너비가 넓게 나타난다.

그러나 세종 11년 이후 축조되는 김해읍성을 비롯한 장기읍성과 문종조에 축조되는 고현성은 성문 너비가 일치하거나 그 변화 너비에 차이가 없는 것으로 파악되고 있다. 개구부의 너비도 이때에는 조금 좁거나 같은 너비를 유지하고 있다고 할 수 있다.

이러한 성문 너비와 개구부 너비는 성 규모나 그 성문 중요도, 축성시기, 군마와 운반용수레조건 등에 따라 달라진다고 할 수 있다. 따라서 3m 이상 4m 내외로 일관되게 성문과 개구부 너비가 유지되는 것은 축조시설물에 대한 규식의 엄격한 적용에 따른 것으로 조선 전기 태종, 세종, 문종조에 이르는 동안에는 일관되게 성문 축조규식은 지켜지고 있었다고 할 수 있다. 그러면 연해읍성 옹성에 축조된 성문과 개구부 너비의 규식은 무엇이었을까? 성문과 개구부는 평시에는 성내외로 각종 생산활동을 비롯한 활발한 대내외활동의 중심으로서 기능을 수행하다가 유사시 적을 방어하는데 있어 성내로 진입을 차단하고 읍성에서 전투시 효율적으로 사용할 수 있도록 설계되고 축조되었다. 따라서 조선 전기부터 북로남왜(北虜南倭)로 일컬어지던 여진족(女眞族)과 왜구(倭寇)에 대한 대처방안으로 축조된 연변지역 옹성문에 있어서는 조선시대 성문 형태가 홍예식이든 개거식, 혹은 평거식이든 그 너비에 있어 기준으로 삼을 수 있는 것들이 정해져 있었을 것이다. 그것은 일상적인 생산활동이나 사회활동 이외에도 군사적인 요구조건을 충족할 수 있는 성문 및 개구부를 축조하고저 하였을 것이다. 따라서 이때 성문과 개구부를 통과할 수 있는 너비는 인공구조물이나 사람 수 즉 병력통과수와 비례해서 축조되고 있었다고 할 수 있을 것이다.

다음 연해읍성 옹성 및 영진보성에는 옹성 내벽 바닥에 고이는 물의 출수를 담당할 배수로가 축조되고 있다. 이 배수로는 옹성 내부가 수해를 포함한 물의 피해를 받지 않고 옹성 기저부를 보호하기 위해 설치된 것으로 3형식으로 축조되고 있다.

① A형: 적석식 배수로
② B-Ⅰ형: 측구식 배수로
③ B-Ⅱ형: 측구식 배수로

A형 적석식배수로	B-Ⅰ형 측구식 배수로	B-Ⅱ형 측구식 배수로
하동읍성 서문	금단곶보성 동문	개운포영성 동문

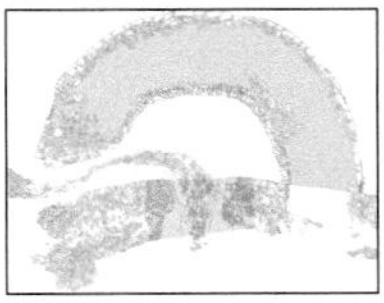

〈그림 20〉 옹성 배수로 축조형식

먼저 A형인 적석식 배수로는 기반층을 굴착하여 주먹크기 할석을 채웠으며 단면 ⅴ자상을 이루고 있다. 바닥에는 물이 흐른 흔적이 확인되는데 성문 내부에까지 연결되어 있다. B형은 성문 측벽석 하단에 좌 내지 우측에 체성과 직교하도록 2열 석축으로 축조되어 있다. 또한 옹성 내벽부 하단 가장자리를 돌로 축조한 너비 50cm 정도의 시설이 옹성 입구 쪽으로 배치되어 있는데 옹성 내벽 기단석 곡율을 따라 옹성의 형태와 동일하게 축조되어 있다. 따라서 B형 측구식 배수로는 Ⅰ,Ⅱ 형식으로 나누어진다. A형인 적석식 배수로는 남해안 지역 연해읍성 가운데 하동읍성(1417年) 서문에서 확인되고 있다. 이 적석식 배수로는 평면 사행상으로 기반층을 굴착하여 옹성 내부를 관통하여 옹성 개구부를 지나 옹성 바깥에 이르도록 축조한 'S'자 사행상 배수로이다. 이 배수로 내부는 할석으로 채워져 있으며 단면 ∨자상을 이루고 있다. 바닥에는 물이 흐른 흔적이 확인되는데 서문 내부에까지 연결되어 있다. 이 적석식 배수로는 또한 전라도 고창 무장읍성(1415年) 북문 옹성 기단석 하부에 너비 3m 정도로 작은 돌을 깐 것이 나타나고 있다. 조사자는 외부로 통하는 출입시설로 추정하고 있으나 그 평면형태나 축조수법에 있어 하동읍성 서문 옹성 배수로와 같은 옹성 배수로라 할 수 있다. 또한 하동읍성 서문에서 북쪽으로 1m 떨어진 곳에서 확인된 배수시설 내부에는 점토다짐을 실시한 너비 4m의 단면 U자형으로 축조되고 있는 것도 확인되고 있다.

또한 그 구 내부에는 물이 흘러간 흔적들이 확인되었다. 이 U자상 구는 해자까지 연결되고 있으며 해자(垓子) 내벽쪽에도 단면 U자상을 이루며 굴착되어 매몰되어진 토층이 확인되고 있다. 성 내벽에도 이와 같은 형태의 적석시설이 외벽과 약간 어긋나게 축조되어 있다. 이 적석시설은 상부너비 3.6m, 하부너비 1.5m, 깊이 1.8m 단면 U자상 구상유구를 인두대 크기 내지 그 이상 할석으로 석축한 시설이다. 이 석축시설 반대쪽 토층 최상층에는 목탄과 소토가 포함된 암흑갈색토층이 나타나고 그 하부에는 점차적으로 퇴적 매몰된 토층이 확인되고 있으며 하부에는 물이 흘렀던 흔적이 확인되고 있다. 이러한 석축시설과 보강토는 전체적인 지형으로 볼 때 이 지역이 근처에서 가장 저지대로서 성벽 붕괴를 막기 위한 보강시설로 보여지기도 한다. 외벽 바깥 매립토가 띠를 이루며 해자까지 연결되어 있고 서문지 옹성내부에도 자갈과 할석을 깔고 있는 것으로 볼 때 초축 시나 그 이전에 배수시설로 사용되다가 폐기되고 매립된 곳이라 할 수 있다.

B-Ⅰ형 측구식 배수로는 금단곶보성 동문 측벽 하단에서 확인되고 있다. 측벽하단에 체성 방향과 직교하게 2열을 맞추어 석축한 배수로로 문지도리석보다 아래에 설치되어 있다. 평상시에는 배수로 상면은 판석 등으로 덮고 그 위에 할석을 깔고 다시 그 위에 자갈과 모래로 다짐하여

출입을 용이하게 하였다. 이러한 B−Ⅰ형 측구식 배수로는 언양읍성 남
문지 측벽 하단 좌우에서도 확인되고 있다. 조사자는 출토되는 고려시대
유물을 근거로 읍성 축조 이전 설치된 토성 유지 내지는 그 전시대 유구
로 파악하였지만 문지 측벽 하단에 붙어서 단면 구형 석축이 확인되는
것으로 볼 때 B−1형 측구식 배수로로 분류할 수 있다. B−Ⅱ형 측구식
배수로는 연해읍성에서는 확인되지 않으나 수군절도사영성인 개운포영
성 동문 옹성에서 옹성 내벽부 하단 가장자리를 돌로 축조한 너비 50cm
정도 시설이 옹성 입구 쪽 배수시설로 파악되고 있어 B−Ⅱ형에 해당한
다. 이 배수시설은 옹성 내벽 기단석 곡율을 따라 옹성 형태와 동일하게
이루어졌다. (표 6 참조)

〈표 6〉 남해안 지역 연해읍성 및 영진보성 옹성의 축조현황

읍성명	기단보축 유무	배수로		축조수법	기단축조 형태	축조형태	읍성축성 시기
		유무	형태				
하동읍성 서문	●	●	적석식	협축	수평화	덧됨	1417
하동읍성 동문				협축	수평화	덧됨	1417
하동읍성 남문				협축	사직선	덧됨	1417
김해읍성 북문	●			협축	수평화	덧됨	1425
웅천읍성 동문	●			협축	수평화	동시축조	1425
장기읍성 서문				협축	수평화	덧됨	1439
장기읍성 북문				협축	수평화	덧됨	1439
면천읍성 남문	●			협축	수평화	덧됨	1439
남포읍성 동문				협축	수평화	덧됨	1446
고현성 서문	●			협축	수평화	동시축조	1451
고현성 동문	●			협축	수평화	덧됨	1451
언양읍성 동문	●			협축	수평화	덧됨	1500
언양읍성 서문	●			협축	수평화	덧됨	1500
언양읍성 남문	●	●	측구식	협축	수평화	덧됨	1500
개운포영성	●	●	측구식Ⅱ	협축	수평화	덧됨	1459
금단곶보성	●	●	측구식Ⅰ	협축	수평화	덧됨	1485

이상의 3가지 배수로 형태에서 있어서 A형 적석식이 옹성이 설치되는 하동읍성 서문은 옹성 형태분류에 따르면 Ⅱ－A－a형식에 속하는 것이다. 이 Ⅱ－A형식은 반원형 옹성 가운데에서 축조시기 및 평면형태가 선행하는 시기에 해당하는 것으로 그 옹성에 축조된 배수로 역시 시기적으로 앞서는 형태라고 할 수 있다. 반면에 B형 측구식이 축조된 옹성은 성문 측벽하단에 배치된 언양읍성 남문이나 금단곶보성 동문과 옹성 체성 내벽 하단에 옹성 체성 곡율을 따라서 축조되는 개운포영성은 옹성 형태분류에 따르면 반원형 옹성 Ⅱ－A－b형식과 ㄱ字形 옹성 Ⅱ－A－b형식에 해당한다. 그 축조시기가 15C 중후반부터 16C 초에 축조된 것으로 파악되고 있다. 따라서 연해읍성과 영진보성 옹성문에 축조된 배수로는 성문 중앙을 관통하여 축조되고 있는 적석식 배수로가 성문에 좌우 측벽 하단에 축조되고 있는 측구식 배수로에 비해 선행하는 축조형태로서 적석식→측구식으로 변화한다고 할 수 있다.

5. 맺음말

조선시대 전기 하삼도 지역에 축조된 읍성은 전시대 성곽 축조수법과는 확연한 차이를 보여주고 있다. 특히 체성 이외에도 읍성에는 치성, 옹성, 해자, 여장 등의 부대시설이 축조되고 있다. 이 가운데 치성과 더불어 읍성을 방어하는 또 하나의 구조물이 옹성이다. 옹성은 성문이 적의 공격을 받을 경우 성문에 직접 당도하기 전에 앞서 먼저 방어하게 되어 시간적 여유를 얻을 수 있고 성문이나 성벽에 바짝 붙어 기어오르거나 파괴하려는 것을 제어하고 감시하는 장소가 된다.

조선시대 남해안 연해지역 읍성에 축조된 옹성 평면형태는 'ㄱ'자형과 반원형으로 크게 나눌 수 있다. 'ㄱ'자형과 반원형은 다시 옹성 끝측벽과 마주보는 체성에 돌출성벽이 있는 형과 체성에 돌출성벽이 없는 형이 축조되고 있다. 옹성이 체성부와 직교하는 성벽의 유무에 따라 옹성 접합 체성 돌출형과 옹성 접합 체성 무돌출형으로 세분된다. 연해읍성 옹성 가운데 'ㄱ'자형으로 체성 돌출형이고 옹성 접합부에서 성문 방향으로 체성이 연장된 경우인 Ⅰ-A형은 남해안 연해읍성에서는 확인되지 않는다. 반면에 Ⅱ-A형은 연해읍성에서는 언양읍성 서문(1500년), 개운 포영성 동문(1459년)과 충청도의 면천읍성 남문(1439년)이 해당된다. 이 가운데 Ⅱ-A-a형은 언양읍성이고 Ⅱ-A-b형은 면천읍성, 개운포영성이 해당한다. 반원형 옹성 역시 체성 돌출형인 Ⅰ식과 체성 무돌출형 Ⅱ식으로 나눠지며 반원형 Ⅰ-A형은 고현성 동문(1451년), 서문(1451년), Ⅰ-B형은 남포읍성이다. 이 가운데 Ⅰ-A-a형은 고현성 동문, 서문이고, Ⅰ-A-b형은 아직 확인되지 않는다. Ⅱ-A형에 해당하는 읍성은 김해읍성 북문(1434년 초축, 17c 수개축), 언양읍성 남문(1500년), 장기읍성 북문(1439년), 장기읍성 서문(1439년), 하동읍성 서문(1417년), 하동읍성 남문(1417년), 영진보성은 금단곶보성 동문(1485년)이다. 이 가운데 Ⅱ-A-a형은 하동읍성 서문 남문, 장기읍성 북문, 서문, 금단곶보 동문, 김해읍성 북문이고 Ⅱ-B-a형은 하동읍성 동문이다.

　연해읍성을 포함한 내륙 및 영진보성에서 확인되는 'ㄱ'자형 옹성은 조선 전기 직각에 가까운 옹성 형태가 15C 중후반 이후 및 16C로 갈수록 점차 곡선형으로 변화되고 있는 것으로 'ㄱ'자형 옹성은 직각형에서 반원형으로 변화되고 있다고 하겠다. 다음 반원형 옹성은 타원형에서 반원형으로 평면형태가 변화하고 있다. 또한 옹성이 접합된 체성이 성문방향으로 돌출한 부분을 균등구획법으로 계측한 수치가 2를 기준으로 2 이상은 모두 A형인 타원형이고 2 이하는 B형인 원형으로 나타나고 있고, 2 이하의 계측치가 확인되는 연해읍성 옹성은 언양읍성 서문, 남문, 김해읍성 북문, 영진보성은 개운포영성 동문, 금단곶보성 등이 해당한다. 2 이상 계측치를 보이는 옹성은 하동읍성 서문, 남문, 장기읍성 서문, 북문, 고현성이 해당한다. A형은 대부분 조선 전기에 축조된 것이며 B형은 조선 전기 후반에서 중기에 속한다. 따라서 반원형 옹성은 16세기로 갈수록 타원형에서 반원형으로 변화하고 있다고 할 수 있다.

조선 전기에 하삼도에 축조된 읍성 가운데 경상도지역 특히 남해안 연해지역 읍성에는 각 성문 모두 옹성이 축조되고 있다. 일률적인 축성체계가 적용된 것임을 알 수 있다. 더구나 김해읍성, 동래읍성 등 도호부 이상 상위체계 행정단위 치소성과 울산병영성과 같은 내상성에는 4개소 성문과 옹성이 설치되고 있다. 행정단위가 상위체계 일수록 옹성 설치 숫자 또한 증가한다고 할 수 있다. 또한 남해안 연해지역에 일률적인 성문과 옹성 축조가 이루어지는 것은 경상도 연해지역이 일본과 가장 가까우며 왜구 침입로의 최전선에 해당하는 군사적, 지리적인 요인에 기인하는 것이라 할 수 있다.

다음 연해읍성 옹성 규모에 있어서는『築城新圖』반강된 세종 20년을 기준으로 그 이전부터 40m 이상을 상회하는 옹성 체성을 축조하는 것으로 파악되고 있다. 세종조를 거쳐 문종조 이후에도 100척 이상 옹성이 축조되고 있는 점을 감안한다면 연해읍성 옹성 체성 둘레 축조규식은 세종 22년에 최윤덕이 상언한 50~60척이 아닌 100척으로 축조되었다고 할 수 있다. 16세기로 갈수록 옹성 체성 둘레가 짧아지고 있다고 하겠다. 다만 언양읍성 남문과 같은 정문은 여타 성문 옹성보다는 크게 축조되고 있다고 하겠다. 따라서 세종 22년에 최윤덕이 언급한 50~60尺은 남포읍성과 면천읍성 옹성과 같이 평면형태별 분류에서 'ㄱ'자형에 해당하는 옹성으로 반원형 옹성에 비해 그 성둘레가 짧게 축조되고 있는 것에 기인하는 것이라 할 수 있다. 이러한 옹성 성문 너비와 개구부 너비는 성의 규모나 그 성문 중요도, 축성시기, 군마와 운반용 수레조건 등에 따라 달라진다고 할 수 있다. 따라서 연해읍성 옹성이 3m 이상 4m 내외로 일관되게 성문과 개구부 너비가 유지되는 것은 축조시설물에 대한 규식의 엄격한 적용에 따른 것으로 조선 전기 태종, 세종, 문종조에 이르는 동안에는 일관되게 성문 축조규식은 지켜지고 있었다고 할 수 있다.

남해안 지역 연해읍성에서 옹성이 축조되거나 접합되는 체성은 16尺(7m 이상) 규식을 적용하거나 근접하게 축조된 것이라 할 수 있는 것이다. 반면에 체성에 접하거나 동시 축조된 옹성 체성 너비를 살펴보면, 대체로 7m 이상으로 축조되고 있다. 부분적으로 6.5m도 확인할 수 있어 역시 16척을 기준으로 한 축조가 이루어지고 있음을 알 수 있다. 따라서 연해읍성 옹성 체성 너비와 체성 너비를 비교하면 체성 너비에 비해 옹성 체성 너비가 1~1.5m 가량 더 크게 축조되고 있음을 알 수 있다. 이것은 체성과 동시에 축조되거나 덧댄 옹성 경우든 동일하게 나타나는 현상이다. 추후 축조로 인한 너비(너비)의 확대로 인한 것이 아닌 축조 당시부터 체성보다는 더 넓게 축조토록 한 것이라고 할 수 있다. 연해읍성 옹성이 축조시기에 따라 체성 너비와 옹성 체성 너비가 어떻게 변화하는지를 살펴보면, 연해읍성 옹성은 조선 전기 태종 17년에 축조된 하동읍성에서 알 수 있는 것처럼 조선 전기에는 옹성 체성 너비가 읍성 체성 너비보다 넓게 축조되고 있다. 이것은 세종조 연해읍성 축조시기에는 옹성 체성과 읍성 체성이 같은 너비로 축조되다가 문종조 이후로 갈수록 옹성 체성 너비가 읍성 체성 너비보다 넓어지고 있다고 할 수 있다.

연해읍성 옹성에는 옹성 내벽 바닥에 고이는 물의 출수를 담당할 배수로가 축조되고 있다. 이 배수로는 옹성 내부가 수해를 포함한 물의 피해를 받지 않고 옹성 기저부를 보호하기 위해 설치된 것으로 3형식으로 축조되고 있다. A형인 적석식은 기반층을 굴착하여 주먹크기 할석을 채웠으며 단면 v자상을 이루고 있다. 바닥에는 물이 흐른 흔적이 확인되는데 성문 내부에까지 연결되어 있다. B형 측구식은 Ⅰ,Ⅱ식으로 나누어진다. 성문 측벽석 하단에 좌 내지 우측에 체성부와 직교하도록 2열 석축으로 축조되고 옹성 내벽부 하단 가장자리를 돌로 축조한 너비 50cm 정도 시설이 옹성 입구 쪽으로 배치되어 있다. 옹성 내벽 기단석의 곡율을 따라 옹성과 나란하게 축조되어 있다. 따라서 연해읍성과 영진보성 옹성문에 축조된 배수로는 성문 중앙을 관통하여 축조된 적석식이 성문 측벽하단에 축조된 측구식에 선행하여 적석식→측구식으로 변화한다고 할 수 있다.

Ⅴ. 읍성 치성

V. 읍성 치성

1. 머리말

우리나라는 고대 산성 축조에서부터 근세 성곽축성술의 결정체인 읍성에 이르기까지 직접적인 방어주체인 체성과 더불어 성곽을 방어하는 부대시설이 다수 설치되어 왔다.

고조선 멸망 이후 한4군(漢四郡) 설치를 거치며 일련의 대중국투쟁과 삼국정립에서 고대왕국으로 발전과정에서 이뤄지는 내부적인 투쟁과 외부적인 전쟁을 거치면서 성곽 역시도 그 형태가 발전하여 온 것은 주지의 사실이다.

또한 중세 고려시대에는 다수에 걸친 이민족 침입에 대항하여 민족생존을 위한 처절한 투쟁의 일환으로 여러 형태의 성곽 축조가 이뤄졌다.

고려를 이은 조선시대에는 고려 말부터 창궐하기 시작한 왜구와 두만강, 압록강 이북 여진족에 대한 적극적인 방어책 일환으로 읍성을 비롯한 다양한 관방시설을 축조하기에 이르렀다.

이처럼 각 시대별로 성곽은 축성 목적에 따라 그 축조수법과 입지 및 규모가 서로 다르게 나타나지만 그 밑바탕에 깔려 있는 축성의 관념은 민족자존의 절대절명의 생존전략이었던 것이다.

따라서 외세와 주변 적으로부터 항상 자신의 가족과 재산을 보호하고 생활터전을 지키기 위해 축조한 성곽이 손쉽게 함락되는 것을 막기 위한 성곽방어력 증대는 어떤 시대나 민족, 나라에서도 필수불가결한 것이었다. 더구나 산성을 비롯하여 읍성 및 영진보성 등 대부분의 관방성이 단일한 평면형태로 이루어진 우리나라 성곽 형태를 고려할 때, 성벽 월경이 곧 성곽 함락을 의미하는 것이고 보면 일찍부터 성곽의 방어력 증가에 많은 관심을 가질 수밖에 없었다. 이러한 성곽 방어력 증가를 위해 사용된 방법은 크게 두 가지 양상으로 발전하게 되었는데 하나는 체성 자체 성고를 높이는 방법과 다른 한 가지 방법은 다양한 방어용 부대시설 설치이다.

　먼저 체성 성고를 높이는 것은 가장 손쉽게 사용할 수 있는 성곽 방어력을 증가시키는 방법이었다. 그러나 체성 높이를 높이는 것에는 한계가 있다. 즉 성고 증가에는 필수적으로 높이와 비례하는 기저부 너비 확대도 동시에 이루어져야 한다. 따라서 기저부 너비도 성고도 일정한 수준에 이르러서는 더 이상 확대할 수는 없는 것이다. 더구나 내탁식(內托式)은 다소 성고를 높이는 것이 용이할 수 있지만, 협축식(挾築式)은 체성 상부에서 하부로 집중되는 무게중심으로 인해 기저부 너비를 넓힐 수밖에 없다. 그러나 이것 역시 체성의 기저부로 집중되는 무게중심 분산에 실패할 경우, 성벽 붕괴로 이어지기 때문에 체성 자체 방어력 증가를 위한 체성 높이의 수·개축에는 한계가 있었다. 아울러 화포무기가 발달하여 상용화가 된 시기 이후에는 오히려 체성의 성고가 낮아지는 현상도 나타남에 따라 읍성 및 산성을 비롯한 각종 성곽의 방어력 증대방법이 다른 각도로 모색되어야만 했다.

　이와 같이 체성에도 불필요한 영향을 주지 않으면서 성곽 방어력을 증대시켜야 하는 필요충분조건을 만족시키기 위해서 삼국시대부터 조선시대에 이르기까지 축조된 다수의 성곽 체성에는 다양한 부대시설이 축조되기 시작하였다. 이 가운데 조선시대 축조된 성곽 부대시설 가운데에는 치성(雉城), 옹성문지(甕城門址), 암문(暗門), 여장(女墻), 해자(垓字), 양마장(羊馬墻), 목익(木杙), 함정(陷穽), 녹각시설(鹿角施設), 용도(甬道) 등이 있다. 이 가운데 남해안 연해읍성 치성은 읍성에 축조된 대표적인 방어부대시설로서 남해안 연해읍성 방어시설 구조와 축조수법을 이해하는데 중요한 자료가 된다고 할 수 있다.

따라서 본장에서는 남해안 연해읍성에 축조된 방어시설 가운데 연해읍성 구조변화와 축조양상을 일목요연하게 확인할 수 있는 치성에 관해 살펴보고 더불어 남해안 방어 한 축을 이루는 영진보성 치성과 비교를 통해 남해안 연해읍성의 한 단면을 파악해 보고자 한다.

2. 치성의 명칭과 축조양상

1) 치성의 명칭

성곽 방어시설은 적의 攻城武器와 대규모 병력을 소규모 병력으로 제압할 수 있는 가장 유용하고 필수불가결한 시설이다. 이러한 방어시설은 동서양을 막론하고 시대와 지역에 따라 다양하게 발전해 왔다. 더구나 우리나라는 성곽의 나라라 할 만큼 많은 성곽을 보유하고 있고 일찍부터 수많은 외침에 대항하여 다양한 방어시설을 발전시켜 왔다.

우리나라 성곽 방어시설 가운데에는 甕城, 雉城, 垓字, 羊馬墻, 女墻, 懸眼, 釣橋, 眉石, 空心墩, 甬道[1] 등이 있다. 이 가운데 조선시대 전기에는

---

1) 용도는 치를 길게 잡아 늘인 모양을 하고 있는데 군량을 운반하고 매복을 서기 위해서 낸 길을 의미한다. 만기요람 군정편, 부 관방총론, 關防轄綠甬道之法이라하여

전대 읍성에 비하여 해자, 치성, 옹성, 여장이 새로운 방법과 규식으로 축조되고 있다.[2] 이 가운데 성벽에서 적 접근을 조기에 관측하고 전투 시 성벽에 접근한 적을 정면 또는 측면에서 격퇴시킬 수 있도록 성벽 일부를 돌출 시켜 장방형으로 내쌓은 구조물인 치성이 있다.

이 치성을 분류함에 있어 제일 먼저 시도되어야 할 것은 명칭 문제와 유형식을 설정하는 것이다. 조선시대 읍성에 축조된 치성은 여러 명칭으로 불렸다. 일반적으로 많이 사용되는 것으로 치성(雉城), 곡성(曲城), 성두(城頭) 등이 있다. 이 가운데 치성은 방형과 장방형 형태로 체성과 직선상을 이루는 곳에 설치된 것이며, 곡성은 체성이 굽어 굴곡이 있는 곳에 설치된 것이나 반원형 형태를 축조되어 있는 것이며, 치성 위에 간단한 건조물을 시설한 것을 적대(敵臺)라 부른다.[3] 성두(城頭)는 성곽 네 모퉁이에 설치된 것으로 평지 방형성에서 주로 설치되고 있는 것으로 성우(城隅), 궁우(宮隅)라고도 불린다. 이와 같은 명칭은 치성 입지에 따른 명칭이며, 또한 치성 위에 누각 유무에 따라 그 명칭도 다르게 불린다. 즉 누각이 있는 경우 포루(鋪樓), 적루(敵樓), 포사(鋪舍)라 하며 치성에 포(砲)를 설치하는 경우에 포루(砲壘), 석루(石樓)라 한다. 또한 성문의 주변에 위치하며 옹성을 대신하거나 성문을 방어하기 위해 설치된 치성은 적대라 부르고 있다. 이외에도 기능에 따라 용도(甬道), 각루(角樓), 공심론(空心墩) 등으로 불리고 있다.

"개성은 청석동을 가로질러 성을 쌓았는데, 용도처럼 되어....."라는 표현이 있다.
2) 車勇杰, 1991, 「長鬐邑城 築城法에 대한 檢討」, 『長鬐邑城』, 慶州文化財硏究所.
3) 車勇杰, 1991, 앞의 논문.

2) 치성의 축조양상

(1) 조선시대 이전 성곽

치성은 삼국시대에는 일반적으로 체성에 비하여 더욱 견고하게 축조하였다. 고구려 치성성벽은 대개 높이가 체성과 동일하고, 길이가 5~9m이고 너비가 3~5m로 평면형태는 방대형으로 체성에 직교하여 성외로 돌출되어 있다.[4]

삼국시대 백제계 산성은 충북 청원군 북일면에 소재하는 정북동 토성(井北洞 土城)에서 성벽 4성우(城隅)에 치가 축조되어 있다.[5] 특히 청주 정북동 토성은 체성은 판축으로 축조되었으나 치성은 성벽 아래 면에서만 약 30cm 두께에서 판축 층위가 나타날 뿐, 그 위로는 거의 황갈색 점토만을 가지고 축조되어 있다.

충북 옥천군 군서면의 고리산성(古利山城)은 동·서쪽의 성벽에 돌출한 길이 7.3m, 너비 5.8m의 장방형 치성이 축조되어 있다.[6]

충남 직산 사산성(蛇山城)은 동문지 좌우에 체성과 직교하며 돌출한 장방형의 치성이 확인되었다. 이곳 산성의 치성은 길이 8.4m, 너비 5.4m 정도이다.[7] 그리고 사산성은 체성 외부에 기단석축을 2~3단 쌓았고 그

---

4) 「三國史記」百濟本紀 第三 辰斯王條.
5) 李元根, 1975, 「西原地方의 文化遺産」, 『月刊文化財』.
6) 鄭永鎬, 1975, 「百濟古利山城考」, 『百濟文化』第7·8輯, 公州師大百濟文化研究所.
7) 즉 동문지 성벽의 북측의 제2 영정주에서 북으로 276m로부터 직교하여 동으로 뻗은 석축 기단 유구가 확인되었는데 이 석축 기단은 할석으로 5·6단을 쌓아 성벽 내면으로 향해 계단식으로 되어있다. 동문지 성벽의 남측에도 북측과 동일한 크기의 치가 장방형으로 병행하여 돌출되어 있음을 확인하였다. 이곳은 2단의 석축으로 되어 있다. 또한 동북측 성우의 성벽 석축 기단과 직교하게 장방형의 치가 확인되고 있는데 이곳의 석축은 10단이며 최상부에는 잔돌을 깔아 놓았다. 기본 성벽 석축은 3단이고 직교하여 돌출한 치성 석축기단은 동문지 남측 치성과 같이 2단으로 되어있다.

안쪽에 토루를 쌓았으나 치성은 견고한 계단식 석축을 7~8단 축조하여 방어력 증대를 기하고 있다.

부소산성은 비록 성벽 외측 판축 전반에 관한 것이긴 하나, 성 내측 판축층 두께가 두꺼운 층과 얇은 층 비율이 심하게 나타나는데 비해 성 외측은 각 판축층 두께가 일정한 비율로 구성되어 있어 매우 정교하며 이는 치성을 포함한 성벽 외측이 적의 공격으로 인한 직접 손상이 발생할 가능성이 높고, 평상시에도 방어기능을 충분히 유지하기 위한 것이라고 보여진다.

장도 청해진 토성 치성 또한 회갈색 사질점토와 적갈색 점토를 4~5cm 간격으로 번갈아 다졌으며 이러한 판축선이 정연하게 보이고 있다.

고려 말 성곽에서 치성(雉城)이나 곡성(曲城)에 관한 기록이 있는데 성주읍성(星州邑城)에서는 「州舊有土城 雉堞傾圮 羅閣凡百有餘間」이라 하여 고을에 예부터 토성이 있었는데 치첩(雉堞)이 기울어 무너졌다고 하고, 황간읍성(黃澗邑城)은 「客館之隅 跨雉堞臨蒼崖 舊有樓曰駕鶴」이라 하여, 객관 모퉁이에 치첩이 있어 푸른 언덕에 임하여 있는데, 옛적에 이 곳에 樓가 있어 駕鶴樓라 한다는 문구로 보아 치첩은 바로 치성을 의미하는 것으로 볼 수 있어, 고려 말 읍성에도 치성이 시설되었던 것이라고 할 수 있다.[8]

그리고 용인 처인성 지표조사 보고서에도 조사자는 성 서남벽에서 중간지점 너비가 넓어 별도 시설, 즉 치성 존재 가능성을 배제할 수 없다고 기술하고 있다. 서북벽과 동북벽은 이 서남벽의 양단에서 회절하면서 북향하여 완만히 경사져 내려가고 있으므로 회절부는 보다 크고 높게 곡절하고 있어서 역시 치성의 존재 가능성을 배제할 수 없다고 하고 있다. 그러나 지표조사보고서에서 더 이상의 유구조사에 대한 언급은 없었다.

---

8) 沈正輔, 1995, 『韓國 邑城의 研究』, 學研文化社. 376쪽.

손영식은 "산성의 경우 성벽과 능선이 교차되는 높은 지점에 치를 만들었으며, 평지성에서는 산지성보다 일정한 간격을 유지하면서 치가 설치되었고, 치의 높이는 체성의 높이와 같이 하고 규모는 일정치 않으나 일반적으로 종(縱)으로 5~8m, 횡(橫) 4~6m가 많다고 하였다. 또한 성에서 치의 수는 성의 규모와 지형에 따라 차이가 나는데 현존 성곽 치를 살펴보면 전혀 치를 설치하지 않은 경우도 있으나 대부분 30~40간(間)에 하나씩 설치하였으며, 치의 형태는 장방형이 많고 반원형 형태(예: 삼년산성)도 있고, 치 축조는 체성인 성벽을 먼저 쌓고 덧붙여 축조하는 것이 보통이고 예외적으로 체성 조성 시 동시에 축조(예: 온달성, 삼년산성 서남치)한 경우도 보인다."고 하였다.9)

(2) 조선시대 성곽

조선시대에는 『華城城役儀軌』에 "凡築城有制 古人言 城皆以千雉白雉計之 所謂雉者 卽令之曲城也 城之 精神緊要處 都在曲城"10)이라 하고, 『正祖實錄』에는 "雉能藏身善伺 故取是象也 敵若來附 城面 則我不能屈矢斜彈 而被之鉤杆 已拔城根矣 苟使左右對雉 丸鏃交及 則飛樓雲. 梯何所施也"11)라 하였다. 또한 "성재(城制)에서 치첩(雉堞)이 제일인데 화성(華城)에서도 치제(雉制)를 따랐다"고 하여 조선시대에도 치성이 널리 축조되어 사용되고 있었음을 알 수 있다.

조선 선조 때 상신인 류성룡은 그의 축성론에서 치의 중요성에 대해 잘 표현하고 있다. "城이면서 雉가 없으면 비록 한 사람이 垜 하나씩을 지킨다 하더라도 垜 사이에 방패를 세워서 밖에서 들어오는 화살을 막

---

9) 孫永植, 1987, 『韓國城郭의 研究』, 문화재관리국.
10) 『화성성역의궤(華城城役儀軌)』권수 도설, 권10, 정조 24년.
11) 『정조실록』권46 21년 2월 기사조.

기 때문에 적이 성 밑으로 붙는 것을 발견하여 막아내지 못한다."『紀效新書』에는 "50垜마다 치 하나씩을 설치하는데 밖으로 2~3丈쯤 나가게 한다. 치는 50타씩 서로 떨어져 있으므로 양쪽으로 보아가면서 발사하기 편리하며 적이 성 밑으로 붙어 올 수 없게 되었다. 임진 때 안주에 있을 때 생각한 계책으로 성 밖에다 지형에 따라서 치의 제도대로 따로 凸자 모양의 성을 쌓고 그 가운데는 대포를 배치해 두며 위에는 敵樓를 세우되 두 樓 거리가 600~700步(또는 1,000步)쯤 되게 한다. 鐵丸을 넣어 양쪽으로 서로 발사하면 쇠와 돌이라도 부서지지 않는 것이 없다. 이렇게 되면 다른 첩에는 비록 지키는 병졸이 없더라도 다만 수십 명으로 포루를 지키기만 하면 된다. 적이 비록 백만 명이라도 접근하지 못할 것이다."라고 하였다.

　丁若鏞은『與猶堂集』에서 치성의 효용성에 대하여 "성보는 작으면 견고하나 비록 작은 성이더라도 만약 치성이 없다면 성이 없는 것만 못하다. 우리나라의 성에는 모두 치성은 없고 女墻에 砲穴만 약간 파놓았으니 어디에 쓸 것인가. 적이 성 밑에 붙어 돌머리를 파낸다면 비록 돌을 깨서 던지고 물을 흘러 내려도 모두 적인의 등에 떨어지지 않을 것인데, 하물며 丸箭이 무슨 소용이겠는가. 그 두 치성 사이 불과 50~60步 지점에 환전이 서로 미치게 한다면 성에 붙은 적을 방어할 수 있을 것이다."라고 하였다.[12]

　이러한 치성과 적대에 관련하여『조선왕조실록』에 비교적 자세한 기록이 확인되고 있는데 여기서 그것을 살펴보면 다음과 같다.

　　① 兵曹啓 今考築城時 幷築敵臺之狀 唐書 馬燧傳 設二門爲譙櫓 陸機
　　　洛陽記曰 城上百步有一樓櫓 外有溝渠 冊府元龜 唐王方翼築碎葉

---

12)　丁若鏞,『與猶堂集』권181, 民堡議 堡垣之制.

鎭城 立四面十二門 皆屈曲作隱伏出沒之狀 上國廣寧 山海等衛城子 皆有敵臺 請自今各處築城時 除城面屈曲處外 平直處隨其地形, 一百步築一臺 從之

② 兵曹啓慶尙道 昆南新城敵臺 前面過廣 左右過狹 不宜守禦 然此已造 不可改也 今後前面十五尺 左右各二十尺 以爲定制 且每一百五十步 置一敵臺 則功力省 而可以禦敵 從之

③ 領中樞院事崔閏德獻議曰 臣向在江界 監築沿邊城子 時將氷凍 女墻敵臺 未暇堅築 隍塹亦未深掘 然大槪已成 各官之力 可自修築 野人之中 忽刺溫能攻城 曾攻開陽城 各自負板 進逼城下 積柴焚之 遂奪其城 此其驗也 願令邊郡當其農隙 各築女墻敵臺 以備不虞 且自古邊城 賊人乘夜不備 潛登城一呼 則城中襦魄失守者多矣 中國郡縣皆於城上 連置屋宇 令軍人常守 徹夜巡警 以絶賊人窺伺之謀 我國沿邊城上 無庇風雨之所 故風雨雪霜之夜則巡者 皆下城安枕 常時雖擊(刁)刁斗巡更 城上卒以童幼差定 實同兒戲 乞依中國之制, 於城上置屋 使巡更者得避風雨常守城上 以備昏夜不虞之變 以此論平安道都節制使李蕆 訪問便否蕆啓曰 道內邊城已造 女墻敵臺則依獻議更加修完 置屋之制 亦依中國體制 城上四隅 各置一間 使丁壯晝夜巡警 卿亦於道內北邊各官城子 依此例爲之

④ 議政府據兵曹呈啓 自江界至義州沿邊各官 雖不得每邑置鎭 間一邑置鎭 然後防禦有實 於中央碧潼郡設鎭, 其鎭屬軍人 令都節制使磨勘以啓 沿邊各官赴防軍人 因每月遞代 一年之間 累次越險 人馬俱疲, 軍額雖多 實無所用 今後道內馬步兵 皆以五人爲伍 每伍擇壯勇者一人 分爲三番 每一番馬步兵幾名 量其程途遐近 某官邑城赴防 則某官馬兵幾 步兵幾名 某口子赴防 則某官馬兵幾名 步兵幾名 預先分定 輪番防戍 餘四人 令辦赴者糧料 所在官從而檢察 則非惟除每月遞代困苦之弊 抑亦軍額不減於前, 而有實矣 然大槪各處赴防軍 除其官馬步兵之數 邑城則馬兵不下二百步兵不下一百; 口子

則馬兵不下 一百步兵不下五十 其邑城步兵一百內 防牌三十火砲
軍三十 口子步兵五十內 防牌十五 火砲軍十五 幷計爲便 令都節制
使磨勘便否以啓 制賊之要 莫如火砲片箭 火砲則火藥難繼固未得
常時(隷)〔肄〕習 片箭須當肄習 可以制敵 去年已立 平安咸吉兩道
邊郡習射論賞之法 片箭不在肄習之例咸吉道邊郡 與野人雜處 竝
肄片箭 固爲未便 平道道則竝令肄習論賞 烟臺之設所以候賊也 今
間延等處各官造築烟臺未經一年 或致傾圮 專是監築官吏不用心也
烟臺四面下廣 每一面二十尺 高三十尺 皆用布帛尺定制改築 四面
皆置坑坎使五人持兵器火砲 十日相遞 晝夜候望 如有擅離者 依律
痛懲 沿邊各口子造築石堡時 敵臺甕城及烟臺見樣令修城典船色圖
畫 下送都節制使 憑考監築.

⑤ 野人與倭奴皆懷報復之心各道各處城子不可不築 然此輩旣不爲火
　砲 則雖甕城敵臺可也 甕城之長 不下五六十尺 但置於城門而已 若
　敵臺則每三百尺置三敵臺 厥數甚多而況所築全用鍊石工役尤難宜
　皆除之速令畢築如是則民力可省 而事功易就矣 沿海郡縣 每有金
　城 堂堂屹立 則彼雖有報復之心 安能爲害乎

⑥ 召領議政黃喜右議政申槪左贊成河演右贊成崔士康左參贊皇甫仁
　右參贊李叔時兵曹判書鄭淵參判辛引孫等議備邊之策僉議云 甲山
　地面賊人聲息屢報 宜加兵卒 以備禦敵 慶尙道泗川固城寧海最爲
　近海防禦緊急邑城未築宜急築之下三道及 黃海道沿邊散居人民彼
　賊可畏宜令移入陸地以避賊變又各官城及甕城敵臺池濠一時立作
　爲難宜當漸次築之且下三道沿邊 各官築城畢役後內地各官邑城以
　次築之爲便從之

⑦ ....義州城, 高十二尺, 今加築二尺。 每一百五十尺, 置敵臺, 長十
　尺, 廣五尺..

⑧ 還宮時 御興仁門 命雉城當築處 以紅旗排立 敎曰 一雉之間 以一
　百三十步爲準以近城芹田貯水 害城址命盡塡芹田顧禮判洪鳳漢曰

東門當爲幾雉 對曰 光熙以北 以六雉磨鍊矣

　①의 기사는 세종 12년 9월 24일 임술에 병조에서 각처의 성 축조 시 적대를 아울러 쌓을 것을 건의하는 내용으로, 명나라 廣寧衛·山海衛 등의 예를 들어 각처의 성을 구축할 때는 성면(城面)이 굴곡이 진 부분은 제외하고 평평하고 곧은 부분에는 그 지형을 따라 1백 보마다 1개의 대(臺)를 쌓도록 하였으며 이때 세종은 이를 실행하도록 하였다. 따라서 세종 12년 9월 이후 신설되거나 수·개축되는 치성은 100보마다 축조하게 되었다. 그러나 ②기사 내용을 살펴보면, 3년 뒤인 세종 15년 1월 13일 정묘일에 병조 계문에서 150보마다 적대를 하나씩 설치하면 공력이 적게 들고 막을 수 있을 것이라 하여 적대 설치거리가 50보 더 늘어난 것을 알 수 있다. 특히 ②기사 내용에서는 적대 규식에 대하여 앞으로 15척×20척으로 규정하고, 거리도 150보로 규식을 정하고 있다. 이때부터 신축되는 읍성은 치성 간격이 150보로 축조되고 있음을 알 수 있는 것이다.

　또한 이러한 적대 간 간격에 대하여 ⑤의 기사 내용에는 영중추원사(領中樞院事) 최윤덕(崔閏德)이 "야인(野人)과 왜노(倭奴)가 모두 화포(火砲)를 쓰지 못하므로 옹성(甕城)과 적대(敵臺)를 없애도 가하다고 하였으며, 적대의 경우 매 3백 척마다에 세 개의 적대를 설치하여 그 수가 매우 많으며 축조 시 사용되는 석재의 경우도 가공석이라, 工役이 매우 어렵다고 하여 모두 없애 버리고 체성만 빨리 쌓도록" 건의하고 있다. 따라서 세종 22년을 전후한 시기에 축조되었거나 그 이전에 축조된 적대는 150척마다 하나씩 설치되고 있음을 알 수 있는 것이다. 그러나 ①, ②, ⑤의 기사에서 각각 100보와 150보, 150척으로 표기되어 있는 적대 간 간격 1보를 5척으로 환산하다 하여도 포백척 기준치인 46.73cm를 적용하면 230m, 350m의 거리가 되기 때문에, 현재까지 조사된 치성 거리와 일치

하지 않고 있으므로 150척으로 보는 기존 연구결과가 타당한 것으로 파악된다.[13]

다음으로 ②의 기사에서는 경상도 곤남(昆南)의 적대(敵臺)가 앞면은 너무 넓고, 좌우는 너무 좁아서 수어(守禦)하기에 적당치 못하나 이미 만들어 놓아서 고칠 수가 없어 이후 앞면은 15척, 좌우는 각 20척으로 제도를 정하고, 또 1백 50보마다 적대(敵臺) 하나씩을 설치하면 공력이 적게 들고 막을 수 있을 것이라고 하였다. 이 기사는 세종 15년(1433) 곤양읍성에 축조한 적대 규모가 길이에 비해 너비가 너무 긴 장방형 형태로 그 효율성이 떨어지나 이미 축조된 것은 수축할 수 없다 하고 이후 축조되는 적대는 축조 규식을 새로 정하여 적용토록 하고 있다.

③기사는 세종 19년 8월 20일에 영중추원사 최윤덕이 "연변 성 쌓는 것을 감독할 때에, 땅이 얼어서 여장(女墻)과 적대(敵臺)를 굳게 쌓지 못한데다가 성 밑 구덩이 역시 깊이 파지 못했으나 대개는 이루어졌을 것이며, 각 고을의 자력으로 수축할 수 있으므로 변군(邊郡)으로 하여금 농사 틈을 타서 각각 여장과 적대를 쌓게 해서 뜻밖에 일어나는 근심을 대비하소서."라 하여 연변 읍성 치성과 여장을 해당 읍성민으로 축조하도록 하고 있음을 알 수 있다. 또 중국 예로 들어 성위 네 모퉁이에다 각각 한 칸 간씩 집을 짓게 하고 장정으로 하여금 밤낮으로 순찰하게 하였다. 는 내용으로서 이때에 함경도지역 일대 연변읍성에서는 치성 위, 특히 성우에는 각루가 들어서고 있음을 알 수 있는 것이다. 이러한 각루는 선조 27년 10월 1일(을사) 영의정 류성룡(柳成龍)이 전수(戰守)에 관해 올린 기의(機宜) 10조(條)의 내용 가운데 수성(守城)편에 "치첩(雉堞)의 제도를 참작해서 포루(砲樓)를 만들고 굽어진 곳마다 서로 수비한다."라는 기사의 내용에서도 확인할 수 있는 것으로서 치성 상단부에는 각루를 비롯한 누대가

13) 沈正輔, 1995, 『韓國 邑城의 硏究』, 學硏文化社.

존재하였으며 이러한 누대는 조선 전기부터 축조되고 있었다고 하겠다. 또한 이때 여장과 적대를 해당 지역민들로 축조토록 하고 있어 기존 중앙의 통제 속에 축조되던 각종 부대시설이 이때부터 지방별로 조금씩 차이를 보이는 계기가 되는 것으로도 판단해 볼 수 있게 되었다.

다음으로 ④기사는 세종 20년 1월 15일 경자 의정부에서 병조 정문에 의거하여 연변 여러 구자에 보루 축조 시 적대·옹성 및 연대의 견양(見樣)을 수성전선색(修城典船色)에게 도본(圖本)을 만들게 한 다음, 도절제사에게 내려 보내 이를 참고하여 쌓도록 하고 있다. 이때 시방서 내지 축성 도면을 만들어서 치성을 축조토록 하고 있어 치성 규모와 형태가 통일되고 있는 것으로 파악할 수 있지만 실제 그 적용 여부는 현재까지 고고학적 조사에 기인하면 거의 반영되지 못하고 있는 것을 알 수 있다.

⑥기사는 세종 24년 7월 20일 무인에 세종이 대신을 불러 국경 경비 대책을 의논한 내용으로, 각 고을 성과 옹성·적대·지호(池濠)를 일시에 모두 만들기는 어려우니 점차로 축조토록 하고, 또한 하삼도 연변 각 고을의 축성이 끝난 후에 내지(內地) 각 고을 읍성을 차례로 쌓도록 건의하여 세종의 허락을 받고 있음을 알 수 있다. 따라서 이때에도 연해읍성 축조시에는 체성만 필축을 보고 부대시설은 여전히 필축을 보지 못하고 있다. 또한 연해읍성 축조가 거의 마무리 단계로 연해읍성 축조 이후 내륙읍성도 계속해서 축조토록 하고 있음을 알 수 있다.

⑦기사의 내용은 세조 12년 2월 3일 을해에 도체찰사(都體察使) 한명회(韓明澮)가 의주성(義州城)의 높이를 기존 12척에서 2척을 더 쌓아 14척으로 하고, 1백 50척마다 적대(敵臺)를 두도록 하였다. 치성 규모 역시 길이는 10척, 너비는 5척으로 하도록 건의하고 있다. 이 기사의 내용에서 세조 12년에 들어서는 치성 간 거리가 150척이며 평면플랜은 10척×5척으로 세종 15년에 규정된 규식인 20척×15척에 비해서는 길이와 너비가

각각 축소되고 있으나 전체적인 평면플랜에 있어서는 방대형을 유지하고 있는 것을 알 수 있다.

⑧기사는 영조 29년 2월에 영조가 홍인문에 들러서 치성을 마땅히 증축해야 될 곳에 홍기(紅旗)를 세워놓으라고 명하고, "한 개의 치장(雉墻) 사이는 1백 30보를 기준으로 하라. 한 것으로 이때의 치장은 치성으로서 조선 후기인 영조 29년(1753)에는 각 치성 사이가 130보를 기준으로 설정하고 있음을 알 수 있다. 여기서 확인되는 130보는 조선 전기 150보 내지 150척과는 차이가 있는 것으로 조선 후기에 들어서 용척 차이로 보이나 단언할 수는 없다.

3. 고고학적 조사사례

1) 하동읍성

하동읍성에서 최근까지 조사된 치성 숫자는 7개소로 이 숫자는 문헌에 기록되어 있는 11개소 63%에 해당한다. 하동읍성에서 조사된 치성 현황은 다음과 같다.

(1) 제1 치성

이곳은 서문지에서 북쪽으로 90m 떨어진 지점에 위치하며 현재 치성의 4면이 남아 있다. 북측벽과 남측벽은 일정부분까지 축성상태를 파악할 수 있지만 치성 전면에 해당하는 서벽은 외벽 면석부분이 모두 훼손되어 지대석과 기단석 일부만이 남아 있다. 차후에 잡석으로 일부를 보강하였다.

치성 축조수법을 살펴보면, 기저부는 생토면을 정지하고 치성 축조를 위한 기저부 수평을 맞추기 위해 치성 전면 자연경사면에 인두대 크기 할석을 이용하여 3단 기단보축을 쌓고 있으며 이 3단 기단보축은 계단 상을 이루며 내벽쪽으로 들여쌓기를 실시하고 있다. 지대석은 길이 40~50cm, 두께 15~20cm 내외의 자연석을 깨내 판석을 이용하여 수평 줄눈을 맞추어 쌓았다. 그 위에 70cm×65cm, 73cm×60cm, 75cm× 45cm, 80cm×65cm 크기 모서리부분만 가공한 기단석을 면석부분이 보이도록 입수적으로 세워 쌓았고, 그 위로 높이를 다르게 하면서 눕혀쌓기와 세워쌓기를 교대로 실시하고 있다. 성석 크기는 상부로 갈수록 작다. 치성 적심부는 주먹 크기의 자갈과 할석을 막 채워놓았다. 덧대어져 있는 체성 외벽과 비교할 때도 그 축조수법이 조잡한 것으로 볼 때 체성 축조와는 약간의 시기 차가 있는 것으로 추정되며 급조한 느낌마저 든다. 확인된 치성 규모는 체성과 접합된 부분 너비 6.7m, 외벽 전면 너비 5.8m, 잔존 길이 5.1m이며 잔존 최고 높이 5.7m이다. 치성 평면플랜이 외벽으로 갈수록 좁아지고 있음을 알 수 있으며, 조사된 7개 치성 가운데 가장 작은 편에 속한다.

다음으로 서북 제1 치성 내벽 체성은 외벽에는 생토층면을 정지하고 그 위에 40~50cm×20~30cm을 지대석으로 삼았다. 그 위에 자연대석 城石을 올려놓았으며 내벽은 황백색 마사토 지반 위에 약간 큰 할석(割石)으로 쌓았다. 이 내외벽은 동시에 축조하였으며, 처음부터 협축 수법을 사용하였다. 그리고 상단부를 올려 쌓으면서 내벽측은 50cm, 55cm, 60cm, 120cm 높이로 계단상을 이루며 협축하고 있다. 이 계단상 내벽은 길이 20~60cm×20~40cm 가량의 장방형 석재들로 축조되어 있다. 단면을 확인한 결과 하동읍성 내벽 축조는 적심석과 내벽 면석이 모두 외벽 면석과 나란하게 열 지어 축조되어 있으나, 다른 조사구간에서는 붕괴된 외벽 면석 바로 뒤에 성석에 붙여서 성석의 세로방향이 성벽 진행방향과 직교되게 축조되어 있다. 내벽쪽 성석은 이와 반대되는 상황으로 채워져 있어 구간별로 축조수법에 차이가 있는 것으로 보인다. 내외벽 기단부 너비는 기저부가 약 6.3m이고 최상부는 2.4m이고, 그다음 석렬이 40cm, 130cm, 110cm의 너비로 축조되어 있다. 여장(女墻)이나 미석(楣石)은 잔존하지 않고 있다. 최상단부에 다량의 기와가 출토되고 있어 여장의 최상단부는 기와로 마무리를 했을 것으로 추정된다. 아울러 돌출한 치성에서도 기와들이 출토되고 있어 치성에는 기와지붕을 가진 건물이 축조되어 있었으리라 추정된다. 이러한 건물은 세종 19년에 최윤덕의 獻議에 따라 도절제사 이천이 아뢰기를, "도내의 邊城은 이미 女墻과 敵臺를 만들었사온즉, 최윤덕 헌의에 의하여 다시 완전하게 수리하고, 집을 짓는 제도도 중국의 제도에 의하여 성위 네 모퉁이에다 각각 한 칸씩 짓게 하여, 壯丁으로 하여금 밤낮으로 순찰하게 하겠습니다.'고 하였으니, 경도 도내의 北邊 각 고을의 성을 이 예에 의하여 하도록 하라." 하였다는 기사에서도 알 수 있는 바와 같이 치성 위에는 순찰을 위해 설치한 건물이 존재하고 있음을 알 수 있다.[14]

계단지는 치성 내벽 끝에 해당하는 곳이다. 이곳 치성 계단지는 구지표를 제거하고 그 아래 생토층면을 정지하고 그 위에 점토를 다져 지반을 형성한 뒤 계단 왼쪽 바깥쪽에는 길이 50cm, 두께 30cm 내외의 세장방형의 치석된 돌들이 체성과 직교하게 연결되어 치성 내벽 최하단부에 접해 있고, 오른쪽은 바깥쪽을 보호하는 석렬이 유실되었다. 계단지 내부는 바깥 석렬 사이에 할석들과 자갈을 채워 놓았으며, 그 위에 자연대석을 군데군데 올려놓았다. 이 계단지는 너비 140cm, 길이 110cm이다.

---

14) 『세종실록』 권78 19년 8월 정축조.

(2) 제2 치성

서북 제2 치성은 서북 제1 치성에서 북쪽으로 약 114m 떨어진 해발고도 125m 지점 급경사지에 위치하고 있다. 조사당시에는 성 외벽 쪽으로 성벽석이 잔존하는 성벽 높이만큼 성벽 뒷채움석 및 상부석으로 보이는 석재들이 덮여 있었다. 치성이 덧대어져 있는 체성의 경우에는 외벽면석이 많게는 7~8단이 남아 있고 적심부는 거의 다 남아 있다.

치성 북쪽은 지대석을 포함하여 작게는 2단에서 많게는 6단이 남아 있다. 치성 전면에 해당하는 서벽은 지대석을 포함하여 2~3단 정도 남아 있으며 나머지 외벽 면석부분이 모두 훼손되었다.

치성 축조수법을 살펴보면, 전체적으로 지대석 위에 기단석과 성벽석이 축조되고 그 내부는 할석으로 채웠던 것으로 추정된다. 생토면을 정지한 후 가장 하단에 모서리를 치석한 100~140cm 내외 자연석으로 지대석을 삼고 그 위에 90cm×90cm 크기 기단석을 안쪽으로 물려서 쌓거나 그렇지 않은 것이 혼용되어 있다. 이 90cm×90cm 크기 할석은 세워 쌓았고, 이 성석과 성석 사이 생기는 「V」자 틈을 40~45cm×10~20cm 크기의 장방형 면석으로 마감하여 수평을 맞추고 그 상부에도 역시 동일한 크기의 장방형 면석들을 이용하여 수평줄눈을 맞추어 쌓여 있다. 이곳에서는 외벽 면석 가장 앞부분에는 입수적을 실시하고 있으며 내부 뒷채움석에는 외벽 면석에 직교하게 길게 쌓고 면석부분이 앞으로 보이도록 쌓았다. 또한 체성에는 品자형 축조수법과 달리 수직으로 장방형 면석을 포개어 축조하는 수법을 확인할 수 있었다. 주변의 체성에 비해서는 쌓은 수법이 다소 조잡해 보인다. 이 서북 제2 치성에서는 치성 전면에서 기단 수평화 구간이 확인되고 있는데 치성 북쪽에 축조된 지대석 높이와 남쪽에 축조된 3단 성석과 그 높이가 동일하며 전면 가운데 부분에 다른 기단석은 눕혀쌓기를 실시한 반면 기단 수평화 구간은 세워쌓기를 실시하며 그 높이를 맞추고 있다.

이 제2 치성은 체성과 동시에 축조되었다. 제2 치성 규모는 너비 7.1m, 길이 5.1m, 잔존 높이 2.8m로 조선 전기 세종 15년에 규식화 된 15척×20 척에 비해서는 길이가 짧다.

하동읍성 제2 치성은 지대석 크기가 100~140cm 내외이며 지대석을 물려 쌓은 부분과 그렇지 않은 부분이 혼용되어 있는데 이와 같은 양상은 10~20cm 이상을 물려서 쌓는 여타 읍성 축조수법과는 차이가 있는 것으로 보인다.

(3) 제3 치성

제3 치성은 하동읍성 북쪽 성벽에 해당하는 곳으로 해발고도가 가장 높은 양경산 정상부(해발 145m)를 통과하고 있는 부분이다. 조사 당시에는 성 외벽 쪽으로 성벽석이 잔존하는 성벽의 높이만큼 성벽 뒷채움석 및 상부석으로 보이는 석재들이 덮여 있었다.

이 치성 축조수법은 먼저 생토면 바닥을 정지하고, 지대석은 2.7m×0.45m 직사각형에 가까운 자연대석을 치석하지 않고 세로 방향으로 눕혀 쌓았다. 외벽 면석이 20cm 안으로 물려서 입수적 되어 있다. 지대석 위 기단석은 횡평적을 실시하고 상부로 갈수록 삼각석이나 부정형 할석을 이용하여 축조하고 있다. 체성과 달리 성벽과 성벽 사이의 틈새에 끼임돌을 많이 사용하고 있다.

이 제3 치성은 초축 시 길이 4.1m로 축조되었고 외벽 면석부분도 지금보다 체성쪽으로 더 들어가 있었다. 치성 중축 시 외벽 지대석 보강토를 정지하고 현재 평면플랜으로 축조하였다. 이것은 여러 번 증개축이 행하여진 것으로 추정된다.

이 치성 현재 규모는 너비 7.4m, 길이 5.1m 잔존 높이 약 3m 정도이다. 너비는 조선 전기 세종 15년에 정해진 규식과 유사하나 길이는 현저하게 짧다. 이 치성은 체성에 덧대어져 있다.

제3 치성의 내벽에서는 외벽쪽으로 계단상 내벽이 확인되었다. 내벽 기저부는 외벽에서부터 약 6m 정도로 추정되며 체성의 너비는 약 4.5m 인데 이 가운데 약 3.5m 정도가 초축 시 축조된 성벽이고, 그 이후는 석축을 계단상으로 덧대어 축조하고 있다.

이 제3 치성이 위치하는 양경산 정상부는 고위 평탄면으로 멀리 남해에서 이 지역으로 출입하는 수륙교통 흐름을 한눈에 조망할 수 있다. 망대지로 추정되는 곳인데 현재 건물지 흔적도 일부 보이고 있다. 더욱이 다른 지역에 비해 비교적 평탄한 지형임을 감안하여 북벽 최상부인 이곳에 치성과 망대지를 설치한 것으로 추정된다. 이 치성 역시 체성에 덧대어져 있고, 여러 번의 증개축이 이루어졌음을 알 수 있다.

(4) 제4 치성

제4 치성은 동문지 옹성으로부터 약 90m 떨어진 해발고도 105m 지점의 비교적 급경사 지점에 위치하고 있다.

이 치성은 너비가 6.6m, 길이가 북쪽은 5.8m, 남쪽은 6.1m, 잔존 최고 높이 4.4m이다. 원래 높이는 대략 5m 정도로 추정된다. 이곳은 급경사 지역으로 치성 전면에서 보면 기단 수평화 구간이 나타나고 있다.

치성 축조수법을 살펴보면, 기저부 경사면을 'ㄴ'자상으로 절토하고 바닥에 인두대 크기 할석을 깔아 좌우의 수평을 맞춘 다음 그 위에 눕혀 쌓기로 가공하지 않은 자연석을 쌓고 절토한 부분이 끝나는 곳에 면석이 외벽방향으로 보이게 하여 세워쌓기를 실시하여 높이를 맞추고 있다.

다음으로 치성 외벽 축조수법을 살펴보면, 먼저 북쪽 기단석은 45cm ×25cm의 장방형 석재와 장대석을 교대로 쌓으며 지대석은 없다. 상부 성벽석 사이사이에 쐐기돌을 넣어서 난적쌓기를 실시하고 있으며 남쪽 은 가공하지 않은 100cm×40cm 크기 자연석을 이용하여 석축하고 있 다. 치성이 접합하는 북쪽 체성 앞부분은 성벽 배부름 현상으로 인해 튀 어나와 있으며 체성의 앞에는 점토를 이용하여 보축한 흔적이 보인다. 이 치성 남쪽 측벽 하부에는 40cm×50cm×35cm 크기의 할석을 바깥에 쌓고 내부 채움석은 자갈과 주먹 크기 할석을 이용하여 채워 넣은 너비 1.4m 높이 70cm의 기단 보축부가 축조되어 있다. 이것은 지대석이 밀려 나오는 것을 방지하는 기능 외에 우수(雨水)로 인하여 치성 기초부가 훼 손되어 붕괴되는 것을 방지코자 시설된 것이다. 이곳 하부에서 분청사기 저부편이 출토되고 있다.

동북 제4 치성은 치성 축조 시 일정부분은 다시 쌓은 것으로 추정되는 데, 이러한 것은 하동읍성에서 조사된 치성들의 접합부 축조양상이 거의 동일한데 기인한다. 이러한 양상은 적어도 제4 치성에서는 처음 축조 논 의 시에 계획한 지점에 치성이 계획대로 축조한 것으로 보인다.

(5) 제5 치성

서문지에서 서남쪽으로 67m 떨어진 해발 104m의 구릉 정상부 돌출 면에 위치하고 있다. 이곳은 서문지를 지난 체성이 주변에서 가장 높은 지대인 이곳 정상부를 지났다가 다시 내려가는 지점으로 주변에서 가장 높다. 실제로 이 치성 정상에서 사방을 보면 멀리 서쪽에 남해가 보이고 주변 지형을 한눈에 조망할 수 있는 전략적인 위치에 축조되어 있음을 알 수 있다.

현재 치성 4면이 남아 있으며 북벽과 남벽에는 일정부분까지 축조상 태를 파악할 수 있다. 다만 치성 전면에 해당하는 서벽은 외벽 면석부분 이 모두 훼손되었다. 지대석과 기단석 일부만이 남아 있으며 후에 잡석 으로 일부를 보강한 것으로 파악되었다. 이 치성 축조수법을 살펴보면 암반지대의 굴곡을 줄이기 위해 생토면을 정지하고 바닥에 황적갈색 점 토를 깔아 다진 후, 두께 30cm 치석한 장방형 석재로 면을 맞추었다. 그 위에 기단석을 12~13cm 뒤로 물려서 설치하고 성석은 가급적 평면이 바깥쪽으로 보이도록 하면서 세워쌓기 · 눞혀쌓기를 성석에 따라 고르 게 실시하고 있다. 성석 크기는 50~100cm 내외 것이 대부분이며 상부 로 갈수록 작은 성석으로 축조하고 그 틈새를 끼임돌로 메우는 방식이 다. 이 치성은 초축 시에는 약 5m 길이로 축조되었다가 증축 시에 지금 길이가 된 것으로 추정되는 축조 구분점이 확인되고 있다.

이 치성 전면 하단부 중앙에서 치성과 나란하게 주혈이 확인되고 있 다. 이 주혈은 직경이 대략 5~9cm로 해자 방향으로 기울어져 있다. 이 주혈 간격은 일정하지 않으며 2열로 나란하며 치성 바깥에 설치한 트렌 치 주변에도 이 열과 연결되는 주혈들이 확인되고 있다. 이 주혈은 치성 축조 시 사용된 가구시설(架構施設) 내지는 기저부의 기반암 지대를 정 지하고 토사 유실을 막기 위해 바닥을 지지하던 것과, 해자 방향으로 기 울어져 있고 현재 확인되는 수혈 깊이로 볼 때 치성에 접근하는 적을 차 단하기 위한 목익(木杙)으로 나누어 볼 수 있다.[15]

---

[15] 목익(木杙)은 땅에 박은 방어수단의 말뚝으로 『좌전(左傳)』에는 "以杙扶其傷而死" 라 하여 "말뚝에 살이 긁혀서 그 상처로 죽는다"라고 되어있다. 柳成龍은 『西厓集』 에서 壬辰倭亂 당시 왜군이 平壤城을 점령하고 수비하느라 평양소성 안팎에 木柵과 아울러 杙木을 설치했다는 언급하고 있다. 우리나라에서는 垓字 내에는 木杙施設 이 있으며 치성에서 조사된 예는 아직 없지만 海美邑城의 치성 외벽에 탱자나무를 심어서 성에 접근하는 적을 경계했다는 기사가 있는 것을 보면 이와 같은 목익시설

즉 해미읍성과 관련한 문헌기록에 치성 및 체성 외벽 하부에 탱자나무를 이용한 장애물을 설치한 것과 최근 조사된 사천읍성 치성 바닥과 주변에서 확인되는 것을 볼 때, 직경 5~9cm 주혈은 방어를 위한 장애물 흔적으로도 생각해 볼 수 있을 것 같다. 외벽 면석 뒤에는 70cm 내외 침석이 성벽 방향에 직교되게 놓여 있으며 치성은 성벽에 덧대어 축조되어 있다. 치성 규모는 너비 7.4m, 길이 9.4m, 최고 잔존 높이 4.93m에 이른다.

(6) 제6 치성

이 치성은 제5 치성으로부터 남쪽으로 92.3m 떨어진 해발 80m 지점에 축조되어 있다.

치성 체성 축조수법을 살펴보면 치성은 북쪽에서 경사져서 내려오는 암반지대의 굴곡을 줄이기 위해 생토면을 'ㄴ'자상으로 정지하고 바닥에 황적갈색 점토를 깔거나 잔할석을 이용하여 경사면을 다진 후 지대석을 축조하였다. 그 위에 기단석을 설치하고 성석은 가급적 평면이 바깥쪽으로 보이도록 하면서 세워쌓기 · 눕혀쌓기를 석재에 따라 고르게 사용하고 있다. 성석 크기는 50~100cm 내외의 것이 대부분이며 상부로 갈수록 작은 성석으로 축조하고 그 틈새를 끼임돌로 메우는 방식이다.

외벽 면석 뒤에는 70cm 내외 침석이 성벽 방향에 직교되게 놓여 있으며 또 치성 하단부에 치성과 나란하게 주혈이 확인되고 있다. 이 주혈은 직경이 대략 7~8cm가 대부분이나 부분적으로 직경 20cm 이상 것들도 일부 확인되고 깊이가 약 50~60cm 정도이다. 또한 이중으로 된 주혈도 확인되고 있다. 직경 7~8cm 주혈은 방어를 위한 장애물 흔적으로도 생각해 볼 수 있을 것 같다.

이 치성의 전면에도 설치하여 운용한 것으로 추정된다.

제6 치성은 너비 7.4m, 길이 9.8m, 최고 잔존 높이 5.4m로 초축 당시에
는 길이가 5m 내외였다가 그 이후에 다시 앞부분에 바닥을 정지하고 계
단식으로 지대석을 놓고 그 위에 기단석과 성석들을 쌓아 올렸다. 이와
같은 주혈은 밀양읍성 조사 시에도 내벽과 적심부에서 나타나고 있고,[16]
사천읍성, 동래읍성, 기장읍성 등에서도 확인된다.

(7) 제7 치성

제7 치성은 남문지에서 서쪽으로 산등성이를 따라 올라가다가 산등성
이가 굴절되는 해발 69m 지점 평탄한 곳에 축조되어 있으며, 남문지로
부터 83m 지점에 위치한다. 제7 치성 규모는 너비 6.2m, 길이 4.4m, 최
고 잔존 높이 0.67m로 서벽이 끝나는 지점과 남벽이 시작되는 지점이 교
차하는 곳에 위치하는 성우(城隅)이다.

지대석을 포함하여 2단만이 남아 있다. 축조수법을 살펴보면 적갈색
점토로 바닥을 정지한 후 장방형의 치석한 두께 10cm 내외 판석을 이용
하여 지대석으로 삼고 그 위에 60~130cm×50~80cm 내외 거칠게 치석
한 자연석으로 기단석을 축조하고 있다. 2단만 남아 상단의 축조상태는
확인할 수 없지만 기단부 높이를 맞추기 위해 사이사이에 끼임돌을 끼워
놓고 있다. 내벽 뒷채움석은 체성의 뒷채움석과 대동소이하며 인두대 보
다 더 큰 할석들로 채워놓고 있다. 체성에 덧대어져 있으며 체성 접합부
에서 확돌이 뒤집어 진 채로 발견되었다. 내벽이 급경사인 관계로 계단
시설이 설치되어 있다. 해자까지 거리는 2.7m에 불과하고 성 외벽에서
양마장까지가 13m로 하동읍성 전 지역에서 가장 작은 치성으로 인접한
제5 · 6 치성에 비해서는 조잡하다.

---

16) 밀양대학교박물관, 2002, 『밀양읍성』, 96쪽.

〈그림 1〉 하동읍성 제1 치성 평면도

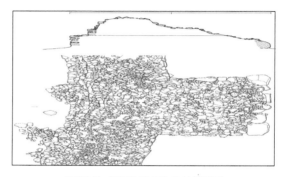

〈그림 2〉 하동읍성 제3 치성 평면도

하동읍성에서 현재 확인되는 치성 개수는 총 11개소로 동·남벽 문지에서 개구부 방향으로 약 90m 떨어진 곳에는 일률적으로 적대가 배치되어 있다. 그러나 서문지는 현재 문지에서 치성까지 거리는 67m이나 문지에서 북쪽으로 약 13m 떨어진 지점에 체성을 폐쇄한 지점[17]이 확인되고 있다. 제5 치성으로부터 90m 되는 지점이다. 이것은 하동읍성 치성 가운데 문지 출입구를 방어하는 적대는 90m 거리를 맞춰 축조되어 있

---

17) 서문지 옹성 체성부와 성벽 체성부가 만나는 접합부에서 북쪽으로 약 1m 떨어진 지점에서 너비 4m의 단면 U자상의 구가 나타났고 내부에는 물이 흘러간 흔적들이 나타나고 있다. 이 U자상의 구는 트렌치 조사 결과 해자까지 연결되고 있다.

다. 현재 서문지는 초축 당시 문지가 폐쇄되고 서남쪽으로 옮겨서 새로 축조된 것임을 알 수 있는 것이다.

다음으로 하동읍성 치성 배치 상태를 살펴보면, 총 11개소 가운데 서벽과 서남쪽에 집중적으로 치성이 배치되어 있음을 알 수 있다. 이것은 이 지역이 동벽에 비해 경사도가 완만하고 남해에서 내륙으로 들어오는 외부 침입에 적절하게 대응하기 위해 집중적으로 치성이 배치되고 있는 것으로 추정된다.[18] 치성 배치는 서문지를 기준으로 좌우에 각 2개씩 4개소가 축조되어 있다. 북쪽 정상에 1개소, 서남, 동남 모서리에 각 1개소, 그리고 동문지 좌우에 각 1개소씩과 동남성우에서 동쪽으로 103m 떨어진 곳에 1개소가 축조되어 있다. 서북벽쪽 제1 치성~제2 치성 간 간격이 102m, 제2 치성~제3 치성 간 간격은 48m, 제3 치성~제4 치성 간 간격이 114m, 거기서 동문지 옹성 간 간격이 90m, 다시 서문지~서남쪽 제5 치성 간 간격이 78m, 제6 치성 간 간격이 90m, 제7 치성 간 간격이 102m로 나타나고 있다. 이러한 것은 세종 15년에 세운 규식[19]인 150척(70m)마다 적대를 하나씩 쌓도록 규정한 것에도 맞지 않는다. 문종 원년 정분 계문에 나타나듯 연해읍성들이 규식에 맞춰 쌓은 것이 없다는 계문의 내용과도 일치하고 있다.[20] 더욱이 하동읍성 치성들은 문종 원년(1451) 당시에도 치성이 4개소만이 쌓여 있었으며 이것도 모두 규식에 맞지 않는다고 했다. 단종 즉위년인 1452년에는 아직도 치성이 다 축조되지 않다고 해서 처음 계획한 11개 치성이 이때에도 아직 필축(畢築)

---

18) 손영식, 1987, 『韓國城郭의 硏究』, 207쪽.

19) 『세종실록』권59 15년 정월 정유조, "兵曹啓 慶尙道昆南新城敵臺 前面過廣 左右過峽 不宜守禦 然此已造 不可改也 今後前面十五尺 左右各二十尺 以爲定制 且每一白五十步一敵臺 則功力省 而可以禦敵從之。"

20) 『문종실록』권9 원년 9월 경자조. 『愛日堂先生實記續本』卷上, 「請慶尙忠淸各官城子尺量啓」

을 보지 못하고 있는 것을 알 수 있다. 그렇다면 하동읍성 조사에서 확인된 치성 가운데 제5·6 치성은 초축 시에는 길이가 5.1m이고 중축하여 너비와 길이가 각각 7.4m×9.4m, 7.4m×9.8m이다. 세종 15년에 정해진 15척×20척 규식에 일치하고 있으므로 적어도 이 치성들은 문종 원년 정분 계문 이후에 중축된 것으로 보여진다. 따라서 현재 확인된 치성들 너비×길이(표 1 참조)를 확인하면 초축 당시 하동읍성 치성 너비는 대략 7m 내외이고 길이는 5m로 계획되어 축조되었음을 알 수 있는 것이다.

〈표 1〉 하동읍성 치성 현황

읍성명		치성수	평면형태	너비	길이	잔존높이	비고
하동읍성	제1 치성	11	장방형	6.7m	5.1m	5.7m	덧대어 축조.
	제2 치성		장방형	7.1m	5.1m	2.8m	치성 북측벽은 동시 축조. 남측벽은 덧됨.
	제3 치성		장방형	7.5m	5m	2m	덧대어 축조. 초축 시는 길이가 4.1m.
	제4 치성		정방형	6.6m	6.1m	4.4m	덧대어 축조. 남측벽 하단에 기단 보축 실시.
	제5치성		방대형	7.4m	9.4m	4.93m	덧대어 축조. 치성 전면 하단에 주혈 확인.
	제6 치성		방대형	7.4m	9.8m	5.4m	덧대어 축조. 치성 주변에 다수의 주혈 확인.
	제7 치성		장방형	6.2m	4.4m	0.67m	성우로 덧대어 축조.

다음으로 하동읍성 치성 평면플랜에 대해서 살펴보면 세종 15년에 세운 규식에 따라 치성을 설치하고 있는 것과 그렇지 않은 것으로 나누어 볼 수 있다. 조사된 7개 치성 가운데 길이:너비가 1:1의 정방형을 띠는 것이 제4 치성이다. 길이:너비가 1:0.74의 전후 것은 2개소로 제5·6 치성으로 방대형으로 축조되어 있고 나머지는 1:1.3~1.5의 차이를 보이는 장방형으로 축조되어 있다. 이것은 남해안 지역에서 조사된 여타 읍성에서

확인된 치성 평면플랜과 비교해 봐도 장방형이 그 수가 많음을 알 수 있다(표 1 참조).

다음으로 하동읍성 치성을 여타 조선시대 읍성 치성과 비교해 보면, 먼저 연산군 때 축조된 언양읍성의 치성 가운데 체성과 동시 축조된 제11 치성 경우 너비×길이가 8m×10.45m이다. 세종 15년에 정해진 15척×20척(7m×9.4m)보다 크나, 제9 치성은 7.2m×9.44m로 일치하고 있다. 문종부터 단종 때까지 축조된 고현읍성에는 하동읍성 제5·6 치성과 유사한 가운데 태종 17년에 석축성으로 개축된 울산 병영성, 세종 12년에 개축된 마산 합포성은 정방형으로 너비는 비슷하나 길이는 더 길다. 이처럼 남해안 지역에서 조사된 읍성 치성 평면플랜은 하동읍성 평면플랜인 7m×5m보다는 크기나 길이에 있어서 그 양상이 제각각임을 알 수 있다.

이와 같이 하동읍성과 여타 읍성에 나타나는 치성 축조 양상의 다양성은 용척 차이와 축성연한에 기인하는 것으로 판단하였는데 근래에 조사된 치성에 의해 다소 다른 양상이 확인되고 있다. 즉 합포성 북벽에 인접하는 2개소 치성 가운데 한개소 치성 길이와 너비가 7m 내외인 반면에 서쪽으로 인접한 치성은 8m 내외로서 너비가 더 길게 나타나고 있다. 이것은 체성과 동시에 축조되고 그 거리가 서로 인접한 성우이면서 평면플랜이 장방형과 방대형을 띠고 규모가 다른 영산읍성을 볼 때 더욱 확연해지는 것이다. 또한 제주읍성에서도 각각 치성간 거리가 74m와 69m로 인접하면서 동시 축조된 치성이 7.1m×12.8m, 11.3m×11m, 8.9m×11m가 잔존하고 있다. 이 경우 역시 방대형과 정방형, 장방형이 적절히 혼용되고 있는 것을 알 수 있다(표 1 참조).

다음으로 하동읍성 치성 축조수법을 살펴보면, 치성은 체성에 덧대어져 축조되어 있는 것이 대부분이다. 서북벽 제2 치성은 남쪽은 체성에 덧대어져 있고 북쪽은 동시 축조가 이루어진 듯 맞물려 있다. 이러한 양상은 하동읍성 증개축과 관련이 있을 것으로, 즉 하동읍성 초축 당시에 심정된 치성 위치에 체성과 더불어 치성을 동시 축조하였으나 그 공정을 완성하지 못하다가 후대에 다시 축조하여 완성한 것으로 보인다.

이러한 양상을 뒷받침해 주는 것이 『朝鮮王朝實錄』 단종조에 충청·전라·경상도 도체찰사 정분의 계문(啓問)21)에 잘 나타나고 있다. 따라서 하동읍성 치성은 처음 성기 심정 당시에는 축조되지 않았고, 그 이후 왜구 침입 빈도에 따라 필요한 지역의 방어도를 높이기 위해 계속해서 치성을 축조한 것으로 보여진다.

하동읍성 치성들은 그 축조수법이 조잡하고 석재 역시 급조한 것으로 판단된다. 체성은 品자상 가로쌓기와 세로쌓기를 충실히 이행하려고 한 것이 성벽 곳곳에서 확인되고 있지만 치성에는 이러한 축조수법상 정형성이 체성에 비해 훨씬 빈약하게 나타나고 있다.

더구나 치성 축조 시에는 치성이 축조될 지점 체성 일부분을 들어내어 다시 쌓고 그 앞에 치성을 덧대고 있는 것을 확인할 수 있다. 이것은 치성이 덧대어지는 체성 석재가 잘 치석된 장방형 판재석을 이용하여 축조되어 있다. 그 부분 이외 지역에는 장방형 성석을 기단부로 조성하고 그 위에 장대석을 가로쌓기와 세로쌓기로 축조하는데 기인하는 것이다.

또 하동읍성 치성은 경사면 암반층을 정지하고 기단 수평화 작업을 실시한 기저부가 축조된 것, 경사면을 정지하고 황적갈색 점토로 바닥을 다지고 그 위에 이중으로 축대를 구성하여 수평을 맞추고 축조한 것, 기반암층을 정지하고 황적갈색 점토를 다짐한 후 네모반듯한 정방형 치석한 지대석을 설치하고 성벽을 축조한 것 등 3가지 형태가 나타난다. 이러한 것은 지형에 기인하는 것으로 구릉 정상부나 평탄면에는 세 번째가 많고 경사가 심할수록 첫 번째, 두 번째가 교대로 축조되어 있다. 주로

---

21) 『문종실록』권9 원년 9월 경자조.

첫 번째는 서북벽에, 두 번째는 동벽에, 그리고 세 번째는 서문지를 기준으로 서남벽에 축조되어 있다. 또 하동읍성 치성이 덧대어진 체성의 좌우에서 축조 구분 지점이 나타나고 있다. 이러한 축조 구분 지점은 여타 읍성에서 나타나는 입수적한 장대석과 달리 장방형 석재를 눕혀쌓기를 실시하여 좌우 체성벽 축조수법과 차별을 두는 것으로 시점(始點)과 종점(終點)을 구별하고 있다. 이러한 시점과 종점석으로 각 구간 거리를 산출해 본 결과, 한 개 성벽 공정 구간은 대략 30m(포백척 환산치) 가량으로 추산된다. 이와 같은 양상은 서벽과 북벽 치성에서 일률적으로 나타나고 있으며 면천읍성 서치성 북측벽 기단부를 이루고 있는 각석 1매에는 "己未年 沔川始面 長六十尺 四寸"이라 새겨져 있어 세종 21년 옥천에서 동원된 부역민이 이 성석에서부터 60척 4촌의 길이를 축조하였음을 밝혀주고 있다.22) 이 60척 4촌을 포백척으로 환산하면 30m 전후로 하동읍성 축성구간 길이와 일치하고 있어 하동읍성 축조구간은 면천읍성과 같은 60척 4촌으로 추정된다. 그러나 이러한 것이 조선 전기 읍성이나 진보에 일률적으로 적용된 것23)은 아니며 적어도 하동읍성 축조구간 길이가 30m인 것이다. 또한 하동읍성 총연장 길이가 1.4km를 전제로 하면 총 47개 구간으로 나누어지고 하동읍성 축조에 동원된 군역인 수도 세종 3년에 도성수축도감(都城修築都監)이 계(啓)하기를, 도성을 수축하는데 토성은 매 척당(尺當) 각 15명씩의 인력이 소요되며, 석성은 매 척당

---

22) 대전산업대학교 향토문화연구소, 1999, 『沔川邑城』, 118쪽.
   면천읍성 서치성의 북측벽에는 刻字가 있는 성석이 2매가 있었으나 1매는 최근 유실되었다고 한다. 현재 기단부를 이루고 있는 1매에는 "己未年 沔川始面 長六十尺 四寸"이라는 글자가 새겨져 있어 세종 21년 옥천에서 동원된 부역민이 이 성석에서부터 60촌 4촌의 길이를 축조하였음을 밝혀 주고 있다.
23) 전라남도 영광 법성진성에서 확인된 刻字에는 함평 70척, 광양 80척 등 각각의 축성구간이 다름을 알 수 있으며 아마도 축성 인력의 동원과 지형의 요건이 고려된 것으로 면천읍성 및 하동읍성의 30m(60척 4촌)와는 차이가 있다.

각 5명씩의 인력이 소요된다는 기사를 참고한다면 하동읍성 둘레 2,943
척을 기준으로 할 때 적게는 14,700명에서 많게는 18,000명가량 소요되
었을 것으로 추정된다.

〈사진 1〉 하동읍성 치성 현황

2) 고현성

북벽과 서벽이 만나는 모서리 부분에 위치한 성우로 대부분 훼손되었
으나 기단 석축 일단 정도가 남아 있었다. 체성에 덧대어 축조하면서 구릉
과 같은 능선의 가장자리를 절개한 뒤 기단석을 배치하였다. 처음에는 내

탁하게 겉쌓기 하다가 나중에는 협축하고 그 내부는 자갈돌을 적심석으로 채운 형태이다. 적심석으로 채운 대부분은 외벽 훼손으로 사방으로 흘러 내렸다. 지형적으로 체성 중에서 가장 높은 곳에 위치하며 형태는 방형으로 축조되어 있다. 규모는 너비 7.4m, 길이 10.2m, 높이 2.55m이다.

3) 사천읍성

사천읍성 치성은 두 곳에서 확인되었다. 제1 치성은 2구간에서 남쪽으로 체성이 꺾이는 지점에 위치하며, 규모는 너비 820cm, 길이 940cm 이다. 현재 상태는 대부분 훼손되어 풍화암반 위에 한 벌의 할석과 지대석만 일부 남아있고, 훼손된 곳은 지반을 보강한 목주흔이 그대로 노출되어 있다. 지대석 크기는 90×55×10cm이며, 주변에는 할석이 불규칙하게 깔려 있다. 그 아래 풍화암반층에는 깊이 5~30cm, 직경 7cm 가량 목주흔이 약 20cm 간격으로 198개가 조사되었다. 목주흔은 치성 하부 암반층과 제2 트렌치 체성 단면에서도 확인되었다. 아울러 체성 기단석과 치성 지대석이 서로 물리도록 놓은 것으로 보아, 초축 시 계획적으로 목주를 박아 지반을 보강하고, 체성과 치성을 축조한 것으로 보인다. 제2 치성은 제1 치성에서 남쪽으로 64m 떨어진 곳에 위치하며, 북쪽에서 내려오는 체성 일부가 남서쪽으로 꺾이는 지점에 해당한다. 아울러 치성 단면 레벨은 북서쪽에서 남동쪽으로 급경사인 지형에 조성되어 있어, 치성의 동쪽 외벽이 서쪽 내벽에 비해 1m 가량 낮다. 확인된 치성 규모는 너비 7.2m, 길이 8.3m, 기단보축 너비는 1.5~1.7m 가량이며, 잔존한 면석 높이는 1.4m이다. 외벽은 길이 70cm 가량 기단석을 체성 지대석에 직교하도록 놓고, 그 위로 10cm 물려서 80×30×30cm 가량 면석을 놓았다. 아울러 모서리는 130×90×60cm 가량 편평한 대석을 면석으로 사용하였다. 면석 사이에 적심석은 없고, 체성과 마찬가지로 길이 1m 가량의 대석을 면석과 직교하게 놓고 그 사이에 40cm 가량 자연석과 할석을 채웠으며, 내부는 40~50cm 가량의 적심석으로 채워져 있다.

4) 고성읍성

고성읍성 치성은 문지 좌에 적대로 추정되는 것이 각각 2개소, 각 적대와 적대 사이에 1개소씩 더 있고, 북동쪽에는 3개소의 치성이 집중적으로 배치되어 있다.

5) 동래읍성

동래읍성에서 확인된 치성은 3개소로서 북벽 1개소와 서벽 2개소이다. 북벽 치성은 명장동에서 복천동으로 넘어가는 고개로부터 북쪽으로 약 50m 정도 떨어진 곳으로 산의 중턱(해발 100m정도)에 해당된다. 이곳은 치성 공간확보를 위해 기저부를 판축상으로 다져 대지를 조성 후 반원형으로 지대석을 돌리고 그 위에 평면 정방형의 한변 길이 4.2m 치성을 축조하였다. 치성은 외벽을 축조한 후 덧대어진 것으로서 체성에 사용된 성석과 축조수법이 허튼층쌓기로 치석되지 않은 성석인데 반해 이 치성에 사용된 성석은 잘 다듬은 것으로 체성과 치성 축조시기의 차이가 있는 증거이다. 이 치성의 체성은 황갈색사질점토(암반편 혼입)와 암적갈색사질점토를 교차하여 경사지게 다지고 외벽을 쌓으면서 그 내부를 성토한 내탁식 성벽이다. 체성 토층상에서 's'자형으로 보이는 굴광선은 치성의 개축 혹은 보수와 관련이 있는 것으로 추정된다. 이 치성 북쪽에는 치성 측벽석과 직교하게 맞물려 확인되는 3조 석열이 있다. 2003년 8월에 조사한 동래구 명륜동 산 26-2번지 340㎡ 일대에서도 체성이 확인되었다. 조사단에서는 계단으로 추정하고 있으면서 치성과 동시 축조된 것이라고 하였다. 동래읍성 서장대에서 서쪽으로 40m 떨어진 곳으로 해발 79m에 해당한다. 여기에서 확인된 치성 규모는 길이 4.8m, 너비 4.2m 정도이며, 평면형태는 정방형이다. 잔존하는 성벽은 높이 1~3단, 110cm 정도이다. 치성은 일정구간을 정지하여 수평을 맞춘 후 사질점토를 20cm 정도로 다진 후 체성부와 직교하게 축조하였다. 치성 축조에 사용한 석재는 치성 주변의 성석들과 동일하며, 크기는 40~ 50cm×25~ 40cm×25~40cm 정도이다. 치성 지대석은 30~75cm×10cm 내외의 치석된 장(방)형 및 부정형 할석을 이용하여 수평줄눈에 의한 품자형쌓기를 하였으며 체성과 연접하는 부분은 치성벽과 달리 길이 100cm 내외의 장방형 석재를 이용하여 축조하였다.

또한 치성 북쪽 급경사면에는 치성 바깥으로 60cm 정도에서 치성과 평행한 석축이 확인되었다. 석축은 정지면 위에 30~50cm 정도의 석재를 쌓고, 치성 사이는 사질점토를 다졌다. 치성 내부는 사질점토를 이용하여 흙으로 다진 뒤 면석에서 너비 70cm 정도를 굴착하여 할석을 채웠다. 서벽 치성2는 서벽 치성1에서 서쪽으로 66m 떨어진 곳에 위치하며 규모는 길이 4.8m, 너비 4.4m 정도이며 평면형태는 정방형이다. 잔존하는 높이는 1~3단, 120cm정도이다. 그리고 치성 서쪽 급경사면에는 치성바깥으로 80cm 정도에서 치성과 평행한 석축이 확인되는데 석축과 치성 사이는 사질점토를 다졌다. 치성 내부는 사질점토로 다짐을 한 뒤 너비 70cm 정도를 굴착하여 할석을 채웠고, 할석 뒤는 사질점토와 교대로 쌓았다.

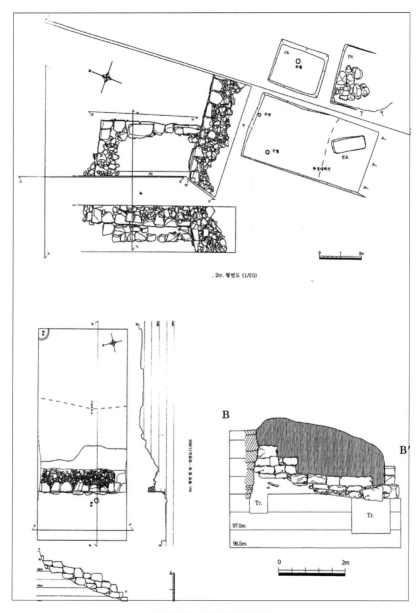

. 2tr. 평면도 (1/60)

〈그림 3〉 동래읍성 치성①

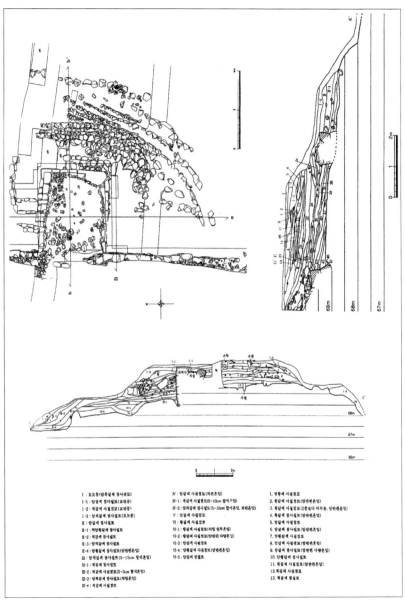

I : 표토층(암촉갈색 점사질토)
I-1 : 암갈색 점사질토(표토층)
I-2 : 적갈색 점사질토(표토층)
I-3 : 암적갈색 점사질토(표토층)
II : 암갈색 점사질토
II-1 : 적암황갈색 점사질토
II-2 : 적갈색 점사질토
II-3 : 암적갈색 점사질토
II-4 : 암적갈색 점사질토(암반편혼입)
III : 암적갈색 점사질토(5~15cm 암석혼입)
III-1 : 적갈색 점사질토
III-2 : 적갈색 점사질토(5~3cm 할석혼입)
III-3 : 암적갈색 점사질토(적암혼입)
III-4 : 적갈색 사질점토

IV : 암갈색 사질점토(적암혼입)
IV-1 : 적갈색 사질점토(5~10cm 할석혼입)
IV-2 : 암적갈색 점사질토(5~10cm 할석혼입, 적암혼입)
V : 암갈색 사질점토
VI : 황갈색 사질점토
VI-1 : 적갈색 사질점토(적갈 점부혼입)
VI-2 : 황갈색 사질점토(암반편 다량혼입)
VI-3 : 암갈색 사질점토
VI-4 : 암적갈색 사질점토(암반편혼입)
VI-5 : 암갈색 점질토

1. 명황색 사질점토
2. 황갈색 사질점토(암반편혼입)
3. 황갈색 사질점토(2층보다 어두움, 암반편혼입)
4. 황갈색 점사질토(암반편혼입)
5. 암갈색 점사질토
6. 암갈색 점사질토(암반편혼입)
7. 암갈색 점사질토
8. 암갈색 점사질토(암반편혼입)
9. 암갈색 점사질토(암반편 다량혼입)
10. 암적갈색 점사질토
11. 황갈색 사질점토(암반편혼입)
12. 적갈색 점질토
13. 적갈색 점질토

〈그림 4〉 동래읍성 치성②

〈사진 2〉 후기 동래읍성 치성 현황

6) 웅천읍성

웅천읍성 치성은 총 6개소로 성벽 각 모서리 4개 성우와 동 · 서벽에 각각 하나씩 치성이 배치되어 있다. 최근에 조사된 치성은 동북쪽에 위치하는 치성으로 체성에 덧대어 축조한 것으로 너비 8.4m, 길이 5.5m 정도의 규모이다.

〈사진 3〉 웅천읍성 동남치성,동북치성

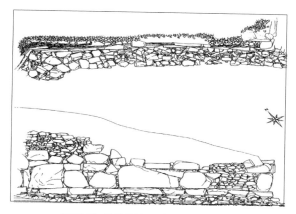

〈그림 5〉 웅천읍성 동남 치성 평/입면도

치성 축조수법은 체성과 동일하며, 체성에 비해 지대석과 기단석이 작으며 축조수법 역시 조잡하다. 전체적인 윤곽 파악이 어려우나 평면 장방형 형태로 추측된다. 바닥에는 잡석을 깔고 그 위에 체성벽에서 치성 외벽까지 30~40cm 내외의 판석이 전면적으로 깔려 있었다. 이 지대석 위에 40cm×35cm 두께 10cm 크기 기단석으로 축조되어 있다. 체성 너비 8.4m, 길이 5.5m, 높이 4m이다.

7) 기장읍성

기장읍성 치성은 동문지에서 약 50m 남쪽에서 확인되었다. 적대로서 규모 길이 8.7m, 너비 6.9m로 체성에 덧대어 쌓았다. 적대 축조수법은 지대석을 놓고 그 위 체성 성석과 동일한 성석을 이용하여 축조하였다. 잔존 상태가 불량하여 서쪽 모서리와 동쪽 도로가에 대석이 2단 정도 잔존해 있는 상태이다.

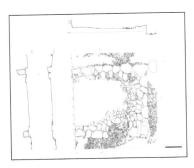

<사진 4> 기장읍성 동북치성 　　　　<그림 6> 기장읍성 동북치성

8) 장기읍성

장기읍성 치성은 모두 12개소에 설치하였다. 성의 외곽지형상 적의 침입이 용이한 서남벽과 동남벽쪽에 9개소를 두었다. 치성은 몇 군데를 제외하고는 거의가 허물어져 기저부만 1~3단정도 남아 있는 상태이다.

외곽지형이 급경사를 이루는 북편 회절부를 제외한 각 회절부에 근접하여 2개소의 치성을 마련하였다. 치성 규모는 일정하지 않으나 대체로 길이 8~10m, 너비 7~8m이며 높이는 제4 치성 측벽 지대석은 미석까지 완전하게 남아 있다. 좌측에 연접된 체성도 치성과 같은 높이로 미석까지 남아 있어서 성벽 높이가 3.7m이다. 치성 높이는 지형에 따라 각각 차이를 보이더라도 접촉되는 체성 높이와 일치할 것으로 조사자는 파악하고 있다. 치성 축조수법은 옹성 축조수법과 대동소이하다. 내외협축방식으로 0.8~1.5m 내외 대석을 지대석 위에 4~5단은 거의 수직되게 쌓은 다음 그 위로 30~59cm 되는 작은 돌을 약간 안쪽으로 뉘어서 쌓고 내부는 할석으로 뒷채움하였다. 여장 흔적도 4호 치성 좌측벽 미석 상단에서 보면 너비 1.2~1.4m로 여장기단 흔적이 남아 있어서 여장시설이 설치되어 있었던 것으로 추정된다.

<표 2> 장기읍성 치성현황

치성	길이(m)	너비(m)	비고
제1 치성	5.1	6.2	전면은 무너지고 지대석 일부만 확인.
제2 치성	9	6	성벽은 무너져 전면 지대석도 확인하지 못함
제3 치성	10.6	7.2	전면은 무너지고 지대석 일부만 확인함
제4 치성	10.3	8	일부 미석까지 남아 있음
제5 치성	8.2	8.5	좌측벽이 일부 남아 있음
제6 치성	7.2	6.2	전면이 무너져서 길이는 확실치 않음
제7 치성	9.8	7	우측벽이 일부 남아 있음
제8 치성	9.8	6.7	무너져서 위치만 알 수 있음
제9 치성	7	6	무너져서 위치만 알 수 있음
제10 치성	6.4	4.2	무너져서 위치만 알 수 있음
제11 치성	9.5	6.6	전면은 무너지고 측벽일부만 남아 있음
제12 치성	10.3	7.5	좌측벽이 남아 있어서 정확한 길이를 측정함

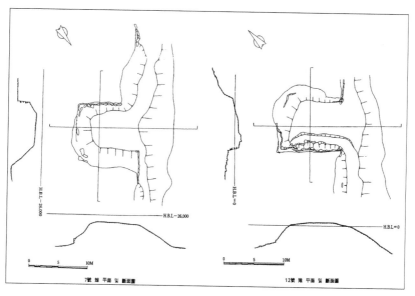

<그림 7> 장기읍성 치성

4. 읍성 치성 비교

치성(雉城)은 성벽에서 적의 접근을 조기에 관측하고 전투 시 성벽에 접근한 적을 정면 또는 측면에서 격퇴시킬 수 있도록 성벽 일부를 돌출시켜 장방형으로 내쌓은 구조물을 말한다. 이 치성을 분류함에 있어 제일 먼저 시도되어야 할 것은 명칭 문제와 유형식을 설정하는 것이다.

조선시대 읍성에 축조된 치성은 여러 명칭으로 불리는데 일반적으로 많이 사용되는 것으로 치성(雉城), 곡성(曲城), 성두(城頭) 등이 있다. 이 가운데 치성은 방형과 장방형 형태로 체성과 직선상을 이루는 곳에 설치된 것이다. 곡성은 체성이 굽어 굴곡이 있는 곳에 설치된 것이나 반원형 형태를 축조되어 있는 것이다. 치성 위에 간단한 건조물을 시설한 것을 적대(敵臺)로 분류할 수 있다.[24] 성두는 성곽의 네모퉁이에 설치된 것으로 평지방형성에서 주로 설치되고 있는 것으로 성우(城隅), 궁우(宮隅)라고도 불린다.

이와 같은 분류는 치성 입지에 따른 분류이며, 또한 치성 위에 누각의 유무로 나눌 수 있다.

(1) 치성의 입지에 따른 분류

① 치성(雉城): 방형과 장방형 형태로 체성과 직선상을 이루는 곳에 설치된 것

② 곡성(曲城): 체성이 굽어 굴곡이 있는 곳에 설치된 것이나 반원형의 형태로 축조되어 있는 것

③ 성두(城頭): 성두는 성곽 네모서리에 설치된 것으로 평지방형성에

---

24) 車勇杰, 1991, 앞의 책.

서 주로 설치되고 있는 것으로 성우, 궁우라고도 불린다.

④ 적대(敵臺): 치성 위에 간단한 건조물을 시설한 것을 적대라 부른다.

(2) 치성의 용도에 따른 분류

① 포루(鋪樓): 누각이 있는 경우로 적루(敵樓), 포사(鋪舍)라고도 함.

② 포루(砲壘): 치(雉)에 포(砲)를 설치하는 경우로 석루(石樓)라고도 함.

③ 적대(敵臺): 성문 주변에 위치하며 옹성(甕城)을 대신하거나 성문 (城門)을 방어하기 위해 설치된 雉城.

④ 이외에도 기능에 따라 용도(甬道), 각루(角樓), 공심돈(空心墩) 등으로 나눌 수 있다.

이와 같은 분류는 학자들마다 조금씩 차이를 보이고 있으며 조선시대에 들어서는 전기에는 『조선왕조실록』에 적대(敵臺)로 표현되어 있고, 後期의 여지도서(輿地圖書)에서는 치성(雉城)으로 표기되어 있다. 여기에서는 조선시대 이전시기부터 계속적으로 사용된 치성(雉城)을 따르도록 한다.

현재까지 남해안 지역에서 지표조사를 포함하여 발굴 조사된 조선시대 읍성은 17개소이다. 발굴조사에서 구조가 밝혀진 치성은 영진성에서 확인된 것을 포함하여 40개소이다. 여기에서는 축조 년대가 확인되는 치성 구조와 규모를 비교하여 상대적인 서열을 정하고 아울러 치성의 속성이 통시적으로 어떤 변화를 내포하고 있는지, 또 시간성을 반영하는 속성들로는 어떤 것이 있으며, 그러한 속성 조합이 유형이나 형식으로 설정될 수 있을 것인지 알아보고자 한다. 이를 위해 『조선왕조실록』의 문종조 정분의 계문에서 잉구(仍舊)로 표현된 읍성들의 현황을 <표 3>로 목록화 하였다.

	읍성명	성둘레(尺)	높이(尺)	여장높이(尺)	치성	성문	여장수	우물/지/천
경 상 도	경주읍성	4,075	11.6	1.4	26	4	1155	井83
	김해읍성	4,418	13	2	20	4	931	井28
	창원읍성	3,775	12.6	1.8	12	4	635	井7
	곤양읍성	3,765	9	2	13	3	514	井3/泉3
	기장읍성	1,521	11	2	6	3	383	
	동래읍성	3,000	13	2	12	4	513	井4
	고성읍성	3,011	12	2	12	3	575	泉5/池1
	남해읍성	2,806	12	3	13	3	553	泉3/小渠1
	하동읍성	2,943	8	3	11	3	588	泉5/池1
충 청 도	비인읍성	1,933.8	11	3	5	3	423	井3
	남포읍성	2,476	12	3	5	3	377	泉2
	보령읍성	2,109	12	2	8	3	412	井3
	해미읍성	3,352	12	3	18	4	688	泉3
	당진읍성	2,809	9	2	8	3	468	井3
	면천읍성	3,225	11	3	7	3	56	井3
	홍주읍성	4,856	11	3	24	4	608	井2/川1
전 라 도	순천읍성	3,383	12	3	6	4	514	井6/池8
	낙안읍성	2,865	9.5	2.5	12	3	420	井2/池1
	보성읍성	3,000	8	2	0	3	539	井2/池1/泉2
	영암읍성	4,369	12	3	6	3	639	泉2
	광양읍성	1,830	7.6	3	9	3	374	
	흥양읍성	3,500	12	3	11	2	574	井5
	무안읍성	2,700	11	3	7	3	427	井2/泉2/池1
	강진읍성	2,225	10.8	2.4	8	4	443	井4
	만경읍성	2,820	12	3	4	3	453	井3
	임피읍성	3,095	10	3	4	3	439	井7
	함열읍성	3,485	11	1.5−2	16	2	550	井2/池1

〈표 3〉을 토대로 형식분류상에서 남해안 읍성 치성 속성으로 나눌 수 있는 것 가운데 첫 번째의 속성은 읍성 치성 성둘레와 치성 수를 상정해 볼 수 있다.

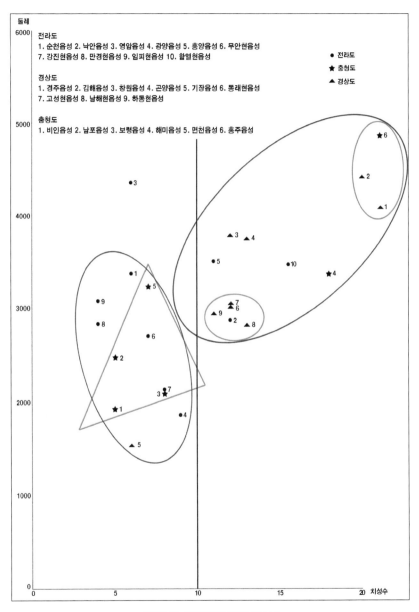

둘레
6000

● 전라도
★ 충청도
▲ 경상도

〈그림 8〉 잉구읍성 둘레/치성수

따라서 <그림 8>은 문종조 1년에 하삼도도체찰사 정분이 하삼도 읍성을 순심하고 그 현황을 문종에게 상소한 내용 가운데 잉구(仍舊)로 확인된 읍성에 한하여 성둘레/치성수를 비교하여 도식화한 것이다.

　　이것을 살펴보면, 경상도는 기장읍성을 제외하고 연해와 내륙에 축조된 읍성 치성 수가 10개소 이상 축조되어 있다. 반면 전라도는 경상도와 인접하거나 남해안 지역에 위치한 낙안, 광양, 흥양읍성 등 전라좌수영 관할 읍성 치성수가 10개소 내외로 축조되어 있다. 또한 충청도는 해미읍성과 홍주읍성만이 10개소 이상이고 대부분 5~7개소 내외로 축조되고 있음을 알 수 있다. 좀더 세분해서 살펴보면 먼저, 성둘레 2,000척 이상 3,000척 내외 충청, 경상, 전라도 읍성 가운데 유독 경상도 읍성 치성수가 10개소 이상으로 대규모 치성이 축조되고 있다. 전라도에서도 남해안 연해지역에 인접한 전라도 연해읍성 일부만이 역시 10개소 내외 치성이 축조되고 있음을 확인할 수 있다.

　　이러한 것은 이들 지역이 왜구에 대비한 최일선 방어처이자 왜구 최초 도박처에 해당하는 곳으로 국방상의 중요한 요충지에 따른 것이라고 할 수 있다. 따라서 해안방어전술 일환으로 이곳에는 읍성 치성 숫자가 증가하는 것이다.(표 3, 그림 8 참조)

　　또한 두 번째 속성으로 <그림 9>에서는 최근까지 조사된 읍성 치성을 비롯하여 총 54개소 치성 길이와 치성수의 비율을 확인해 보았다. 그 결과 <그림 9>에서는 경상도는 경주, 김해, 창원 등의 대도호부와 병영이 설치된 상위 행정 단위 및 군대의 상급지휘체계 지휘관이 위치하는 곳에 축조된 읍성이 하위 행정단위 읍성에 비해 치성 수가 1.5배 내지 2배가량 차이를 보이고 있다. 이러한 읍성은 또한 모두 평지방형으로 축조되어 있다. 그러나 영진성 등 병마절도사영과 수군절도사영이 설치된 읍성은 평지성이나 방형 평면형태로 축조되고 있지 않은 점을 고려하면 평지방형성이 평산성형 읍성에 비해 치성 숫자가 더 많은 것은 아닌 것이라고 할 수 있다.

이러한 예로 충청도는 홍주목이 설치된 홍주읍성과 충청도병마절도사영이 설치된 해미읍성이 여타 충청도 읍성 치성 수에 비해 1.5~2배가량 차이를 보이고 있다.

행정단위가 상위 일수록 치성이 증가하며 또한 병마절도사영 및 수군절도사영이 설치된 읍성일수록 치성 숫자가 일반군현에 축조된 읍성에 비해 많은 숫자로 계획되어 축조되고 있는 것이라 할 수 있다.[25]

또한 남해안 지역 연해읍성은 성둘레가 3,000척 내외에 집중적으로 분포하고 있다. 반면에 충청, 전라도 읍성은 2,000척 이하에서 4,000척 이상 다양하게 분포하고 있음을 알 수 있다. 따라서 경상도 연해읍성은 성둘레가 3,000척 전후로 비슷한 둘레를 가진 충청, 전라도 읍성보다 치성 숫자가 1.5~2배 가량 많다. 이러한 것은 치성 설치 숫자가 단지 성둘레에 기인하는 것이 아니라 국방상 요충에 위치한 군사상 중요도에 기인한다고 할 수 있다.

따라서 조선시대 읍성에 설치되는 치성 기본적인 수치는 읍성 4성우와 주요 문지의 좌우에 한 개소의 적대를 갖춘 6개소 형태와 4성우와 각 문지 좌우에 각각 2개소가 설치된 12개소의 두가지 형태로 크게 나눌 수 있으며 이러한 것은 영진보성에서도 동일하게 확인되고 있다.

---

25) 심정보는 해미읍성의 경우 계획된 18개소의 치성수치와 달리 실제로 2개소의 치성이 축조되어 있는 것이 충청병마절도사영의 이동으로 인해 군사적 가치의 상실에 기인하는 것으로 파악하고 있고 아울러 홍주읍성의 경우도 내지에 위치하는 관계로 인한 것으로 파악하고 있다.

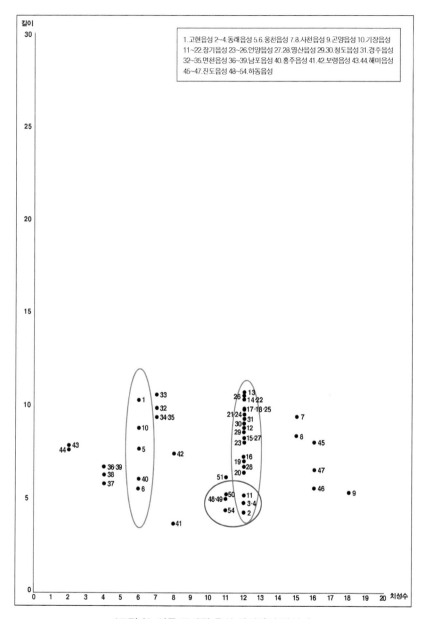

The figure contains the following label box (text):

1.고현읍성 2~4.동래읍성 5.6.웅천읍성 7.8.사천읍성 9.곤양읍성 10.기장읍성 11~22.장기읍성 23~26.언양읍성 27.28.명산읍성 29.30.청도읍성 31.경주읍성 32~35.면천읍성 36~39.남포읍성 40.홍주읍성 41.42.보령읍성 43.44.해미읍성 45~47.진도읍성 48~54.하동읍성

〈그림 9〉 최근 조사된 읍성 치성길이/치성 수

남해안 지역 연해읍성에 6개소와 12개소의 치성 축조 양상을 충실히 따르고 있다. 조사된 54개소 치성 가운데 12개소를 초과하는 읍성은 역시 모두 남해안 지역에 축조된 연해읍성들로서 사천읍성(15), 곤양읍성(18), 진도읍성(16) 등이다. 하동읍성은 11개소로 역시 12개소에 근접하고 있다. 이러한 6개소와 12개소 치성설치 양상은 영남내륙지방에 축조된 읍성에서도 공통적으로 확인되고 있는 양상이다. 또한 충청도는 6개소 내외가 대부분을 이루고 있다. 이러한 것은 남해안 지역에 비해 왜구 직접적인 도발의 빈도가 다소 적은 지역적인 특징에 기인하는 것이라고 할 수 있다. 따라서 남해안 지역 연해읍성에 12개소 이상 많은 치성이 설치되는 것은 왜구 침구로부터 읍성을 보호하기 위한 방어시설의 강화에 따른 것으로 조선 전기 하삼도에 집중된 읍성축성사업이 경상도 연해 즉 남해안 연해읍성 축조에 가장 중점을 둔 증거라고 하겠다.

〈표 4〉 남해안 연해읍성 치성 현황

읍성명		치성수	평면형태	너비	길이	잔존높이	비고
고현읍성		6	방대형	7.4m	10.2m	2.55m	덧대어 축조
			정방형	4.2m	4.2m	1.8m	덧대어 축조
동래읍성		12	정방형	4.2m	4.8m	1.1m	덧대어 축조
웅천읍성		6	정방형	4.4m	4.8m	1.2m	덧대어 축조
			방대형	5.5m	7.6m	4m	성우 상부는 잔돌로 축조
사천읍성		15	장방형	8.4m	5.5m	4.5m	훼손으로 상부평면이 반원형을띰
			방대형	8.2m	9.4m		
곤양읍성		18	방대형	7.2m	8.3m	1.4m	
기장읍성		6	장방형	14.7m	5.3m	2.7m	동문에서 북쪽으로 100m 이격.
			방대형	6.9m	8.7m		대석 2단 정도만 잔존.
하동읍성	제1치성	11	장방형	6.7m	5.1m	5.7m	덧대어 축조
	제2치성		장방형	7.1m	5.1m	2.8m	치성 북측벽은 동시축조, 남측벽은 덧됨
	제3치성		장방형	7.5m	5m	2m	덧대어 축조 초축시는 길이가 4.1m

	제4치성		정방형	6.6m	6.1m	4.4m	덧대어 축조 남측벽 하단에 기단보축 실시
	제5치성		방대형	7.4m	9.4m	4.93m	덧대어 축조 치성 전면하단에 주혈 확인
	제6치성		방대형	7.4m	9.8m	5.4m	덧대어 축조 치성 주변에 다수의 주혈 확인
	제7치성		장방형	6.2m	4.4m	0.67m	성우로 덧대어 축조
장기 읍성	제1치성	12	장방형	6.2m	5.1m	1.9m	전면은 무너져 지대석 일부 확인
	제2치성		방대형	6m	9m	2.7m	성벽이 무너져 전면 지대석 없음
	제3치성		방대형	7.2m	10.6m	2.3m	전면은 무너져 지대석 일부 확인
	제4치성		방대형	8m	10.3m	3.7m	일부 미석까지 남아 있음
	제5치성		정방형	8.5m	8.2m	2.8m	좌측벽이 일부 남아 있음
	제6치성		방대형	6.2m	7.2m	·	전면 무너져 길이는 확실치 않음
	제7치성		방대형	7m	9.8m	2.6m	우측벽이 일부 남아 있음
	제8치성		방대형	6.7m	9.8m	1m	무너져서 위치만 알 수 있음
	제9치성		방대형	6m	7m	·	무너져서 위치만 알 수 있음
	제10 치성		방대형	4.2m	6.4m	0.8m	무너져서 위치만 알 수 있음
	제11 치성		방대형	6.6m	9.5m	1.5m	전면 무너져 측벽 일부만 잔존
	제12 치성		방대형	7.5m	10.3m	3.7m	좌측벽이 잔존 정확한 길이 측정

다음으로 <그림 10>는 최근까지 고고학적 조사로 확인된 남해안 지역 연해읍성과 내륙읍성 및 영진성 치성 속성 가운데 길이/너비를 나누어 도출된 수치를 대입한 결과를 나타낸 것이다.(표 4~6, 그림 10 참조)

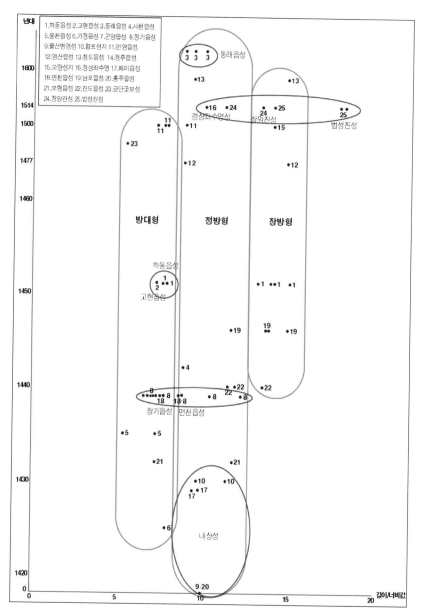

<그림 10> 연해읍성 치성 시기:길이/너비 값

〈표 5〉 내륙읍성 치성 현황

읍성명		치성수	평면형태	너비	길이	잔존높이	비고
언양읍성	제8치성	12	방대형	7.15m	8m	·	서문지 출입부 보호를 위한 적대
	제9치성		방대형	7.2m	9.44m	·	체성과 동시에 축조
	제10치성		방대형	7m	9.7m	·	성우 판석으로 기저부를 보강
	제11치성		방대형	8m	10.45m	4.85m	체성과 동시 축조. 현존 가장 큼
영산읍성	북동치성	6	방대형	7.2m	8.2m	1.8m	체성과 동시에 축조
	북서치성		장방형	9.3m	6.7m	1.2m	체성과 동시에 축조
청도읍성	동치성	6	장방형	11.8m	8.5m	1.3m	동문지에서 남쪽으로 30m 이격.
	북치성		방대형	8.1m	8.7m	1.3m	북문에서 서쪽으로 90m 이격.
경주읍성	동남제1치성	26	방대형	7.5m	9.3m	3.5~4m	체성접합부는 너비 6.4m

〈표 6〉 기타 읍성 치성 현황

읍성명		치성수	평면형태	너비		길이		잔존높이	비고
				전면	연접부	좌	우		
면천읍성	서치성	7	방대형	8m	7.3m	9.3m	9.8m	2.3m	서치성북측벽 각석 2매
	서북치성		방대형	7.7m	8m	9.7m	10.5m		
	북치성		방대형	8m	8.2m	9.3m	9.3m	1.8m	내탁부는 25°의 경사도
	동북치성		방대형	7m	7.2m	9.3m	9.3m	2m	
남포읍성	동남치성	4(5)	장방형	10m		6.7m	4.3m	3.6m	동벽 · 남벽 성우 동시축조.
	서남치성		장방형	6.7m	6.1m	5.8m	4.2m	3m	서벽 · 남벽 성우 동시축조.
	서북치성		장방형	8.5m	6.7m	6.2m	4.2m		현재 복원되어 있음.
	동북치성		장방형	9.5m	7.4m	6.7m	7m	4.2m	좌우높이 차이 있음.
홍주읍성	동남성우	2~8	정방형	6m		6m			문헌기록에 치성이 2개소 내지 8개소로 기록.
보령읍성	남벽치성	8	정방형	4.2m		3.6m		2~3단	남문지 동쪽 34.3m에 위치.
	서벽치성		방대형	5.3m		7.4m			적대

해미 읍성	남치성	2	정방형	7.5m		7.9m		2間×3間의 長鋪를 설치.
	서남치성		정방형	7.6m		7.7m		1間×3間의 長鋪를 설치.
진도 읍성	제3 치성	16	반원형	10m		8m		평탄대지에 위치, 성벽 중간 · 동시축조
	제6 치성		장방형	6.5m		5.5m		능선 정상 · 회절부 동시축조
	제7 치성		반원형	7.5m		6.5m		능선 경사면에 위치 성벽 중간. 체성에 덧대임

즉 길이/너비를 나누어 도출된 수치 가운데 0.79~0.5 내외를 제1 형식, 0.8~1.2를 제2 형식, 1.21~1.5 이상을 제3 형식으로 나누고 제1 형식을 방대형, 제2 형식을 정방형, 제3 형식을 장방형이라 명명하였다. (그림 11 참조)

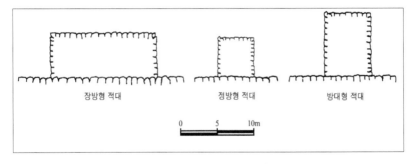

〈그림 11〉 치성 평면형태

이 <그림 11>에서는 정방형 평면형태가 가장 오랜 기간동안 축조되고 있으며, 다음으로 방대형이 나타나고 마지막으로 장방형이 나타나고 있다.

특히 세종 15년(1433)을 기준으로 그 이전 시기와 15세기 이후 16세기에는 치성 평면형태가 정방형, 장방형이 주류를 이루고 있으며 방대형은 쇠퇴하거나 소멸되고 있다.

더구나 장방형 치성은 방대형보다 더 오랜 기간 지속적으로 축조되고 있는 것을 확인할 수 있다.

따라서 방대형 축조를 규식화한 축성방침은 세종과 문종, 단종 재위기 간을 중심으로 일정기간만 적용된 것을 알 수 있는 것이다.

또한 <그림10>에서는 동일한 읍성에서도 길이와 너비가 다른 다양 한 평면형태를 가진 치성들이 확인되는 것을 알 수 있다. 기존에는 용척 차이와 축성연한에 기인하는 것으로 판단하였는데 <그림 10>와 <그 림12>에 도식화된 치성은 다소 다르게 확인되고 있다.

즉 하동읍성에는 방대형은 2개소, 장방형 4개소로 확인되고 있다. 장 기읍성에도 12개 치성 가운데 정방형 3개소, 나머지는 방대형으로 축조 되고 있다. 이것은 체성과 동시에 축조되고 그 거리가 서로 인접한 성우 이면서 평면형태가 장방형, 방대형으로 나눠지고 있는 영산읍성에서도 확인 되고 있다.

또한 제주읍성에도 인접하면서 동시 축조된 치성 규모가 7.1m×12.8m, 11.3m×11m, 8.9m×11m로 확인되고 있다.[26] 진도읍성에서도 이와 같은 양상이 확인되고 있어 방대형, 정방형, 장방형이 적절히 혼용되고 있는 것 을 알 수 있다.(그림 10, 그림 12 참조)

이와 같이 양상은 치성간 상호보완을 위한 것으로 남해안 연해읍성 치 성을 비롯한 조선시대 읍성 치성에서 정방형, 장방형, 방대형 치성이 혼 용되는 이유이다.[27]

---

26) 현지답사를 통해 실견하고 평면형태를 확인하였다.
27) 『민보의』보원의 제도중 각대편에 "여러 모서리 가운데 갑각이 가장 정사각형이고 치 우치게 적군의 공격을 받으며 을각은 마땅히 길어야 한다, 왜냐하면 두 모서리가 함 께 짧으면 다만 본성만 구원한다. 적군이 만일 무면에 붙으면 갑각이 위태롭다. 기면 을 좇아 탄알을 쏘면 곧 무면을 구원하니, 을각이 길면 또한 좋지 않은가."라고 기술

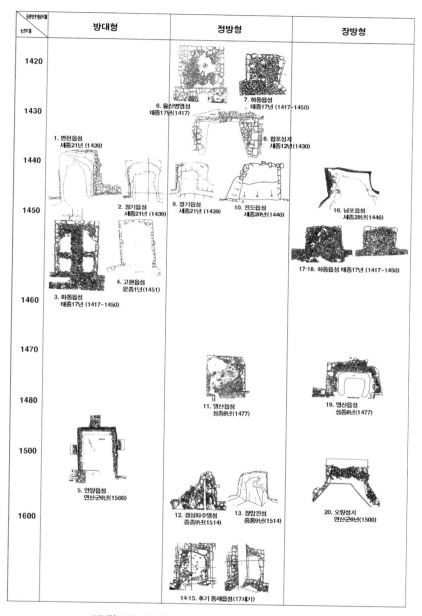

평면형태 년대	방대형	정방형	장방형
1420		6. 울산병영성 태종17년(1417)	7. 하동읍성 태종17년 (1417~1450)
1430	1. 면천읍성 세종21년 (1439)	8. 합포성지 세종12년 (1430)	
1440	2. 장기읍성 세종21년 (1439)	9. 장기읍성 세종21년 (1439) 10. 진도읍성 세종20년 (1440)	16. 남포읍성 세종28년(1446)
1450	4. 고현읍성 문종1년(1451)		17·18. 하동읍성 태종17년 (1417~1450)
1460	3. 하동읍성 태종17년 (1417~1450)		
1470			
1480		11. 영산읍성 성종8년(1477)	19. 영산읍성 성종8년(1477)
1500	5. 언양읍성 연산군6년(1500)		
1600		12. 경상좌수영성 중종9년(1514) 13. 장암진성 중종9년(1514)	20. 오량성지 연산군6년(1500)
		14·15. 후기 동래읍성(17세기)	

〈그림 12〉 연해읍성 · 영린보성 치성 평면형태 분류

남해안 연해읍성 치성 길이는 처음 연해읍성 축조시에는 너비에 비해서 길이는 비교적 5m라는 규식이 일정하게 지켜지며 축조되고 있었다.

이러한 것은 태종 17년에 축조된 하동읍성에서 확인된 7개소 치성 가운데 5개소 치성 길이가 5m를 전후로 축조되어 있다. 문종 원년 정분 계문에 나타나듯 연해읍성들이 규식에 맞춰 쌓은 것이 없다는 계문 내용과도 일치하고 있다.[28]

즉 문종 원년 정분 계문에서 언급한 규정된 축조규식은 세종 15년(1433)이후에 적용된 적대 축조 규식이나 세종 20년(1438)에 반강되는 축성신도로서 계문에서 규식에 의거하여 쌓지 않았음을 의미하는 것은 이러한 규식이 세종조와 문종, 단종조의 일부 기간에만 한정되어 적용된 것이라 볼 수 있다.

이러한 예로 하동읍성 치성들은 문종 원년(1451) 당시에도 치성이 4개소만이 축조되어 있었다. 이것도 모두 규식에 맞지 않는다고 했다. 단종 즉위년인 1452년에는 아직도 치성이 다 축조되지 않다고 해서 처음 계획한 11개 치성이 이때에도 아직 필축을 보지 못하고 있는 것을 알 수 있다. 그렇다면 하동읍성 조사에서 확인된 치성 가운데 제 5 · 6 치성에는 초축시 길이가 5.1m이고 증축하여 너비과 길이가 각각 7.4m×9.4m, 7.4m×9.8m로, 세종 15년에 정해진 15척×20척의 규식에 일치하고 있으므로 적어도 이 치성은 문종 원년 정분 계문 이후에 증축된 것으로 보여 진다. 따라서 현재 확인된 각 치성 너비×길이를 확인하면 초축 당시 하동읍성 치성의 너비는 대략 7m 내외이고 길이는 5m로 계획되어 축조되었음을 알 수 있는 것이다.(그림 13 참조)

되어 있어 치성 간의 너비와 길이를 조절하여 상호 보완토록 하고 있음을 알 수 있다.
28) 『문종실록』권9 원년 9월 경자조
　　『愛日堂先生實記續本』卷上,「請慶尙忠淸各官城子尺量啓」

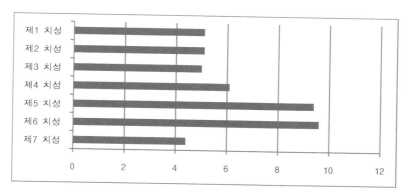

〈그림 13〉 하동읍성 치성 길이

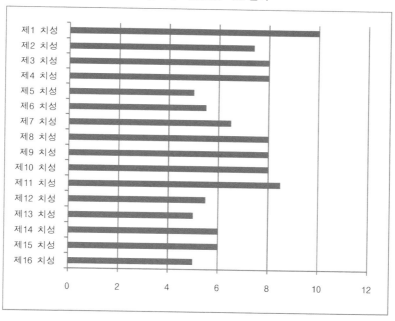

〈그림 14〉 진도읍성 치성의 길이

또한 <그림 15>에서 나타나는 것처럼 장기읍성에서도 길이 5m 치성이 확인되고 있다. 세종 15년(1433)에 치성 축조 규식을 만들게 된 곤남성 치성 역시 너비는 10m 이상으로 넓지만 길이는 5m이다. 그러므로 조선 전기 연해읍성 치성 너비는 다소 다양한 너비로 축조되지만 길이는 5m 규식으로 축조되었다고 할 수 있다. 아울러 치성 길이 5m 규식은 성종조와 중종조에 축조되는 영진보성 치성에서도 일괄적으로 확인되고 있다. 18세기에 축조되는 동래후기읍성 치성에서도 길이가 5m로 확인되고 있어 남해안 연해읍성 치성 길이는 5m로 조선시대 전기간 내내 계속적으로 지켜지고 있다.(그림 13~15 참조)

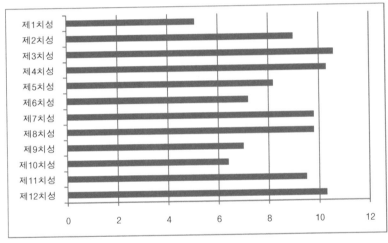

〈그림 15〉 장기읍성 치성의 길이

다음 남해안 연해읍성 각 치성 간 거리는 전술한 제3장에서 읍성 평면형태 결정요소로 기존에 인식하였던 지형조건이 과연 타당성이 있는 것인지에 대해 검토하는 것과도 일정한 상관관계가 있다고 할 수 있다.

따라서 연해읍성 체성에 덧대거나 동시 축조되어 평면형태에 일정한 영향을 주는 부대시설 가운데 가장 많은 설치 숫자를 차지하는 치성 거리간격 검증을 통해 연해읍성 치성 특징도 파악해 볼 수 있을 것이다.

그럼 먼저 연해읍성 각 치성 간 거리는 일정한 것인지와 세종 15년 (1433) 정월에 규정한 150척(포백척 미터환산치 70m) 마다 치성이 설치[29]되고 있는지에 대해서 살펴보자.(표 7 참조)

연해읍성 가운데 7개소 치성이 조사된 하동읍성은 치성1~치성2 간 거리가 102m, 치성2~치성3 간 간격은 48m, 치성3~치성4 간 간격이 114m, 거기서 동문 옹성 간 간격이 90m, 동문 옹성에서 치성10 간 거리는 90m, 서문~치성5 간 간격이 78m, 치성5~치성6 간 간격이 90m, 치성6~치성7 간 간격이 102m, 치성7~남문 거리는 90m, 남문~치성11 간 거리 역시 90m이다.

다음 언양읍성 치성은 12개소로 치성1~2 사이(82m), 치성2~동문(70m), 동문~치성3(68m), 치성3~4(113m), 치성4~5(78m), 치성5~남문(90m), 남문~치성6(90m), 치성6~7(78m), 치성7~8(100m), 치성8~서문(47m), 서문~치성9(78m), 치성9~10(113m), 치성10~11(90m), 치성11~북문(80m), 북문~치성12(73m), 치성12~1(90m)이고, 장기읍성 치성 간의 거리는 60m, 65m, 40m, 145m, 70m, 70m, 95m, 35m, 105m, 180m, 170m, 70m, 35m, 65m 이다.

이외에도 사천읍성에서 조사된 치성 간격은 64m이며, 현재 복원된 합포성지 치성과 발굴조사에서 확인된 치성간의 간격이 115m이다. 또 내륙읍성인 청도읍성 치성은 동문지에서 남쪽으로 30m지점에 1개소, 북문지에서 서쪽으로 90m 지점에 1개소가 설치되어 있다. 반면 전라도 진도읍성 치성은 총 16개소로 현존하는 것은 5개소뿐이다. 치성1~2사이(63m), 치성2~3(68m), 치성3~4(85m), 치성4~5(120m), 치성5~6(74m),

---

29) 『세종실록』권59 15년 정월 정유조, "兵曹啓 慶尙道昆南新城敵臺 前面過廣 左右過峽 不宜守禦 然此己造 不可改也 今後前面十五尺 左右各二十尺 以爲定制 且每一白五十步一敵臺 則功力省 而可以禦敵從之°"

치성6~7(70m), 치성7~동문(71m), 동문~치성8(60m), 치성8~9(72m), 치성9~10(37m), 치성10~11(76m), 치성11~12(110m), 치성12~남문(70m), 남문~치성13(76m), 치성13~14(50m), 치성14~15(51m), 치성15~16(64m), 치성16~서문(72m), 서문~치성1(48m)이고, 제주읍성에도 치성 간 거리가 74m와 69m로 확인되고 있다.

〈표 7〉 최근 조사된 읍성 치성배치 및 간격

읍성명	치성수	입지유형			위곽형태				치성 간 거리							배치방향				
		평지형	평산형	산성형	방형	원형	주형	제형	50이하	51~60	61~70	71~80	81~90	91~100	100이상	동	서	남	북	성우
하동읍성	11			○				○	1			1	5		3	3	3	3	2	
울상내상성	21		○				○													4
기장읍성	6		○				○									1	1			
합포내상성	10	○			○										1			2	4	4
웅천읍성	6	○			○									2		1	1			4
장기읍성	12			○				○	3	1	5		1	1	3	1	4	2	1	4
남해읍성	12	○														2	4	3	3	
사천읍성	15		○					○			1					3	3	5	4	
동래읍성	12		○			○														
고현읍성	6		○				○			1				1	2	1	1			4
언양읍성	12	○			○				1		2	5	5	1	2	2	2	2	2	4
영산읍성	8		○				○									2	2			4
경주읍성	29	○			○											6	6	6	7	4
총계		5	7	2	4	1	5	4	5	2	8	6	11	5	11	21	27	24	23	28

현재까지 조사된 치성 거리를 비교하여 앞서 언급한 논점에 대한 결론부터 말한다면 연해읍성 치성은 평면플랜 및 규모와 마찬가지로 거리 역시 세종 15년 정월에 규정된 규식과는 상당한 차이를 보여주고 있다고 할 수 있다. 즉 <표 7>에서는 세종 15년(1433) 정월에 규정한 150척(포백척 미터환산치 70m)을 기준으로 50m 이하, 51~60m, 61~70m, 71~

80m, 81~90m, 91~100m, 100m 이상 일곱가지로 나누어져 있다.[30] 이 가운데 실제 70m 간격으로 치성이 축조된 경우는 치성 간 거리 간격이 확인된 48개 지점 가운데 8개 지점 전체에서 17%에 불과하다. 오히려 81m~90m가 11개 지점 23%를 차지하고 100m 이상 역시 11개 지점 23%로 이 두 유형이 전체 46%를 차지하고 91~100m 5개 지점의 10%를 합하면 56%로 절반을 이루고 있다.

물론 이 당시 국가에서 사용한 포백척이 두 종류이고 그 가운데 오례의에 수록된 포백척 환산치 44.75cm로 거리를 측정했을 경우 67m로『전제상정소 변수책』에 수록된 46.73cm 미터환산치 70m에 조금 못미치는데 이것을 감안하여 71~80m 6개 지점 12.5%를 포함하여도 대략 30% 전후의 비율을 보이고 있다.[31]

따라서 <표 7>의 내용을 감안한다면 150척마다 치성 1개소를 축조토록 한 세종 15년 정월 규식은 읍성 치성 축조에 모두 적용되지는 않았다.

이것은 다시 <그림 16>의 그래프를 살펴보면 잘 알 수 있는데 <그림 16>은 최근 조사된 읍성 가운데 치성 숫자가 가장 많이 조사된 4곳 읍성 치성 거리를 표본으로 추출한 것이다. 치성 축조규식을 제정하여 적용토록한 세종 15년(1433) 이전에 축조된 하동읍성(태종 17년 초축)은

---

30) 이러한 분류는 치성 축조규식이 정해지는 세종 15년 정월보다 앞선 세종 13년 (1431)에 기존 오례의 포백척 길이인 44.75m보다 1.98cm가 더 긴 46.73cm로 전제 상정소 변수책에 기록되어 2년 뒤인 세종 15년에 정해진 치성 간 간격이 포백척으로 측량된 것임을 전제로 작성하였다.

31) 이은경, 1991,「조선시대의 포백척에 관한 연구」, 복식16호, 121쪽.
또한 세종 13년 전제상정소 변수책에 기록된 46.73cm가 아닌 오례의에 수록된 44.75cm를 가지고 환산할 경우 150척은 약 67m로 전제상정소 변수책의 포백척과는 약 3m의 오차가 확인되고 있음을 알 수 있다. 그러나 1926년 미터법이 도입되어 현재와 같은 자(척)를 사용하기까지 포백척은 지방과 시대와 용도에 따라서 길이가 각기 다르고 1척내에서 조차 촌과 분이 부정확한 것이 많은 점이다.

10개 지점 치성 거리를 확인한 결과 150척(포백척 미터환산치 70m) 기준에 준하는 치성 간 거리는 확인되지 않는다. 오히려 미터환산치로 90m가 절반을 차지하며 100m 내외를 합하면 80% 이상을 차지하고 있어 치성규식 적용이전에 축조된 연해읍성에서 치성 간 거리는 제정된 규식과는 차이가 있는 것이다.

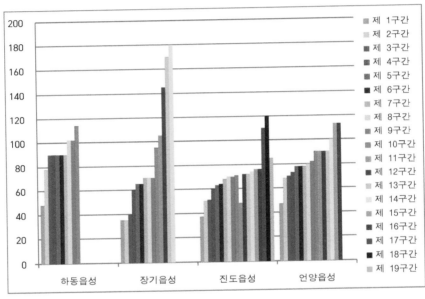

〈그림 16〉 최근 조사된 읍성 치성 간 거리

그에 반해 장기읍성에는 세종 20년 1월 15일 의정부에서 병조 정문에 의거하여 연변 여러 구자에 보루 축조 시 적대, 옹성 및 연대 견양을 수성전선색에게 도본을 만들게 한 다음 이를 참고하여 쌓도록 하달[32]한 그

---

32) 『세종실록』 권80 20년 정월 경자조.
　　議政府據兵曹呈啓....중략... 沿邊各□子造築石堡時 敵臺甕城及烟臺見樣令修城典船色圖畵 下送都節制使 憑考監築.

이듬해인 세종 21년(1439)에 축조되고 있어 치성 축조 규식인 150척 기준에 준하거나 150척 내외에 해당하는 치성 간 거리가 전체 13개 지점 가운데 6개 지점으로 백분비 경우 46%로 절반에 달하고 있어 축조규식을 비교적 충실히 적용하고 있다고 할 수 있다.

또한 전라도 지역 연해읍성인 진도읍성 치성 간 거리를 조사한 19개 지점 가운데 치성 거리 12개 지점이 150척 기준 내외에 해당하여 백분비로 환산하면 63%로 과반수에 근접하고 있는데다 읍성 축조시기 역시 세종 22년(1440)으로 장기읍성의 예와 동일하다.

그러나 문종 1년에 축조된 고현읍성과 연산군 6년(1500)에 축조되는 언양읍성을 살펴보면 150척인 60~70m를 전후한 치성 거리가 20~25% 1개 지점 및 3개 지점으로 줄어들고 있는 것을 확인할 수 있어 세종 다음 대인 문종조에 들어서면 점차 치성 간 거리가 150척 기준보다는 길어지고 조선시대 전기 중반 이후에는 더욱 치성 간 거리가 길어지고 있음을 확인할 수 있다.(그림 17 참조)

이렇게 조선 전기 후반으로 갈수록 치성 간 거리가 세종 15년(1433)에 정한 규식보다 길어지는 연유에 관해서는 기존에 적용되던 치성 축조규식의 변화로 인해 150척의 기준을 적용하지 않고 새로운 규식을 적용한 경우를 생각해 볼 수 있다.

그러나 세조 12년 2월 3일 도체찰사 한명회가 의주성을 증축하며 150척마다 적대를 두도록 건의[33]하는 것에서 세조 12년에도 여전히 치성 축조거리는 150척을 적용되고 있음을 감안한다면 타당한 것으로 사료되지 않는다. 오히려 앞서도 언급한 것처럼 당시에 적용되는 도량형인 포백척이 조선시대 전기간에 걸쳐 지방과 시기와 용도에 따라서 길이가

---

33) 『세조실록』권38 12년 2월 을해조.
....義州城, 高十二尺, 今加築二尺° 每一百五十尺, 置敵臺, 長十尺, 廣五尺..

각기 다르고 1척 내에서 조차 촌과 분이 부정확한 것이 많은 점에 기인하지 않을까 생각이 된다.34) 따라서 조선시대 전기에 축조된 연해읍성 치성 간격을 통하여 세종 15년(1433)에 규정된 150척 치성 간격이 규정 제정 이전에 축조된 읍성은 150척보다는 더 긴 간격을 가지는 반면 세종 15년 이후에 축조되는 읍성은 전체 치성 가운데 최대 과반수 내지 절반 치성이 규정된 거리를 유지하고 있다. 특히『築城新圖』가 반포되는 세종 20년 이후에 축조되는 읍성은 더욱 심화된 것이다.

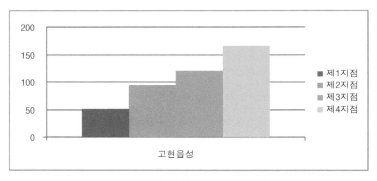

〈그림 17〉 고현읍성 치성 간 거리(미터환산치)

이후 이러한 치성 간 거리는 조선 전기후반에서 중기로 시간이 경과할수록 전기 초반과 같이 치성 거리가 더 길어지고 있다. 이런 양상은 통일성이 부족한 도량형(度量衡)의 문제라 할 수 있겠다. 또다른 측면에서는 활과 화살 사거리 확대로 인한 기존 활 유효사거리인 70m보다 계량된 화살 유효사거리가 더 멀리 있는 적을 효과적으로 제압할 수 있게 된 것으로 인해 치성 간격을 보다 길게 설정한 것이다.35)

---

34) 이은경, 1991, 앞의 논문.
35) 여호규,『고구려 성Ⅱ』, 한국고대성곽연구2, 국방군사연구소, 49쪽.
　　필자는 고구려 백암성 치성의 간격이 70m, 석대자산성의 치성 간격이 48~73.8m

다음 치성 간의 거리에 따라 치성 평면형태에 변화가 있는지 혹은 각 체성벽에 축조된 대칭되는 치성 경우 그 규모와 평면형태가 동일한 것인 지도 중요한 관심사라 할 것이다.

치성 간 거리에 따라 치성 평면형태에는 차이가 있는 것인가를 살펴보면, 최근 조사된 치성 거리 간격에 따라 치성 평면형태 차이는 나타나지 않는다. 그렇지만 치성이 성문에서 가까운 거리에 위치할 경우 방대형으로 축조되고 있다. 또한 굴절된 지점에 설치된 치성은 평면형태가 방대형으로 축조되는 경우가 많다. 또한 굴절된 지점 치성 간 간격이 좁을수록 치성은 장방형으로 축조되고 있다. 이것은 성문을 보호하고 체성 굴절시 생기는 사각을 최소화하기 위한 조처로 고구려성 치성 배치에서도 동일한 평면플랜이 확인되고 있어 오랜 전통 축조수법이라고 할 수 있다. 또한 치성 간 간격이 세종 15년에 반포된 규식에 일치하거나 내외일 경우에는 방대형으로 축조되고 있다. 직선화된 체성에 설치된 치성이 방대형으로 축조되는 경우에 있어서도 체성에서 돌출하는 길이 조절을 통해 상호교차 방어가 가능토록하고 있다.

이라하고 치성 간격이 당시 활의 사거리와 밀접히 연관된 것이라 하였다.

치성 축조거리가 활의 유효사거리와 관련성은 조선시대 선조때 상신인 류성룡이 그의 축성론에서도 6~700보(또는 1000보)마다 치성을 설치하여 철환을 발사하면 부서지지 않는 것이 없다고 하였는데, 이때 6~700보는 1보당 6척을 기준으로 할 때 포백척 환산치는 최소 1,682m에서 최대 1,962m이며, 주척은 749~874m이며, 황종척은 1,249~1,458m, 영조척은 1,124~1,312m로 수치를 비교할 경우 주척으로 축조되었을 가능성이 가장 큰 것으로 판단된다.

정약용, 『여유당집』권181, 민보의 보원지제.

정약용은 『여유당집』에서 치성의 효용성을 언급하는 가운데 치성 거리를 50~60보로 두면 성에 붙은 적을 방어할 수 있다고 하였다. 이때 50~60보는 대략 70~80m 거리로 조선 후기에 있어서도 치성 축조 간격은 전기와 같이 큰 변화 없이 계속적으로 이어지고 있는 것으로 판단된다. 이 경우 역시 활 사거리에 비중을 둔 것으로 임진왜란 당시 조총 사거리가 50보임을 가정하여서도 알 수 있는 것이다.

그리고 각 체성벽에 대칭되게 축조된 치성은 그 규모와 평면형태가 동일한지에 있어서는 평지에 방형 평면형태로 축조된 읍성 경우에 동서－남북에 대칭되는 치성 숫자와 위치에 있어서는 대칭되는 것이 일부 확인되고 있지만 치성 평면형태가 동일하게 축조된 것인지는 단정하기 어렵다.

다음 치성 간 거리에 있어 문지 좌우에 위치하는 적대와 다른 치성 거리에는 어떤 상관관계가 있는 것인가를 살펴보면, 삼국시대 경우 백제 부소산성 치성은 동문에서 남쪽으로 18m 지점과 남문에서 서쪽으로 40m 지점에 각각 치성이 1개소씩 설치되어 있는 것이 확인되고 있다. 한병길은 성문을 기준으로 치성까지 거리가 다소 차이를 보이고 있는 것이 주변보다 좀더 유리한 지점에 치성을 설치하려 하였다고 주장하였다. [36]

그러나 조선시대 연해읍성은 언양읍성 남문 좌우에 역시 90m 간격으로 적대가 설치되어 있어 각 치성 간 거리를 90m로 하는 규식이 존재하였다고 할 수 있을 것이다. 반면에 장기읍성에는 동문 좌우에 각각 58m, 56m, 서문 좌우에 62m, 64m로 확인되고 있으며 남해읍성에는 남문 좌우에 52m 간격으로 적대가 설치되고 있어 읍성 정문 좌우 적대에 있어서는 치성 간격이 동일하게 축조되고 있다고 할 수 있다.

따라서 조선시대 남해안 연해읍성은 평면형태와는 상관없이 읍성 정문으로 사용된 성문이 설치된 방향 경우에는 성문을 기준으로 좌우에 배치된 치성 즉 적대는 해당되는 체성을 전체적으로 일정한 간격으로 나눠 치성을 배치하고 있다고 할 수 있다. 물론 세종 15년에 정해진 규식인 150척(포백척 기준 미터환산치인 70m)마다 치성이 배치되고 있지는 않지만 해당 체성의 전체 길이에서 동일한 간격에 맞추어 치성을 배치토록 하고 있다고 하겠다. 또한 상위군현이나 중요 군사상 종심방어축선에 위

---

36) 한병길, 2007, 「포곡식 부소산성 축성의 다양성」, 한국상고사학보 제55호, 한국상고사학회, 65쪽.

치하는 읍성에는 치성 배치에 있어서 그 조밀함이 하위단위 읍성이나 내륙읍성 비해 월등하여 지형적인 조건을 고려함과 더불어 행정치소로서 권위와 상징을 나타낼 수 있는 규식에 의한 제식적인 치성배치가 이루어지고 있다.

연해읍성 치성 배치방향에 있어서는 하동읍성 치성 경우 총 11개소 가운데 서문지를 기준으로 좌우에 각 2개씩 4개소가 축조되어 있고 북쪽 정상에 1개소, 서남, 동남 모서리에 각 1개소, 그리고 동문지 좌우에 각 1개소씩과 동남성우에서 동쪽으로 103m 떨어진 곳에 1개소가 배치되어 있다. 특히 서벽과 서남쪽에 치성이 집중적으로 축조되는 것은 이 지역이 동벽에 비해 경사도가 완만하고 남해에서 내륙으로 들어오는 외부 침입에 적절하게 대응하기 위한 것으로 추정된다.[37] 장기읍성 치성은 모두 12개소에 설치하였으며 동문에서 서향하여 서문까지 사이에 5개소, 서문에서 북문까지 3개소, 북문에서 동문까지 4개소를 설치하였다. 이것은 성의 외곽지형상 적 침입이 용이한 서남벽과 동남벽쪽에 9개소를 두었고, 외곽지형이 급경사를 이루는 북편 회절부를 제외한 각 회절부에는 근접하여 2개소의 치성을 마련하였다. 이러한 것은 체성이 가장 평직한 곳에 많은 치성이 축조되었음을 알 수 있다. 또한 치성은 체성이 평직하지 않고 지형상 외향으로 돌출된 지점에 다수가 축조되어 있다. 즉 산의 능선으로 이어지는 모서리에 어김없이 만들어졌음을 알 수 있는 것이다. 사천읍성 치성은 총 15개소로 동, 서, 남문을 기준으로 할 때 동문 좌우에 각각 2개소와 3개소, 서문 좌우에 1개소 및 2개소, 남문을 기준으로 남벽에 6개소와 북벽 정상부에 1개소가 설치되어 있다. 언양읍성은 각 문지를 기준으로 좌우에 1개소씩과 4성우에 각각 1개소씩 총 12개소가 설치되어 있으며 4면에 동일한 숫자 치성이 설치되어 있다. 고현

---

37) 손영식, 1987, 위의 책, 207쪽.

읍성은 치성이 6개소로 4성우와 북벽 중간, 서벽 남쪽에서 각각 1개소씩 확인되었다. 고현성 치성은 산쪽인 남서쪽에 집중된 느낌이며 이것은 서쪽에 문지가 없는 것과 성의 가장 취약지역을 보호하기 위한 점 등이 고려된 배치로 보고 있다.[38] 남해읍성은 평지방형읍성으로 축조되어 있는데 치성은 13개소에 설치되어 있다. 이것은 다시 동, 서, 남, 북문를 기준으로 동, 남, 북에는 각각 3개소 치성이 설치되어 있고, 다만 서벽에만 4개소의 치성이 축조되어 있다. 김해읍성은 기록상에는 20개소 치성이 기록되어 있으며 1820년대 제작된 김해부내 지도에서 확인된 치성 숫자는 15개소로 동문과 서문, 북문은 성문을 기준으로 각각 4개소씩 치성이 설치되어 있고 남문지만 3개소가 설치되어 있다. 이것은 평지방형읍성은 지형적인 영향보다는 읍성내에 설치된 군현치소의 위계와 중요도에 따라 상징적인 치성 축조가 이루어진 것이라고 할 수 있다.

고성읍성은 문헌상 기록에는 치성이 12개소가 축조된 것으로 확인되고 있다. 현재는 도시계획에 의해 상당 부분이 훼손되거나 지하에 매몰되어 그 정확한 형태를 파악할 수는 없다. 다만 지적도에 의해 도상복원을 실시하면 총 12개소에 치성 흔적이 확인되고 있어 문헌기사와 일치하고 있음을 알 수 있다. 고성읍성에 축조된 치성은 4성우와 동벽에 3개소, 서벽에 2개소, 북벽에 2개소, 남벽에 1개소가 각각 설치되어 있다. 특히 고성읍성은 고성만에 인접한 남벽쪽에는 오히려 치성이 1개소만이 설치되어 있고 좌우 성우를 합치더라도 3개소 치성이 설치된 것에 반해 동벽과 서벽은 문지를 기준으로 각각 적대 1개소와 치성 2개소가 각각 배치되어 있어 바다와 직접적인 접촉이 가능한 남벽보다 오히려 동벽과 서벽에 많은 방어력을 집중하고 있음을 알 수 있다. 웅천읍성에는 현존하는 치성과 지적도상에 나타나는 것과는 차이가 있지만 현존하는 치성

---

38) 심봉근,『한국남해연안성지의 고고학적 연구』, 1995, 238쪽.

은 4성우에 각 1개소씩, 동문과 서문주변에 각각 1개소씩이 설치되어 있고 북벽과 남벽의 경우는 훼손이 심하여 설치가 확인되지 않는다. 진도읍성은 지적도상에 나타나는 치성을 도상복원시 16개소 치성이 확인되는데 이 가운데 4성우에 각각 1개소, 서문과 동문을 기준으로 좌우에 1개소, 남문을 기준으로 좌우에 3개소와 1개소, 북문은 없고 북벽에 4개소가 설치되어 있다. 따라서 진도읍성은 북벽과 남벽에 각각 4개소씩과 동서벽에 각각 2개소씩 대칭적으로 축조되고 있음을 알 수 있다.

이상 연해읍성 치성 배치방향에서 확인되는 것은 평지성이며 평면형태가 방형은 기본적으로 4성우를 구비하고 동, 서, 남, 북 사방에 치성배치가 동―서, 남―북간의 대칭적인 배치를 보여주고 있다. 이러한 것은 남해안 지역 대표적인 평지 방형읍성인 언양읍성, 남해읍성, 웅천읍성, 경주읍성에서 확인되고 있다. 또한 주형은 읍성 사방에 배치된 것이 3, 4, 4, 4개소로 비교적 비슷한 수치를 보이는 반면 성우에 있어서는 16개소로 체성 곳곳에 설치된 치성 갑절에 이르고 있다. 아울러 제형은 서·남쪽에 배치된 치성이 10개소로 여타 방향에 배치된 치성이 동쪽 7개소, 서쪽 7개소, 성우 4개소에 비해 집중적으로 많이 설치된 것이라 하겠다. 이러한 연유로는 제형 평면형태를 가진 읍성 치성은 체성이 평직하지 않고 지형상 외향으로 돌출된 지점에 다수가 축조된데다, 특히 서남쪽과 동남쪽 구릉의 완만한 지형과 구릉이 꺾이는 곳에 다수 치성을 배치하였다. 이러한 것은 읍성 전체에서 가장 완만한 지형으로 외부 침입이 용이함을 염두에 둔 것이다.

다음 연해읍성 치성 축조수법을 살펴보자. 연해읍성 치성 가운데 하동읍성 치성은 그 축조수법이 조잡하고 석재 역시 급조한 것으로 체성 경우 품자상 가로쌓기와 세로쌓기를 충실히 이행하려고 한 것이 성벽 곳곳에서 확인되고 있지만 치성에는 이러한 축조수법상의 정형성이 체성에 비해 훨씬 빈약하게 나타나고 있다. 더구나 치성이 축조될 지점 체성 일부분을 덜어내어 그 앞에 치성을 덧대고 있는 것을 확인할 수 있다. 이것은 치성이 덧대어지는 체성부 석재가 잘 치석된 장방형 판석을 이용하여 축조되어 있고, 그 부분 이외의 지역에는 장방형 성석을 기단부로 조성하고 그 위에 장대석을 가로쌓기와 세로쌓기로 축조하는데 기인하는 것이다. 또 하동읍성 치성에는 경사면 암반층을 정지하고 수평기단화 작업을 실시한 기저부가 축조된 치성과, 경사면을 정지하고 황적갈색점토로 바닥을 다지고 그 위에 이중으로 축대를 구성하여 수평을 맞추고 축조하거나, 기반암층을 정지하고 황적갈색점토를 다짐한 후 네모반듯한 정방형 치석한 지대석을 설치하고 성벽을 축조하는 치성 등 3가지 형태가 나타난다. 이러한 것은 지형에 기인하는 것으로 구릉 정상부나 평탄면에는 3번째가 많고 경사가 심할수록 첫째, 둘째가 교대로 축조되어 있다. 첫 번째는 서북벽에 주로 축조되어 있고 두 번째는 동벽에 축조되어 있고 세 번째는 서문지를 기준으로 서남벽에 축조되어 있다.

장기읍성 치성 축조수법은 옹성 축조수법과 대동소이한다. 내외협축 방식으로 0.8~1.5m 내외 대석을 지대석 위에 4~5단은 거의 수직되게 쌓은 다음 그 위로 30~59cm 되는 작은 돌을 약간 안쪽으로 뉘어서 쌓고 내부는 할석으로 뒷채움하였다. 여장 흔적도 4호 치성 좌측벽 미석 상단에서 보면 너비 1.2~1.4m로 여장기단 흔적이 남아 있어서 여장시설이 설치되어 있었던 것으로 추정된다. 하동읍성에서 확인된 치성 외벽 하단부에는 치성과 나란하게 목주혈이 확인되고 있다. 이 목주혈은 직경이 대략 7~8cm가 대부분이나 부분적으로 직경 15cm 이상의 것들도 일부 확인되고 있다. 이 목주혈은 치성 축조 시 사용된 것으로 추정된다. 이와 같은 추정에는 제6 치성 기저부 토층단면에서도 목주의 흔적이 확인되고 있는데 이것은 치성 초축 시에 비교적 경사가 급한 지형에서 기저부

를 조성하여 기단부 수평을 맞추기 위해 점토와 자갈을 이용하여 점토다
짐을 실시할 때 연약지반을 고정하는 지정인 것으로 판단된다. 이와 같
은 양상은 밀양읍성에서도 내벽과 적심부에서도 확인되고 있다.[39] 다음
으로 치성에서는 약간 떨어져서 나타나며 1열 내지 2열의 배열이 확인
되는 것으로 직경이 대략 7~8cm인 목주혈은 치성 축조 후 치성 방어를
위해 설치된 목익 가능성을 생각해 볼 수 있겠다. 이와 같은 목익시설은
비단 해자에서만 확인될 뿐만 아니라 해미읍성에도 치성 및 체성부 외벽
하부를 비롯한 외벽 전체에 탱자나무를 이용한 장애물을 설치한 것으로
볼 때 하동읍성 제5, 6 치성 외벽 하단부에서 확인되는 목주혈 가운데 직
경 7~8cm 목주혈은 방어를 위한 장애물의 흔적으로도 생각해 볼 수 있
는 것이다.

　남해안 지역 영진보성 가운데 울산내상성(蔚山內廂城) 및 합포내상성
(合浦內廂城)과 같이 조선시대 진관체제(鎭管體制)에서 주진인 병마절도
사영(兵馬節度使營)과 수군절도사영(水軍節度使營)이 설치된 내상성(內
廂城)의 경우에는 병영성(兵營城)으로서 기능과 아울러 해당지역 연해읍
성으로서 역할도 동시에 수행하였다. 최근까지 조사된 영진보성 치성은
남해안 연해지역 경우 5개소이며 그 가운데 평면플랜에 대해서 살펴보
면, 합포성지는 현재 복원된 치성 너비 7m, 길이 7.2m, 또 다른 치성 너
비 8m, 길이 6.3m 이상인 것으로 추정된다. 이러한 것은 세종 15년에 세
운 규식에 따라 치성을 설치하고 있는 것과 그렇지 않은 것으로 나누어
볼 수 있다. 조사된 2개 치성 가운데 길이:너비가 1:1의 정방형을 띠는 것
이 현재 복원된 치성이고 또 다른 치성은 정확한 길이를 확인할 수가 없

---

39) 밀양대학교박물관, 2002, 「밀양읍성」, 96쪽.
　밀양읍성 아동산 제1－1Tr 지점의 기저부 상면에서 직경 5~7cm의 목주 10개, 제
　2－1Tr지점에서 직경 22cm의 것이 1개가 확인되고 있다.

지만 대략 복원된 치성의 길이와 동일하다고 볼 때 길이:너비가 역시 1:1.1로서 정방형으로 축조되고 있다. 이것은 경남지역에서 조사된 여타 읍성에서 확인된 치성 평면형태는 장방형이 다수를 차지하는 것과는 다소 다른 양상임을 수 있다.

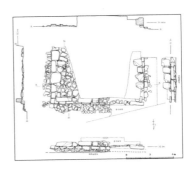

〈그림 18〉 영진보성 치성 평면도 및 입면도(좌: 경상좌수영성, 우: 합포성)

남해안 지역 영진보성에 있어서 울산병영성과 합포성과 같은 육군병마절도사영이 설치된 내상성은 지휘체계상 하위단위부대가 설치된 진보성에 비해 치성 길이가 더 길게 축조되어 있다. 또한 수군절도사영성보다도 길이에 있어 더 길게 축조되어 있다. 즉 육군병영성과 수군영성은 너비의 경우 7~8m로 현재까지 조사 보고된 영진보성 치성 가운데 전체 55%가량으로 절반을 넘기고 있으며 전체적으로는 대략 6~10m까지 다양한 크기로 나타나고 있다.

이에 반해 길이는 경상좌도 병마절도사영인 울산병영성과 경상우도 병마절도사영인 합포성, 경상좌수영성에서 확인되는 치성 길이는 7m이상이 대부분이며 영진보성 경우는 5m 내외 길이로 축조되어 있다고 하겠다.

읍성명		성둘레 (尺)	치성수	평면 형태	너비	길이	잔존 높이	비고
울산병영성지		3,732	21	정방형	8m	8m	1m	덧대어 축조
합포성지		4,291	9개 이상	정방형	7m	7.2m	·	덧대어 축조 · 지대석을 배치하지 않음
				장방형	8m	7m	1m	
경상좌수영성		9198	6	정방형	6m	6m	1m	추정 서문지 기준 남쪽으로 62m 이격
금단곶보성지		2,568		정방형	2.7m	5m		대부분 훼손되어 정확한 양상이 확인 안됨
오량성지		2,150	8	장방형	7m	5m		동시축조
장암 진성	북동치	1,311	2	장방형	8m	6m	3.5m	확돌 확인. 북벽과 동벽이 만나는 성우.
	남동치			정방형	5.8m	5.2m	2.4m	남벽과 동벽이 만나는 성우
법성 진성	북벽치	1,688	3	타원형	10m	5.5m	2m	
	서벽1치			반원형	9m	5m	2.2m	
	서벽2치			반원형	7m	5m	1.5m	다른 치와 달리 내부가 채워지지 않음

　　이러한 것은 15세기에서 16세기로 접어드는 성종과 중종조에 축조된 영진보성 길이가 5m 내외로 세종 15년 이후 연해읍성 치성 축조 시 규식화된 20척(9.4m)과는 일정한 차이를 보이는 것으로 영진보성 치성 축조에는 세종조 규식이 시행되지 않고 있다고 할 수 있다. 따라서 조선시대 전기 연해읍성과 구별되는 영진보성 치성 평면형태는 조선 후기에 축조되는 후기 동래읍성 치성 길이와도 일치하고 있다. 또한 조선 전기에 축조된 하동읍성과 장기읍성에서 확인되는 치성 길이도 역시 5m임을 고려할 때 조선시대 전기부터 적용된 치성 축조 시 길이는 5m로 이러한 규식이 조선시대 전 기간에 걸쳐 일관되게 유지되고 있다고 하겠다.

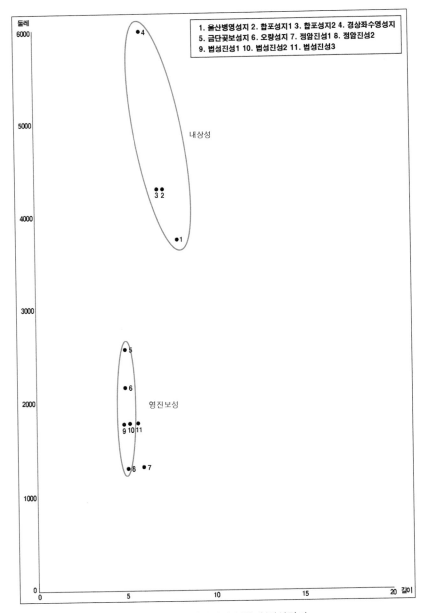

〈그림 19〉 영진보성의 성둘레/치성길이

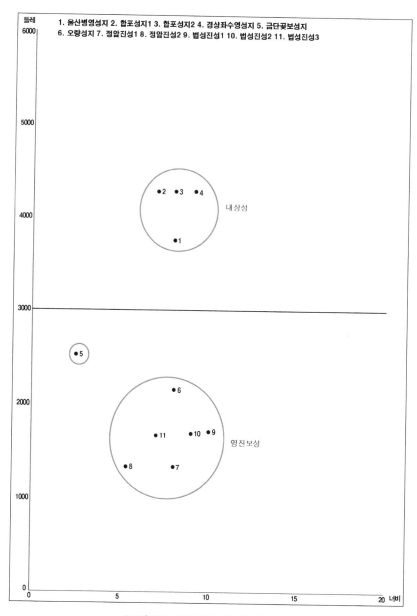

〈그림 20〉 영진보성 성둘레/치성너비

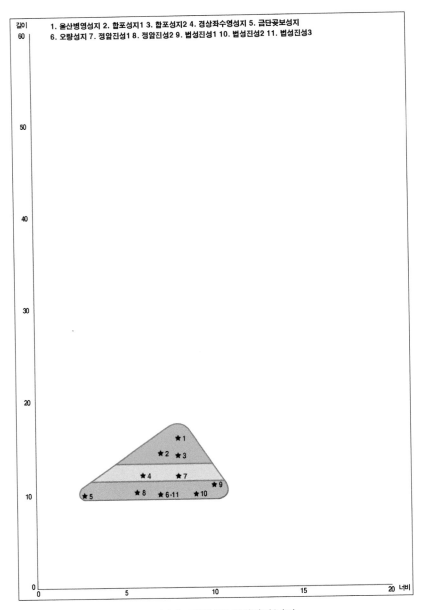

<그림 21> 영진보성 치성길이/너비

더구나 기존에는 지형적인 조건에 기인하여 치성 길이와 너비가 가감되는 것으로 판단하였으나 최근까지 고고학적 조사가 이루어진 영진보성의 치성에는 지형적인 조건이나 성둘레에 따라 너비과 길이가 정해져 축조되기보다 각 진 서열에 따라 상위지휘체계 진성일수록 치성 길이와 너비가 더 크게 축조되었다고 하겠다. 즉 병영이 설치되고 병마절도사와 절제사가 위치하는 병영성은 조선 전기 진관체제에 의해 해당지역 지방관을 겸임하는 행정치소인 읍성 기능을 갖추고 있다. 이러한 행정적 기능과 군사적 기능을 모두 갖춘 영진성 경우에는 연해읍성 치성 규모와 동일한 양상으로 나타나고 있지만 육군과 수군이 주둔하는 영진보성은 일정한 차이가 나는 것이라 할 수 있다.

또한 경상도 연해 영진성 치성이 경상도 내륙은 물론 전라도, 충청도의 영진보성보다는 그 규모가 더 크게 축조되고 있음을 알 수 있는 것이다.

5. 맺음말

지금까지 남해안 연해읍성 치성에 관해서 살펴보았다. 여기에서는 연해읍성 치성 현황과 양상에서 파악된 내용을 정리하는 것으로 맺음말을 대신하고자 한다. 먼저, 성둘레 2,000척 이상 3,000척 내외 충청, 경상, 전라도 읍성 가운데 경상도 연해읍성에 10개소 이상 치성이 축조되고 있다. 전라도에도 경상도 남해안 연해지역에 인접한 전라도 연해읍성의 일부만이 역시 10개소 내외 치성이 축조되고 있다. 이러한 것은 이들 지역이 왜구 최초 도박처에 해당하는 곳으로 왜구에 대비한 최일선 방어처이자 국방상의 중요한 요충지에 따른 것이라고 할 수 있다. 따라서 해안 방어전술 일환으로 이곳에는 읍성 치성 설치 숫자가 증가하는 것이라 하겠다.

또한 연해지역 경주, 김해, 창원 등 대도호부와 병영이 설치된 상위 행정 단위 및 군대의 상급지휘체계의 지휘관이 위치하는 곳에 축조된 읍성이 하위 행정단위 읍성에 비해 치성 설치 숫자가 1.5배 내지 2배 가량 차이를 보이고 있으며 이러한 읍성은 모두 평지방형으로 축조되어 있다. 그러나 병영과 수영이 설치된 내상성은 평지성이지만 방형 평면형태로 축조되고 있지는 않는 점을 고려하면 평지방형성이 평산성형 읍성에 비해 치성 설치 숫자가 많은 것은 아니라고 할 수 있다. 이러한 양상은 행정단위가 상위일수록 치성이 증가하며 또한 병영 및 수영이 설치된 읍성일수록 치성 숫자가 일반군현에 축조된 읍성 치성에 비해 많은 숫자로 계획되어 축조되고 있는 것임을 알 수 있다.

조선시대 연해읍성에 설치되는 치성 기본적인 수치는 읍성 4성우와 중요 문지 좌우 적대를 갖춘 6개소의 형태와 4성우와 각 문지 좌우에 각각 2개소가 설치된 12개소 두 가지 형태로 크게 나눌 수 있다. 이러한 것은 영진보성에서도 동일하게 확인되고 있다. 이러한 6개소와 12개소 치성설치 양상은 영남내륙지방에 축조된 읍성에서도 공통적으로 확인되고 있는 양상이다. 따라서 왜구 직접적인 도발이 빈번한 남해안 지역 연해읍성에 12개소 이상 많은 치성이 설치되는 것은 왜구 침구로부터 읍성을 보호하기 위한 방어시설 강화에 따른 것으로 조선 전기 하삼도에 집중된 읍성축성사업이 경상도 연해 즉 남해안 연해읍성 축조에 가장 중점을 두었다고 할 수 있다. 남해안 지역 연해읍성과 내륙읍성 및 영진성 치성 속성 가운데 길이/너비를 나누어 도출된 수치 가운데 0.5~0.79 내외를 제1 형식, 0.8~1.2를 제2 형식, 1.21~1.5 이상을 제3 형식으로 나누고 제1 형식을 방대형, 제2 형식을 정방형, 제3 형식을 장방형이라 명명하였다. 이 가운데 정방형 평면형태가 가장 오랜 기간동안 축조되어 사용되고 있다. 다음으로 방대형이 나타나고 마지막으로 장방형이 나타나고 있다. 특히 세종 15년(1433)을 기준으로 그 이전 시기에는 길이:너비의 비율이 1:1 전후인 정방형이 오히려 훨씬 많은 빈도를 보이고 있다. 여기에 해당되는 읍성은 합포성, 울산병영성, 해미읍성, 홍주읍성 등으로서 공통적으로 병영과 읍치가 공존하는 내상성이거나 행정구역 단위 가운데 상급단위의 고을에 설치된 읍성들임을 알 수 있다.

치성 평면플랜은 15세기 이후 16세기를 거치면서 정방형과 장방형이 주류를 이루고 있으며 방대형 형태는 쇠퇴하거나 소멸되고 있다. 또한 15세기 전후에 축조되는 수군 영진보성에도 정방형이 주류를 이루고 있다. 각 치성 규모에는 서로 차이가 있으나 길이:너비의 비율이 1:0.8~1.2의 정방형을 이루고 있다. 조선시대 전기에서 중기를 거쳐 후기에 이르기까지 계속해서 정방형의 전통이 이어지고 있다고 할 수 있다. 또한 세종 15년(1433) 곤남성 치성으로 인한 치성 축조 규식 적용 이후에는 방대형 치성이 축조되고 있지만 정방형과 장방형 치성도 계속해서 축조되고 있다. 더구나 장방형 치성은 방대형보다 오래기간 지속적으로 축조되고 있는 것을 확인할 수 있어 방대형 축조를 규식화한 축성방침은 세종~단종 제위기간을 중심으로 일정기간만 적용된 것임을 알 수 있는 것이다. 또한 동일한 읍성내에서도 길이와 너비가 다른 다양한 평면플랜을 가진 치성들이 확인되고 있다. 기존에는 용척 차이와 축성연한에 기인하는 것으로 판단하였다. 그러나 이와 같은 양상은 치성 간 상호보완을 위한 것으로 남해안 연해읍성 치성을 비롯한 영남 내륙읍성의 치성에서 정방형, 장방형, 방대형 치성이 혼용되는 이유라고 하겠다.

남해안 연해읍성 치성은 처음 연해읍성 축조 시에는 너비에 비해 길이는 비교적 5m라는 규식이 일정하게 지키며 축조되고 있다고 할 수 있다. 이러한 치성 길이 5m 규식은 성종조와 중종조에 축조되는 영진보성 치성에서도 일괄적으로 확인되고 있다. 아울러 17세기에 축조되는 동래후기읍성 치성에서도 5m 길이로 확인되고 있다. 연해읍성 치성 길이는 5m로 조선시대 전기간내내 계속적으로 지켜지고 있다고 할 수 있겠다.

또한 기존에는 지형적인 조건에 기인하여 치성의 길이와 너비가 가감되는 것으로 판단하였다. 최근까지 고고학적 조사가 이루어진 읍성 및 영진보성 치성에는 지형적인 조건이나 성둘레에 따라 너비와 길이가 정해져 축조되는 것과 더불어 행정단위 위계가 높은 고을 서열에 따라 상위행정단위 연해읍성 일수록 치성 길이와 너비가 더 크게 축조되었다고 하겠다. 아울러 연해지역 영진보성 치성이 경상도 내륙은 물론 전라도, 충청도의 영진보성보다는 그 규모가 더 크게 축조되고 있다고 하겠다. 연해읍성에 설치된 치성 평면플랜 및 규모와 마찬가지로 거리 역시 세종 15년 정월에 규정된 규식과는 상당한 차이를 보여주고 있다고 할 수 있다. 물론 이 당시 국가에서 사용한 포백척이 두 종류이고 그 가운데 『오례의』에 수록된 포백척 환산치 44.75cm로 거리를 측정했을 경우 67m로 『전제상정소 변수책』에 수록된 46.73cm의 미터환산치 70m에 조금 못 미치는데 이것을 감안한다하여도 150척마다 치성 1개소를 축조토록 한 세종 15년 정월 규식은 읍성 치성 축조에 모두 적용되지는 않은 것이라 할 수 있겠다.

또한 세종 15년(1433)에 규정된 150척 치성 간격이 규정 제정 이전에 축조된 읍성은 150척보다는 더 긴 간격을 가지는 반면 세종 15년 이후에 축조되는 읍성은 전체 치성 가운데 최대 과반수 내지 절반의 치성이 규정된 거리를 유지하고 있는데 특히 『축성신도』가 반포되는 세종 20년 이후에 축조되는 읍성은 더욱 심화된다고 할 수 있겠다. 이후 이러한 치성간 거리는 조선 전기후반에서 중기로 시간이 경과할수록 전기 초반과 같이 치성 거리가 더 길어지고 있다. 이런 양상은 당시에 적용되는 도량형인 포백척이 조선시대 전기간에 걸쳐 지방과 시기와 용도에 따라서 길이가 각기 다르고 1척내에서 조차 촌과 분이 부정확한 것이 많은 점에 기인하지 않을까 생각이 된다. 또다른 측면에서는 활과 화살 사거리 확대로 인한 기존 활의 유효사거리인 70m보다 계량된 화살 유효사거리가 더 멀리 있는 적을 효과적으로 제압할 수 있게 된 것으로 인해 치성의 간격을 보다 길게 설정한 것으로 볼 수 있다.

다음 치성이 성문에서 가까운 거리에 위치할 경우 방대형으로 축조되고 있다. 또한 굴절된 지점에 설치된 치성은 평면형태가 방대형으로 축조되는 경우가 많다. 또한 굴절된 지점 치성 간 간격이 좁을수록 치성은 장방형으로 축조되고 있다. 이것은 성문을 보호하고 체성의 굴절시 생기는 사각을 최소화하기 위한 조처로 고구려성 치성 배치에서도 동일한 평면플랜이 확인되고 있어 오랜 전통의 축조수법이라고 할 수 있다. 또한 치성 간 간격이 세종 15년에 반포된 규식에 일치하거나 내외일 경우에는 방대형으로 축조되고 있으며, 직선화된 체성에 설치된 치성들이 방대형으로 축조되는 경우에 있어서도 체성에서 돌출하는 길이의 조절을 통해 상호교차 방어가 가능토록하고 있다.

조선시대 남해안 연해읍성에서는 평면형태와는 상관없이 읍성 정문으로 사용된 성문이 설치된 방향에는 성문을 기준으로 좌우에 배치된 치성 즉 적대는 해당되는 체성을 전체적으로 일정한 간격으로 나눠 치성을 배치하고 있다고 할 수 있다. 물론 세종 15년에 정해진 규식인 150척을 포백척 기준 미터환산치인 70m마다 치성이 배치되고 있지는 않지만 해당 체성 전체 길이에서 동일한 간격에 맞추어 치성을 배치토록 하고 있다고 하겠다. 또한 상위군현이나 중요 군사상 축선에 위치하는 읍성은 치성 배치에 있어서 그 조밀함이 하위단위 읍성이나 내륙읍성에 비해 월등하여 지형적인 조건을 고려함과 더불어 행정치소로서 권위와 상징을 나타낼 수 있는 규식에 의한 제식적인 치성배치가 이루어지고 있다고 하

겠다. 연해읍성 치성 배치방향에서 확인되는 것은 평지성이며 평면형태
가 방형은 기본적으로 4성우를 구비하고 동,서,남,북 사방에 치성배치가
동-서, 남-북간의 대칭적인 배치를 보여주고 있다. 또한 주형은 읍성
사방에 배치된 것이 비교적 비슷한 수치를 보이는 반면 성우에 있어서는
체성 곳곳에 설치된 치성 갑절에 이르고 있다. 아울러 제형은 서, 남쪽에
배치된 치성이 여타의 방향에 배치된 치성에 비해 집중적으로 많이 설치
된 것이라 하겠다. 이러한 연유로는 제형 평면형태를 가진 읍성 치성은
체성이 평직하지 않고 지형상 외향으로 돌출된 지점에 다수가 축조된 데
다, 특히 특정방향 완만한 지형과 구릉이 꺾이는 곳에 다수 치성을 배치
하였으며, 읍성 전체에서 가장 완만한 지형으로 인해 외부의 침입이 용
이함을 염두에 둔 것이라고 하겠다.

다음 연해읍성 치성 축조수법을 살펴보자. 남해안 연해읍성 치성에는
경사면 암반층을 정지하고 수평기단화 작업을 실시한 기저부가 축조된
치성과 경사면을 정지하고 황적갈색점토로 바닥을 다지고 그 위에 이중
으로 축대를 구성하여 수평을 맞추고 축조하거나 기반암층을 정지하고
황적갈색점토를 다짐한 후 네모반듯한 정방형 치석한 지대석을 설치하
고 성벽을 축조하는 치성 등 3가지 형태가 나타난다. 이러한 것은 지형
에 기인하는 것으로 구릉 정상부나 평탄면에는 3번째가 많고 경사가 심
할수록 첫째, 둘째가 교대로 축조되어 있다. 남해안 연해읍성 치성 가운
데 외벽 하단부에 치성과 나란하게 목주혈이 확인되었다. 이 목주혈은
직경이 대략 7~8cm가 대부분이나 부분적으로 직경 15cm 이상 것들도
일부 있다. 이 목주혈은 치성 초축 시 경사가 급한 지형에서 기저부를 조
성하여 기단부 수평을 맞추기 위해 점토와 자갈을 이용하여 점토다짐을
실시할 때 연약지반을 고정하는 지정인 것으로 판단된다. 치성에서는 약
간 떨어져서 1열 내지 2열의 배열이 확인되는 것으로 직경이 대략 7~

8cm인 목주혈 경우에는 치성 축조 후 치성 방어를 위해 설치된 목익 가능성을 생각해 볼 수 있겠다. 이와 같은 목익시설은 비단 해자에서만 확인될 뿐만 아니라 해미읍성에도 치성 및 체성 외벽 하부를 비롯한 외벽 전체에 탱자나무를 이용한 장애물을 설치한 것으로 볼 때 하동읍성 제5, 6 치성 외벽 하단부에서 확인되는 목주혈 가운데 직경 7~8cm 목주혈은 방어를 위한 장애물의 흔적으로도 생각해 볼 수 있는 것이다.

이상 남해안 연해읍성은 치성에서 알 수 있는 것처럼 동일한 시기 여타 다른 지역에 비해 치성은 숫자, 거리 및 규모, 축조수법에 있어서도 단일한 축성패턴을 가지고 있다. 이러한 것은 남해안 지역이 대왜구 최일선 전략적거점으로서 그 군사적인 기능으로 인해 국가로부터 엄격한 축성 관리를 받으며 일관되게 축성사업이 진행되었던 것이라고 할 수 있겠다.

VI. 읍성 해자

VI. 읍성 해자

1. 머리말

우리나라 남해연안 일대에는 여말선초를 거치면서 왜구들의 노략질
이 극심하여 민생을 피폐시켰다.[1] 특히 고려사에 나타나듯이 왜구 침탈
이 고려왕조 멸망과 조선왕조 개국이라는 왕조교체에 중요한 요인 중 하
나인 것은 주지하는 바이다.[2] 따라서 고려왕조를 멸망에까지 이르게 한
여말 잦은 왜구 침탈로 인한 폐해를 목도한 조선 조야로서는 이들을 무
마시키기 위한 교린정책을 추구하는 한편으로 유사시에 대비한 방어시
설 완비에 국력을 결집시켰다.

---

1) 李重煥 著 · 李翼成 譯, 1997,『擇里志』, 乙酉文化社, 65쪽.
　　『擇里志』, 八道總論 慶尙道條에「…大丘東南至東萊有八邑 土雖沃近倭不可居…」
2) ① 高麗史節要 卷之二十八 恭愍王 三 甲辰十三年 (元至正二十四年) 三月, 倭船二百餘
　　艘, 寇河東固城泗川金海密城梁州.
　　② 高麗史節要 卷之二十九 恭愍王 四 癸丑 二十二年 大明洪武六年 倭寇河東郡, 晉州
　　人鄭任德 嘗戍是郡, 適被疾, 子愈, 悉, 擁父走避, 賊追及之, 愈, 射殺數人, 賊不敢前, 忽
　　一賊, 奮劍突進, 刺任德頰, 悉以身蔽之, 且斬四人, 竟歿於賊, 事聞, 拜愈爲宗 簿寺丞
　　③ 高麗史節要 卷之三十 辛禑一 大明洪武九年 秋七月, 倭寇, 全羅道元帥營, 又寇榮山
　　焚戰艦, 又寇羅州, 縱火剽掠, 時元帥河乙沚, 聞柳濚來代己, 輒歸 晉州農場, 倭乘隙 而
　　至, 無敢拒者, 是以大敗, 杖流乙沚河東縣

특히 개국 초인 태조에서 태종까지 왜구에 대한 비변책은 높고 험한 산성을 중심으로 한 청야입보방책이 계속 유지되고 있었다.

이는 평지읍성이 수비하기 어렵다는 의논이 지배적이기도 하였지만, 왜구가 내륙까지 침입할 위험성이 있었던 상황하에서 우선 산성으로 도피하여 인적ㆍ물적 피해를 줄여보고자 하는 소극적인 방어책이 주류를 이루었다. 그러나 태종 15년 이후부터는 연해읍성 축조에도 관심을 가져 실제 하삼도에 읍성 축조가 이루어지게 되었다. 이것은 왜구를 해안에서 막아 피해를 줄이고 백성을 보호하려는 적극적인 방어책으로 전환되었음을 의미하는 것이다.

세종조에는 이러한 일련의 상황과 연계되어 주요한 해안읍치로 방어거점이 되는 곳에는 우선적으로 축성을 실시하였던 것이다.

따라서 연해읍성 축조는 그 축성계획에서부터 필축 및 사후관리에 이르기까지 국가의 엄격한 통제와 관리하에 이루어졌던 것이다.

이러한 연해읍성은 기존에 존재하던 산성이나 고읍성들에 비해 그 축조수법 및 부대시설의 설치가 전시대와는 다른 새로운 양상으로 나타나게 되었다. 그러한 축성양상 가운데 단일성벽으로 이루어진 읍성 방어를 강화하기 위해 옹성(甕城), 적대(敵臺), 여장(女墻), 해자(垓子) 등이 설치되게 되는데 이 가운데 읍성 관점에서 가장 1차적인 방어시설이며 동시에 가장 강력한 수성무기가 해자(垓子)였다.

따라서 이 장에서는 최근 남해안 지역에서 발굴 조사된 연해읍성 부대시설 가운데 해자 축조양상과 구조에 관해서 살펴보고 이를 통해 조선시대 연해읍성의 한 단면을 파악하여 보고자 한다.

2. 문헌에서 확인되는 해자

인류가 방어시설을 만든 것은 기원전 6700년 이전으로 중근동 지역 Jericho 유적까지 소급된다.[3] 이러한 방어시설은 환호(環壕), 목책(木柵), 성곽(城郭)으로 크게 나눌 수 있다. 그 가운데 성곽을 구성하는 수비 요소에는 제방(堤防), 성벽(城壁) 그리고 그것들 외부에 설치된 해자(垓子)나 호(濠)를 들 수 있다.[4] 이 가운데 해자(垓子)는 성벽 주변에 인공적으로 땅을 파서 고랑을 내거나 자연 하천 등의 장애물을 이용하여 성의 방어력을 증진시키는 방어시설의 하나로서[5] 아주 이른 시기부터 동서양을 막론하고 보편적으로 사용되던 방어시설이었다.

해자(垓子)라는 용어는 중국문헌에서는 성하(城河), 성호(城壕), 성지(城池)(혹은 城리), 성구(城溝), 성참(城塹), 성혁(城洫), 호구(濠溝) 등으로 나타나며 일본(日本)에서는 굴호(堀壕), 공굴(空堀), 수굴(竪堀), 호(濠) 등으로 쓰이고 있다.[6]

우리나라의 문헌에서 해자와 관련된 용어는 『朝鮮王朝實錄』에서 사용되는 것만도 垓字[7], 坑坎[8], 濠池 · 塹濠[9], 隍池[10], 海子[11], 池壕[12], 垓

---

3) Charles L. Redman, 최몽룡 역, 1995, 「문명의 발생－근동 지방의 초기 농경민에서 도시 사회까지」, 대우학술총서, 138~143쪽.

4) 車勇杰 · 洪成均, , 1996, 「百濟 城郭의 比較 研究 試論」, 『百濟論叢』第5輯, 百濟文化開發研究院, 259쪽.

5) 孫永植, 1987, 「韓國城郭의 硏究」, 文化公報部文化財管理局, 212쪽.

6) 張慶浩, 1987, 「海子의 起源과 그 機能에 관한 考察」, 『三佛金元龍敎授停年退任記念論叢』2, 一志社, 465쪽.

7) 『朝鮮王朝實錄』世宗 卷 75 18年 11月 1日 壬辰.

8) 『朝鮮王朝實錄』世宗 32年 1月 18日 甲午, 文宗 1年 4月 5日 癸酉.

9) 『朝鮮王朝實錄』世宗 25年 11月 3日 甲寅.

10) 『朝鮮王朝實錄』世宗實錄地理志 148 咸吉道/咸興府/증평도호부.

11) 『朝鮮王朝實錄』文宗 卽位年 9月 2日 癸卯, 文宗 1年 8月 21日 丙戌

子[13], 塹[14], 池[15], 壕[16]등이 사용되고 있고 조선후기에 편찬된『增補文獻備考』에는 垓子 라고 기록되어 있다.

우리나라에서 垓子와 같은 방어시설이 등장하게 되는 것은 청동기시대(靑銅器時代) 송국리(松菊里) 유적(遺蹟)의 환호집락(環濠集落)으로서 이 유적의 밀집된 주거지 외곽으로 구(溝)의 너비가 2.5m~3m, 깊이가 1.2m인 U자상의 단면을 가지고, 1.8m 간격의 방형(方形) 내지 원형 기둥 구멍들로 이루어진 목책(木柵)을 함께 구비하고 있는 것에서 기원을 둘 수 있다.

삼한시대(三韓時代)에는 양산패총(梁山貝塚)의 북쪽 산맥과 연결되는 부분에 호(壕)의 흔적이 확인되기도 하며 90년대 이후 근래에 조사된 진주 (晉州) 남강댐 수몰지구에서 확인된 환호집락(環壕集落), 양산 평산리, 창원 남산유적, 울산 검단리 유적, 최근의 진주시 문산에서 조사된 환호(環壕) 등 다수의 방어집락시설(防禦集落施設)이 확인되고 있다.[17]

그러나 성곽과 연결된 하나의 방어시설(防禦施設)로서 해자가 확인되는 것은 고구려국내성(高句麗國內城) 북벽 서쪽 외부에 동─서 방향으로 너비 10m에 달하는 해자가 있으며[18], 평양(平壤) 대성산성(大成山城)과 안학궁의 경우 대성산 계곡에서 내려오는 하천을 이용하여 동쪽과 서쪽 성벽 바깥에 垓子를 설치하였고, 또한 안학궁지 중간을 북에서 남으로 관통시켜 용수천을 이루고 있다. 동쪽 해자는 성벽에서 약 4.9m 가량 이

---

12)『문종실록』1년 1월 갑진조.
13)『성종실록』17년 6월 계묘조.
14)『성종실록』6년 9월 신해조.
15)『세종실록』24년 7월 무인조.
16)『중종실록』36년 9월 기유조.
17) 裵德煥, 2000,「嶺南地方 靑銅器時代 環壕聚落研究」, 東亞大學校 大學院 碩士學位 論文, 58쪽.
18) 李元根, 1980,「三國時代城郭研究」, 檀國大學校 碩士學位論文.

격 되어 폭 약 80m~120cm, 깊이 1m로 굴착하고 성벽에서 해자 쪽으로 약 1.4m 떨어진 곳에 너비 3.5m, 높이 40cm 되는 둑을 진흙과 돌을 섞어 쌓았다. 서쪽 해자는 성벽에서 1.6m 떨어진 거리에서 시작한 이 성벽과 해자 사이에는 포석을 한 포도가 있다. 해자 깊이는 대략 50cm, 너비는 약 80m 정도로 추정된다고 한다. 또한 고구려(高句麗) 장안성(長安城)은 자연해자(自然垓子)인 대동강(大同江)을 이용하는 것 이외에도 만수대(萬壽臺)에서 목란봉(牧丹峰)까지 성벽 내외에 호를 팠다. 백제(百濟)의 경우 풍납토성(風納土城)의 외곽 垓子와 몽촌토성(夢村土城)[19]에서 垓子가 확인되고 있다. 또한 忠北 청원군 북일면 소재 정북리토성의 성벽외부에는 垓子의 흔적이 보이기도 한다.[20] 新羅의 경우에는 경주(慶州) 월성(月城)[21]에서 垓子가 발견되어 1985년부터 2006년 최근까지 조사가 실시되었으며 이곳에서 호안(護岸)의 석축시설(石築施設)과 함께 목주(木柱)들이 일부 노출되기도 하였다.

월성(月城)의 해자는 주변의 하천을 해자로 자연지형의 이점을 최대한 이용한 城郭形態를 보여주고 있다. 자연경사를 이룬 해자가 너비 23m~42m로 나타나고 있다. 최근 조사된 석축 垓子는 기존 수혈 해자에 석축을 쌓아 조성한 것으로 2차례의 증개축이 이루어졌다. 이 월성(月城) 해자(垓子)의 호안석축(濠岸石築)은 가장 외곽에 지름 30cm~50cm크기 강돌로 쌓은 것을 비롯하여 이후 안쪽으로 할석으로 쌓은 2차 해자, 그보

---

19) 夢村土城發掘調査團, 1985, 「夢村土城發掘調査報告書」.

20) 孫永植, 1987, 위의 글.

21) 신라 월성의 규모는 동서 약 900m, 남북 260m 정도이고 성내면적이 약 6만여 평에 이르며 성곽의 둘레는 2,400m 가량 된다. 성벽은 토석혼축이며 남쪽으로 굽어 반달처럼 생겼다 하여 반월성이라 한다. 성 외벽은 자연지형을 이용하여 약간 높은 언덕을 따라 성벽을 둘렀는데 성내의 지반고가 성외보다 7~18m가량 높다. 군데군데 낮은 곳은 성 외부로 통하는 문지로 생각되며 성벽의 정상에는 5m 너비로 성벽을 따라 10~20cm 크기의 냇돌로 된 석열이 노출되어 길게 연결되어 있다.

다 더 안쪽으로 강돌과 할석을 섞어서 쌓은 3차 석축 해자의 존재를 확인되었다. 또한 석축 해자 동서 양쪽 끝부분에 너비 1m 내외, 길이 10m ~20m, 사이 해자와 해자를 잇는 석재로 구성된 배수로가 확인됨으로서 물의 인수와 퇴수 과정이 확인되었다.[22] 또한 진해 구산성지 해자는 성에서 가장 높은 지역인 동쪽 체성 바깥으로 5m 간격을 두고 배치되어 있다. 이 해자는 구산 정상과 웅산이 이어지는 능선을 너비 1.5m~2m 사이, 높이 1.5m 크기로 굴착해서 사람들이 이곳을 통해서 성내를 출입하도록 만들어 놓은 것으로 파악되고 있다.[23]

해자의 축조와 관련한 문헌기사를 살펴보면, 당대(唐代)에 편찬된 통전(通典)에서 해자 규모를 상부 너비 2丈(560cm~625cm), 하부 너비 1丈, 깊이 1丈(280cm~310cm)으로 나타내고 있다.[24]

우리나라는 ≪東國輿地勝覽≫에 고려(高麗) 말인 1378년에 창원 내상성(內相城)의 경우 「호(壕)에 물을 둘리고 조교(釣橋)로 막았다」고 한 것으로 보아 이때 이미 城郭 주변으로 垓子가 설치되었을 뿐만 아니라 출입을 위한 조교(釣橋)가 설치되어 있었음을 알 수 있다.[25]

또한 유성룡(柳成龍)은 그의 설호지법(設壕之法)에서 壕의 설치와 운영방법에서 "무릇 성밖이나 영책(營柵) 밖에 반드시 중호(重壕)를 파야하는데 될 수 있는 대로 깊고 넓게 하며 그 가운데 뾰족뾰족한 나무를 많이 깎아 세운다. 내호(內壕)는 외호(外壕)의 반으로 줄이고 그 깊이는 한

22) 국립경주문화재연구소, 2006, 5. 「月城垓子」국립경주문화재연구소 월성해자 지도위원회자료집.

23) 沈奉謹, 1995, 「鎭海 龜山城址」, 『韓國南海沿岸城址의 考古學的 硏究』, 학연문화사, 89~90쪽.

24) 『通典』守拒法.

25) 『東國輿地勝覽』권32, 昌原都護府 關防條 右道兵馬節度使營 李詹記, 「且帶以壕水 阻以釣橋」

길쯤으로 한다. 밑엔 널빤지를 깔고 길이 4.5자쯤 되는 마름쇠(菱鐵)를 꽂고 그 위에 긴 널빤지를 덮고 그 허리엔 가로대(橫木)를 걸치고 양쪽 머리를 풀무(鐵台)머리에 달린 널조각처럼 벌렁벌렁하게 하여 사람이 그 머리를 밟으면 곧 빠지게 한다. 또한 적이 올 때쯤에 그 밑에는 軟灰를 한 자 또는 반자 이상 깊이 깔고 널빤지 위에는 흙을 덮어서 눈치 채지 못하게 하여 적이 이르기를 기다리도록 한다." 라고 하였다.[26] 정상기는 그의 저서『농포문답(農圃問答)』에서 垓子 設置法을 언급하며 城과 垓子와의 距離, 垓子의 모양, 垓子를 위장하는 법, 兵器의 設置問題 등을 자세히 언급하였다. 특히 그의 垓子論의 가장 큰 특징은 城과 垓子와의 거리를 충분히 유지하여 적을 공격할 수 있는 공간과 거리를 확보하는 것, 즉 垓子를 성밑에서 30步~40步 거리에 설치하는 것이었다.[27] 유형원(柳馨遠)의 반계수록(磻溪隨錄)에는 호(垓子)는 城 밑에서 4장(840cm)밖에 굴착하여 넓이는 반드시 4丈(840cm), 깊이는 2丈(420cm)以上으로 하고 垓子 주변은 반드시 벽돌로 쌓아야 한다.“고 기록하고 있다.[28] 또한『증보문헌비고(增補文獻備考)』에는 영조 3년 경연(經筵)에서 檢討官 趙鎭禧가 아린 기사 내용이 있는데 그 가운데 垓子와 관련하여 다음과 같이 언급하였다.

“...성을 지키는 법에는 垓子가 더욱 중요한데 지금은 거의 다 진흙으

---

26) 『萬機要覽』군정편4 關防總論의 柳成龍 設濠之法.

27) 鄭尙驥, 「農圃問答」, 論陣法 築城墩.『城旣畢等後 距城下三十步 掘塹壕 潤可三四丈 深可數三丈 以周其城之四圍 而當城門及賊要衝之地 則其壕彎曲向外 如偃月形 北壕 則其潤 倍於他壕 而有水處 則儲水深數丈 無水處則底鋪板子多揷鐵釘 釘尖向上 其 壕上 橫布大竹甚踵 而又縱布細竹木 弸緣其間 編葦布之 又以土厚布 葦上散種雜草 使賊莫知壕塹 蹈之必陷 且或知之 而欲以草木전其壕 亦無由得矣 尤其緊要處 壕後五 六步 又掘壕 其深潤如前 而其或五六十步 或百餘步 其布底之法 皆同於前壕 前壕之 前三十餘步 又多設地雷砲 尤好矣』

28) 柳馨遠, 「磻溪隨錄」권22, 兵制後錄 城池條『城底四丈外開濠 濠廣必四丈 深二丈以 上 愈深潤愈好 引水成地尤妙 濠岸亦必築以磚石...用周尺 十尺爲一丈』

로 막혀서 관둔전이 되어 삼(麻)을 심으니 진실로 한심한 일입니다."라고
하였는데 이때에 이르러 대부분의 垓子가 많이 매몰되어 그 기능을 상실
하고 있음을 알 수 있다.29) 더구나 朝鮮前期의 매년 垓子를 掘鑿하여 垓
子의 효용성을 높이던 것과는 대조적으로 오랜 평화기로 인해 자연 垓子
의 효용성이 頹落된 것이라고 할 수 있겠다. 朝鮮後期에 그려진 晉州城圖
에 의하면 城南쪽의 南江 뿐만 아니라 사방에 넓은 垓子를 구축하고 障
碍物(마름쇠, 나무꼬챙이등)을 설치하였으며, 垓子의 規模가 상당하여
배가 드나들 수 있는 規模였다.

　다음으로 朝鮮前期에 沿海邑城에 축조되는 垓子와 관련한 文獻記事를
살펴보면, 이때는 전대에 비해 垓子의 설치가 규식화 되고 있음을 알 수
있다. 이는 文宗 연간에서 端宗 연간에 이르기까지 忠淸·全羅·慶尙道
都體察使를 역임한 鄭苯의 계문에서 확인할 수 있다. 鄭苯은 그의 계문에
서 "邑城을 巡審한 후 규식대로 축조하지 않았다고 하여 下三道 51개 邑
城을 巡審하여 보고할 때 垓子에 대해서도 언급하고 있다.30) 이 기사 가
운데 "...축성한 慶尙道 昆陽·機長·東萊·固城·巨濟는 垓子를 파지 않
았다고 하여 本邑이 파도록 하고" 있음에서 잘 알 수 있다.31) 이 기사 내
용에 나타나는 慶尙道 沿海邑城들은 啓門 당시에 이미 축성이 진행된 상
태였으며 畢築이 된 곳이 대부분 이었다. 그러나 文宗과 端宗朝에 下三道

---

29) 『增補文獻備考』권29.「英祖三年檢討官趙鎭禧經筵六鎭諸州城堞門樓無不頹圮守城
　　之法尤重垓子而今則幾盡淤塞乃爲官屯田　種麻誠可塞心...」이와 같은 현상은 하동
　　읍성의 남문지에서도 확인되는데, 즉 하동읍성의 남문지 옹성내부를 이 지역에서
　　는 삼굿머리라 지칭하고 있는데 이것은 해자에서 재배한 삼을 삶던 곳이라고 하여
　　부쳐진 지명이라고 한다.
30)『문종실록』권9 원년 9월 경자조.
31)『단종실록』권2 즉위년 8월 신유조.
　　「忠淸全羅慶尙道都體察使鄭苯啓曰…慶尙道昆陽機長東來固城巨濟　則未鑿海子…
　　請令本邑鑿築」

의 沿海邑城을 순시한 鄭苯은 下三道 일대에 축조된 邑城들이 규식대로 축조되지 않았음을 지적하여 다시 쌓거나 새로 쌓을 것을 건의하고 있다. 즉 이때의 沿海邑城들은 중앙정부에서 정해준 규식에 의거하여 축성되지 못하여 鄭苯은 그와 같은 현상을 바로잡고자 하였던 것이다. 이와 같은 것은 司諫院과 축성에 관련한 諸臣들의 건의에서도 확인되는데 그 가운데 敵臺의 규모라던지 敵臺 설치시 간격 등에 관련한 축성수법의 제시 등은 그 좋은 예라 할 수 있을 것이다. 또한 朝鮮 後期의 輿地圖書 기록에 의하면 全南 光陽市 소재 光陽邑城은『...壕池在城外底長 九百九十五尺 廣十五尺 深八尺』이라 하여 垓子 規模의 한 예를 보여주고 있다. 즉 光陽邑城의 경우 垓子 規模는 넓이 15尺, 깊이 8尺이었다고 기록되어 있다.[32]

최근에 垓子와 관련한 견해를 살펴보면, 張慶浩는 우리나라의 垓子는 都城制와 함께 中國의 영향을 받은 것으로 판단하고 우리나라를 거쳐 日本으로 傳播된 것이라고 하였다. 또한 처음에 垓子는 權威를 가진 階層의 防護用 또는 水理用으로 사용되어 권위와 방호의 개념을 가져서 명당이나 고분에 적용되어 고분의 주구로 발전한 것으로 파악하였고, 아울러 都市의 宇宙論的 構造와 宗敎的 次元의 神聖地域의 象徵的 要件으로 발전한다고 보았다. 또한 海子의 構築에 있어 城壁外壁에서 城壁 높이 이상 떨어져서 垓子가 구축되는데 이와 같은 연유로 城壁의 안전도를 높이기 위한 것으로 土壓 安息角의 限界를 넘게 한 것이라고 하였다. 이외에도 垓子의 너비는 城壁의 높이와 관계가 있으며 또 활, 총의 射距離와 角度와도 관련이 있으며 이와 같은 연유로 垓子의 외곽선은 城壁의 높이보다 城壁에서 2배 이상 떨어져 있음이 논리적이라고 하였다. 沈奉謹은 우리나라 대부분의 城郭이 垓子를 구비하고 있으나 山城일 경우는 乾壕인 隍을 平地城일 경우는 물을 채우는 垓子를 갖추는 수가 많으며, 또한 垓子

---

32) 沈正輔, 1995,「韓國 邑城의 硏究」, 학연문화사, 385쪽.

는 성내 출입시 外部로부터 露出이 減少되고 戰爭時는 一次 遮斷線이 되는 이점을 가진다고 하였다.[33] 孫永植은 垓子 혹은 壕는 邑城에 비교적 많이 설치되었는데 주변 자연하천을 이용하였거나 空壕를 파서 垓子로 삼은 경우가 많았으며, 垓子는 성기가 약화되지 않도록 성벽에서 일정간격을 두고 설치하였는데 그 규모는 너비 10m 내외, 깊이 1m~2m 內外가 많다고 하였다.[34] 羅東旭은 『慶南地域 邑城과 鎭城의 試·發掘調査成果』에서 垓子의 경우 성벽에서 대체로 10m 전후를 띄우는 경우가 많으며 단면은 U자상에 가깝다 하였다. 또한 海子의 兩岸에는 石築壁을 축조하여 해자의 유실을 방지한다고 하였으며 내외벽간의 너비는 대체로 3m~10m에 이른다고 하였다. 또한 垓子내의 바닥에서 확인되는 木杙施設이 防禦力을 높이는 것으로 體城基底部와 외벽 부근에서 조사되는 柱孔과는 비교된다고 하였다.[35]

3. 축조현황

(1) 하동읍성

하동읍성의 해자는 하동읍성 모든 지역에서 확인되었는데 하동읍성이 축조된 고하리 기반암층인 회백색마사토 및 암반층을 굴착하고 적 방향에 가까운 바닥에 목익(木杙)을 설치하여 외부로부터의 침입에 대비하였다.

이 河東邑城의 垓子는 地形的으로 丘陵 傾斜를 이용하여 垓子를 掘鑿하고, 溪谷部 바닥을 垓子로 이용한 관계로 乾壕로 推測된다. 西壁 垓子의

33) 沈奉謹, 1995, 「韓國南海沿岸城址의 考古學的 硏究」, 學硏文化社, 87쪽.
34) 孫永植, 1987, 위의 글.
35) 羅東旭, 2005, 「慶南地域 邑城과 鎭城의 試·發掘調査 成果」, 東亞文化 創刊號,(財) 東亞文化硏究院, 259쪽.

경우는, 西門址 甕城으로부터 서북쪽으로 약 20m 떨어진 體城 基壇部에서 外壁밖 약 15m 地點에서 너비 7m의 U자상의 垓子가 확인되었다.

垓子 깊이는 약 2.5m로 하단부가 긴 단면 U자형 垓子 바닥에서 木杙 흔적으로 보이는 선이 확인되고 있다. 垓子 하단부 퇴적토에서 자기편과 기와편들이 나타나고 있다. 北壁 垓子는 垓子 上部 너비는 5m이고 下部 너비는 3.3m, 깊이 1.8m이고, 양마장의 안쪽 부분 즉 성벽쪽에 이어져서 나타나고 있다. 단면 U자상을 이루고 있으며 다른 지역에 비해 너비나 깊이가 얕다.

東壁 垓子의 경우 城壁에서 9m 이격하여 조성되어 있는데 이 지역의 垓子는 지형을 이용하여 자연경사를 垓子 內壁으로 하고 外壁쪽으로 掘鑿하여 上部 너비 7m, 下部 너비 2.5m이다. 西門址 甕城 바깥에 造成되어 있는 垓子는 下部 너비 4.75m, 垓子의 上部 너비는 대략 7m에 이른다.

여기에서는 바닥에서 木杙을 박았던 흔적들이 나타났으며, 토층 단면에서도 木杙을 세웠던 흔적들이 나타나고 있다. 특히 이곳 垓子의 바닥면에서 정형성을 띤 木杙의 흔적들이 다수 나타나고 있고, 방향성에 있어서도 성쪽과 바깥쪽으로 밀집하여 촘촘하게 설치되어 있어 이것이 외부로부터의 침입에 甕城 및 門址를 보호하기 위한 垓子내의 이중방어시설(二重防禦施設)로 파악할 수 있다. 垓子 내부에서 출토되는 木杙은 직경 6cm 내외가 다수를 차지하고 있다. 이러한 木杙이 西門址 주변의 垓子 내에서 집중적으로 나타나는 것은 이곳이 門址의 앞이고 또한 주변에서 가장 평탄한 곳이기 때문이 아닐까 한다. 여기에서 확인된 木杙은 熊川邑城, 彦陽邑城 垓子와, 薺浦와 統營 唐浦鎭에 설치된 水中木柵과 더불어 朝鮮時代 沿海邑城 防禦施設의 한 단면을 보여주는 좋은 자료임을 알 수 있다.

또한 西門址 甕城과 體城 接合部에서 북쪽으로 약 1m 떨어진 지점에

서 너비 4m 단면 U자상 구가 나타났고 내부에는 물이 흘러간 흔적들이
나타나고 있다. 이 U자상의 구는 트렌치 조사 결과 垓子까지 연결되고
있다. 城 內壁에도 이와 같은 형태의 적석시설이 외벽과 약간 어긋나게
축조되어 있는데 이 적석시설 하부를 수직으로 절개하자 상부 너비
3.6m, 하부 너비 1.5m, 깊이 1.8m의 단면 U자상의 구상유구를 인두대
크기 내지 그 이상의 할석으로 석축한 시설이 확인되었고, 이 적석시설
의 반대쪽 토층을 확인해보면 최상층에는 木炭과 燒土가 포함된 暗黑褐
色土層이 나타나고 그 하부에는 점차적으로 퇴적 매몰된 토층이 확인되
고 있으며 하부에는 물이 흘렀던 흔적이 확인되고 있다.[36]

하동읍성 서문지 옹성 바깥쪽 垓子내에서 東－西 석축과 南－北 석축
이 조사되었는데 건물지 일부분으로 추정된다. 이 建物址 석축은 후대에
붕괴된 성벽석 및 적심석을 이용하여 기단부를 조성하고 있는 것으로 적
석층 너비는 약 1.2m 정도이고 垓子와 교차되게 "ㄷ"字形으로 나타나고
있다. 이 건물지 東－西 석축은 南－北 석축 보다 비교적 정교하게 쌓았
다. 토층상태로 볼 때 垓子가 매립되고 난 이후에 조성된 것으로 석열 모
두 흑갈색부식토층 위에 형성되어 있다. 南－北 석축 가운데 垓子 바깥
쪽 석열 아래에서 완형 옹기(甕器)가 출토되고 있어 적어도 시기가 朝鮮
後期 이후로 추정된다. 따라서 이 石築의 東－西축의 경우는 垓子를 가
로지르고 있어 古縣城에서 확인되는 적교와 같은 역할을 수행하던 출입
시설이었던 것으로서 朝鮮 前期 이후에 垓子를 출입하던 조교와 같은 시
설물이 폐기되고 난 이후 사용하였던 것으로 추정된다.

---

36) 慶南發展硏究院 歷史文化센터, 2004, 「河東邑城 I」, 調査硏究報告書 第13冊.

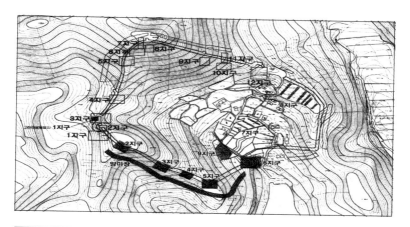

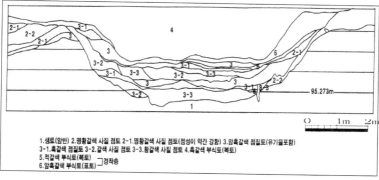

1.생토(암반) 2.명황갈색 사질 점토 2-1.명황갈색 사질 점토(점성이 약간 강함) 3.암흑갈색 점질토(유기물포함)
3-1.흑갈색 점질토 3-2.갈색 사질 점토 3-3.황갈색 사질 점토 4.흑갈색 부식토(복토)
5.적갈색 부식토(복토)
6.암흑갈색 부식토(표토) —경작층

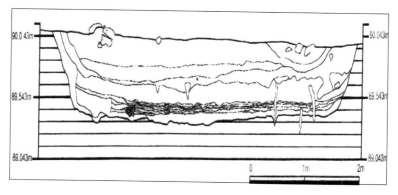

〈그림 1〉 하동읍성 해자현황도 및 해자 단면도

(2) 웅천읍성

熊川邑城 垓子는 南壁과 東壁에서 확인되었는데 南壁에서는 城의 外壁밖 약 9m 지점에서 해자의 성내외쪽 석축이 조사되었는데, 잔존 높이는 약 2.5m로 기단석 위로 7~8단의 석축이 확인되었다. 석축은 아래로 내려가면서 上下의 築造狀態가 다른 것이 확인되었다. 평면상에서 확인되는 石築의 너비는 약 3m로 잔존 最上端石은 뒤로 밀린 상태이다. 石築은 대체로 垂直을 이루고 있으며 뒷편에는 10cm~15cm 크기의 돌로 뒷채움이 되어 있는 상태이다. 垓子 石築은 가운데 자갈층을 기준으로 上下의 築造時期가 다르게 나타난다. 조사시 처음 表土에서 약 1.5m에서 자갈층이 나타나고 그 자갈층을 다시 걷어내니 자갈층 아래 1m 지점에서 목주들이 누운 상태로 어지럽게 나타나고 있다.

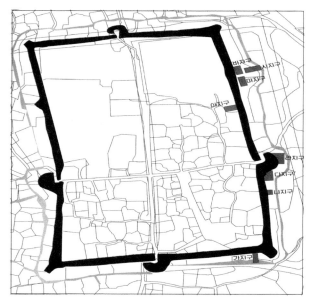

〈그림 2〉 웅천읍성 해자 현황도

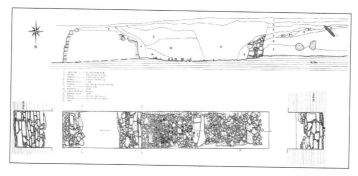

① 웅천읍성 동벽 해자

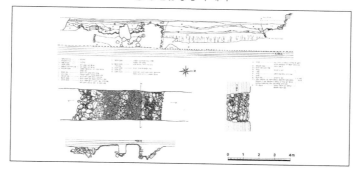

②웅천읍성 남벽 해자

〈그림 3〉 웅천읍성 해자 평 · 입 · 단면도

木杙 길이는 대략 50cm~100cm 사이 것들이 대부분이다. 위아래를 뾰족하게 가공하였으며, 통나무재와 목재를 가공한 것의 두 종류로 나타나고 있다. 어지럽게 흩어져 있는 木杙들 사이에서 말의 견갑골(肩胛骨)이 출토되고 있다. 이러한 木杙들은 누운 상태지만 그 방향성이 보이는 것이 가공한 木杙 경우 트렌치 방향으로 누워 있고 가공하지 않는 통나무재의 경우는 트렌치 역방향으로 놓여 있어 가공하지 않은 목익으로 가공한 木杙를 고정시켜 마치 목책도니성(木柵途泥城) 골조와 같은 구조와 유사하다.

동벽에서 조사된 垓子는 너비가 6.8m이고 城壁에서 약 11m 떨어져서 설치되어 있다. 해자의 내벽은 최하단 기단부만 남아 있고 외벽은 4단정도가 남아 있다.

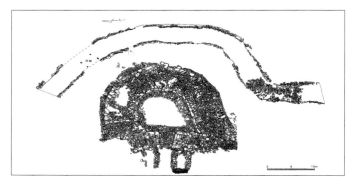

〈그림 4〉 웅천읍성 동문지 해자 평면도

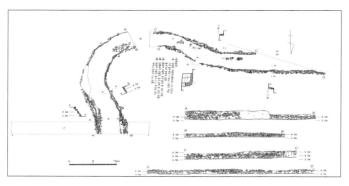

〈그림 5〉 웅천읍성 동남성우 해자 평면도

이 외벽 축조상태를 살펴보면 먼저 생토면을 "ㄴ"자상으로 절개하고 다음에 장방형의 긴 성석을 이용하여 지대석을 만들고 그 위에 20cm 뒤로 물려서 기단석을 올려두고 있다. 외벽내부는 130cm 가량 막 채워놓은 느낌이고 그 뒤로 암갈색토 내지는 흑갈색 점토를 이용하여 뒷채움을 하였다. 해자의 바닥은 굵은 자갈과 인두대 보다 조금 작은 할석들도 채워져 있으며 자갈과 할석 사이사이에 직경 4, 6, 8cm의 목익이 사선으로 박혀 있다. 이러한 목익는 총 15列이 확인되고 있는데 해자의 가운데 부분을 중심으로 조금 다른 양상이 나타나고 있다.

(3) 고현성

고현성의 해자는 조선시대 단종 즉위년에 忠淸 · 全羅 · 慶尙道 都體察使 鄭苯이 하삼도 51개 읍성을 순심(巡審)하여 보고할 때 규식대로 축조하지 않았다고 하여 해자에 대해서도 언급하고 있다.[37], 이때 이미 축성한 경상도 곤양, 기장, 동래, 고성, 거제는 해자를 파지 않았다고 하여 본읍이 파도록 하고 있음에서[38] 잘 알 수 있다. 즉 정분이 계문(啓聞)할 당시에는 고현성의 해자는 미착인 상태였던 것이다.[39]

따라서 고현성의 해자는 단종 즉위년인 1452年 5月 이전까지는 축조되지 않았으며 읍성의 필축을 위해 감독관인 김순(金淳)이 端宗 元年 1453年 9月에 파견(派遣)되는 시점을 전후로 한 시기에 해자가 완축되었을 것으로 생각해 볼 수 있겠다. 또한 고현성은 이때 당시 동문지 옹성을 비롯한 제반의 부대시설은 축성을 마친 것으로 파악된다.

고현성 垓子는 남북쪽은 자연계곡에 약간의 인공을 가미한 해자이며 서쪽은 평산성인 고현성의 체성이 위치하는 곳 중 가장 높은 지점에 위치하고 있으므로 물을 채우지 않은 건호(隍)로서 너비 20m, 높이 3~4m

---

37) 『문종실록』권9 원년 9월 경자조.
38) 『단종실록』권2 즉위년 8월 신유조.
　　「忠淸全羅慶尙道都體察使鄭苯啓曰…慶尙道昆陽機長東來固城巨濟則未鑿垓子… 請令本邑鑿築」
39) 『문종실록』권9 원년 9월 경자조.
　　『愛日堂先生實記續本』卷之上,「請慶尙忠淸各官城子尺量啓」

로 생토층을 절개하여 인공적으로 조성하였고 동쪽은 인공해자로서 연결하면 전체적인 평면형태가 장방형을 띠고 있다. 그러나 자연해자의 지형적 요인에 따라 서쪽은 너비가 넓고, 동쪽은 너비가 좁은 형태로 나타나고 있다.

古縣城 東門址 주변 발굴조사에서 드러난 동쪽 垓子는 현대 매립성토인 자갈층 아래(현 表土面부터 1.6m 깊이)에서 확인되었다. 시굴조사에서 확인된 東壁 垓子의 전체 길이는 185m로 추정되며 고고학적 조사에 확인된 垓子의 규모는 길이 54m, 상부 너비 6.4m, 하부 너비 4.5m, 최대 깊이 2.9m이다.

垓子의 진행방향은 남남동에서 북북서이며 동문지 옹성을 따라 배치되면서 S자 형태로 사행하고 있다. 동벽으로부터 약 5.1m 떨어져 축조되었으나, 동문지 옹성의 지대석으로부터는 약 2.8m 정도 간격을 두고 축조되어 있다. 이와 같은 양상은 적어도 동문지 옹성 주변 해자의 경우 동문지 옹성이 설치된 이후 축조된 것임을 알 수 있는 것이다. 垓子 사용기의 바닥 면에는 뻘층이 16㎝가량 퇴적되었으며, 이 퇴적층 상부에 해자 호안석축이 함몰되었으며 그 단면은 완만한 'U'자상을 이룬다. 垓子의 濠岸石築은 체성를 기준으로 성내쪽과 성외쪽의 양쪽에 석축을 쌓아 견고하게 만든 것으로 남쪽 성벽쪽의 자연垓子에서 물을 끌어들여 북쪽 성벽 바깥쪽의 自然垓子로 배출된 것으로 추정하고 있다.

垓子 조성을 위한 기반암을 굴착시 성내쪽은 성외쪽에 비해 깊게 굴착하고 있는데 최대 65㎝까지 차이가 나는 곳도 있다. 특히, 옹성부근에서 그 차이는 확연하다. 이것은 垓子 내부쪽으로 깊이를 깊게 하여 방어 효율성을 높이기 위한 것으로 판단된다. 축대는 3~4단까지는 자연대석 (83×40㎝, 48×45㎝)을 이용하여 종평적하고 이후 상부로 올라가면서 최하단석보다 작은 크기 자연석을 횡평적한 후 그 뒤편은 작은 자연석으

로 보강하였다. 옹성 부근 해자내측 벽석 뒷채움은 다른 곳에 비해 그 너비가 매우 넓어 대조를 보인다. 뒷채움석은 자연석으로 횡평적하여 3~4겹 채웠으며 자연석 크기도 50×25㎝로 큰 편이다. 바닥은 아무런 시설이 없는 생토면이며 해자 사용 당시 물이 흘러 두께 16㎝ 정도의 뻘이 형성되어 있다. 이 뻘에서 길이 70㎝, 직경 2×4㎝ 정도의 목익이 조사되었다. 각재인 이들 목익은 조사결과 양끝을 날카롭게 깎아 垓子 바닥면의 뻘에 꽂은 것으로 방어의 효율성을 높이기 위한 시설로 보인다. 목익은 垓子의 외측벽을 따라 많이 출토되며, 옹성구간에서 집중된다. 垓子 바닥에서는 출토된 유물로는 자기편, 와편, 옹기편이 있다. 주목되는 유물은 창해파문이 시문된 동치(同治) 15년 명(銘)의 암막새로 적교 부근에서 출토되었다.

다음으로 고현성 각 시설별 垓子와의 이격거리에 대해서 살펴보면, 東壁 垓子는 체성 외벽면석으로부터 약 5.1m 떨어져 축조되었고, 東門址에서는 옹성 체성 지대석을 기준으로 불과 2.8m 정도의 이격 되어 있다. 그러나 이와 같은 양상이 고현읍성 전체에 걸쳐서 나타나는 현상은 아닌 듯 하다. 즉 東壁 체성과 문지에 한해서만 한정되어 나타나는 현상으로 파악되며 邑城의 가장 높은 지점에 위치하는 西壁을 비롯하여 南壁과 북벽의 양상은 동벽에서 확인되는 이격거리 보다는 간격이 넓은 것으로 파악된다. 古縣城의 垓子의 너비는 上部 너비 6.4m, 下部 너비 4.5m로서 최대 깊이 2.9m이며 단면 U자형을 이룬다. 古縣邑城 垓子의 상부와 하부의 간격은 상부 너비 6.4m, 하부 너비 4.5m로 대략 1.5:1 비율로 축조되어 있다.

古縣城 垓子의 축조수법을 살펴보면, 잔존 깊이에 있어서 1.7~2.5m 내외가 대부분을 차지하고 있는데 東壁 垓子 잔존 깊이가 최대 2.9m에 이르고 있다. 남해안 연해읍성 가운데 동래읍성의 경우에는 2.3m 정도

가 잔존하는 곳이 확인되고 있어 古縣邑城 垓子 石築 높이는 3m를 전후로 한 것이라고 할 수 있겠다. 이것은 古縣邑城 垓子 濠岸石築 경우 그 기저부에서 최상단부까지 거의 原形을 유지하는데서 알 수 있는 것이다. 古縣城 垓子 石築手法의 경우에는 공히 허튼층쌓기를 실시하여 長大石과 大石을 사용해서 축조되는 體城에 비해서는 조잡하게 築造되어 있음을 알 수 있다. 그러나 基底部 바닥에 地臺石을 놓고 뒤로 물려서 基壇石과 垓子濠岸石을 축조하는 방식은 體城의 築造手法과 대동소이하다. 垓子濠岸石으로 사용된 석재들은 대부분 자연할석이나 화강암계통 자연산석이 대부분이며 강돌과 面石 경우 부분적으로 가공한 흔적이 확인되고 있으나 그 숫자 많지 않은 것으로 판명된다.

여기에 사용된 垓子濠岸石 크기(가로×세로)는 80cm×40cm, 48cm×45cm, 80cm×60~70cm로 彦陽邑城의 20~30cm×20~30cm, 東萊邑城의 10~25cm, 10~30cm보다 비교적 큰편에 속한다. 따라서 沿海邑城의 垓子濠岸石 크기는 대략 10~30cm 내외 크기 割石이 대부분을 이루고 있는 것을 알 수 있다. 古縣城 東門址 垓子에서 土石混築의 적석층 하단에서 확인되었다. 이 土石混築 石築施設은 총 두 번에 걸쳐 유형을 달리하는 출입시설이 설치된 것으로 확인되고 있다. 먼저 상단부에 설치된 土石混築 石築施設 築造手法을 살펴보면 50cm×30㎝내외의 자연석을 그 외곽과 중간위치에 垓子 방향과 직교하게 일렬로 배치하였다. 2~3단 정도 횡평적하고 그 내부는 割石과 자갈로 채움하였다. 또한 이 吊橋[40] 와 관련하여 垓子 상부 매몰석 제거 후에는 길이 216cm, 두께 13cm의 나무기둥이 쓰러진 채 확인되었다. 이것이 당시 다리 기둥 목제였던 것으로 추정된다.

---

40) 石築施設의 名稱을 釣橋라는 용어가 있으나 여기에서는 들고 내리는 기능이 없는 관계로 吊橋 란 용어를 사용한다.

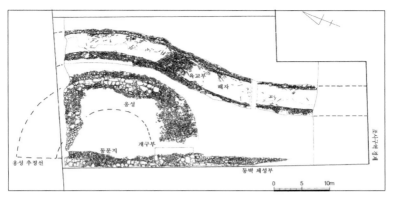

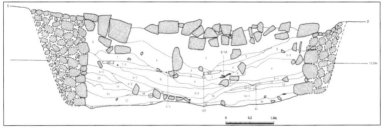

〈그림 6〉 고현읍성 해자 평면도 및 단면도

古縣城 東門址 甕城 주변 垓子 內에서는 垓子를 건너 다닐수 있는 너비 5m 吊橋가 설치되어 있는 것을 확인하였다. 그 築造手法은 50×30㎝ 내외 자연석을 그 외곽과 중간위치에 垓子 방향과 直交되게 일렬로 배치하였다. 2~3段 정도 횡평적하고 그 내부는 작은 자연석으로 채움하였다. 또한 이 吊橋와 관련하여 垓子 상부 매몰석 제거 후 길이 216cm, 두께 13cm 나무기둥이 쓰러진 채 확인되었다. 이것이 당시 다리 부재였던 것으로 추정된다. 吊橋는 城으로 진입하기 위한 수단으로 중요한 구조물이지만 유사시 城을 防禦를 위해서는 吊橋의 파괴가 요구되므로 石材를 이용한 견고한 육교시설(陸橋施設)보다는 나무를 부재로 사용한 것으로 판단된다.[41]

(4) 김해읍성

金海邑城 垓子는 문종 원년(1451) 三道都體察使 鄭苯의 書啓에 의하면 垓子 길이는 4,683尺이라고 복명하였다. 金海邑城 垓子는 성 外壁 밖 약 9.5m 지점에서 垓子 城內쪽 石築이 조사되었는데, 잔존높이는 약 3m로 기단석 위로 9단 석축이 확인되었다.

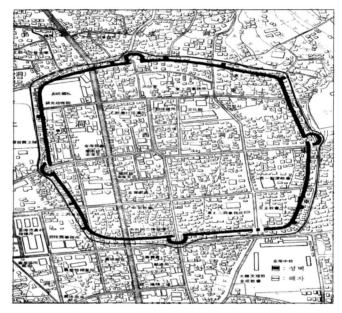

〈그림 7〉 김해읍성 해자 현황도

石築은 아래로 내려가면서 上下 축조상태가 다른 것이 확인되었다. 평면상에서 확인되는 石築 너비는 약 1m로서 잔존 최상단석은 뒤로 밀린 상태이다. 성벽은 대체로 수직을 이루고 있으며 밀린 돌 뒤편에는 10~15cm 크기 돌로 뒷채움이 되어 있는 상태이다.

---

41) 慶南發展硏究院 歷史文化센터, 2004, 「古縣邑城」, 調査硏究報 告書 第42册.

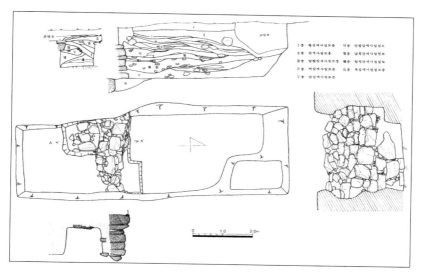

〈그림 8〉 김해읍성 해자 평 · 입단면도

　石築은 서쪽으로 약간 바깥쪽으로 가면서 축조되어 있다. 상부석축은 서쪽으로 가면서 아래쪽으로 경사져 서북쪽으로는 6~7단 정도가 막쌓기수법을 보이고 있다. 가로 50cm 세로 20~25cm 크기의 할석을 막쌓기수법으로 쌓았으며 하부 석축 석재보다 비교적 작다. 下部石築은 비교적 작은 板石상의 기단석으로부터 4단 정도 확인되는데 가로 80cm, 세로 60~70cm 크기 비교적 큰 割石으로 수평적하였으며 서쪽에는 세워 쌓은 곳도 있다. 석재 틈 사이는 10cm~15cm 내외의 잔돌로 끼워쌓기를 하였다.

　垓子 안쪽으로는 석축 뒤에 뒷채움되어 있는 황갈색모래층 150cm 아래에서 30~40×40cm 크기의 板石들이 깔려 있었다. 판석이 깔린 곳은 外壁 하단부 석축과 상부석축 경계를 이루는 높이와 같다. 판석의 위쪽 부분은 증축 또는 수축시 조성된 것으로 추측된다. 하부석축 內面은 전기한 板石 상면 위에 잡석과 굵은 모래와 함께 덮여 있어 1차 垓子 濠岸 石築은 體城과 마찬가지로 어느 정도 범위까지는 板石을 깔면서 뒷채움

한 것으로 보고자는 판단하고 있다. 하수구의 너비와 토층의 경사도, 지적도를 통하여 볼 때 그 너비는 5m~7m에 이르렀을 것으로 추정된다.[42]

(5) 동래읍성

東萊邑城에서 확인된 垓子는 石築으로 축조되어 있으며 垓子 濠岸石築은 동서로 2개소가 확인되었고, 진행방향은 북동－남서이다. 확인된 동쪽 垓子 석축 길이는 35m, 서쪽 垓子 석축 길이는 22m 정도이다. 垓子 석축 간 너비는 5.4m 정도이다. 현재 4차례 정도 修築된 것으로 확인되고 있다. 初築과 1차 修築 石築 높이는 150cm 이상으로 추정되고 2차, 3차 石築 높이는 170cm 이상으로 추정하고 있다. 初築과 1차 修築은 黑褐色沙質粘土層 위에 쌓았을 것으로 추정되고, 1차 修築은 初築 내부 다짐토를 바닥까지 절개하고 石築을 다시 쌓았을 것으로 추정된다. 2차 및 3차 修築은 石築上部에 대한 부분적인 修築이 이루어졌고, 앞선 시기 석축을 기저부로 하여 별다른 시설 없이 그 위에 쌓았다. 2차 및 3차 石築 높이는 170cm 이상이었을 것으로 추정된다. 4차 修築 내부토는 赤葛色沙質粘土로써 잔존하는 石築으로 보아 230cm 정도로 추정된다. 현재 확인되는 濠岸石築이 1차 修築에 의해 다시 쌓은 것이기 때문에 사실 初築 時期를 파악하기는 힘들다.

東萊邑城 垓子에서 가장 주목되는 양상은 垓子 다짐층에 목재들이 박혀서 확인되고 있는 것이다. 이 木材들은 石築 下部에 박혀 있는 것과 護岸 사이에 北에서 南으로 물이 흐르는 방향으로 누워 있는 것으로 나눌 수 있다. 石築 下部에 박혀 있는 것은 低濕地 軟弱地盤을 보강하기 위한

---

42) 나동욱, 1999, 「金海 東上洞 소방도로 개설구간 내 金海邑城址 試掘調査」, 博物館
   研究論集7.

것이고, 垓子 內部에 쓰러진 채 발견된 것은 垓子 兩岸 사이에 박혀 있던 것들이 垓子 內部에 물이 차면서 쓰러진 채 발견된 것으로 木杙으로 推定되고 있다.이러한 木杙은 熊川邑城, 彦陽邑城, 河東邑城의 垓子에서 확인되고 있다.

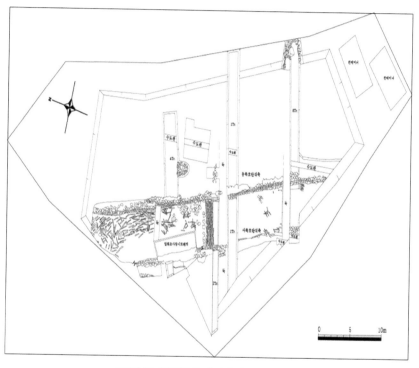

〈그림 9〉 동래읍성 해자평면도 및 단면도

木杙 直徑은 3cm～5cm 길이는 50cm～120cm이다. 또한 垓子 濠岸石築과 直交하는 木材들이 확인되었다. 直徑 3cm～5cm 길이 40cm～100cm로 垓子石築 사이를 연결한 가교(架橋)로 추정하고 있다.43) 東萊邑城 垓子내에서는 15세기 후반으로 편년되는 粉靑沙器片과 16世紀 중반을 넘

기 어려운 칼과 활, 화살촉, 찰갑, 청동숟가락 등이 출토되고 있다. 初築 및 1차 修築時期를 16世紀 前半 및 그 이전에 이루어졌을 가능성이 높은 것으로 추정되고 있다. 또한『朝鮮王朝實錄』과『世宗實錄地理志』의 記事를 근거로 垓子石築 初築 時期는 世宗 28年(1446) 以後로 파악하고 있다. 垓子 내에서 출토된 遺物은 많은 木材, 人骨과 獸骨, 칼 2자루와 화살촉, 木弓, 찰갑편, 靑銅숟가락 2점 등과 白磁片, 甕器片, 기와편들이 출토되었다. 이 중 木製遺物과 人骨 및 獸骨, 칼과 화살촉, 木弓, 그리고 靑銅숟가락 2점은 濠岸石築 외부 다짐층 상부에서, 朝鮮 後期 白磁片과 甕器片 등은 木材와 武器들이 出土되는 層 위에서 出土되었다. 朝鮮後期 白磁片이 出土된 層에서 靑銅製 그릇이 1점 出土되었는데, 그릇 직경은 16cm 정도이며 朝鮮時代 後期에 製作된 것이다.

(6) 언양읍성

彦陽邑城은 平面形態가 완전한 正方形에 가깝다. 현존하는 邑城은 둘레 1559.7m, 너비 5m, 잔존 최고 높이는 西門址 서쪽의 敵臺에서 4.6m. 정도로 확인되어 기록에서 나타나는 것보다는 높고 넓은 것으로 파악된다.

東西南北 사방 체성 중간부분에 甕城을 두른 門址를 배치하였고 그 左右 敵臺시설, 그리고 4면의 모서리에 설치된 城隅와 體城 외곽을 따라 조성된 垓子시설 및 木杙 등이 모두 갖추어져 있기 때문에 朝鮮時代 城郭構造를 이해하는데 가장 전형으로 볼 수 있다. 彦陽邑城 垓子는 體城 외부에 전체적으로 설치되었던 것으로 확인되었다. 현재 시가지에 편입된 남쪽 부분을 제외한 동 · 서 · 북쪽의 3부분에서 확인된다. 특히『彦陽邑

---

43) 慶南文化財研究院, 2006,「釜山地下鐵 3號線(壽安停車場) 建設敷地內 文化遺蹟 發掘調査 2次 現場說明會資料」.

誌』에서는 南門 바깥으로 黃橋라는 다리가 설치되어 있었던 것으로 언급되어 있고 현재 地籍도 하천을 참고한다면 다른 지역에 비해 상당히 바깥에 垓子를 조성한 것으로 추정된다. 彦陽邑城 발굴조사에서는 총 3곳에서 垓子가 확인되었는데 雉城10과 雉城11의 중간 지점 垓子는 체성 외곽부 지대석에서 12m 떨어진 지점에서 확인되었다.

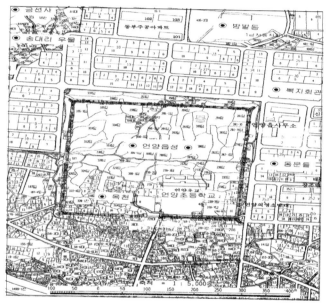

〈그림 10〉 언양읍성 해자 현황도

이곳은 경작층 40cm 아래에 생토면을 파서 조성한 내구(內溝)[44]가 확인되고 있으며 垓子 너비는 10m이며 양쪽 가장자리에는 직경 20~30cm 정도의 割石이 깔려 있는 상태로 노출되었다.[45]

---

44) 彦陽邑城 垓子는 호안석축의 흔적이 확인되고는 있으나 古縣邑城이나 熊川邑城에 비해 그 잔존 상태가 불량하고 정확한 축조수법이 확인되지 않고 있는바 여기에서는 보고자가 사용한 내구라는 용어를 사용한다.

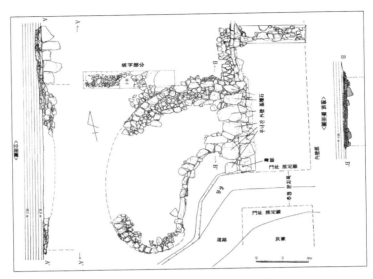

〈그림 11〉 언양읍성 서문지 옹성 밖 해자

　內溝 상면 중앙에는 직경 2~3.7cm, 길이 47.5~60cm 규모 목재를 이용하여 끝을 뾰족하게 다듬은 후 박아 두었던 木杙이 일정한 간격으로 확인되었다. 두꺼운 것과 얇은 것 2종류로 구분할 수 있다. 2열 정도로 엮어 만든 構造였던 것으로 판단하고 있다. 확인된 內溝 깊이는 150cm 정도인데 토층상 內溝 바깥에 위치하는 垓子 부분에서 얇은 뻘층의 흔적이 전체적으로 나타나고 있는 것을 들어 원래 垓子 깊이는 170cm 정도였을 것으로 파악하고 있다. 雉城 11 외곽지점에서 확인된 垓子는 조사 당시 논으로 경작되고 있었다. 垓子는 雉城 외곽 기단부 아래의 地臺石으로부터 11.7m 떨어진 지점에서 확인되었으며 너비 510cm의 간격을 유지하고 있다. 垓子 양쪽 가장자리에는 사면을 따라 눕혀진 상태로 놓

---

45) 조사자는 垓子 상면은 현재에도 바닥에 물이 침수되고 있는 것과 부석들이 퇴적토 아래에 놓여 있었던 점을 들어 垓子의 양쪽 지반이 물에 의하여 유실되는 것을 방지하기 위하여 놓았던 것으로 판단하고 있다.

여진 판상의 석재들이 확인되고 있다. 內溝 잔존 깊이는 138cm이며 원래 깊이는 167cm로 파악하고 있다. 제 7트렌치에 비해서는 얕은 편이다.

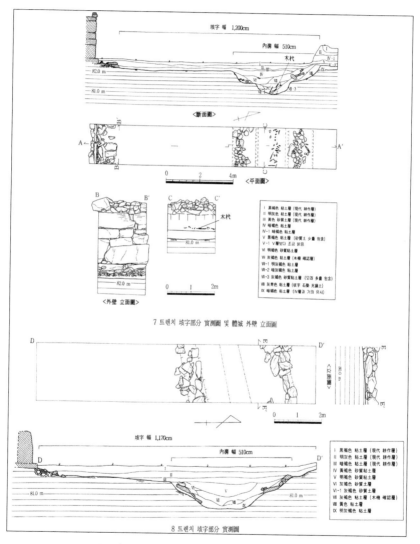

〈그림 12〉 언양읍성 해자평면도 및 입 · 단면도 1

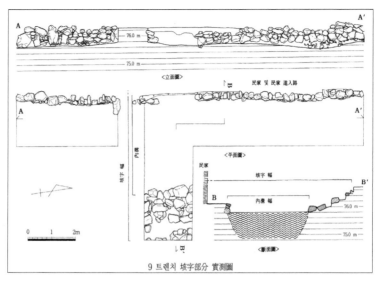

9 트렌치 垓字部分 實測圖

〈그림 13〉 언양읍성 해자평면도 및 입·단면도2

동문지 외곽 지점에 해당하는 곳에서 확인된 해자는 시멘트 포장된 도로 아래에서 석축시설이 확인되고 있다. 이곳은 지하수 침출로 인해 전체적인 양상을 확인하지는 못했으나 동쪽 해자 바깥 부분에서 노출된 부석(敷石)들은 다른 지역과 동일한 양상으로 파악되고 있다. 현재 해자 너비 360cm이나 보고자는 원래는 510cm로 추정된다. 서문지 해자는 옹성 끝부분에 위치하며 체성 외벽에서 620cm지점에서 해자의 내구가 확인되었다. 내구부 가장자리는 다른 조사지역과 달리 양쪽 가장자리에 놓였던 부석을 확인할 수 없었으며 그 상부에 점토와 할석들이 많이 덮여 있었다. 내구의 너비는 510cm로 추정된다. 내구 안에서는 끝부분을 뾰족하게 만든 목익들이 눕혀진 채 확인되고 있다. 해자 전체 깊이는 대략 170cm 정도로 추정된다. 이 서문지 해자는 옹성 끝부분이 해자를 메우고 그 상부에 축조되어 있었기 때문에 먼저 축조된 해자를 메우고 그 위

에 옹성을 축조한 것으로 파악되며 옹성이 축조된 이후 해자는 다시 축
조되었을 것으로 추정하고 있다.46)

(7) 고성읍성

고성읍성은 경상남도 고성군 동외리, 수남리 일원에 위치하며 고성읍
의 중심지를 둘러싸고 있다. 고성읍성 해자는 남벽과 동벽에서 확인되었
는데 동벽은 16m지점에서 垓子로 추정되는 것이 확인되었다.47) 남벽은
성 외벽 밖 약 27m 지점, 동벽은 16m 지점에서 해자로 추정되는 것이 조
사되었다. 평면상에서는 도로포장으로 인해 그 윤곽을 확인할 수가 없고
다만 현재 하수구로 사용되는 도랑 하부에 일부 흔적이 나타나고 있다.
신기−남포 계획도로 구간 내에도 추정 해자가 있으며 현재는 복개되어
도로로 이용되고 있다. 고노들 말에 의하면 과거에는 도랑으로 사용되었
으며 도랑을 따라서 진주로 가는 간선로가 형성되어 있었다고 한다. 서
벽은 현재 도랑이 흐르고 있고 동벽에는 도랑을 복개하여 사용하고 있는
데 고성읍성과 관련되는 해자 내지 외황으로 추정된다.

(8) 사천읍성

사천읍성은 경상남도 사천시 사천읍 정의2리에서 선인 1리에 위치한
다. 북동쪽 해발 106.8m 낮은 야산자락에서 이어지는 구릉 말단부를 시
작으로 현재의 산성공원을 포함하고 그 남서쪽 평지로 이어지는 평산성
으로 자연지형을 적절히 이용하였다.

해자는 기록에는 보이지 않으나 현재 지형을 확인한 결과 체성 바깥으

---

46) 東亞大學校博物館, 2003,「彦陽邑城 綜合整備復元을 위한 學術調査報告書」.
47) 東亞大學校博物館, 2004,「固城邑城址 發掘調査 槪要」.

로 20~30m 거리를 두고 소방도로가 확인되고 있고 과거에는 소하천이 흘렀다고 하니 垓子 가능성이 큰 것으로 추정하고 있다.[48]

(9) 장기읍성

장기읍성에 시설된 해자는 물이 흐르지 않는 건호(乾壕)인 황(隍)일 것으로 추정된다. 외곽지형이 급경사를 이루고 있는 동남벽, 동북벽, 서북벽 바깥쪽은 垓子를 축조할 이유가 없고 외곽지형이 평탄한 서남쪽에서 垓子시설을 마련한 흔적을 일부 확인하였다. 체성 외벽 하단에서 15~25m 바깥쪽에 높이 1m, 너비 7m 내외의 둑을 일부 확인하였으나 현재 경작지로 사용되고 있어서 깊이는 알 수 없다.

(10) 울산 병영성

병영성 해자는 북쪽에 부분적을 남아 있으며 外壁에서 10m정도 간격을 두고 너비 8m, 깊이 2m 크기 단면 'U'자상으로 파서 그 속 바닥에 판석을 한번 깔아 둔 형태이다. 목익이 일부 확인되고 있으며, 조사자는 건호(乾壕)로 추정하고 있다.[49]

(11) 합포성

합포성지 해자는 『조선왕조실록』 태종조에 "門下侍中裵克廉出師合浦 築城 開隍 善於防禦"라 하여 황(隍)이 설치되었음을 알 수 있다. 현재 도시화로 인해 해자지역에는 민가가 밀집하여 그 정확한 양상을 확인할 수

---

48) (財)東亞文化硏究院, 2005, 「泗川邑城 復元事業을 위한 文化遺蹟地表調査報告書」.
49) 沈奉謹, 1995, 「韓國南海沿岸城址의 考古學的 硏究」, 學硏文化社, 225쪽.

없지만 고노들 말에 의하면 체성에서 바깥으로 10~20m 정도 떨어진 지점에 단면 'U'자나 'V'자상의 도랑이 있었다고 한다. 조사가 이뤄지지 않은 관계로 너비나 깊이 등은 확인할 수 없다.[50]

4. 남해안 지역 연해읍성 해자의 규모와 축조수법

1) 연해읍성 해자의 축조현황

연해읍성 해자 특징을 비교함에 있어 체성과 해자 간격을 살펴보면, 고현읍성 동벽 해자는 체성으로부터 약 5.1m 떨어져 축조되었다. 동문지는 옹성 지대석을 기준으로 2.5m 정도의 이격 되어 있다.

이와 같은 양상은 일반적인 체성과 해자 간격 비율을 1로 규정할 때 옹성이 축조된 문지 주변 해자는 그 절반으로 감(減)해지는 것임을 알 수 있다. 즉 체성과 문지 주변 해자 이격거리는 1:0.5 차이를 보이고 있는 것이다. 또한 내륙지역에 위치하는 언양읍성에도 체성과 해자 이격거리가 약 12m 전후로 나타나지만 서문지 주변 해자는 약 6.2m 이격거리가 확인되고 있다. 역시 체성과 문지 이격거리가 1:0.5의 비율로 지켜지고 있음을 알 수 있다. 따라서 연해읍성이며 평산성인 고현읍성과 내륙 평지읍성인 언양읍성의 예에서도 확인 할 수 있듯이 조선시대 축조된 읍성 체성과 문지 주변 해자는 각각 그 이격거리가 체성 대비 1:0.5 비율을 유지하였던 것이라 할 수 있다. 이와 같은 체성과 해자의 간격이 각각 읍성별로는 차이를 보인다 하여도 문지와 체성의 해자 간격 1:0.5 간격비율, 즉 체성과 해자의 간격이 문지와 해자 사이에서는 반으로 감해져서 축조하는 것은 일관되게 지켜진 것이라고 할 수 있다. 경상도지역 연해읍성

---

50) 沈奉謹, 1995, 위의 책, 210쪽.

과 진성 체성과 해자사이 거리가 김해읍성[51] 9.5m, 하동읍성 9m∼15m, 웅천읍성 9m∼11m, 언양읍성 6.6m∼12m, 장기읍성 15m∼22m, 합포 성지 10m∼20m, 병영성지 10m∼20m로서 대략 10m 내외가 많은 반면 에 하삼도 가운데 하나인 충청도 연해읍성에서는 다수 거리가 대략 5∼6로 확인되고 있어 남해안 지역의 연해읍성의 해자가 체성에서 더 멀리 이격된 것을 알 수 있다.

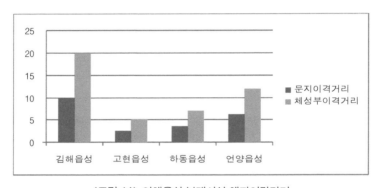

〈그림 14〉 연해읍성 부대시설 해자이격거리

이와 같은 현상은 체성에 덧대어진 부대시설과 관련성이 있을 것으로 사료된다. 즉 충청지역 읍성의 둘레가 2,000尺을 전후로 한 것이 다수를 이루는 반면에 남해안 지역 연해읍성은 둘레가 3,000尺을 전후로 축조 되고 있어 그 尺數가 1000여 尺의 차이를 보이고 있는 데서 기인한다고 할 수 있을 것이다.

51) 나동욱 · 성현주, 1999, 「김해 동상동 소방도로 개설 구간내 김해읍성지 시굴조사」, 부산광역시立박물관 연구論집7, 부산광역시立박물관.

<표 1> 경남지역 읍성 해자 축조현황

분류	읍성명	축조시기	둘레 (尺)	높이 (尺)	해자	해자유형	해자형태	평면형태	적대	문지
연해 읍성	고현읍성	문종 원년 (1451)	3038	13	●	석축	u자형	주형	6	3
	고성읍성	세종 30년 (1448)	3524	15	●	석축	u자형	주형	12	3
	김해읍성	세종 16년 (1434)	4418	13	●	석축	u자형	방형	20	4
	동래읍성	세종 28년 (1446)	3092	15	●	석축	u자형	주형	12	4
	사천읍성	세종 27년 (1445)	3015	11.5	●			제형	15	3
	웅천읍성	세종 16년 (1434)	3514	15	●	석축	u자형	방형	6	4
	하동읍성	태종 17년 (1417)	2943	8		토축	u자형	제형	11	3
내륙 읍성	밀양읍성	문종 원년 (1450)	4670	9	●		V자형	제형		3
	언양읍성	연산군 6년 (1500)	3064	13	●	석축	u자형	방형	12	4
	영산읍성	성종 8년 (1477)	3810	12.5	●		V자형	주형	6	3

<표 2> 최근 조사된 남해안 지역 연해읍성 해자 규모

유적		해자 이격 거리	해자너비		해자상하 너비 비율	깊이	단면	목익	비고
			상부	하부					
고현 읍성	동문옹성	2.5m	6.4m	4.5m	1.4:1	2.9m	U자형	○	동문지 주변 塚子 호안석축 및 목익 확인 (직경 2~4cm)
	체성부	5.1m	5~7m	·		3m			
김해 읍성	북문옹성	10m	3.4m	2.3m	1.48:1	2.5m	·	×	塚子 중개축
	체성부	20m	9.7m	6.8m	1.42:1	1.6m			
웅천 읍성	남벽	9m	5.1m	·		1.7m	U자형	○	조사구역 전지역에서 목익 확인 (직경 4, 6, 8cm)
	동벽	11m	5.1m	3.6m	1.42:1	1.7m			
언양 읍성	서문옹성	6.2m	5.2m	3.2m	1.62:1	1.67m	U자형	○	조사구역 전지역에서 목익 확인(직경 3cm)
	북벽1	12m	5m	3.3m	1.5:1	1.8m			

유적		해자 이격거리	해자너비 상부	하부	비율	깊이	단면	목익	비고
하동읍성	북벽2	11.7m	7m	4.2m	1.66:1	2.5m	U자형	○	서문지 및 서벽 조사구역 垓子에서 목익혼확인 (직경 4~8cm)
	북벽	7m	7m	2.5m	2.8:1	0.8m			
동래읍성	서벽	15m	7m	4.75m	1.5:1	1.8m	U자형	○	ㄱ 垓子 호안석축설치 목익확인 (직경 3~5cm)
	동벽	7m							
	서문지	3.5m	5.4m			2.3m			
		12~15m							

<표 3> 충청도지역 읍성 해자 규모

유적	해자 이격 거리	해자너비 상부	하부	깊이	단면	목익	비고
길성읍성	13.5m	6m 내외		0.4~0.7m	·	·	
덕산읍성	일정 거리	5~6m		·	·	·	
서천읍성	8~10m	5~6m		2~3m	·	·	
비인읍성	5m	5~6m		0.7~1.1m	·	·	
한산읍성	10m	6~7m		1.2~1.5m	·	·	垓子 잔존길이 100m
보령읍성	16m	8m		0.2~0.7m	·	·	
	15m	8~10m					
해미읍성	8m	10~11m	5m	1.4~2.4m	·	·	탱자성이라고도 함.
당진읍성	일정치 않음.	6~7m		0.3~1.2m	·	·	

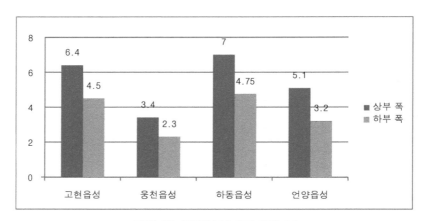

<그림 15> 연해읍성별 해자 상하너비

연해읍성 해자 너비와 깊이에 관해 살펴보면, 해자 상부 너비와 하부 너비 비율은 고현읍성 해자의 상부와 하부 간격은 상부 너비 6.4m, 하부 너비 4.5m로 대략 1:1.5 비율로 축조되어 있다. 이러한 것은 하동읍성 서문지 옹성 앞의 해자 하부 너비 4.75m이고 해자 상부 너비는 7m인 것과 웅천읍성 동벽 외부 해자의 상부 너비가 9.7m, 하부 너비 6.8m로서 역시 1:1.5 내외의 비율을 유지하는 것과 동일함을 알 수 있다. 따라서 남해안 연해읍성의 해자의 축조 시 상하부 너비의 비율이 1:1.5 비율을 유지하며 축조되고 있다고 할 수 있다.[52]

　　이와 같은 축조양상은 당대(唐代)에 편찬된 ≪通典≫에서 해자의 규모를 상부 너비 2丈(560cm~625cm), 깊이 1丈(280cm~310cm), 하부 너비 1丈으로 정의하는 것과 비교하여 볼 때 연해읍성 해자의 상하부 폭이 더 넓으나 상부와 하부 축조 너비의 비율인 2:1로 하고 있는 것에 비해서는 규모가 작은 것임을 알 수 있다.[53] 따라서 남해안 지역 연해읍성 해자 너비는 통전에 기록된 규식과는 일치하지 않지만 비교적 동일한 규식에 의해 축조되었다고 할 수 있다. 남해안 지역 연해읍성 해자는 잔존 깊이에 있어서도 1.7~2.5m 내외가 대부분을 차지하고 있다. 특히 고현성 동벽 해자 잔존 깊이가 2.9m에 이르고 있고, 동래읍성은 2.3m 정도가 잔존하는 곳이 있다. 조선시대 남해안 지역 연해읍성의 해자 석축의 높이는 3m

---

52) 沈奉謹 · 李東注 2001, 「彦陽邑城 綜合整備復元을 위한 學術調査 報告書」, 東亞大學校博物館, 85쪽.
　　彦陽邑城의 9트렌치 垓子에서 보고 되는 垓子 너비과 내구의 너비가 각각 5.1m와 3.6m의 비율 역시 1:1.5인 것을 알 수 있다.
53) 『通典』, 守拒法, 「城壕 面濶二丈 深一丈 底濶一丈 以面濶加底積數大半之濶 得數一丈五尺以深一 丈乘之 鑿壕一尺得數一十五丈 每一人功 日出三丈 許功五人 一步五尺 許功二十五人 十步 許功二百五十人 百步 許功二千五百人 一里 許功七萬五百人 以此偽率 則百里可知」.

를 전후로 한 것이라고 할 수 있겠다. 이것은 고현성 해자 호안석축의 경우 그 기저부에서 최상단부까지 거의 원형을 유지하는데서 알 수 있는 것이다.

2) 연해읍성 해자의 축조수법

현재까지 조사된 읍성을 중심으로 남해안 지역 연해읍성 해자 축조수법을 살펴보면, 하동읍성 해자가 토축인 것을 제외하면 고현읍성, 김해읍성, 웅천읍성, 동래읍성, 언양읍성 등은 모두 석축으로 확인되고 있다.

이와 같은 현상은 입지면에 있어 하동읍성의 경우 평산성이나 산성형에 가까운 반면 여타 읍성은 해발 50m 저지성 구릉과 평지에 입지하고 있는 평지성인 차이에서 기인하는 것이라고 할 수 있다.

남해안 지역 연해읍성 해자 호안석축 축조는 공히 허튼층쌓기를 실시하여 장대석과 대석을 사용해서 축조되는 체성에 비해서는 조잡하게 축조되어 있음을 알 수 있다. 그러나 기저부 바닥에 지대석을 놓고 뒤로 물려서 기단석과 해자석을 축조하는 방식은 체성 축조수법과 대동소이하다. 해자석으로 사용된 석재들은 대부분 자연할석이나 화강암계통 자연산석이 대부분이며 강돌과 면석은 부분적으로 가공한 흔적이 확인되고 있으나 그 숫자는 많지 않은 것으로 판명된다.

여기에 사용된 해자석 크기(가로×세로)는 고현읍성과 김해읍성에서는 80cm× 40cm, 48cm×45cm, 80cm×60cm~70cm로 비교적 큰편에 속한다. 언양읍성 20~30cm×20cm~30cm, 동래읍성의 10cm~25cm, 10cm~30cm은 작은 편에 속한다. 따라서 연해읍성의 해자석 크기는 대략 10~30cm 내외 크기 할석이 대부분을 이루고 있는 것을 알 수 있다.

<표 4> 남해안 지역 연해읍성 해자의 축조수법

유적	축조형태	깊이	축조수법	해자석의 재질	해자석의 크기 (가로×세로×두께)	비고
고현읍성	석축	2.9m	허튼층쌓기	자연할석	83×40, 48×45cm	해자 석축교량 확인
김해읍성	석축	3m	허튼층쌓기	약간 치석된 화강암	50×20~25, 80×60~70cm	해자 석축 내부에 판석 및 할석으로 정지됨
웅천읍성	석축	2.5m	허튼층쌓기	화강암계통의 자연산석	60×15, 30×30, 70×30cm	해자 바깥에 또다른 해자석축 확인
언양읍성	석축	1.7m	허튼층쌓기	할석 및 강돌	20~30×20~30cm	
하동읍성	토축	1.8m 2.5m 1.8m				해자 내부에서 일부 할석들이 확인됨. 해자육교부 추정 석축열 있음.
동래읍성	석축	1.7~ 2.3m	허튼층쌓기	부정형 할석	20~40, 10~25, 20~50, 10~30cm	장방형 및 부정형 석재를 이용 3~5단 정도 기단부를 조성하고 안쪽으로 20cm 정도 들여쌓기 실시, 해자가교 확인

3) 연해읍성 해자 내 부대시설

(1) 목익

沿海邑城 垓子 내부에서 확인되는 유구로는 방어시설물과 교량이 있는데 이 중 防禦施設物 및 守城武器로 목익(木杙)과 철질려(鐵蒺藜)[54], 능철(菱鐵)[55]이 확인되고 있다. 해자조사에서 확인된 목익에 관해서 살

---

54) 민승기, 2004, 「조선의 무기와 갑옷」, 조선사회사 총서22, 가람기획, 321~323쪽.

55) 鐵蒺藜와 菱鐵은 같은 의미로 사용되기도 하고, 혹은 조금 다른 의미로 사용되기도 한다. 『咸坪邑誌』에 철질려는 1좌라고 표시했고, 능철은 낱개로 표시했는데, 여기

펴보면, 이 木杙은 垓子내에서만 확인되는 것이 아니고 邑城 城基다짐시에 傾斜面과 軟弱地盤層을 補强하기 위해 사용하는 木柱 技能도 함께 지니고 있는 것이라는 주장이 제기되어 있다.[56] 그러나 이렇게 그 용도나 위치가 확연히 구분이 가는 木柱는 지정목으로 그 명칭을 통일하는 것이 바람직하다. 목익은 해자를 비롯한 수중목책과 같은 방어용으로 계획 설치된 목재구조물로 한정해야 하는 것이다. 따라서 여기서는 해자 내에서 출토된 목주만을 가지고 분석토록 한다.

먼저 垓子내에서 木杙이 설치되어 있는 양상을 살펴보면 3가지 유형으로 파악된다. 垓子 전면에 木杙을 설치하는 형, 垓子 중심 부분에 집중적으로 설치하는 형, 垓子 兩岸石築에 연한 가장자리 부분에 설치하는 형으로 나눠 볼 수 있다.

첫 번째로 垓子 전면에 걸쳐 木杙을 설치한 熊川邑城을 살펴보면, 垓子내에서 木杙이 정형성을 가지고 잘 확인된 곳은 熊川邑城 동벽 垓子로서 이곳 바닥에는 할석과 자갈을 이용하여 고정한 정형성을 띤 木杙이 나타나고 있다. 방향성에 있어서도 성내와 성외를 바라보고 지그재그로 교차하여 전면에 걸쳐 설치되어 있다. 이것은 외부 침입으로부터 성을 보호하기 위한 垓子내에 설치한 이중 방어시설물로 파악할 수 있다. 특히 두께 4, 6, 8cm의 木杙들은 상하를 날카롭게 깎아서 바닥에 수직이나 사직선으로 박아 놓아두고 있다. 이와 같이 사직선이나 수직으로 木杙을 바닥에 박아두는 것은 古縣邑城, 彦陽邑城, 河東邑城 등에서 모두 확인되고 있는 것이다. 둘째로, 巨濟 古縣邑城 垓子내에서 확인되는 木杙 양상은 크게 垓子 濠岸石築의 아래에 설치된 것으로 垓子 내부에서 확인되는

에서 철질려는 능철을 줄로 엮어 가시덤불처럼 만들어 놓은 상태를 말한다.
56) 慶南文化財硏究院, 2006, 「釜山地下鐵 3號線(壽安停車場) 建設敷地內 文化遺蹟 發掘調査 2次 現場說明會資料」.

목익은 비교적 적과 아군방향, 즉 성내외인 垓子 양쪽 濠岸石築 양쪽가
장자리에 木杙이 집중되는 것으로 古縣邑城 뿐만 아니라 河東邑城 서문
지에서 동일한 양상이 확인되고 있다. 세번째로 가운데 부분에 밀집해서
나타나는 것은 彦陽邑城 垓子에서 확인되는데 여기에서는 2列의 木杙이
체성부와 나란하게 垓子 내부에 박혀서 나타나고 있다.

이러한 상호교차 내지 열상 木杙의 설치는 垓子내로 진입하게 힘들게
하기 위한 차단벽 성격 이외에도 垓子 위에 짚과 풀을 이용하여 垓子를
은폐 시에 버팀목으로서의 역할도 수행하였을 것이라고 할 수 있겠다.
이와 같은 내용은 柳成龍의『萬機要覽』軍政編四 關防總論의 柳成龍 設
濠之法에서 확인할 수 있는데 "垓子내의 木杙을 은폐, 엄폐하여 적으로
하여금 그 위를 지나가다가 垓子內에 설치된 木杙과 鐵蒺藜에 의해 殺傷
되도록 갈대와 대나무를 木杙 등에 결구하고 그 위에 짚과 수풀로 덮도
록 하고" 있다.

垓子 내부에서 출토되는 木杙은 古縣邑城에서는 길이 70㎝, 직경 2cm
×4㎝정도이다. 彦陽邑城[57]은 직경이 3cm 내외이고 熊川邑城은 직경이
4, 6, 8cm 木杙이 출토되고 있다.[58], 河東邑城은 직경 6cm 내외가 다수
를 차지하고 있고, 彦陽邑城은 2~3.7cm이다. 또한 최근 조사된 東萊邑
城[59] 垓子 내에서 출토된 木杙은 직경이 3~5cm 내외로 확인되고 있으
며, 상하를 날카롭게 깎아서 바닥에 설치하였다. 또한 이외에도 鎭海 菁
浦에서 확인된 水中木柵 木杙은 두께가 약 20cm 내외이고 統營 唐浦鎭
에서[60] 확인된 木杙은 두께가 10~16cm이나 평균 13cm가 주류를 이룬

---

57) 東亞大學校博物館, 2003,「彦陽邑城 綜合整備復元을 위한 學術調查報告書」.
58) 慶南發展硏究院 歷史文化센터, 2001,「鎭海 熊川邑城」, 南撥發展硏究院歷史文化센
    터 調査硏究報告書 第1冊.
59) 41의 앞의 글.
60) 唐浦水中遺蹟에서 수습된 木柱는 총 44기이며 가장 긴 것이 318cm,이고 가장 짧은

다고 보고하고 있다.

따라서 대체로 南海岸 地域 沿海邑城들 목익 두께는 대동소이하나 고
현읍성과 언양읍성 목익의 두께는 여타읍성에 비해서는 다소 작은 편에
속한다고 할 수 있다. 목익 형태는 대체로 원형 통나무와 가공한 각재로
나눌 수 있다. 대체로 원형(原形) 통나무재가 가공한 각재보다는 두께나
길이에 있어서도 더 큰 편이다.

이러한 것은 塚子를 은폐하기 위해 사용하는 결구재 기둥 역할 내지
해자 내 목익 중심열 역할을 수행한 것으로 상정해 볼 수 있겠다.

또한 목익이 방어시설 기능 이외에도 연약지반층이나 경사지의 지반
보강을 위해 사용된 것으로 파악하는 견해61)가 있다는 것은 앞에서도 언
급한 것으로 그 내용을 살펴보면 고현읍성 · 동래읍성 해자 호안석축의
기저부에 박혀서 나타나는 목익은 호안석축 아래의 연약지반 보강 및 유
실을 방지하기 위해 설치된 목주이며 또한 밀양읍성에서도 체성 바닥에
서 항목(杭木)이라 하여 경사지와 연약지반을 보강하기 위해 설치한 목
주가 있다고 하였다.62) 이외에도 하동읍성 제5, 6 치성에서 두께 5cm〜
6cm, 7cm〜8cm, 20cm의 목주가 치성 기저부 하단에서 치성을 둘러서
나타나고 있다. 이 하동읍성 치성 하단에서 나타나는 목주 가운데 두께
20cm는 密陽邑城 第2−1 트렌치에서 확인되는 두께 22cm 목주와 비슷
하여 지반보강용 목주로63) 상정해 볼 수 있겠다. 이외 5cm〜6cm, 7cm〜

것이 102cm정도이다. 木柱의 평균 길이는 155cm내외이고 木柱의 굵기는 10〜
16cm이며 평균 13cm정도라고 한다. 조사자는 木柱의 직경이 13cm 내외인 것이
운반하기에 용이하고 개펄 설치를 위해 다듬기에 적당한 크기이며, 木柱 본래의 크
기는 220cm 이상이 되고 직경이 13cm, 가공면이 65cm 정도에 이를 것으로 추정하
고 있다.

61) 羅東旭, 2005, 「慶南地域 邑城과 鎭城의 試 · 發掘調査 成果」, 東亞文化 創刊號, (財)
東亞文化研究阮, 52쪽.

62) 밀양대학교박물관, 「밀양읍성」, 2002, 96쪽.

8cm 두께를 가진 木柱에는 雉城을 보호하기 위한 木枋 내지는 雉城 築造시 사용된 結構財 잔영이 아닌가 생각된다. 특히 木枋에는 海美邑城과 大靜邑城[64]의 體城 바깥에 가시가 있는 탱자나무를 심어서 防禦力을 보강한 예가 있음을 볼 때 상호 비교될 수 있을 것으로 보여 진다. (표 5 참조)

---

63) 羅東旭, 2005, 위의 글, 52쪽.
64) 『濟州邑誌』,「城樣表裡如削 環城有濠 煖十尺深七尺 外有枳樹」

〈사진 1〉 연해읍성 해자 목익 출토 현황

〈표 5〉 연해읍성 해자 내 출토 목익의 현황

유적명	유구	길이(Cm)	직경	수량	출토지점	출토상태	형태	비고
언양읍성	제7 트렌치	47.5~60	2~3.7	다수	해자중앙	수직/횡	각재	
밀양읍성	제1−1 트렌치		5~7	12	체성부내	수직/사직/횡	원형/말각 원형/각재	
	제2−1 트렌치		22	1	체성부내	수직	원형	
하동읍성	서문지 해자	60	2~6	다수	해자전면	수직/사직	원형/각재	
	제5 치성		5~9	34	치성 하단	사직	원형	해자방향으로 비스듬히 기움
	제6 치성	50~60	7~8 20	다수	치성 하단	수직/사직	원형	이중수혈도 있음
웅천읍성	동벽 해자		4 · 6 · 8	다수	해자전면	수직/사직	원형/각재	할석과 자갈로 고정, 지그재그로 축조
	남벽 해자		4~6	다수	해자전면	수직/사직/횡	원형/각재	동물뼈 출토
고현읍성	동벽 해자	68.7~98.6	2~4	다수	해자외벽 주변	수직/사직/횡	각재	
	해자교량	216	13	1	해자교량	횡	원형	교각용 목재로 추정
동래읍성	수안동 해자	50~120	3~5	다수	해자내부	수직/횡	원형/각재	

	수안동 해자 가교	40~100	3~5	다수	해자내부	횡/수직	원형/각재	호안석축 사이를 연결하는 가교
제포수중 유적	수중목책	150내외	10	다수	바다	사직	원형	각 15m간격
당포수중 유적	수중목책	102~318 (평균 155)	10~16 (평균13)	44	바다	사직	원형	

따라서 최근에 확인되는 목익(木杙)은 연해읍성 해자는 물론 제포(薺浦) 및 통영(統營) 당포진(唐浦鎭)[65]에서 확인된 수중목책(水中木柵) 및 철질려(鐵蒺藜)와 더불어 조선 전기 방어시설의 한 단면을 보여주는 좋은 자료로 앞으로 보다 적극적인 연구가 진행되어야 할 것이다.

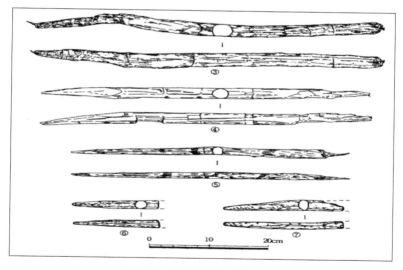

〈그림 16〉 연해읍성 해자 출토 목익

---

65) 앞의 글.

(2) 해자 내 교량시설

최근까지 조사된 남해안 연해읍성 해자(垓子)에서는 해자를 가로지르는 교량시설이 확인되고 있다. 이 교량시설은 재질에 따라 토석혼축과 목재로 크게 나눌 수 있다.

토석혼축 내지 석축으로 축조된 해자 내 교량시설의 예를 살펴보면, 거제 고현읍성 동문지 해자에서 확인되었다. 이 토석혼축(土石混築)의 다리를 포함하여 해자 내에는 총 두 번의 형태를 달리하는 출입시설(出入施設)이 설치된 것으로 확인되고 있다.

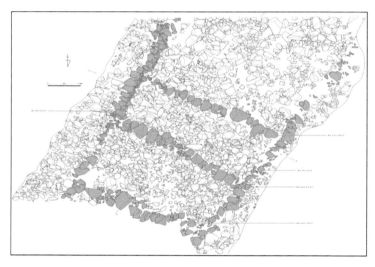

〈그림 17〉 고현성 해자 적교

먼저 토석혼축 다리 형태는 50cm×30cm 내외 자연석을 그 외곽과 중간위치에 해자 방향과 직교되게 일렬로 배치하였다. 2~3단 정도 횡평적하고 그 내부는 할석과 자갈로 채움하였으며 상부 너비는 500cm이다. 또한 하동읍성의 북벽 정상부에서 확인된 해자와 서문지 근처의 해자 내에서 판석과 할석으로 축조된 적석시설 일부가 확인되고 있는데 이 역시 해자 내외를 출입하는 시설로 추정된다.

웅천읍성 해자 동남 제3구획에서도 해자 내에 설치된 조교로 추정되는 석축이 확인된다. 이 석축은 25cm×26cm 크기 할석을 이용하여 해자에 사선으로 직교하게 축조되어 있다. 현재 2단 정도 남아있으며 좌측으로 34cm×36cm 정도의 할석들이 바닥에서 확인되고 있어 동문지로 출입하던 해자 조교로 추정되나 상단부분과 내외호안석축 훼손이 심한 양상이다. 상부 너비는 460cm이다.

목재로 축조된 해자내 교량시설은 고현읍성과 웅천읍성, 동래읍성에서 확인되고 있다.

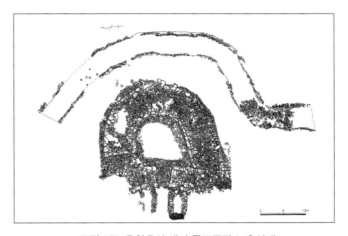

〈그림 18〉 웅천읍성 해자 목조교각 노출상태

고현읍성에서는 토석혼축 교량66) 설치 이전의 다리 흔적으로는 해자 상부 매몰석 제거 후에 길이 216cm, 두께 13cm의 나무기둥이 쓰러진 채

---

66) 釣橋라는 용어가 있으나 여기에서는 들고 내리는 기능이 없는 관계로 교량시설로 용어를 통일하여 사용한다.

확인되었다. 웅천읍성 동문지 옹성 바깥 해자 내에서 목재기둥이 2열 4조로 확인되었다. 확인된 이 목재기둥은 옹성 개구부로부터 동남쪽으로 15m 지점에 해당하는 지점으로 동문지 옹성 외벽과는 약 9m 이격된 지점이다. 이 목재기둥들은 동문지 옹성과 수평하게 반원형을 이루며 축조된 너비 4.6m의 해자 내부에서 확인된 원형 통나무재로 현재 해자 바닥으로부터 잔존높이 20.5~80cm로 확인되고 있다. 직경은 각각 25, 28, 34, 35cm이며, 앞뒤 간격은 74cm로부터 1.82cm이며 좌우 간격은 3~3.25m로 확인되고 있다. 이들 목재기둥 가운데 4번 목재기둥은 잔존길이가 짧은 관계로 해자내부 물속에 잠겨있는 양상이다. 각각 목재기둥 간 거리는 1번과 2번 간에 155cm, 1번과 3번 간에 395cm, 3번과 4번 간에 195cm, 1번과 4번 대각선의 거리가 330cm, 2번과 3번 대각선의 거리가 320㎝, 2번과 4번 사이는 350cm이다. 또한 하동읍성의 경우 해자(垓子) 호완석축(濠岸石築)과 직교하는 목주(木柱)들이 확인되었다. 직경 3~5cm 길이 40cm~100cm로 다발을 묶어 놓은 것이 풀어진 듯하게 확인되고 있다. 조사자는 당시 해자석축 사이를 연결한 가교 기둥들로 추정하고 있다.[67]

이상의 현황으로 볼 때 남해안 지역 연해읍성 해자에서 확인되는 해자 내 교량시설에서는 다음과 같은 내용을 파악할 수 있을 듯하다. 통상 해자 내에서 출토되는 목익(木杙)은 목재 형태는 대체로 원형 통나무와 가공한 각재로 나눌 수 있다. 대체로 원형 통나무재가 가공한 각재보다는 두께나 길이에 있어서도 더 큰 편이다. 이러한 것은 해자를 은폐하기 위해 사용하는 결구재 기둥 역할 내지 해자 내 목익 중심열 역할을 수행한 것으로 상정해 볼 수 있다. 웅천읍성 동문지 옹성 외부 해자에서 확인된

67) 慶南文化財研究院, 2006, 「釜山地下鐵 3號線(壽安停車場) 建設敷地內 文化遺蹟 發掘調査 2次 現場說明會 資料」.

목재는 이러한 것과는 무관한 것으로 판단된다. 즉 해자 내 출토 된 목재 기둥이 당시 교량 기둥 木製였던 것으로 추정되는 것은 최근 조사된 沿海邑城 垓子에서 확인되는 木杙 두께가 2~8cm 사이가 주류를 이루며 5cm~7cm 사이가 다수를 이루고 있다. 반면에 고현읍성 석축교량 하단에서 출토된 길이 216cm와 두께 13cm 목주(木柱)와 웅천읍성에서 확인된 목재가 각각 25, 28, 34, 35cm로 그 두께가 5배 이상의 차이를 보이고 있으며 2열 4조 대칭적인 구조로 확인된 것에 주목하면 해자 내 방어 및 은폐를 위한 목익 용도가 아닌 목교 상판을 받치는 교량의 기둥으로 사용된 것이라고 할 수 있다.

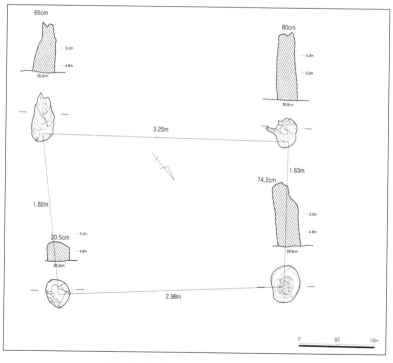

〈그림 19〉 웅천읍성 해자 목조교각 평/단면도

다음으로 목재기둥간 간격이 대략 3~3.5m로 웅천읍성 해자에서 확인된 木杙 간 간격이 120cm, 60cm와 좌우 간격이 40cm 상하 간격이 20cm 와는 확연한 차이를 보여주고 있다. 따라서 웅천읍성 동문지 옹성 외벽 해자에서 확인된 목재기둥과 고현읍성 토석교 하부에서 확인된 목재는 해자 내외를 출입하기 위한 시설에 사용된 교량 기둥으로 판단되는 것이다. 그럼 해자 너비와 교량 너비 사이에는 어떤 상관관계가 성립되는 것일까? 웅천읍성에서 확인된 목재교량이 위치하는 해자 너비는 4.5m이며 고현읍성과 동래읍성 해자 너비 역시 4.5m로 동일하게 확인되고 있다. 즉 목재교량과 토석교량이 동시에 확인되거나 목재교량이 확인되는 해자 너비는 4.5m로 동일하게 확인되고 있는데 이것은 상당히 흥미로운 자료이다. 웅천읍성 증축으로 새롭게 조성된 곳인 동문지 기준 동남쪽 해자에서 토석교량과 목재교량이 함께 확인되고 있다. 이 해자 조성시기가 문헌기사를 참조할 때 단종 1년(1452) 이후로 다리 축조가 이때에 초축된 것이라면 동일한 시기에 신축된 고현읍성 해자내에서도 동일한 양상이 확인되고, 해자 너비 역시 4.5m로 동일하게 축조되고 있다는 점은 둘 사이에 상당한 상관관계가 있다고 할 수 있을 것이다. 더군다나 동래읍성 해자 너비 4.5m 지점에 목재가교가 확인되고 있는 점은 시사하는 바가 크다고 할 수 있다. 특히 임진왜란 이전에 축조된 것으로 추정될 뿐 정확한 초축년대를 파악하기 힘든 동래읍성도 참고점이 될 수 있을 것이다.

다음 고현읍성과 웅천읍성 해자내 토석교량 평면 너비가 4.6~5m로 확인되고 있다. 해자 너비와 비례하는 것이라고 할 수 있다. 이 토석교량 평면 너비에 비해 인접한 목재교량 너비는 앞서 언급한 것과 같이 3~3.5m 내외로 좁은 것을 알 수 있다. 물론 상판구조가 확인되지 아니한 상황에서 교각 너비를 가지고 다리 평면너비를 비교하기는 무리가 있는 듯하나 하동읍성 3.6m, 4.1m, 김해읍성 3.6m, 장기읍성 3.2m, 3.6m,

고현읍성 4.15m, 3.2m, 언양읍성 3.5m, 3.5m, 3.3m, 개운포영성 4m, 김
단관보성 3.6m로 대부분 연해읍성 성문은 3.5m 내외로 축조되고 있고,
하동읍성 서문 3m, 동문 5.3m, 김해읍성 북문 3.4m, 장기읍성 서문 4m,
북문 3.5m, 고현성 서문 3.6m, 동문 3m, 언양읍성 서문 4.5m, 동문 2.2m,
남문 7.3m로 연해읍성 옹성의 개구부 너비는 3m 이상 4m 이하로 축조되
고 있는데다 조선 전기부터 중기 이후 시기에도 개구부 너비를 일관되게
유지하고 있어[68] 해자 목재교량의 상판 평면너비는 4m 내외로 추정할
수 있는 것이다.

다음 해자 내 토석교량과 목재교량 선후시기에 관해 살펴보면, 고고학
적 조사에서 확인된 양상은 고현읍성 토석교량 하부에서 목재교량의 목
재기둥이 확인되고 있고 토층조사에서도 해자 폐기 전후로 토석교량이
축조되고 있어 목재교량이 토석교량보다 먼저 축조된 것으로 생각해 볼
수 있다. 또한 웅천읍성 동문지 옹성 외곽 해자에서 확인된 목재교량이
인접한 토석교량 보다는 선후시기에 있어 다소 앞서는 것으로 목재교량
에서 토석교량 형태로 점진적인 변화를 보인 것으로 생각할 수 있다. 그렇
지만 해자를 설치한 城郭 출입과 관련하여 문헌기사에 나타나는 것을 살
펴보면,『東國輿地勝覽』에 기록된 1378년 고려 말에 창원 內相城에「壕에
물을 둘리고 釣橋로 막았다」고 한 것으로 보아 이때에 읍성 주변으로 垓
子가 설치되었을 뿐만 아니라 출입을 위한 조교(釣橋)가 설치되어 있었음
을 언급하고 있는데 조교(釣橋)로 막았다는 구절이 있어 이것이 해자를 차
단하는 듯한 인상을 주고 있어 목재교량과 같이 열주식의 나무기둥이 아
닌 차단형 토석교량 형태로 파악해 볼 수 있는 것이다. 반면에 제산(霽山)
김성탁(金聖鐸)의 『제산전집(霽山全集)』에 제주읍성의 해자 설치와 관

---

68) 이일갑, 2008,「남해안 연해읍성 옹성에 대한 연구」, 한국상고사학보 제60호, 138
　~140쪽.

련하여 "널다리를 해자(海子) 위에 걸쳐 인마를 통하게 하고, 양변 나무 인형에 쇠줄을 걸어 놓았다가 성에 오르면 줄을 당겨 다리가 들리게 하였다"[69]라는 기사에서 18세기 조선시대 후기 영조시대에 읍성 해자를 출입하는 시설로 줄을 올리고 내리던 조교(釣橋)가 존재하였음을 확인할 수 있다. 그리고 제주읍성 군사에 관한 내용 중에는 "城門擧橋軍三十七名"라 하여 擧橋軍 37名이 있었다는[70] 대목이 있어 주목된다. 여기서 거교군(擧橋軍)은 성문을 나와 해자를 건너는데 필요한 조교(釣橋)를 들어 올리는 임무를 맡은 것으로 또한 해자를 출입하는 조교(釣橋)가 존재하였음을 알 수 있는 것이다. 이러한 기사를 참고할 때 조선시대 읍성 해자에는 목재를 이용한 교량시설과 토석을 활용한 교량시설을 조교로 불리운 것으로 파악된다. 또한 고려 말, 조선 초에도 해자를 축조하고 출입 교량시설로 토석교량이 설치된 것으로 파악해 볼 수 있다. 조선 후기에는 일부 지방에서 확인되고 있는 것이지만 계속해서 고정식 목재교량이 아닌 승강식 목재교량이 설치 운영되고 있는 점을 파악할 수 있다. 따라서 고고학적 조사에서 확인된 양상과는 다소 다른 양상으로 기록되어 있는 것을 알 수 있다. 향후 보다 적극적인 자료를 기대할 수 밖에 없는 실정이다.

이와 같은 점들을 고려하여 현재까지 확인된 양상만을 놓고 보면 고현읍성과 웅천읍성 해자에서 확인된 교량시설(橋梁施設)들은 적어도 조선 전기부터 목제가교(木製架橋) 내지 조교(釣橋), 토석교(土石橋) 형태를 유지하였다가 土石을 이용한 橋梁 형태로 점진적인 변화를 보인 것으로 생각할 수 있다. 특히 이때 가공석재를 이용하여 정교하게 구축한 석교(石橋)를 설치하지 않고 토석을 이용하여 다소 조잡하게 설치한 것은 유사

---

69) 薺山 金聖鐸,「薺山全集」.
70) 『濟州兵制烽臺摠錄』, 濟州牧條.

시 즉시 해체와 복구가 가능하도록 그 기능성을 고려한 것으로 생각해 볼 수 있다. 즉 교량(橋梁)은 성으로 진입하기 위한 수단으로도 중요한 구조물이지만 유사시 해자를 넘어 적이 읍성 내로 진입하기에 좋은 시설임을 감안하여 효과적인 성의 방어를 위해서는 교량의 파괴가 요구되므로 석재를 이용한 견고한 석교(石橋)시설보다는 나무를 이용한 목교를 축조한 것이라고 생각할 수 있겠다.(그림 18, 19, 20 참조)

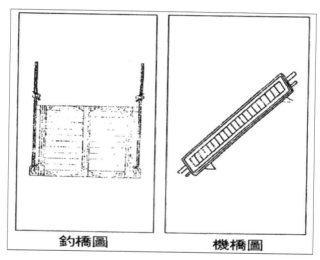

〈그림 20〉 조교모식도

4) 영진보성 해자

조선 전기 성종조에 이르러 해안방어를 위해 개국 초부터 일관되게 유지되어 온 沿海地域 방어전략(防禦戰略)인 선상수어(船上守禦)가 중대한 위기를 맞게 되었다. 그 이유는 장기간의 선상(船上)생활에 따른 피로감과 물자조달의 원활함 및 水軍 고위 지휘관들의 선상생활 기피가 가장 큰 원인으로 대두되었다. 더구나 조선 개국 이래로 묵인되기 시작한 육상의 숙영지(宿營地)에서 생활이 더 이상은 방치할 수 없는 단계에 이르게 되었다. 따라서 성종조에 실시된 남해안 지역의 진보성의 축성사업(築城事業)은 이러한 배경하에 실시되게 된 것이다. 즉 이때에 이르러 선상수어(船上守禦)라는 적극적인 해상전략(海上戰略)이 육상수어(陸上守禦)라는 소극적인 전략으로 변경되게 되었다. 사사로이 초막을 짓고 지내는 곳에 해안에 배를 접안할 시설과 공동으로 생활할 휴식공간과 저장공간을 마련하여 이렇게 설치된 공간을 보호할 시설의 필요성에 따라 진보성을 축조하게 되었다. 이러한 축성 배경으로 설치된 진보성은 병영으로서의 기능이 제일 우선시 되었기에 주변지역의 군현민들 청야농성입보(淸野籠城入堡)를 원칙으로 하는 행정적 · 군사적 기능을 동시에 수행하는 연해읍성과는 그 자체에서 명백한 차이점이 나타나고 있다. 그러므로 그 성둘레에서부터 부대시설과 축조수법에 이르기까지 기존의 연해읍성과는 유사한 점이 많으면서도 그 입지조건이나 전체적인 평면플랜에서는 일정한 차이가 인정되는 것이 사실이다.[71]

최근까지 남해안 지역에서 확인되는 진보성은 <표 6>에 수록된 소을비포성지(所乙非浦城址)를 제외하고는 조선시대 육군과 수군의 영성(營城)으로서 그 둘레가 보통 1,000m 이상으로 진보성 가운데에서도 연해읍성의 성둘레와 유사하며 그 축조수법에 있어서도 연해읍성과 유사하다.

그러나 이러한 영성을 제외한 일반적인 진보성은 계곡부를 포함하는 해안 독립 구릉에 둘레 500~1500尺 사이가 대부분이고 높이 역시 5~13尺으로 축조되어 있다. 이때 설치되는 해자의 경우는 체성에서 해자 사이 이격거리가 10m를 전후로 설치되고 있으며 垓子 너비는 2~8m 사이인 것으로 확인된다.[72]

---

71) 李日甲, 2000,「南海岸地域 朝鮮時代 鎭 · 堡에 관한 硏究」, 東亞大學校大學院 碩士學位論文.

<표 6> 남해안 지역 영진보성의 해자축조현황

진보명	성둘레 (尺)	해자 이격 거리	해자 너비	깊이	단면	목익	비고
합포성지	4,291	10~20m	·	·	U · V자형	·	물을 채우지 않은 건호(隍)
병영성지	3,722 (2,120m)	10m	8m	2m	U자형		건호(隍)의 형태, 동문지 단애면에 일부 석열노출
소을비포 성지	825 (335m)	10m	6.4m	2m	U자형		암반을 굴착하여 垓子를 설치/건호(隍)으로 추정
			4.3m	1.8m			
개운포 성지	(1264m)	7.2m	2m		U자형		1열2단석축 잔존너비 2m 이상 건호(隍)로 추정
		6m					
		10~15m	10m		V자형		

이와 같은 이격거리와 해자 너비는 연해읍성과 비교하여 큰 차이는 나
타나지 않는 것으로 파악된다. 비교적 조선 전기에서부터 이루어진 축성

---

72) 兪炳一 · 裵恩景, 2004, 「蔚山 開雲浦城址」, 蔚山發展硏究院 文化財센터 學術硏究
　　叢書 第3輯.
　　沈奉謹 · 李東注, 1999, 「所乙非浦城址地表調査報告書」, 固城郡 · 東亞大學校博物館.
　　開運浦城址 垓子의 경우 城壁 전체에 설치된 것으로 추정된다. 東쪽 垓子는 자연경
　　사면을 최대한 이용하여 깊이 6m 이상으로 築造하였으며, 西쪽 垓子는 東쪽보다
　　는 얕으나 體城部 城壁에서 약 10~15m 가량 떨어져 있다. 幅은 10m 정도이며 斷
　　面은 'V'자상으로 확인되고 있다. 한편 南쪽 體城部 외벽에서 720cm 지점에 1列2
　　段 石築施設이 확인되었다. 이 石築施設 역시 垓子일 가능성이 높다. 조사자는 이
　　石築施設이 땅을 어느 정도 掘鑿하고 內外壁은 割石으로 쌓아 생토의 무너짐을 방
　　지하고 바닥은 割石을 놓아 마무리한 構造일 것으로 추정하고 있다.
　　所乙非浦城址 垓子는 두 곳에서 확인되었다. 西門址 바깥쪽 垓子는 지형적으로 鎭
　　城 가장 전면에 해당하는 부분이다. 지형이 平坦하여 外部로부터의 접근이 용이하
　　므로 垓子를 設置한 것으로 보여진다. 이 垓子는 自然巖盤層을 掘土하여 斷面 U자
　　형을 띠고 있으며 너비 6.4m, 깊이 2m이다. 서남쪽에서 확인된 垓子는 암반을 굴
　　착하고 조성한 것으로 너비 4.3m, 깊이 1.8m의 규모이며 특징은 서문지 바깥 해자
　　와 동일하다. 내부에서는 옹기편, 백자편, 무문양이나 얕은 타날문이 시문된 와편
　　들이 소량 출토되었다.

경향이 일정하게 지켜지고 있는 것으로 판단해 볼 수 있다. 그렇지만 해자 단면은 U자형 외에도 V자형으로 굴착들도 다소 확인되고 있는데다 그 유형에 있어서도 물을 채운 垓子보다는 乾壕인 隍의 형태가 확인되고 있다. 더구나 해자 설치에 있어서도 사방에 해자를 구비하는 영성(營城) 과 같이 일부에 지나지 않으며 대부분의 진보성(鎭堡城)은 그 입지조건 자체가 城의 정면이 반드시 바다와 접하거나 바다와 내륙하천이 접하는 지점에 위치하고 있어 특별히 해자를 구비할 필요는 없는 것으로 생각해 볼 수 있다.

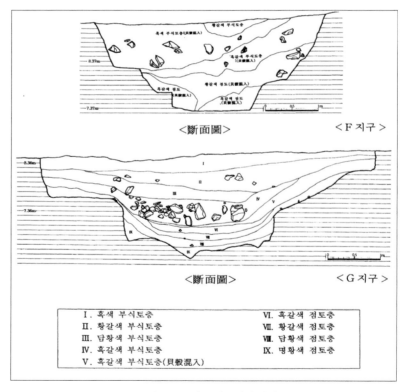

〈그림 21〉 고성 소비포진성 해자

그러나 대부분의 진보성에도 해자가 구비되어 있으며 특히 육지로 연결되는 구릉사면에는 거의 해자를 설치하여 진보성의 방어력을 보완하고 있다. 따라서 진보성 해자는 입지적인 위치에 있어서 비교적 고도가 높은 지점에 설치되어 있으며 최근 조사된 진보성들 양상을 살펴보면 그 형태 역시 개운포성지 남벽부를 제외하고는 모두 건호(황)로 구축되어 있다.

이것은 상당히 주목되는 결과로서, 즉 남해안 지역 연해읍성 해자가 해발고도가 평균 50m 이상인 읍성에서 조차 보편적인 석축 방어시설로 축조되어 사용된 것에 반해 남해안 지역에 소재하는 진보성 경우에는 그 해발고도가 10~50m 이하에 대부분이 축성되어 있음에도 평균 해발고도가 더 높은 연해읍성 해자와 달리 해자의 형태가 건호(乾壕)인 황(隍)으로 축조되어 있는 것이다. 이와 같이 물을 채운 해자가 아닌 乾壕(隍)인 경우, 먼저 지형적인 조건 고려를 생각해 볼 수 있는데 통상 급경사지역으로 인해 해자에 담수할 수 없는 경우에는 황(隍)을 설치하고 있지만 조선시대 남해안 지역 진보성 경우에는 단순 해발고도 입지만을 비교한다면 연해읍성 가운데 평지성 및 평산성과의 차이를 구별할 수 없을 만큼 동일한 고도상에 위치하는 경우가 많다. 따라서 이러한 해자의 축성 패턴이 영진보성 입지조건상 바다와 하천에 연해 있는 면이 많은 것과 관련이 있는 것이라고 할 수 있을 것이다.

해자와 체성의 이격거리에 있어서도 체성 기단부에서 약 10~20m 가량 떨어지고 해자 너비 역시 4.3~10m 가량으로 축조되어 있어 연해읍성의 양상과는 대차가 없는 것이라고 할 수 있다. 해자 깊이 역시 연해읍성과 같거나 비슷한 양상으로 확인되고 있다. 다만 해자 축조시 기반암을 굴착하여 그대로 사용하는 경우가 많은 것으로 특별히 석축 및 토축을 이용하여 양안벽을 구축하지는 않은 것으로 보인다. 다만 울산 개운

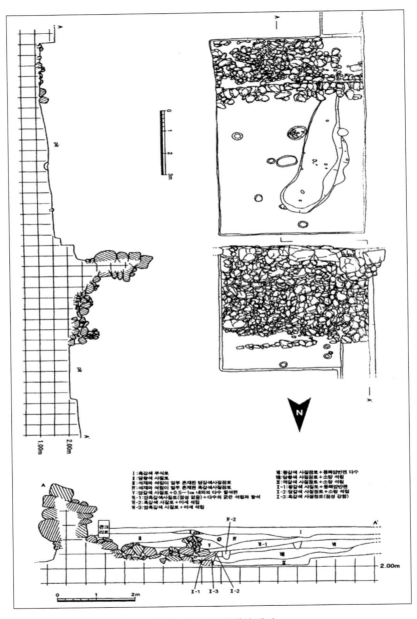

<그림 22> 개운포진성 해자

포 성지 남벽 외벽에서 확인되는 1열 2단 석축 경우를 상정하면 전체적으로 호안석축벽을 구축하지 않았다고는 단언할 수 없다.

　다음으로 남해안 지역의 영진보성에서는 해자 내부시설과 관련한 목익의 흔적은 확인되지 않는다. 특히 해발고도에 비추어 대부분이 평지성이 주류를 이루며 평산성이나 산성형의 읍성의 경우에도 읍성 전체 가운데 경사가 평탄한 곳이나 취약한 문지 주변에 해자를 설치하여 목익을 집중적으로 배치하고 있는 것과는 다른 양상으로 확인되고 있는 것이다. 물론 바다와 강이라는 천연적인 해자를 구비하는 장점이 있지만 전반적으로 연해읍성에 비해서는 해자의 구비가 부실한 것은 사실이다. 따라서 남해안 지역 영진보성 해자의 경우 연해읍성의 해자와 규모에 있어서는 큰 차이가 나지 않는다. 다만 전면적인 해자가 시설되는 읍성에 비해 부분적인 해자가 구비되고 있으며 형태면에 있어서도 연해읍성은 담수를 하는 해자인 경우가 대부분이나 영진보성은 황(隍)의 형태를 유지하고 있는 것이 많다.

5. 맺음말

　이제까지 남해안 연해읍성 해자의 고고학적 조사에서 확인된 양상을 비교하여 조선 전기 연해읍성 해자의 축조양상, 축조수법, 내부시설에 대하여 살펴보았다. 이를 정리하면 다음과 같다.

　조선 개국 초에는 고려왕조를 멸망에까지 이르게 한 麗末의 잦은 왜구(倭寇) 침탈로 인한 폐해를 목도한 조선 조야로서는 조선 개국 이후에도 여전히 줄어들지 않는 왜구 침탈이 내륙으로까지 확산되는 상황아래에서 우선 산성으로 도피하여 인적·물적 피해를 줄여보고자 하는 소극적인 방어책이 주류를 이루었다. 그러나 태종 15년 이후부터는 연해읍성 축조에도 관심을 가져 실제 하삼도에 읍성 축조가 이루어지게 되었는데, 이것은 왜구를 해안에서 막아 피해를 줄이고 백성을 보호하려는 적극적인 방어책으로 전환되었음을 의미하는 것이다. 특히 세종조에는 이러한 일련의 상황과 연계되어 주요한 해안읍치로 방어 거점이 되는 곳에는 우선적으로 축성을 실시하였던 것이다. 이러한 沿海邑城은 기존에 존재하던 산성이나 고읍성들에 비해 그 축조수법 및 부대시설 설치가 전대와는 다른 새로운 양상으로 나타나게 되었다. 그러한 축성양상 가운데 단일성벽으로 이루어진 읍성 방어를 강화하기 위해 옹성, 적대. 여장, 해자 등이 설치되게 되는데 이 가운데 읍성 관점에서 가장 1차적인 방어시설이며 동시에 가장 강력한 수성무기가 垓子였다.

이러한 남해안 연해읍성 해자는 그 축조양상과 수법이 중앙정부의 관리감독 아래 과거에 비하여 훨씬 통일된 규식과 축조수법을 가지고 축조된 것을 확인할 수 있다. 이렇게 축조된 연해읍성 해자는 체성과 垓子와의 간격이 각각 읍성별로는 차이를 보인다 하여도 문지와 체성과 해자와 간격이 1:0.5 간격 비율을 유지하는 것이 확인되었다. 이것은 체성과 垓子와의 간격을 기준으로 문지와 해자 사이에서는 체성과 해자와의 간격에 비해서 반(半)으로 감해져서 축조되고 있다.

남해안 연해읍성 해자의 축조시 상하부 너비 비율이 1:1.5 비율을 유지하며 축조되고 있다. 이것은 남해안 연해읍성 해자 너비가 통전(通典)에 기록된 규식과는 일치하지 않지만 비교적 동일한 규식에 의해 축조되었다고 할 수 있다. 또한 남해안 지역 연해읍성 해자는 잔존 깊이에 있어서도 1.7~2.5m 내외가 대부분을 차지하고 있다. 특히 고현읍성 동벽 해자는 잔존 깊이가 2.9m에 이르고 동래읍성은 2.3m 정도가 잔존하는 곳이 있어 조선시대 남해안 지역 연해읍성 해자 석축 높이는 3m를 전후로 한 것이라고 할 수 있다. 이것은 고현읍성 해자 호안석축이 그 기저부에서 최상단부까지 거의 원형을 유지하는데서 알 수 있는 것이다.

　남해안 지역 연해읍성 해자의 축조수법은 허튼층쌓기를 실시하였으며 기저부 바닥에 지대석을 놓고 퇴물림하여 기단석과 해자석을 축조하는 방식은 체성 축조수법과 대동소이하다.

　해자 호안석축에 사용된 석재들은 대부분 자연할석이나 화강암계통의 자연산석이 대부분이다. 강돌과 면석은 부분적으로 가공한 흔적이 확인된다. 해자석 크기는 대략 10~30cm 내외 크기 할석이 대부분을 이루고 있는 것을 알 수 있다.

　연해읍성 해자내에서 목익(木杙)이 설치되어 있는 양상을 살펴보면 3가지 유형으로 파악된다. 해자 전면에 목익을 설치하는 형, 해자 중심 부분에 집중적으로 설치하는 형, 해자 양안석축에 연한 가장자리 부분에 설치하는 형으로 나눠 볼 수 있다. 해자 내부에서 출토되는 목익 두께는 대동소이하고 목익 형태는 대체로 원형 통나무와 가공한 각재로 나눌 수 있다. 대체로 원형 통나무재가 가공한 각재보다는 두께나 길이에 있어서도 더 큰 편이다. 이러한 것은 해자를 은폐하기 위해 사용하는 결구재 기둥 역할 내지 해자 내 목익의 중심열의 역할을 수행한 것으로 상정해 볼 수 있다.

　해자를 설치한 성곽 출입과 관련한 것이 문헌기사에 나타나는 것으로는 고려 말인 1378년에 창원 내상성(內相城)에서 출입을 위한 조교(釣橋)가 설치되어 있었음을 언급하고 있다. 또한 제주읍성 해자설치와 관련한 기사에서 조선시대 읍성에도 해자를 출입하는 시설로 줄을 올리고 내리던 조교가 존재하였음을 알 수 있다. 이와 같은 문헌기사에 부합하는 시설물이 고현읍성과 웅천읍성, 동래읍성 해자에서 확인된 교량시설(橋梁施設)들로서 적어도 조선 전기부터 목재가교(木製架橋) 내지 조교(釣橋), 토석교(土石橋)의 형태가 확인되고 토석교 형태로 점진적인 변화를 보인 것으로 생각할 수 있다. 특히 이때에도 가공석재를 이용하여 정교하게 구축한 석교(石橋)를 설치하지 않고 토석을 이용하여 다소 조잡하게 설치한 것은 유사시 즉시 해체와 복구가 가능하도록 그 기능성을 고려한 것으로 생각해 볼 수 있다. 즉 교량시설은 성내로 진입하기 위한 수단으로도 중요한 구조물이지만 유사시 해자를 넘어 적이 읍성내로 진입하기에 좋은 시설임을 감안하여 효과적인 읍성 방어를 위해서는 교량시설의 파괴가 요구되므로 가공석재를 이용한 견고한 교량보다는 흙과 할석을 이용한 토석교 및 나무로 축조한 목교를 사용했던 것이라고 생각할 수 있다.

이상의 양상으로 볼 때 남해안 연해읍성 해자 및 해자 내 목익과 호안석축 및 교량시설은 조선 전기 읍성 연구에 중요한 자료가 될 것으로 기대된다. 특히, 호안석축이 확인된 해자는 조사 예가 부족한 조선시대 성곽방어시설의 한단면을 파악할 수 있는 중요한 자료인 것이다. 아울러 연해읍성 및 내륙읍성 해자 통행방법에 대한 규명이 가능할 것으로 생각된다.

이와 같은 해자 내부시설물 조사와 연구가 조선시대 남해안 지역 연해읍성 연구 진전에 좋은 자료로 활용되리라고 생각한다.

VII. 읍성 기타 방어시설

Ⅶ. 읍성 기타 방어시설

1. 머리말

조선 읍성에는 체성과 부대시설, 내부시설 이외에도 성곽과 관련한 기타시설이 다수 설치되어 있다. 이러한 기타시설에는 성외에 설치되는 해자 이외에 함정, 목책, 양마장, 선소, 수중목책 등이 확인된다. 따라서 여기에서는 성곽 내외부에 축조된 방어시설 이외에 따로 설치되는 기타시설의 구조와 축조수법을 살펴본다.

2. 기타 방어시설의 종류 및 현황

(1) 수중목책

제포수중유적은 경상남도 진해시 제덕동 177−4번지 일대 해안에 위치한다. 이 일대는 조선 전기 삼포의 하나로 최초로 개항한 역사적인 대일무역항으로 왜관이 설치되고 항거왜인이 거주하였던 곳이다. 이 유적은 제덕만 공유수면매립공사가 진행되다가 매립된 토사 무게로 갯벌속에 목책유구가 수면에 떠올라 알려지게 되어 동아대학교 박물관에 의해

1997년 우리나라에서는 최초로 발굴 조사되었다. 이곳에서 조사된 목주는 150cm 정도의 길이와 10cm 내외의 직경을 가진 것으로서 크게 4군을 이루면서 일렬로 분포하고 있다. 그리고 조사구획에 따라 15m 간격을 유지하고 있었으며 각 목주는 직경 5cm 내외 칡넝쿨이나 싸리나무를 이용하여 엮은 동아줄로 서로 묶어서 하나의 목책을 형성하도록 하였고, 그 사이사이에는 20×30×15cm 크기의 인두대의 할석이 놓여 있었다. 수중목책에 사용된 목재는 소나무와 상수리나무가 주종으로 하단은 도끼와 낫으로 끝을 뾰족하게 깎아 수중에 잘 꽂히도록 하였다. 목주 크기는 대체로 길이 200cm, 직경 15cm가 주류를 이룬다. 제포 수중목책은 왜인의 침략에 대비하여 설치한 것으로 조선 측 배를 보호하고 출입을 통제하기 위한 시설이다. 설치구간은 지금의 제덕마을 부근 즉 제포진성 앞에서 동서로 제포만을 가로지르며 설치한 것으로 추정된다.1)

〈사진 1〉 제포수중목책 노출 후 광경

---

1) 동아대학교박물관, 1999, 『진해 제포수중유적』.

〈사진 2〉 수중목책 조사 후 전경

　　당포수중유적은 경상남도 통영시 산양읍 삼덕리 대청마을과 인접한 해안에 위치한다. 1998년 6월 삼덕항 공사현장에서 다수 목주가 발견되어 경남문화재연구원에 의하여 발굴조사 되었다. 목주가 발견된 양상으로 볼때 수중목책 가장자리로 추정되었다. 수습된 목주는 모두 44개로 길이가 가장 긴 것이 318cm 가량으로 가장 짧은 것이 102cm 정도이지만 평균 155cm 내외며 목주 굵기는 16cm~10cm 가량으로 평균 13cm 정도이다. 당포에 수중목책이 설치된 것은 제포 수중목책과 동일한 이유이다. 즉 제포, 영등포, 옥포, 지세포, 조라포, 당포, 안골포 등 방어에 긴요한 곳에 왜구 침입으로부터 병선을 보호하는 방책을 수립하는 과정에서 농번기를 당하여 많은 백성을 동원하기는 어려우니 임시로 바다에 끝을 뾰족하게 한 나무를 박고 이를 쇠사슬로 연결하고 또한 동아줄에 돌을 달아 그 나무를 수면 아래 한자쯤 되게 잠기게 하여 적선이 오지 못하게 하는 수중시설을 한 것이다.2)

---

2) 마산지방해운청, 경남문화재연구원, 2001, 『통영삼덕항내 당포수중유적』.

다경포진성에서 서쪽 해안을 따라 450m 가량을 가면 수로가 잘 발달된 포구가 있다. 현재 길이 약 50m 석축이 일부 남아 있다. 갯벌에는 원목과 잔목들이 동-서 방향으로 약 48m 가량 열을 지어 있다. 원목 직경은 23~30cm 정도이며, 서로 5m 내외 간격을 두고 모두 6개가 박혀 있는 것이 확인되었다. 원목이 열을 지어 있는 지점은 100cm 크기 할석들을 박아 다져 보행에도 지장이 없을 만큼 단단하다. 이 원목들은 선착장 기둥으로 추정된다. 이 원목열은 육지에서 바다쪽으로 직선형태가 아닌 약간 구부러진 호상의 형태를 띠고 있으며, 원목열에서 북으로 약 7~8m 떨어져서 원목렬과 마찬가지로 동-서 방향, 거의 직선으로 잔목들이 10여 개 확인되었다. 잔목렬 주변은 원목이 위치하는 곳과 달리 적심으로 보이는 시설이 없이 무른 갯벌에 박혀 있다. 잔목들 직경은 12~16cm이다. 원목열과 잔목열은 육지쪽은 넓고 바다쪽으로 갈수록 약간 좁아지는 형상을 갖추고 있다. 잔목열 사이사이에는 목재들이 노출되어 있다. 현재 이곳은 정박시설 및 접안시설로 파악되고 있다. 다경포진 목재유물 3점의 시료를 체취하여 방사성탄소연대측정을 한 결과 15~20세기로 추정되었다. 기준연대는 15~17세기로 수군진의 설치연대와 일치한다.[3]

(2) 선소

조선시대 남해안 지역 연해읍성과 영진보성은 해안가에 위치하며 진관체제상에 있어 각 진의 하나로 운영되고 있었다. 따라서 이러한 각진에는 주로 수군이 배치되어 있으며 수군에 의해 운용되는 선박들의 정박

---

3) 국립해양문화재연구소, 2011, 『조선시대 수군진조사 I 전라우수영 편』, 102~111쪽, 국립해양문화재연구소 학술총서 제24집.

지와 선박을 수리할 선소가 설치되어 있었다. 이 가운데 선소로 추정되는 유적이 최근까지 지표조사/ 시발굴을 통해 확인되었다. 대부분 선소는 주로 전라도 해안지역에 위치한 읍성 및 영진보성 주변에서 확인되었다. 그럼 여기에서는 최근 조사된 선소의 현황을 알아보자

조선시대 남해안 지역 연해읍성과 수군 영진보성은 기본적으로 배를 운용하여 바다를 방어하는 군사기지인 관계로 배를 매어두거나 선박의 화물 등을 보관 또는 적재하는 곳이 필요하였다.

『조선왕조실록(朝鮮王朝實錄)』에는 선소(船所) 또는 선창(船艙) 두가지 명칭을 확인된다. 대체로 군선을 제작하고 수리하는 곳은 선소라는 명칭을 사용하고 있으며 선창은 군선을 정박시키는 곳 즉 선착장을 지칭하고 있다. 굴강(掘江)은 조선시대 선박의 수리·보수, 군사 물자의 하역, 특수 목적 선박 등의 정박을 목적으로 세운 중요한 군사 시설로, 방파제와 선착장의 역할을 수행하였다.[4] 선소와 선창, 굴강 또는 굴항(掘項)은 넓은 의미에서 부두라고 할 수 있다.[5]

이 장에서는 조선시대 남해안 지역에 축조된 영진보성의 부대시설인 선창에 대해서 살펴본다.

최근까지 남해안 지역에서 지표조사 / 시발굴을 통해 확인된 선소 및 굴강, 추정 선소지는 극히 일부로 그 존재와 현황을 파악하기에는 자료가 빈약한 것이 사실이다.[6] 그 현황을 살펴보면 다음과 같다.

---

4) 한국학중앙연구원, 디지털 여수문화대전, 굴강(掘江).
5) 국립해양문화재연구소, 2016, 『조선시대 수군진조사Ⅲ 경상우수영 편』, 국립해양문화재연구소 학술총서, 536쪽.
6) 국립해양문화재연구소, 2011, 2014, 2016, 2018, 『조선시대 수군진조사 Ⅰ,Ⅱ,Ⅲ,Ⅳ』, 국립해양문화재연구소 학술총서.
권순강, 2018, 「경상도 남부지역 읍성의 축조양상과 공간구조에 관한 연구」, 부산대대학원 박사학위논문, 88쪽.

<table>
<tr><td>안골포진 굴강</td><td>천성진 굴강</td></tr>
</table>

<table>
<tr><td>구영등포진성 굴강</td><td>전라좌수영 굴강</td></tr>
</table>

〈사진 3〉 남해안 지역 조선시대 영진보성 굴강지

　　전라우수영에 속한 다경포진은 전라남도 무안군 운남면 성내리 원성내 마을에 위치한다. 다경포진성은 북동－남서방향의 타원형 형태이다. 전체 길이는 320m이며 전체적인 지형은 남쪽에 위치한 해발 65m 봉우리의 북사면 말단부에 위치하고 있으며 남쪽이 높고 북쪽이 낮은 분지형이다.

　　해안을 따라 북동쪽 성벽은 높이 10m 낭떠러지를 자연 방어벽으로 활용하였다. 진성 북문지에서 북동쪽으로 약 110m 전방 갯벌에는 조선시대 고지도에 표시된 선소로 추정되는 목제 유구가 남아 있다.

　　이 목제 유구는 모두 3개체로, 중앙의 유구는 길이 7m(현 잔존체 3.6 ~7m), 직경 약 45cm(현 잔존체는 26~45cm) 정도 되는 목제구조물이 열을 지어 있는데, 가로로 4개씩(현 잔존체는 1~4개) 일정한 간격을 두고 배치되어 있으며, 중앙에 있는 구조물에서 서측 약 70° 방향으로 약 90m 거리를 두고 1개체가 동측 250° 방향으로 22m 떨어져서 동일한 구조물 1조가 더 있다. 기다란 목제 유구 위에 배를 올려놓고 수리하거나 건조한 것으로 판단된다. 목제 유구 양쪽 끝쪽에 사각 홈이 파져 있는데 이곳에 다른 구조물을 세워 배를 고정했을 것으로 추정된다.

고지도에 선소 바로 옆에 직청표시가 나타나 있는 것으로 보아 직청이 존재했을 것으로 판단되며 현재 확인된 선소유적 가운데 하부구조물이 3개조씩 남아 있는 곳은 다경포진이 유일하다.[7]

어란포진 고지도에 선소 건물지는 남향으로 4칸이며, 선소는 어란 앞바다와 접하여 배를 계류했던 선창시설도 방파제 안쪽 매립지로 추정한다. 그곳에는 병선이 3척 그려져 있으며 고지도에 항의 북쪽 해변에도 병선 2척이 그려져 있는데 이는 계류시설인 선창으로 추정된다.

남도포진성은 고지도에 보면 진성과 꽤 떨어진 남쪽 만 어귀에 선박이 그려져 있어 이곳에 선창이 있었던 것으로 추정한다. 현재 그 지점에 선소 및 선창시설로 추정되는 곳에 아직 선축이 남아 있다. 포구 길이 33.3m, 너비 8m, 높이 6.3m이며, 좌측에 배를 짓고 진수하기 좋은 경사면이 있다.[8]

회령포진성은 고지도에 성 밖 남문 바로 아래 선소가 있었고, 군선의 정박지인 선창 또한 이곳에 위치하였다. 마도진성 남문 밖 해안가에 선소와 선창시설이 들어서 있다.[9] 영암군 이진진은 1872년 『군현지도』에 동문 밖 선창가에는 선소가 표시되어 있는데 3칸의 합각지붕이다. 그 앞

---

7) 국립해양문화재연구소, 2011, 『조선시대 수군진조사 I 전라우수영 편』, 국립해양 문화재연구소 학술총서 제24집, 114쪽.
8) 국립해양문화재연구소, 2011, 위의 책.
9) 『강진현마도진지도』, (규장각소장).

바다에는 동문 앞에 3척의 배가 선소 앞에 1척의 배가 그려져 있다. 금갑
도진성은 고지도에 남서쪽 끝에 2척의 선박이 그려져 있어 이 부근이 선
창시설이 있었던 곳으로 추정된다. 현재 이곳은 금갑마을 남서쪽 끝에
배를 계류할 수 있는 방파제가 설치되어 있다.

　다대포진성 선소는 조선후기 지방지도에서는 다대포진성 동쪽 해안
에 설치되어 있고, 1872년『군현지도』에는 남벽 기준 좌우에 설치된 것
으로 표시되어 있다. 동래부산고지도(19세기 후반)에서는 선창이 없고
선박만 남벽 체성부 해안 좌우에 표시되어 있다.[10]

　안골포진성 굴강은 안골동 동쪽 해변(안골동 517번지 일대)에 돌이 부
채꼴 모양으로 쌓여 있는 굴강 흔적이 남아 있다. 굴강은 조선 세조 8년
(1482)에 안골포 수군 만호진을 설치할 때 축조한 것이다. 굴강 상부 석축
이 일부 허물어지기는 하였으나 하부는 매몰되어 온전히 남아 있다. 현재
매립되어 육지로 변한 기존도로에도 굴강이 연결되거나 굴강과 관련된 유
구가 있을 것으로 추정된다고 한다. 선소 역시 이 주변으로 추정된다.[11]

　구영등진성 굴강은 구영리 앞 모래사장 중심으로 옛 선착장(구영리
329번지 일대)으로 사용했다고 한다. 모래사장에 말뚝 등을 박아서 선착
을 했다고 하며, 태풍 등을 피해 정박할 경우 기존 선착 장소보다 조금
높은 곳에 배를 선착했다고 한다.[12] 전라좌수영 굴강은 현재 모두 매립
되어 당시의 모습을 찾아보기 힘든 상황이다. 하지만 일제강점기 당시
촬영된 사진을 통하여 예전의 모습과 함께 위치를 추정할 수 있다.[13] 이

10) 이일갑, 2018,「부산 다대포진성에 대한 연구」,『항도부산』제35호, 부산광역시사
　　편찬위원회, 207쪽.
11) 국립해양문화재연구소, 2016, 앞의 책, 151쪽.
12) 국립해양문화재연구소, 2016, 앞의 책, 179쪽.
13) 국립해양문화재연구소, 2014,『조선시대 수군진조사Ⅱ 전라좌수영 편』, 국립해양
　　문화재연구소 학술총서.

외에도 남해안 지역에 산재하는 많은 영진보성 선창 및 선소, 굴강 추정
지로 파악되는 곳이 있다.

울산 개운포진성 추정 서문지 주변 지역을 선창 내지 선입지로 일부에
서 추정하고 있다. 결론부터 말하자면 선창 내지 선소로 추정하는 서문
지 일대는 선소 내지 선입지가 될 수 없다. 또한 선입지라는 용어는 우리
나라 기록에서는 확인되지 않는 용어로 사용에 주의가 필요하다.

그럼 선창과 선소, 굴강에 대한 『조선왕조실록(朝鮮王朝實錄)』을 살
펴보면,

> ① 拓,基以慶尙水使狀啓, 請移設水營於蔚山, 兵營於永川曰: "水營船
> 艙, 水道不便, 每潮退, 船掛於陸, 而蔚山之船艙甚好, 宜移水營於此地°
> 兵營旣在蔚山, 則兩營亦不可幷設一處, 兵營移設於永川爲便° " 上問諸
> 臣, 皆對如拓基議° 上以事係更張, 命更議之, 仍寢不行° 14)

"수영의 선창(船艙)은 수도(水道)가 불편하여 썰물 때마다 배가 뭍에 걸
리나 울산의 선창은 매우 좋으니, 수영을 이곳으로 옮겨야 하겠습니다.
병영이 이미 울산에 있고 보면 두 영을 또한 한 곳에 아울러 둘 수 없으
니, 병영은 영천으로 옮기는 것이 온편하겠습니다." 하니, 임금이 신하들
에게 물었다. 다들 유척기의 의논과 같이 대답하니, 임금이 경장(更張)에
관계되는 일이라 하여 다시 의논하라고 명하였는데, 곧 그만두고 행하지
않았다.고 하였다. 지금의 부산 수영구에 소재하는 경상좌수영의 선창이
물길이 불편하고 배가 걸리는 일이 잦은데 울산 선창이 좋다. 하는 내용
에서 선창(船艙)이라는 명칭을 사용하고 있다. 이때 선창은 선착장을 의
미하는 것으로 파악된다.

---

14) 『영조실록』영조 권51 16년 3월 20일.

② 정조 3년 3월 8일 임진일 윤대 내용 중에

②-1
　而但所可悶者, 船艙之不便, 勢將略費物力, 年年漸濬° 而咫尺松家,
運石非難, 左右築堤, 開導東泊之所, 則潮汐之間, 常有蕩滌船艙之效, 而
所掘之艙, 斷無塡塞之患[15)

라는 기사에서 선창은 강바닥을 파서 모래가 쌓이는 것을 방지하고 좌우
에 제언 즉 방파제를 축조하고 그 안에 선박을 정박시키도록 하고 있다.
따라서 선창장과 굴강으로 사용할 구조물을 축조하고 있음을 알 수 있다.

②-2
　昇天之東, 有松亭浦, 素稱船泊處° 故往審形止, 則背山臨海, 地勢廻
抱, 民居將爲四百戶° 船艙所繫民船, 亦過數十隻° 泊船之所, 則非但爲
江都之第一, 求諸他道, 亦所罕有者° 若設中營於昇天堡, 而戰艦藏於此
浦, 則雖當有警之時, 數多私船, 皆將爲備禦之具° 16)

②-3
　戰艦旣移, 則泊船處, 不可不擇, 而浦嶼上下數三十里間, 惟松亭最
便° 左右砂麓遮護, 可以藏風, 免觸碎之患一也° 浦上有三四百戶, 可以
迭相看護二也° 後依高岸, 前臨大江, 潮至溢岸, 雖千斛樓船, 泛若一葦,
戰艦之朝夕再浮, 聞警卽發三也° 處於月串′ 昇天之間, 列墩相望, 砲聲
相聞, 雖不建待變亭, 足以聞警四也° 自船將以下, 至能櫓格軍′ 射手′
砲手諸色卒伍數百人, 皆定於浦民, 當操鍊之時, 無徵發往來之弊五也,
有是五利, 船艙則捨此莫可° 待變亭不必設, 而船上什物及軍器所′藏

---

15) 『정조실록』권7 3년 3월 임진조.
16) 『정조실록』권7 3년 3월 임진조.

庫舍, 當不下數十間° 此則本府庫舍久空, 頹毀者多, 以此移撤改建° 非
但以無用爲有用, 亦足省事力, 而節浮費.17)

②-2, ②-3에서는 조선시대 선창 및 선소의 입지에 관해서 강화도
송정포 지형을 예로 설명하고 있다. 영진보성 주변에 3, 4백 호가 거주하
고 있어 교대로 선창을 감시할 수 있고 뒤로는 높은 언덕을 의지하고 있
고 앞으로는 큰 강을 굽어보고 있는 지형으로 전함이 아침 저녁으로 두
번 뜰 수 있어 경보를 들으면 즉시 출발하는 이점이 있어야 한다. 여러
돈대(墩臺)와 마주 바라보고 있고 포성이 서로 들리기 때문에 감시초소
를 건립하지 않아도 충분히 경보를 들을 수 있어야 하고, 선장 이하 능로
군·격군·사수·포수·제색 졸오 수백 인이 모두 영진보성이 축조된 해안포
구민으로 구성되어 있으므로, 긴급할 때를 당하여는 징발하여 왕래하는
폐단이 없는 것이 조건이라 하였다. 따라서 이 기사내용에 언급한 것처
럼 선창 내지 선소의 설치는 지형적 산과 산록이 둘러싼 대체로 협만과
같은 지형에 설치해야 하는 것을 알 수 있으며 바닷가 마을이 위치한 인
근에 설치되어야 한다는 것을 알 수 있다.

③ 정조 3년 3월 8일 임진일 윤대에서 다시 논의된 내용 가운데

島上則不然, 海潮外囓, 山水內匯, 夏潦之際, 汎濫蕩潏, 城在山上, 水
滲城隙, 其善崩, 亦勢使然也° 惟海泥′沙′礫, 雜以築之者, 最得其
宜° 夫海泥膠粘, 遇水則吸而引之, 見日則燥而堅之° 若築之牢固, 被
以莎草, 雖潮囓水漲, 能不崩塌, 此亦理之必然° 海澤堤堰, 皆用泥土,
蓋以此也° 18)

17)『정조실록』권7 3년 3월 임진조.

라는 언급에서 "해택(海澤)의 제언(堤堰)" 즉 바닷가에 축조한 제방에 "모두 진흙을 쓰는 이유"가 진흙과 모래, 자갈을 섞어서 쌓을 때 바닥의 진흙, 즉 개펄흙의 접착성과 마른 후 경도가 단단함에 있으며 그 위에 사초, 모래와 풀을 입힌다면 바닷물의 유입되어도 무너지지 않는다 하였다. 이러한 것은 선창과 선소를 둘러싼 방파제 축조방식을 언급한 것으로 개펄흙을 방파제 즉 굴강축조에 사용하고 있음을 알 수 있다.

④ 정조 12년 4월 10일 임인일에 좌의정 이성원이 아뢰기를,

> 左議政李性源啓言:"頃因嶺南御史金履成別單, 左水營船艙築石形止,
> 令帥臣看審矣° 水使李章漢言: '去戊申, 港口潮入處築石, 凡三百餘步,
> 而用役夫三萬三千° 今此當築處, 合四百五步, 比前功役倍蓰° '云° 請
> 待年豐° " 允之° 19)

이 기사 내용에서 굴강 축조가 일정 시점에서 반복적으로 이루어지고 있으며 동원 인력 역시 만만찮게 많은 것을 알 수 있다. 따라서 공력에 소요되는 비용조달을 위해 풍년을 기다릴 수 밖에 없는 저간의 사정을 밝히고 있는 것이다.

⑤ 정조실록 28권, 정조 13년 9월 18일 신축

> 至於船艙之代以浮橋, 可保萬全° 船艙則所入船隻, 多或近千, 浮橋則
> 不滿百隻, 此已省弊° 況且完固堅實, 無異陸地, 可以永久遵行20)

---

18) 『정조실록』권7 3년 3월 임진조.
19) 『정조실록』권25 12년 4월 임진조.
20) 『정조실록』권28 13년 9월 18일 신축조.

⑥ 순조 14년 2월 30일 임술일에 "경상 감사 김노응(金魯應)과 통제사 서영보(徐英輔)의 계본(啓本)에,

慶尙監司金魯應, 統制使徐英輔啓本, 枚擧河東府使尹載鐸牒報以爲
'河東戰船留泊處, 乃是蟾江下流, 而淺流沙灘, 土石崩頹, 每當赴操, 掘港
曳船, 軍民受弊° 昆陽郡 蛇浦, 在於河東接壤之地, 海水成滙, 山勢廻抱,
政合藏船, 今若移設於此, 割其局內土地, 屬之本邑, 以爲募民守直之地爲
宜°', 云° 請令移設近艙, 土地亦爲劃給, 以爲募民守護之地°'" 從之° [21]

하였는데, 이 기사는 하동의 전선이 정박하는 곳이 섬진강 하류로 상류에서 내려온 토사가 퇴적되어 선박의 항행이 자유롭지 못한 점으로 인해 정박지 즉 선창을 바꿀 것을 계문하는 내용이다. 여기에서 배를 정박하기 좋은 곳, 즉 좋은 선창장의 조건으로 바닷물로 인한 자연적인 방어와 산세가 포구를 감싸서 외부의 적으로부터 선박을 보호할 수 있는 곳을 언급하고 있다.

이러한 조건에 울산 개운포진성은 바다와 하천이 맞닿은 하류지역에 해당하며 주변 산세를 안쪽으로 감싸고 있어 쉽게 적에게 노출되지 않는 지점에 해당하는 것임을 알 수 있는 것이다. 따라서 현재 이러한 선창 설치 조건에 부합하는 것은 서벽 체성부와 외황강이 나란하게 맞닿아 있는 지점이 아닌 남벽 체성부 아래 마을의 동쪽으로 협만을 이룬 지점이라야 할 것이다.

최근까지 조사된 남해안 지역 영진보성 선소는 고지도를 통해 살펴보면 영진보성이 위치한 만의 입구 안쪽의 좌측 또는 우측에 위치하며 외부로부터 은폐되는 곳에 위치하였음을 알 수 있다. 또한 선소 인근에

---

21) 『순조실록』권17 14년 2월 임술조.

는 어변정이나 집물고 등이 표시되어 있어 선소와 관련된 건물로 추정
된다.22)

(3) 양마장

남해안 지역의 연해읍성에서 확인된 유구 가운데 조선 전기 연해읍성
의 축조에서는 확인되지 않으며 다른 지역 읍성에서도 확인되지 않는 羊
馬墻23)이 확인되고 있다. 이 양마장은 杜佑의 『通典』에는 우마장(牛馬
墻) 혹은 양마성(羊馬城)이라고도 하였다.

우리나라에서는 기록상으로는 정유재란시 명나라 총병 양원이 남원읍
성에 이것을 설치한 것으로 나타나고 있다.24) 양마장은 해자 바깥에 위치
하며 해자를 보호하고 또한 성벽 앞에서 방어하는 또다른 방벽으로서, 조
선시대 선조 때 류성룡은 『西厓集』에서 양마장에 대해서 「이것은 성 밖
에 해자 안에 높이가 1장쯤 되는 담을 쌓은 것으로 ......해자 주변에는 우
마장을 규정대로 쌓으나 만일 산성의 지형이 험한 곳이나 해자에 물이 깊
은 곳은 우마장을 꼭 쌓을 필요가 없다고 하였다.」이라 하고 있다.25)

또한 정약용은 "城牆이란 양마장이다. 정유재란시 남원의 전투에서
양마장을 수비하지 않아 적이 이것에 의거하여 몸을 은폐하여 성이 더욱
속히 함락되었다. 이는 반드시 패하는 법이니, 없는 것만 못하다." 라고
하였으며, 城牆(羊馬墻)의 효용성에 대해서도 언급하기를 「성장이란 호

---

22) 국립해양문화재연구소, 2011, 위의 책, 114쪽.
23) 杜佑, 『通典』권152, 兵典5, 守拒法
　　「城外四面壕內 去城十步 更立小隔城 厚六尺 高五尺 仍立女墻(謂之羊馬城)」또한 羊
　　馬墻을 羊馬城 이라고도 함.
24) 『西厓集』雜著, 「記南原陷敗事 楊總兵到南原 修城增埤一丈許 城外築羊馬墻 穿砲穴」
　　이라 하여 明나라 總兵 楊元이 설치한 것으로 기록하고 있다.
25) 柳成龍, 『西厓集』雜著, 「又有羊馬墻之制 於城外壕子內 築墻高一丈許.....」

의 내와 성보의 밖에 장을 만든 것으로 호에 접하여 장을 만들면 호가 더욱 깊어지고, 성보를 끼고 도로를 만들면 성보가 더욱 험하게 되는 것이다」라고 하여 방어의 효과를 높일 수 있는 시설임을 나타내고 있다.

송나라 사람 진규는 양마장을 성벽에서 약 6~9m 떨어진 지점에 만들면서 높이는 약 3m, 두께는 약 1.8m 되는 크기를 표준이라 하였다. 따라서 양마장은 "坌濠의 경우에는 방어 효과가 그리 크지 않기 때문에 이런 성벽을 쌓은 것이 필수적이었다."라고 하였다. 또한 여기에는 임시적으로 쌓는 것과 항구적으로 쌓는 것이 있는데, 항구적으로 쌓은 것은 상당히 단단하게 만들며, 전이나 판축으로 쌓은 성벽으로, 이 성벽 위에 여장을 두어 1.5m 정도의 사격을 위한 구멍이 있는 담장을 설치하기도 하였다. 임시적인 것은 대부분 나무로 두른 목책이며 이러한 양마장의 목적은 읍성 주변에서 피난 온 사람들과 그들의 재산인 가축들을 수용하기 위한 것과 적들이 垓子(壕)를 메우지 못하도록 방해하거나 이 방벽으로 적의 공격을 지체시키는 목적도 있었으며, 어떤 때는 적의 대형 공성병기가 성벽에 접근하는 것을 방해하는 큰 효과를 가져오기도 하였다. 따라서 이 방벽은 읍성을 방어하는 데 있어서 실질적인 최전선의 역할을 하였다. 고 하였다.

조선시대에 축조된 연해읍성 중에서 하동읍성에서 성벽 전체에 양마장이 둘러져 있는 것이 확인되었다. 하동읍성에서 조사된 양마장은 북벽과 동벽지역이며, 북벽에서는 양마장 뒤의 해자와 연결되어 길이 10m, 높이 1.8m가 남아 있으며, 동벽에서는 너비 14m, 잔존 높이 6.2m에 이르고 있다. 하동읍성에서 확인된 양마장 축조수법을 살펴보면 인접한 해자를 굴착한 흙을 이용하여 해자 앞쪽에 양마장을 축조하였으며 양마장 축조 시기는 해자가 폐기된 이후라고 할 수 있겠다. 이것은 하동읍성 해자가 문종 원년 이전까지는 축조되지 않았으며 이때 이후 해자 축조가 시작되었던 것이며 단종 즉위년 1452년에 다시 정분이 올린 축성에 대한 계문에서는 하동의 해자에 대한 언급이 없고 전에 쌓지 못한 적대에 대한 내용[26]만 있는 것을 볼 때 이때에는 이미 해자가 축조되었다고 할 수 있는 것이다. 그러므로 이때 축조된 해자가 양마장과 성벽의 사이에 있는 해자로서 점진적인 매립과 퇴적으로 용도가 폐기되었다가 임진왜란을 전후로 한 시기에 중국의 영향을 받아 양마장이 축조된 것으로 추정된다.

이와 같은 추론의 연유로는 정유재란 당시 『西厓集』雜著에 기록된 「記南原陷敗事 楊總兵到南原 修城增埤一丈許 城外築羊馬墻 穿砲穴」이라는 기사에서 남원읍성 외곽에 명나라 총병 양원에 의해 양마장이 설치되고 있는 것으로 알 수 있다. 더욱이 순천과 사천을 비롯한 남해안 지역에 웅거한 왜군에 대항해 남하한 조명연합군 주요 거점으로 사용되면서 기존 해자를 재축조하기보다는 양마장을 축조한 것으로 추정해 볼 수 있다. 이것은 임진왜란 발발 이후 중국 기효신서를 비롯한 각종 병법 및 훈련법과 축성을 비롯한 방비책을 명나라 것을 채용하려던 당시 경향과도 무관하지 않은 것이라고 할 수 있다. 또한 해자가 폐기된 이후에 양마장이 축조된 것은 동벽 양마장 축조수법에서 확인할 수 있다. 즉 하동읍성 양마장은 생토층인 자갈모래층 위에 형성된 점토층에 정지작업을 실시하여 기저부를 형성하고 그 위에 본격적인 성토작업이 진행되었다. 전체적으로 사다리꼴 형태를 하고 있으며, 그 축조방법이 각기 수직에 의한 정연한 판축이 아니

---

26) 『문종실록』권9 원년 9월 경자조
문종 원년 정분의 계문에, "하동현읍성은 주위가 2천 9백 43척, 높이가 평지에는 8척, 높고 험한 곳은 7척이며, 녀장의 높이는 3척이고, 적대가 11개소 내에 이미 쌓은 것이 4개소이고, 문이 3개소에 옹성이 있고, 여장이 5백 88개이고, 성안에 샘이 5개소, 못이 1개소이며, 해자는 아직 파지 않았습니다."라고 하고 있는데서 잘 나타나고 있다.

고, 경사면을 유지한 채 점질토와 사질토를 교대로 부어가며 성토하거나 돌과 흙을 섞어 다진 흙을 쌓아 올렸다. 이러한 축조수법은 성토법에 가까운 것으로 항구적인 양마장 축조수법으로 알려진 판축법에 비해서는 다소 조잡하게 느껴진다.27)

〈사진 4〉하동읍성 양마장 절개면

따라서 하동읍성 양마장은 조선 전기에 사용되던 해자가 일정 기간 후 폐기되고 토사가 퇴적된 상태에서 임진, 정유재란을 전후로 한 시기에 해자부분 토사를 다시 굴착하여 양마장을 설치한 것이다. 이러한 것은

---

27) 양마장의 기저부 축조에 있어서 최하층에 니질점토 혹은 점성이 강한 암흑갈색점 질토를 사용하였는데 이는 양마장의 기초에서 유동성을 확보하여 붕괴되는 것을 막는 한편 측면 또는 하부에서 물이 침투되는 것을 방지하기 위한 목적으로 시설 된 것이라 할 수 있겠다. 아울러 사질토와 점질토를 교대로 사용하여 羊馬牆을 더 욱 건고하게 축조하였으며 양마장의 외벽 최하단부에는 석열이 잔존하고 있는 것 이 확인되고 있다. 다만 이것이 의도적인 축조라면 삼국시대 및 제방의 축조수법 상에서 볼 수 있듯이 상부에 성토된 토사가 붕괴되는 것을 막기 위한 시설로도 생 각해 볼 수 있겠다.

해자 외벽석축 일부로 추정되는 석열 일부가 양마장의 하부에서 나타나고 있고 양마장 축조상태 역시 조선 전기 당시 구지표와 해자 바닥을 굴착하여 양마장 축조 시에 쌓아 올린 토사가 확연히 구분되고 있는 것에서 더욱 잘 알 수 있다. 특이한 것은 옹성과 일부 치성 등 읍성 부대시설이 설치된 지점의 전면에서는 양마장이 확인되지 않는다. 이것은 출입지역과 방어 시 치성 등의 전면에 오히려 적에게 양호한 엄폐물을 제공할 수 있는 점이 고려된 축조로 판단해 볼 수 있다.

사실 양마장의 효용성은 정유재란 당시 남원성 전투에서 이미 확인된 바 있다. 이때 양마장은 정약용의 언급처럼 읍성 외부에 양마장을 설치한 후 나아가 지키는 이가 없다면 오히려 적에게 양호한 엄폐물의 역할만을 수행하여 남원읍성 함락에 일조한 것으로 실제 전투에서는 큰 효용성을 발휘하지는 못한 것으로 판단해 볼 수 있다. 이와 같은 비효율성에 기인하여 수원 화성 축조에 있어 축성방향을 제시하고 각종 기구를 개발한 당대 석학인 정약용에게는 불필요한 부대시설로 파악된 것이라고 할 수 있다.

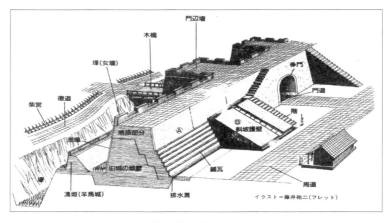

〈그림 1〉 중국 양마장 모식도

더구나 화약무기 발전으로 인해 16세기 이후부터 조선 국방편제 및 무기 운용에는 일대 변화가 이루어졌으며, 임진왜란과 병자호란을 거치면서 이와 같은 양상은 더욱 심화되었다. 특히 15세기에 이루어진 축성사업으로 완성된 연해읍성들이 소규모 왜구 침구에는 일정한 방어력을 가지는데 반해 임진왜란을 거치면서 대규모 병력 공격에 대해서는 그 방어력이 현저히 떨어진다는 것을 확인하면서 앞서에 언급한 명나라 각종 무비지에 수록된 축성양식을 도입하기에 이르렀다. 양마장도 그 가운데 하나로 임진왜란 중에 시험적으로 축성 운영되었으나 결과론적으로 읍성 함락을 도우는데 일조하게 되어 임란 이후 조선 후기에 이르기까지 더 이상 양마장 축조는 이루어지지 않았던 것이다. 따라서 남해안 연해 읍성 가운데 하동읍성 외부에서 확인된 양마장은 임진왜란을 전후한 시기에 축조된 것으로서 방어력 증대를 위한 축성사업의 일환으로 이루어졌으나 지속적으로 축성 유지되지는 못하였던 것이다.

　따라서 임진왜란 이전에 축조된 읍성에는 양마장이 직접적으로 축조되지는 않았지만 임진왜란 기간 중 혹은 이후 시기에 읍성 수개축시에 이러한 양마장 축조 가능성을 확인할 수 있다.

Ⅷ. 조선 읍성의 특징

VIII. 조선 읍성의 특징

　남해안 지역은 선사시대부터 사람이 거주하기 좋은 자연환경과 기후 조건으로 인하여 많은 유적이 나타나고 있다.

　이러한 남해안은 삼국시대 이후 국가재정과 국체유지 근간이 되었다. 따라서 삼국시대 신라 때부터 이 지역에 대한 끊임없는 약탈과 파괴를 일삼는 왜구 침입은 그 규모나 피해 정도에서 국가 존망을 위협할 정도로 심각한 것이었다.

　그러므로 이 지역에 대한 비변책으로 많은 성곽이 축성된 것이 사실이다. 조선시대에는 전 시대인 고려시대에 이어서 전기부터 후기에 이르기까지 이 지역에 대한 안정적인 통치 질서의 확보를 위한 행정체계 완비에 만전을 기하였다. 더구나 여말 이후 끊임없이 이어지는 왜구 침입에 대항하여 군사적인 역량을 집중시켰다.

　이러한 행정적 군사적 역량 집중의 결과물로 탄생한 것이 읍성이었다. 따라서 남해안 지역 연해읍성은 평시에는 행정기구가 설치된 치소로서 행정적인 기능을 수행하다가 유사시에는 입보농성용 성곽 역할을 수행한 대왜구방어의 군사전략거점이었던 것이다.

1. 체성

남해안 연해읍성 체성 축조수법은 축조수법에 따라 크게 내외협축식, 계단식, 외벽석축내탁식으로 크게 대별된다. 연해읍성 체성 축조수법은 협축식, 외벽석축내탁식, 계단식이 중복되어 유행하다가 점차 외벽석축내탁식이 대세를 이루며 가장 오랜 동안 유행하는 형식이 된다. 내외협축식, 계단식, 외벽석축내탁식은 기단축조유형에 따라 기단수평식과 사직선기단식으로 나눠진다. 각 유형식은 외벽기단보축 유무에 따라 외벽기단보축과 외벽무기단보축 형식으로 나눠진다. 이 형식은 내벽지대석설치유무에 따라 내벽지대석과 내벽무지대석형 소형식으로 세분된다. 남해안 연해읍성은 체성 축조수법에 따라 축조유형을 분류하면 I기: 여명기(태조 원년~세종 10년), II기: 발전기(세종 11년~성종 15년), III기: 정체기(성종 16년~임진왜란 이전), IV기:쇠퇴기(양란 이후~19C 초)로 나눌 수 있다. I期에 해당하는 유형은 내외협축식인 경우 II-B-a, II-B-b, 계단식은 II-B-b형이다. 이것은 내외협축식이든 계단식이든 I기에 해당하는 읍성은 사직선기단으로 축조되어 있으며 체성부 외벽하단은 외벽기단보축이 아직 축조되지 않고 있는 것을 알 수 있다. I기에 해당하는 연해읍성은 하동읍성(1417년 초축), 기장읍성(1425년 토성에서 개축)이 있고 울산내상성(1417년)도 여기에 해당한다. 기타지역에서는 무장읍성(1415년)이 여기에 해당한다. 따라서 연해읍성 체성 축조수법 I기는 아직 조선조만의 독특한 성곽축조수법이 도입되기 이전 시기로 전 시대 축조전통을 답습하는 경향 속에 신축읍성에 있어서는 새로운 축조수법이 도입되는 시기라고 할 수 있다. II기에 해당하는 유형은 내외협축식 I-A-b, 계단식 I-A-b형의 두 형식이 공존하고 있다. II기에 해당하는 연해읍성은 김해읍성(1434년), 웅천읍성(1434년), 사천읍성(1442

년), 고성읍성(1448년), 고현성(1451년), 영산읍성(1477년), 밀양읍성
(1479년) 등이다. 또한 개운포영성(1459년)등이 해당한다. 연해읍성 체
성 축조수법Ⅱ기는 우리나라 성곽축성사의 획기적인 시기로 알려진 세
종 11년부터 문종, 세조조에 이르는 기간으로, 세종 20년『축성신도』반
포를 통해 조선 전기 읍성 및 영진보성 축성규식을 정하여 시행한 시기
로 그 축조수법이 다른 시기와 확연한 차이를 보여주고 있는 것이다. 따
라서 조선왕조만의 독특한 성곽축조수법이 만개한 시기로 전 시대 축조
전통을 계승 발전하였으며 연해읍성 축조에 있어서는 그 축조수법 완성
을 본 시기라고 할 수 있다. Ⅲ기는 내외협축식 읍성은 Ⅰ－A－b, 외축
내탁식 Ⅰ－A－b, Ⅰ－B－b형이 있다. Ⅲ기에 해당하는 연해읍성은 언
양읍성(1500년), 청도읍성(1590년)이 해당한다. 또한 금단곶보(1485년),
옥포진성(1488년), 장암진성(15C 후반), 소비포진성(1486년) 등이 해당
한다. 따라서 연해읍성 체성 축조수법Ⅲ기는 Ⅱ기 연해읍성 축조수법 전
통이 계속적으로 이어지고 있으며 아울러 영진보성의 집중적인 축조가
이루어지며 그 축조수법에 있어서도 외벽석축내탁식이 주류를 이루고
있다. Ⅳ기는 외벽석축내탁식 Ⅰ－B－b식이다. Ⅳ기에 해당하는 연해읍
성은 동래읍성(1500년), 통영성(1678년)이다. 기타 지역에서는 경성읍성
(1616) 강화읍성(17C), 수원 화성(1789년)이 있다. 그리고 이 Ⅳ기에서는
산성 수축이 활발하게 진행되어 남한산성, 북한산성, 상당산성 등도 이
시기에 해당한다. 따라서 연해읍성 체성 축조수법 Ⅳ기는 전 단계 시기
로부터 이어져 온 조선왕조만의 독특한 성곽축조수법 전통 바탕 위에 새
롭게 도입되기 시작한 서양성곽축성술을 비롯한 주변 국가 성곽축성술
의 도입과 적용이 이루어지는 시기라고 할 수 있다.

조선 전기에 축조된 남해안 지역 연해읍성에서 확인된 계단식 체성 축
조수법은 크게 두 종류로 나눠 볼 수 있다. 첫째로, 내벽에서 외벽쪽으로

덧대어서 계단상을 구축하는 방법과 둘째로, 초축시부터 기저부에서 일정한 간격으로 줄여쌓기를 실시하여 계단상을 구축하는 방법으로 나눌 수 있다.

첫 번째 축조수법은 초축시 체성을 석성으로 축조하였으나 그 너비가 3.5~4m 내외이며 고려 말부터 조선 태조, 태종조를 비롯한 세종 초까지 비교적 이른 시기에 축조된 성곽들로 그 평면형태나 축조수법에 있어 토성의 잔영이 남아 있다. 조선 전기 축조 석성과 고려 말 토성 사이의 과도기적 단계에 해당한다고 할 수 있다. 두 번째 축조수법은 16척 기저부 너비를 지키면서 각 단상 높이를 30, 60, 90cm로 3의 배수로 물려쌓고 있는 것으로 최윤덕이 체성의 축조를 건의하는 세종 16년(1434) 이후에 축조되는 성곽으로 체성의 축조규식을 충실히 적용하고 있는 것이다. 따라서 연해읍성에서 확인되는 계단식 체성 축조수법은 세종 16년 이전에 축조된 고려토성 잔영이 남은 토축 및 석축 읍성 체성의 너비를 넓히는 데 사용된 방식을 세종 16년 이후 신축 읍성 체성 축조 시 규식으로 정해져서 적용되었던 것이다. 이전시대에 축조된 토성을 석축화하는 방법인 판축부 내외면을 절개하여 석재를 덧대는 방법과 더불어 연해읍성 및 영진보성의 또다른 축조수법으로 사용된 것이라 할 수 있다.

통일신라 말, 고려시대에 축조된 것으로 파악되는 경남지방 기단석축형 판축토성들은 수평화기단→사직선화기단형으로 변화하고 있다. 따라서 하동읍성과 기장읍성에서 확인되는 사직선기단 축조는 전시대인 고려시대에 축조된 판축토성 기단부 축조수법을 읍성축조에 적용한 결과라고 할 수 있다. 이것은 성곽사적 위치에서 볼 때 고려에서 유행하던 판축토성에서 조선시대 석축성인 연해읍성으로 이어지는 기단축조 흐름의 연결고리라고 할 수 있다.

연해읍성 체성 축조수법에 있어 또 하나 주목되는 것은 체성 외벽 지대석 앞에 축조된 판상구조물인 기단보축시설과 체성 내외에서 확인되는 목주 성격이다. 삼국시대 산성에서 시작하여 계속적으로 축성형태를 이어온 기단보축은 조선 전기에 들어서 체성 하단에 축조되는 기단보축 형태로 변화되며 그 변화 양상은 두 가지 유형으로 나타나게 된다. 첫 번째 유형은 기단분리형으로서 산성에서 확인되는 기단보축 너비와 비슷하게 축조된다. 체성에 덧대어져 있는 것이 동일한 양상으로 확인되고 있다. 이 기단분리형은 체성 외벽 하단에 판상석재를 한 단 내지 2단 정도 축조하는 것으로서 형식적인 기단보축의 양상을 보이고 있다. 체성 기저부를 정지한 후 기저부 바닥에는 판석이 바닥에 깔려 있다. 이것이 체성 전체에 걸쳐 조성되지는 않으며, 너비 역시 대략 2m 내외로 축조되어 있다. 이 유형으로는 하동읍성, 고성읍성, 김해읍성이 해당된다. 두 번째 유형은 기단일체형으로 이것은 기단보축과 체성의 기단부가 일체화된 것으로 체성 축조 시 고려시대 이래의 기단보축 너비를 유지하거나 다소 축소되는 지점에서부터 내벽까지 기단석을 설치하여 체성을 축조하고 있다. 이 유형으로는 사천읍성, 웅천읍성, 언양읍성 등이 해당된다. 이러한 연해읍성 판상형 기단보축은 태종 17년에 초축 되는 하동읍성과 1448년에 축조된 고성읍성에서 확인되는 기단분리형 석축이 전시대 기단보축에 이어서 나타나고, 웅천읍성, 언양읍성 등에서 확인되는 기단일체형이 시기적으로 중복하여 나타나다가 나중에는 기단일체형만 남게 되는 것이라고 할 수 있다.

따라서 남해안 연해읍성 체성 하단에서 확인되는 판상형 기단보축은 삼국시대 산성에 축조된 기단보축이 조선 전기 읍성 축조에서는 외벽하단 판상형 기단보축으로 축조되고 있는 것이다. 이러한 판상형 기단보축 용도는 전시대 산성에 축조된 기단보축이 말그대로 체성의 기단부를 보호하기 위한 것이 주요 축조목적이자 용도인 것 이외에도 외벽 하단에 보도처럼 설치되어 체성의 하단을 순찰하거나 성내외로 출입을 위해 설치된 보도 개념으로 운영된 것이라고 할 수 있다. 특히 사천읍성 체성 하단에서 확인된 판상형기단보축은 원지형 경사도에 따라 기단보축을 체성에 직교하게 계단상으로 축조하여 사용에 불편이 없도록 한 것에서도 잘 알 수 있다.

다음으로 연해읍성과 경상도 내륙읍성 체성 내외조사에서 각재 및 통나무원형의 말뚝 및 말뚝혼이 확인되고 있다. 그 용도에 관해 살펴보면, 체성 너비, 치성 면적만큼 하부에 말뚝을 박은 것은 기본적으로 복토된 지반 일체화 및 안정화가 목적이지만, 암반층은 풍화로 인해 지반이 약해졌거나 이로 인해 지대석 및 하부의 할석이 빠지는 것을 방지하기 위해 설치한 것으로 생각된다. 이러한 말뚝은 기초를 안정되게 지지하기 위하여 기초를 보강하거나 내력을 증대시키는 구조 부분으로 지중에 박아 단단한 지반을 형성하는 말뚝 가운데 수직으로 선 말뚝은 지반보강용 말뚝으로 생각된다. 그러나 체성 및 치성 하단에 열상으로 나타나는 말뚝은 체성 및 치성을 보호하기 위한 목익 내지는 치성 축조시 사용된 결구재 흔적으로 생각된다. 특히 목익은 사선으로 선 말뚝으로서 해자 내에서 뿐만 아니라 체성 및 치성 하단에서도 설치되고 있어 읍성 전체에 걸쳐 방어용시설로 설치되고 있다고 할 수 있다. 따라서 전자는 "지정"이라 하고 후자는 목익으로 구별이 필요한 것이다.

2. 평면형태

연해읍성에서 확인되는 평면형태는 조선시대 이전시기 치소성에 해당하는 마산 회원현성, 부산 당감동성, 울주 화산리성, 동래고읍성 등 성곽에서 계승 발전되고 있는 것이라고 할 수 있다. 연해읍성 평면형태는 크게 방형, 원형, 주형, 제형의 4형식으로 나누어진다.

입지유형에 있어서 방형은 모두 평지성으로 축조되어 있다. 제형과 원형은 평산성으로 축조되어 있다. 주형은 역시 대부분 평산성으로 축조되어 있다. 또한 남해안 연해읍성은 제형 평면형태로 축조된 읍성의 수가 극소수에 불과하며, 성둘레 역시 내륙읍성 및 여타지역 읍성에 비해 작다. 오히려 주형이 다수를 차지하며 축조되고 있는 것을 알 수 있다. 이러한 연유는 내륙지역 읍성과 여타지방 읍성에는 전시대 토성 내지 석성을 재수축하여 사용하는 토성→석축화 작업이 진행되면서 기존 체성을 확대 및 개축한 것인데 반해 연해읍성은 조선 개국 이후 축조되는 신축읍성이 대부분을 차지하고 있는 것에 기인하는 것이다. 이때 신축읍성은 입지를 고려한 지형조건에 더하여 유교적 신분질서 확립과 중앙지방에 대한 통치권 확립 및 군사방어체계 개편에 따른 행정단위의 위계질서에 맞는 읍성 체성 평면형태를 적용한 것이라고 할 수 있다. 또한 풍수지리사상에 의한 읍성의 취약한 풍수 기운을 보호하기 위해 새로운 형식의 읍성 평면형태를 적용한 것이라고 할 수 있다.

남해안 연해읍성은 제형이 가장 빠른 평면형태로 확인되고 아울러 주형 역시 동시기에 축조되고 있으며, 조선 전기 후반으로 갈수록 제형과 주형이 혼용되어 축조되고 있다고 하겠다. 또한 남해안 연해읍성은 상위 행정단위에 속하는 읍성 평면형태가 주형으로 축조되어 있다고 할 수 있다. 따라서 조선시대 전기에 연해읍성 축조에는 주형이 유행하던 패턴이라고 할 수 있다.

연해읍성 평면형태에 있어 고려되어야 할 또 하나는 해당성곽에 입보하여 농성하거나 수용할 수 있는 인력에 따라 성곽의 평면형태가 달라질 수도 있는 것이다. 특히 연해읍성 가운데 30,000명 이상의 호구 수를 가진 군현에 축조된 읍성 평면형태는 주형이 과반수이상을 차지하고 있다.

따라서 연해읍성은 평면형태의 비교에도 알 수 있는 것처럼 동일한 시기 여타 다른 지역에 비해서도 단일한 축성패턴을 가지고 있다. 이러한 것은 남해안 연해지역이 대왜구 최일선 전략적 거점으로서 그 군사적인 기능으로 인해 국가로부터 엄격한 축성관리를 받으며 일관되게 축성사업이 진행되었던 것이라고 할 수 있다. 아울러 지형조건에 따라 읍성 평면형태가 결정되었다기 보다는 규식에 맞는 지형을 심정하여 정해진 읍성형태 가운데서 선택하여 읍성을 축조케한 제식적인 규식이 있었다고 할 수 있다.

3. 옹성

조선시대 전기 하삼도 지역에 축조된 읍성은 전시대 성곽축조수법과는 확연한 차이를 보여주고 있다. 특히 체성 이외에도 읍성에는 치성, 옹성, 해자, 여장 등의 부대시설이 축조되고 있다. 이 가운데 치성과 더불어 읍성을 방어하는 또 하나의 구조물이 옹성이다. 옹성은 성문이 적의 공격을 받을 경우 성문에 직접 당도하기 전에 앞서 한번 방어하게 되어 시간적 여유를 얻을 수 있고 성문이나 성벽에 바짝 붙어 기어오르거나 파괴하려는 것을 제어하고 감시하는 장소가 된다.

조선시대 남해안 연해지역 읍성에 축조된 옹성은 그 평면형태가 대체로 ㄱ자형과 반원형으로 크게 나눌 수 있다. 'ㄱ'자형과 반원형은 다시 옹성 체성부 끝측벽과 마주보는 체성에 돌출성벽이 있는 형과 체성에 돌출성벽이 없는 형이 축조되고 있다. 옹성 체성이 성벽 체성과 직교하는 성벽 유무에 따라 옹성 접합 체성돌출형과 옹성 접합 체성무돌출형으로 세분된다. 연해읍성 옹성 가운데 'ㄱ'자형이며 체성 돌출형이고 옹성 접합부에서 성문 방향으로 체성이 연장된 경우인 Ⅰ-A형은 남해안 연해읍성에서는 확인되지 않는다. 반면에 Ⅱ-A형은 언양읍성 서문(1500년), 면천읍성 남문(1439년), 개운포영성 동문(1459년)이 해당한다. 이 가운데 Ⅱ-A-a형은 언양읍성이고 Ⅱ-A-b형은 면천읍성, 개운포영성이 해당한다. 반원형 옹성 역시 체성 돌출형 Ⅰ식과 체성 무돌출형 Ⅱ식으로 나눠진다. 반원형 Ⅰ-A형은 고현성 동문(1451년), 서문(1451년), Ⅰ-B형은 남포읍성이다. 이 가운데 Ⅰ-A-a형은 고현성 동문, 서문이고, Ⅰ-A-b형은 없다. Ⅱ-A형에 해당하는 읍성은 김해읍성 북문(1434년 초축, 17c 수개축), 언양읍성 남문(1500년), 장기읍성 북문(1439년), 장기읍성 서문(1439년), 하동읍성 서문(1417년), 하동읍성 남문(1417년), 영진보성은 김단곶보성 동문(1485년)이다. 이 가운데 Ⅱ-A-a형 하동읍성 서문 남문, 장기읍성 북문, 서문, 김단곶보 동문, 김해읍성 북문이고 Ⅱ-B-a형은 하동읍성 동문이다.

연해읍성을 포함한 내륙 및 영진보성에서 확인되는 'ㄱ'자형 옹성은 조선 전기 직각에 가까운 옹성 형태가 15세기 중후반 이후 및 16세기로 갈수록 점차 곡선형으로 변화되고 있는 것으로 'ㄱ'자형 옹성은 직각형→반원형으로 형식변화가 전개되고 있다고 하겠다.

다음 반원형 옹성은 타원형에서 반원형으로 평면형태가 변화하여 축조되고 있다. 또한 옹성이 접합된 체성이 성문방향으로 돌출한 부분 수치가 2를 기준으로 2 이상은 모두 A형인 타원형이고 2 이하는 B형인 원형으로 나타나고 있다. 2 이하의 계측치가 확인되는 연해읍성 옹성은 언양읍성 서문, 남문, 김해읍성 북문, 영진보성은 개운포영성 동문, 김단곶보성 등이 해당한다. 2 이상 계측치를 보이는 옹성은 하동읍성 서문, 남문, 장기읍성 서문, 북문, 고현성이 해당한다. A형은 대부분 조선 전기에 축조된 것이며 B형은 조선 전기 후반에서 중기에 속한다. 따라서 반원형 옹성은 16세기로 갈수록 타원형에서 반원형으로 변화하고 있다고 할 수 있다.

조선 전기에 하삼도에 축조된 읍성 가운데 경상도지역 특히 남해안 연해지역 읍성에는 각 성문 모두 옹성이 축조되고 있어 일률적인 축성체계가 적용된 것임을 알 수 있다. 더구나 김해읍성, 동래읍성 등 도호부 이상 상위체계 행정단위 치소성과 울산병영성과 같은 내상성에는 4개소 성문과 옹성이 설치되고 있다. 행정단위가 상위체계 일수록 옹성의 설치 숫자 또한 증가한다고 할 수 있겠다. 또한 남해안 연해지역에 일률적인 성문과 옹성 축조가 이루어지는 것은 연해지역이 일본과 가장 가까우며 왜구 침입로의 최전선에 해당하는 군사적, 지리적인 요인에 기인하는 것이라 할 수 있다.

다음 연해읍성 옹성 규모에 있어서는 『축성신도』 반강된 세종 20년을 기준으로 그 이전부터 40m 이상을 상회하는 옹성 체성을 축조하는 것으로 파악되고 있다. 세종조를 거쳐 문종조의 이후에도 100척 이상 옹성이 축조되고 있는 점을 감안한다면 연해읍성 옹성 체성 둘레 축조규식은 세종 22년에 최윤덕이 상언한 50~60척이 아닌 100척으로 축조되었다고 할 수 있다. 16세기로 갈수록 옹성 체성 둘레가 짧아지고 있다고 하겠다. 다만 언양읍성 남문과 같은 정문은 여타 성문 옹성보다는 크게 축조되고 있다. 따라서 세종 22년에 최윤덕이 언급한 50~60척은 남포읍성과 면천읍성 옹성과 같이 평면형태별 분류에서 ㄱ자형에 해당하는 옹성이다. 반원형 옹성에 비해 그 성둘레가 짧게 축조되고 있는 것에 기인하는 것이라 할 수 있다.

이러한 옹성 성문 너비와 개구부 너비는 성의 규모나 그 성문 중요도, 축성시기, 군마와 운반용 수레조건 등에 따라 달라진다고 할 수 있다. 따라서 연해읍성 옹성이 3m 이상 4m 내외로 일관되게 성문과 개구부의 너비가 유지되는 것은 축조시설물에 대한 규식의 엄격한 적용에 따른 것으로 조선 전기 태종, 세종, 문종조에 이르는 동안에는 일관되게 성문 축조

규식은 지켜지고 있었다고 할 수 있다.

남해안 지역 연해읍성에서 옹성이 축조되거나 접합되는 체성은 16척 (7m 이상) 규식을 적용하거나 근접하게 축조된 것이라 할 수 있는 것이다. 반면에 체성에 접하거나 동시 축조된 옹성 체성 너비를 살펴보면 대체로 7m 이상으로 축조되고 있다. 부분적으로 6.5m도 확인할 수 있어 역시 16척을 기준으로 한 축조가 이루어지고 있음을 알 수 있다. 따라서 연해읍성의 옹성 체성의 너비와 체성 너비를 비교하면 체성 너비에 비해 옹성 체성 너비가 1~1.5m 가량 더 크게 축조되고 있음을 알 수 있다. 이것은 체성과 동시에 축조되거나 덧댄 옹성의 경우든 동일하게 나타나는 현상으로 추후 축조로 인한 너비의 확대로 인한 것이 아닌 축조 당시부터 체성보다는 더 넓게 축조토록 한 것이라고 할 수 있다. 연해읍성 옹성이 축조시기에 따라 체성 너비와 옹성 체성 너비가 어떻게 변화하는지를 살펴보면 연해읍성 옹성은 조선 전기 태종 17년에 축조된 하동읍성에서 알 수 있는 것처럼 조선 전기에는 옹성 체성의 너비가 읍성 체성의 너비보다 넓게 축조되고 있다. 이것은 세종조 연해읍성 축조시기에는 옹성 체성과 읍성 체성이 같은 너비로 축조되다가 문종조 이후로 갈수록 옹성 체성부 너비가 읍성 체성부 너비보다 넓어지고 있다고 할 수 있다.

연해읍성 옹성에는 옹성 내벽 바닥에 고이는 물의 출수를 담당할 배수로가 축조되고 있다. 이 배수로는 옹성 내부가 수해를 포함한 물의 피해를 받지 않고 옹성 기저부를 보호하기 위해 설치된 것으로 3형식으로 축조되고 있다. A형인 적석식 배수로는 기반층을 굴착하여 주먹크기의 할석을 채웠으며 단면 v자상을 이루고 있다. 바닥에는 물이 흐른 흔적이 확인되는데 성문 내부에까지 연결되어 있다. B−Ⅰ형은 성문 측벽석 하단에 좌 내지 우측에 체성부와 직교하도록 2열의 석축으로 축조되어 있다. B−Ⅱ형은 옹성 내벽 기단석의 곡율을 따라 옹성 형태와 동일하게 축조되어 있다. 따라서 연해읍성과 영진보성 옹성문에 축조된 배수로는 성문 중앙을 관통하여 축조되고 있은 적석식 배수로가 성문 측벽 하단에 축조된 측구식 배수로에 선행하여 적석식 배수로→측구식 배수로 변화한다고 할 수 있다.

4. 치성

왜구의 직접적인 도발이 빈번한 남해안 지역 성둘레 2,000척 이상 3,000척 내외 연해읍성에 12개소 이상의 많은 치성이 설치되는 것은 왜구의 침구로부터 읍성을 보호하기 위한 방어시설의 강화에 의한 것이다. 조선 전기 하삼도에 집중된 읍성축성사업이 경상도 연해 즉 남해안 연해읍성 축조에 가장 중점을 두었다고 할 수 있다. 또한 경상도의 경우 대도호부와 병영이 설치된 상위행정단위 및 군대의 상급지휘체계의 지휘관이 위치하는 곳에 축조된 읍성이 하위행정단위 읍성에 비해 치성 수가 1.5배 내지 2배 가량 차이를 보이고 있다.

조선시대 읍성에 설치되는 치성 기본적인 수치는 6개소 형태와 12개소 두 가지 형태로 크게 나눌 수 있으며 남해안 연해읍성 각 치성 간의 거리에 대해 현재까지 조사된 치성 간 간격을 비교하면 연해읍성 치성은 평면형태 및 규모와 마찬가지로 거리 역시 세종 15년 정월에 규정된 규식과는 상당한 차이를 보여주고 있다고 할 수 있다. 즉 세종 15년(1433) 정월에 규정한 150척(포백척 미터환산치 70m)을 기준으로 50m 이하, 51~60m, 61~70m, 71~80m, 81~90m, 91~100m, 100m 이상 일곱 가지로 나누어져 있다. 이 가운데 실제 70m 간격으로 치성이 축조된 것은 치성 간의 거리 간격이 확인된 48개 지점 가운데 8개 지점, 전체에서 17%에 불과하다. 오히려 81m~90m가 11개 지점으로 23%를 차지하고

100m 이상 역시 11개 지점으로 23%에 해당하여 이 두 유형이 전체 46%를 차지하고 91~100m의 5개 지점 10%를 합하면 56%로 절반을 이루고 있다. 물론 이 당시 국가에서 사용한 포백척이 두 종류이고 그 가운데 『오례의』에 수록된 포백척 환산치 44.75cm로 거리를 측정했을 경우 67m로 『전제상정소 변수책』에 수록된 46.73cm 미터 환산치 70m에 조금 못미치는데 이것을 감안하여 71~80m 6개 지점 12.5%를 포함하여도 대략 30% 전후의 비율을 보이고 있다. 따라서 150척마다 치성 1개소를 축조토록 한 세종 15년 정월 규식은 연해읍성 치성 축조에 모두 적용되지는 않았다고 할 수 있다.

그러면 실제 연해읍성에 적용된 치성 간 간격에 대한 양상을 최근 고고학적 조사가 이루어진 치성의 숫자가 가장 많이 조사된 4곳 읍성 치성 거리를 표본으로 추출해 본 결과, 치성 축조규식을 제정하여 적용토록한 세종 15년(1433) 이전에 축조된 하동읍성(태종 17년 초축)은 150척(포백척 미터환산치 70m), 기준에 준하는 치성 간 거리는 확인되지 않으며 오히려 미터 환산치로 90m가 절반을 차지하며 100m 내외를 합하면 80% 이상을 차지하고 있어 치성규식 적용 이전에 축조된 연해읍성에서의 치성 간 거리는 제정된 규식과는 차이가 있다고 할 수 있다. 또한 문종 1년에 축조된 고현성과 연산군 6년(1500)에 축조되는 언양읍성의 경우를 살펴보면 150척인 60~70m를 전후한 치성 거리가 1개 지점 및 3개 지점으로 줄어들고 있는 것을 확인할 수 있다. 세종 다음 대인 문종조에 들어서면 점차 치성 간의 거리가 150척 기준보다는 길어지고 조선시대 전기 중반 이후에는 더욱 치성 간 거리가 길어지고 있다. 따라서 조선시대 전기에 축조된 연해읍성 치성 간 간격을 통하여 세종 15년(1433)에 규정된 150척의 치성 간격이 규정 제정 이전에 축조된 읍성은 150척보다는 더 긴 간격을 가지는 반면 세종 15년 이후에 축조되는 읍성은 전체 치성 가운데 최대 과반수 내지 절반 치성이 규정된 거리를 유지하고 있다. 특히 『축성신도』가 반포되는 세종 20년 이후에 축조되는 읍성은 더욱 심화된 다고 할 수 있다. 이렇게 조선 전기 후반으로 갈수록 치성간 거리가 세종 15년(1433)에 정한 규식보다 길어지는 이유에 대해서는 당시에 적용되 는 도량형인 포백척이 조선시대 전 기간에 걸쳐 지방과 시기와 용도에 따라서 길이가 각기 다르고 1척 내에서 조차 촌과 분이 부정확한 것이 많은 점에 기인하지 않을까 생각이 된다. 또 다른 측면에서는 활과 화살 사거리 확대로 인한 기존 활 유효사거리인 70m보다 계량된 화살 유효사 거리가 더 멀리 있는 적을 효과적으로 제압할 수 있게 된 것으로 인해 치 성 간격을 보다 길게 설정한 것으로 볼 수 있겠다.

다음 치성 간 거리에 있어 문지 좌우에 위치하는 적대와 다른 치성의 거리에는 언양읍성은 90m 간격으로 적대가 설치되어 있다. 장기읍성은 각각 58m, 56m, 62m, 64m, 남해읍성은 52m 간격으로 적대가 설치되고 있다. 읍성 정문 좌우 적대에 있어서는 치성 간격이 동일하게 축조되고 있다고 할 수 있다. 따라서 읍성 평면형태와는 상관없이 읍성 정문으로 사용된 성문은 성문을 기준으로 좌우에 배치된 치성이 세종 15년에 정 해진 규식인 150척(포백척 기준 미터환산치인 70m)마다 배치되고 있지 는 않지만 해당 체성 전체 길이에서 동일한 간격에 맞추어 치성을 배치 토록 하고 있다. 또한 상위군현이나 중요 군사상 종심방어축선에 위치하 는 읍성에는 치성 배치에 있어서 그 조밀함이 하위단위 읍성이나 내륙읍 성에 비해 월등하여 지형적인 조건을 고려함과 더불어 행정치소로서 권 위와 상징을 나타낼 수 있는 규식에 의한 제식적인 치성배치가 이루어지 고 있다.

연해읍성 치성 배치방향에서 확인되는 것은 평지성이며 평면형태 방 형은 기본적으로 4성우를 구비하고 동, 서, 남, 북 사방에 치성배치가 동

―서, 남―북간의 대칭적인 배치를 보여주고 있다. 이러한 것은 남해안 지역 대표적인 평지 방형읍성인 언양읍성, 남해읍성, 웅천읍성, 경주읍성에서 확인되고 있다. 또한 주형은 읍성 사방에 배치된 것이 3, 4, 4, 4개소로 비교적 비슷한 수치를 보이는 반면, 성우에 있어서는 16개소로 체성 곳곳에 설치된 치성이 갑절에 이르고 있다. 아울러 제형은 서쪽에 배치된 치성이 10개소, 남쪽에 배치된 치성이 10개소로 동쪽 7개소, 서쪽 7개소, 성우 4개소에 비해 집중적으로 많이 설치된 것이라 하겠다. 이러한 연유로는 제형 평면형태를 가진 읍성 치성은 체성이 평직하지 않고 지형상 외향으로 돌출된 지점에 다수가 축조된 데다, 특히 서남쪽과 동남쪽 구릉의 완만한 지형과 구릉이 꺾이는 곳에 다수 치성을 배치하였다. 이러한 것은 읍성 전체에서 가장 완만한 지형으로 외부의 침입이 용이함을 염두에 둔 것이라고 하겠다.

조선 전기 연해읍성 치성 너비는 다소 다양한 너비로 축조되었지만 길이는 5m의 규식으로 축조되었다고 할 수 있다. 아울러 치성 길이 5m 규식은 성종조와 중종조에 축조되는 영진보성 치성에서도 일괄적으로 확인되고 있으며 17세기에 축조되는 후기동래읍성 치성에서도 길이가 5m로 확인되고 있다. 남해안 연해읍성 치성 길이는 5m로 조선시대 전기간 내내 계속적으로 지켜지고 있다고 할 수 있다. 이러한 것은 태종 17년에 축조된 하동읍성에서 확인된 7개소 치성 가운데 5개소 치성 길이가 5m를 전후로 축조되어 있다. 문종 원년 정분의 계문에 나타나듯 연해읍성이 규식에 맞춰 쌓은 것이 없다는 계문 내용과도 일치하고 있다. 즉 문종 원년 정분 계문에서 언급한 규정된 축조규식은 세종 15년(1433) 이후에 적용된 적대 축조 규식이나 세종 20년(1438)에 반강되는 축성신도로서 계문에서 규식에 의거하여 쌓지 않았음을 의미하는 것은 이러한 규식이 세종조와 문종, 단종조 일부 기간에만 한정되어 적용된 것이라 할 수 있겠다.

남해안 지역 연해읍성과 내륙읍성 및 영진성 치성 속성 가운데 길이/너비를 나누어 도출된 수치 가운데 0.5~0.79 내외를 방대형, 0.8~1.2를 정방형, 1.21~1.5 이상을 장방형으로 분류할 수 있다. 이 가운데 정방형 평면형태가 가장 오랜 기간 동안 축조되어 사용되고 있다. 다음으로 방대형이 나타나고 마지막으로 장방형이 나타나고 있다. 특히 세종 15년(1433)을 기준으로 그 이전 시기에는 길이:너비의 비율이 1:1전후인 정방형이 오히려 훨씬 많은 빈도를 보이고 있다. 여기에 해당되는 읍성은 합포성, 울산병영성, 해미읍성, 홍주읍성 등으로서 공통적으로 병영과 읍치가 공존하는 내상성이거나 행정구역 단위 가운데 상급단위 고을에 설치된 읍성임을 알 수 있다. 남해안 지역 연해읍성 치성은 15세기 이후 16세기를 거치면서 정방형과 장방형이 주류를 이루고 있으며 방대형 형태는 쇠퇴하거나 소멸되고 있다. 또한 15세기 전후에 축조되는 수군 영진보성에도 정방형이 주류를 이루고 있어 각 치성의 규모에는 서로 차이가 있으나 길이:너비의 비율이 1:0.8~1.2의 정방형을 이루고 있어 조선시대 전기에서 중기를 거쳐 후기에 이르기까지 계속해서 정방형의 전통이 이어지고 있다고 할 수 있다.

　　또한 세종 15년(1433) 곤남성 치성으로 인한 치성 축조 규식 적용 이후에는 방대형 치성이 축조되고 있지만 정방형과 장방형 치성도 계속해서 축조되고 있다. 더구나 장방형 치성에는 방대형보다 오래기간 지속적으로 축조되고 있는 것을 확인할 수 있어 방대형 축조를 규식화한 축성방침은 지켜지지 않고 있음을 알 수 있는 것이다.

　　이처럼 같은 읍성에서도 길이와 너비가 다른 다양한 평면형태로 치성이 축조되고 있는 연유로는 기존에는 용척의 차이와 축성연한에 기인하는 것으로 판단하였지만 이것은 치성 간에 길이의 차이를 두어 각 치성 간에 상호보완토록 하기 위한 것으로서 남해안 연해읍성 치성을 비롯한 영남 내륙읍성 치성에서 정방형, 장방형, 방대형의 치성이 혼용되는 이유라고 하겠다. 또한 행정단위의 위계가 높은 고을과 육군진과 수군진의 경우 각 진의 서열에 따라 상위지휘체계 영성일수록 치성 길이와 너비가 더 크게 축조되었다. 즉 병영이 설치되고 병마절제사와 절도사가 위치하는 영성은 연해읍성 치성 규모와 동일한 양상으로 나타나고 있지만 육군 및 수군진 만 설치된 순수한 병영성인 영진보성에는 그 규모가 축소되고 있다.

다음 치성이 성문에서 가까운 거리에 위치할 경우 방대형으로 축조되고 있다. 굴절된 지점에 설치된 치성은 평면형태가 방대형으로 축조되는 경우가 많다. 또한 굴절된 지점 치성 간의 간격이 좁을수록 치성은 장방형으로 축조되고 있다. 이것은 성문을 보호하고 체성의 굴절 시 생기는 사각을 최소화하기 위한 조처로 고구려성 치성 배치에서도 동일한 평면형태가 확인되고 있어 오랜 전통의 축조수법이라고 할 수 있다. 또한 치성 간 간격이 세종 15년에 반포된 규식에 일치하거나 내외일 경우에는 방대형으로 축조되고 있으며, 직선화된 체성에 설치된 치성들이 방대형으로 축조되는 경우에 있어서도 체성에서 돌출하는 길이 조절을 통해 상호교차 방어가 가능토록하고 있다.

연해읍성 치성 축조수법을 살펴보면, 경사면 암반층을 정지하고 수평 기단화 작업을 실시한 기저부가 축조된 치성과 경사면을 정지하고 황적 갈색점토로 바닥을 다지고 그 위에 이중으로 축대를 구성하여 수평을 맞추고 축조한 것, 기반암층을 정지하고 황적갈색점토를 다짐한 후 네모 반듯한 정방형 치석한 지대석을 설치하고 성벽을 축조하는 치성 등 3가지 형태가 나타난다. 이러한 것은 지형에 기인하는 것으로 구릉 정상부나 평탄면에는 3번째가 많고 경사가 심할수록 첫째, 둘째가 교대로 축조되어 있다.

치성 외벽 하단부에서 목주혈이 확인되고 있다. 이 목주혈은 치성 초축시에 비교적 경사가 급한 지형에서 기저부를 조성하여 기단부 수평을 맞추기 위해 연약지반을 고정하는 지정인 것으로 판단된다.

다음으로 치성에서는 약간 떨어져서 나타나며 1열 내지 2열 열상이 확인되는 것으로 직경이 대략 7~8cm인 목주혈은 방어를 위한 장애물 흔적으로도 생각해 볼 수 있다.

5. 해자

남해안 연해읍성 해자는 하동읍성 해자가 토축인 것을 제외하면 모두 석축이다. 이와 같은 현상은 입지면에 있어 하동읍성은 평산성이나 산성형에 가까운 반면 여타 읍성은 해발 50m 저지성 구릉과 평지에 입지하고 있는 평지성인 차이에서 기인하는 것이라 할 수 있다. 이것은 연해읍성 해자는 해발고도가 평균 50m 이상인 읍성에서 조차 보편적인 석축 방어시설로 축조되어 사용된 것에 반해 남해안 지역에 소재하는 영진보성 해자는 그 해발고도가 10~50m 이하에 대부분이 축성되어 있음에도 평균 해발고도가 더 높은 연해읍성의 해자와 달리 해자 형태가 건호인 황으로 축조되어 있는 것이다. 이것은 상당히 주목되는 결과로서, 즉 물을 채운 해자가 아닌 건호(황)인 경우, 통상 급경사지역으로 인해 해자에 담수할 수 없는 경우에 황을 설치하고 있지만 조선시대 남해안 지역 영진보성에는 단순 해발고도 입지만을 비교한다면 연해읍성과 차이를 구별할 수 없을 만큼 동일한 고도상에 위치하는 경우가 많다. 따라서 이러한 해자 축성패턴이 영진보성 입지조건상 바다와 하천에 연해 있는 면이 많은 것과 관련이 있는 것으로 군사적 이점을 고려한 결과라고 할 수 있을 것이다.

연해읍성 해자는 체성과 해자와 간격이 각각 읍성별로는 차이를 보인다 하여도 문지와 체성의 해자와의 간격이 1:0.5의 간격비율을 유지하는 것이 확인된다. 이것은 체성과 해자와의 간격을 기준으로 문지와 해자 사이에서는 체성과 해자와의 간격에 비해서 반으로 감해져서 축조되고 있다. 남해안 연해읍성 해자 축조 시 상하부 너비의 비율이 1.5:1 비율을 유지하며 축조되고 있다. 이것은 남해안 연해읍성 해자 너비가 통전에 기록된 규식과는 일치하지 않지만 비교적 동일한 규식에 의해 축조되었다고 할 수 있다. 경상도 지역 연해읍성과 영진보성 체성과 해자 사이 거리가 대략 10m 내외가 많은 반면에 하삼도 가운데 하나인 충청도 읍성 경우에는 다수 거리가 대략 5m~6m로 확인되고 있다. 남해안 지역 연해읍성 해자가 체성에서 더 멀리 이격된 것을 알 수 있다. 연해읍성 해자 깊이에 관해 살펴보면, 고현성 해자 호안석축은 그 기저부에서 최상단부까지 거의 원형을 유지하는데서 알 수 있는 것처럼 남해안 지역 연해읍성 해자 석축 높이는 3m를 전후로 한 것이라고 할 수 있다.

해자 축조수법을 살펴보면 공히 허튼층쌓기를 실시하여 장대석과 대석을 사용해서 축조되는 체성에 비해서는 조잡하다. 기저부 바닥에 지대석을 놓고 뒤로 물려서 기단석과 해자석을 축조하는 수법은 체성의 축조수법과 대동소이하다. 해자석으로 사용된 석재들은 대부분 자연할석이나 화강암 계통 자연산석이 대부분이며 강돌과 면석은 부분적으로 가공한 흔적이 확인되고 있으나 그 숫자는 많지 않은 것으로 판명된다. 여기에 사용된 해자석 크기(가로×세로)는 대략 10~30cm 내외의 크기 할석이 대부분을 이루고 있는 것을 알 수 있다.

연해읍성 해자 내에서 목익이 설치되어 있는 양상을 살펴보면 3가지 유형으로 파악된다. 해자 전면에 목익을 설치하는 것, 해자 중심 부분에 집중적으로 설치하는 형, 해자 양안석축에 연한 가장자리 부분에 설치하는 것이다. 이 가운데 해자 전면에 걸쳐 목익이 설치되는 것과 양안에 걸처 목익이 설치되는 것은 왜구 및 왜인들의 최초 도박처 및 접경지대에 해당하는 읍성 해자에 축조되고 있는 반면 해자 내부 중앙에 집중적으로 설치되는 목익은 비교적 연해지역이라도 내륙읍성에 해당하는 곳에서 확인되고 있어 남해안 연해지역 내의 읍성에서도 최긴처와 긴처별로 해자 내 목익 설치를 달리하였다.

해자 내부에서 출토되는 목익은 대체로 남해안 지역 연해읍성 목익 두께가 2~8cm 사이가 주류를 이루며, 5cm~7cm 사이가 다수를 이루고 있다. 목익 형태는 대체로 원형 통나무와 가공한 각재로 나눌 수 있다. 대체로 원형 통나무재가 가공한 각재보다는 두께나 길이에 있어서도 더 큰 편이다. 이러한 것은 해자를 은폐하기 위해 사용하는 결구재의 기둥 역할 내지 해자 내 목익 중심열 역할을 수행한 것으로 생각해 볼 수 있겠다.

해자를 설치한 읍성 출입과 관련한 시설은 조선 전기에는 목제가교 내지 조교 형태를 유지하였다가 토석을 이용하여 적교 형태로 점진적인 변화를 보인 것으로 생각할 수 있겠다. 특히 이때에도 가공석재를 이용하여 정교하게 구축한 석교를 설치하지 않고 토석을 이용하여 다소 조잡하게 설치한 것은 유사시 즉시 해체와 복구가 가능하도록 그 기능성을 고려한 것으로 생각해 볼 수 있다. 즉 적교는 성내로 진입하기 위한 수단으로도 중요한 구조물이지만 유사시 해자를 넘어 적이 읍성내로 진입하기에 좋은 시설임을 감안하여 효과적인 읍성 방어를 위해서는 적교 파괴가 요구되므로 석재를 이용한 견고한 적교보다는 나무를 부재로 사용했던 것이라고 할 수 있다.

IX. 결 론

IX. 결 론

　이상으로 남해안 지역 조선시대 읍성에 대한 제반 특징을 주요 유적에서 조사된 결과를 토대로 살펴보았다. 물론 여기에 사례로 든 읍성이 조선시대 축조된 읍성 특징과 축조수법을 모두 망라하고 있다고 할 수는 없다. 왜냐하면 고고학적 조사가 진행되면 새롭게 읍성 특징이 확인 될 수 있고 기 조사된 읍성자료도 그 해석 및 연구검토가 여전히 답보상태에 머물러 있어 각 지역과 시기별 읍성의 특징이 정리되지 못한 상태이기에 그러한 것이다. 다만 여기에서 다룬 남해안 지역 읍성이 여타지역 읍성에 비해 고고학적 조사 자료가 풍부할 뿐 아니라 다양한 유구와 유물이 확인되고 있어 아직 진전을 보지 못한 조선시대 성곽 형식분류 및 시기설정의 잣대가 가능할 것으로 사료되었다. 이에 조선시대 읍성 특징 가운데 일부에 불과할 수 있음에도 남해안 지역 읍성을 통해 조선의 읍성을 복원적 고찰해 본다는 측면에서는 큰 무리가 없을 것으로 판단된다.
　남해안 지역 읍성은 조선왕조가 역성혁명으로 고려왕조를 대신하여 개창한 이래 전시대 혼란과 불안요소들을 제거한 후 정치적인 안정기에 접어들고 문물이 정비되어 조선시대 전체를 통틀어 가장 화려한 문치주의가 꽃을 피운 시대에 축조되었다. 따라서 문물 정비와 문화 발달이 남해안 지역 읍성 규모와 축조수법에 영향을 주어 이전까지의 성곽축성보다 진일보한 면을 보여주고 있다. 이것은 옹성문, 치성, 해자, 여장 등을 구비하는 읍성 구조에서 잘 알 수 있는 것이다.

또한 조선시대 읍성은 이전시대 성곽들과는 전혀 다른 독창적인 축성술로 인식되고 있는 것에 대비하여 남해안 지역 읍성 사례를 통해 볼 때 조선시대 새롭게 탄생한 성곽형태가 아닌 이전 시대 성곽축성술의 전통과 양식, 축조수법의 바탕 위에 변화 발전한 것이다. 이것은 체성의 계단식 축조수법과 사직선기단이 이전시대인 고려시대 토성판축법을 계승하였으며 외벽석축수법은 품자형 쌓기에서 대석과 소할석을 이용한 난적으로 전환되고 있고, 성벽 기초부분 안정을 위해 실시한 목주 사용에서 잘 알 수 있다. 또한 남해안 지역 읍성 평면형태는 지형뿐만 아니라 전략적 요충지역과 수용인원 및 경계위험도에 따른 입지 선정에 의해 결정되었다. 아울러 풍수지리와 행정단위 상하위 체계에 따라 평면형태를 달리하였고 이것은 읍성의 구조와 규모에서도 확인할 수 있다.

그러므로 남해안 지역 읍성은 단순히 해당지역 치소성 일뿐만 아니라 국방상의 전략적 요충지역의 방어를 위해 축조된 것으로 조선시대 이전 축성술의 전통을 바탕으로 변화되고 발전한 당대 가장 발전된 성곽임을 알 수 있다.

따라서 조선시대 축조된 읍성인 연해읍성은 구조, 규모, 축조수법 등에 있어 내륙읍성을 비롯한 여타의 읍성에 비해 특이성이 확인되고 있다. 전체적인 양상에서는 비교적 동일하게 축조되고 있어 조선시대 전기간에 걸쳐 국가에 의해 일관되게 계획, 축조, 감독, 관리된 성곽이었다.

· 읍성 조사방법론

읍성 조사방법론

Ⅰ. 머리말

일반적으로 석축성벽은 축성 주재료인 돌의 무게 때문에 기저부에 전달되는 압축력이 엄청나고 성벽 내면에서 밀어내는 힘이 항상 존재하기 때문에 성벽이 쉽게 붕괴될 수 있다.[1]

조선시대 읍성은 전 시대 토성이나 토석병축성과는 구분이 되는 석축성으로 축조되어 있어서 체성에 사용된 석재 양이나 크기는 전 시대에 축조된 성곽과는 확연히 구분이 되는 것이다. 따라서 조선시대 읍성의 축조수법에 있어 체성 내외벽 축조수법은 과거 축조수법과 비교 가능한 것으로 그 축조수법을 검토하는 것이 조선시대 읍성 특징을 이해하는 또 다른 요소 가운데 하나라고 할 수 있다.

따라서 여기에서는 읍성조사 시 확인해야 할 체성부 외벽 축조수법, 체성 내벽 축조수법, 외벽기단보축, 기단부 축조수법, 체성부 분단시공점, 명문각석, 그 외 체성에 설치된 부대시설(예 치성, 옹성, 해자), 등의 사례를 중심으로 조사절차에 따른 유구확인, 토층조사, 유구내부조사,

---

1) 심광주, 2003, 「신라성곽」, 『京畿道의 城郭』, 기전문화예술총서13, 경기문화재단, 226쪽.

조사내용의 기록과 분석 등으로 나누어 읍성의 조사방법론을 제시하고 자 한다.

2. 읍성의 정의

읍성(邑城)은 지방의 주요 거점에 군사적인 기능과 행정적인 기능이 복합되어 축조된 성곽이다. 중국에 있어서는 읍, 성은 처음에는 동일한 개념이었다가 차츰 분화되어 국과 읍 성과 읍, 읍과 도 등의 개념에 역사성이 첨가되어 차츰 구분되는 용어로 사용되었다.[2]

중국 후한때 자전인 『설문해자(說文解字)』에 "有宗廟先君之主 曰都, 無曰邑 邑曰築 築曰城口其城郭也"이라 하였고, 또 "고자구부위정, 사정위읍…"이라 하였다. 전자는 종묘와 사직이 있는 곳을 도(都)라 하였고 없으면 읍(邑)이라는 뜻이며, 후자의 읍이란 일정한 지역에 주민이 모여 살았던 마을을 의미한다고 하였다. 이때 읍성은 주민들이 모여 살았던 마을을 둘러싼 곳에 성곽을 마련하여 도성과는 구별이 되는 지방도시의 성곽을 의미한다.[3] 각종 지리지 중에서 『동국여지지(東國輿地志)』같이 주성(州城), 군성(郡城), 현성(縣城)으로 표기하는 예도 있으나, 『世宗實錄地理志』에서 읍석성(邑石城) 또는 읍토성(邑土城)이라 하여 읍성에 축성재료를 병기하여 기록한 이래 대부분의 우리나라 지리지에서는 이에 따라 읍성이라 표기하고 있다.[4]

우리나라에서 읍성의 순수한 개념이 도입된 것은 고려시대 후기부터였다. 이때 축조된 읍성은 왜구 창궐과 관련한 군사적인 성격을 띠고 있

---

2) 심정보, 1995, 『한국 읍성의 연구』, 33쪽, 학연문화사.
3) 說文解字 : 후한때 허신이 지은 가장 오래된 자전.
4) 심정보, 2012, 『한국 성곽의 이해』, 문화재청, 9쪽.

으며 고려시대 후기에 축조된 29개의 읍성중 23개는 경상도에 축성되었다.[5]

조선시대에도 이어진 읍성 축조는 태종 15년(1415)을 기점으로 다음 대인 세종조를 거쳐 문종 · 단종조에 이르는 동안 연해읍성을 중심으로 하여 의욕적으로 추진되었다.

읍성 본격적인 축조는 세종 12년(1430)에 경상도 영일, 곤남, 합포, 전라도 임피, 무안, 순천, 충청도의 비인, 보령 등 8개처의 읍성을 시작으로 왜구 침탈이 빈발한 남해안 연해지역 중 방어가 가장 긴요한 곳부터 축조하기 시작하였다. 이후 문종 원년(1451)까지 하삼도 뿐만 아니라 강원도의 연해지역도 축조가 계획되었고, 세조 이후 성종, 중종조에 이르면서 점차로 내륙지역의 읍성 축조로까지 확대되어 갔다. 이후 조선시대 전 기간에 걸쳐 전국적으로 행정구역 단위별로 읍성 신축 및 수개축이 지속적으로 진행되었다.

『世宗實錄地理志』에 수록된 335개소 군현 중 읍성이 설치된 곳은 96개소로 나타나고 이를 도별로 살펴보면, 충청도 15개소, 전라도 20개소, 경상도 27개소, 황해도 4개소, 강원도 6개소, 평안도 16개소, 함길도 8개소이다. 이 가운데 하삼도에 축조된 읍성 숫자는 62개소[6]이다. 또한 『新

---

5) 심정보, 1994, 「고려말 · 조선초의 하삼도 읍성 축조기사 검토」, 동아대학교 석당논총 제20집, 187쪽. 통상 읍성의 축조시에 고려되는 사항중에는 입지조건이 중요하다. 이러한 것은 『세종실록』을 참고하면 읍성의 축조에 가장 좋은 조건을 꼽은 곳은 넓고, 평평한 곳, 샘물이 풍부한 곳, 험조함에 의지하는 곳과 교통이 편리하여야 하는 곳, 경작지가 가깝고 비옥한 곳, 내부가 험하고 큰곳과 주민들이 번성한 곳, 그리고 석재가 많아서 공력을 덜 수 있는 곳으로 언급하고 있다. 이것은 읍성의 축조목적이 「有事則固門防禦 無事則盡초田野」하기 위한 것이므로, 백성들이 입보하여 오랜 기간 머물 수 있어야 하기 때문에, 풍부한 수원과 백성들이 거주하고 관사와 창고를 설치할 만한 적당히 넓은 지형이 요구되었던 것이다.
6) 심정보, 1995, 앞의 책, 341쪽.

增東國輿地勝覽』에 수록된 행정구역과 비교하여 보면 행정구역 330개소 중 읍성이 있는 곳이 160개소이고 2개소 혹은 3개소의 성곽이 있는 읍성을 더하면 총 190개소에 이른다. 한편『輿地圖書』에는 334개소의 군현 중 읍성이 있었던 곳은 107개소로 수록되어 있어『新增東國輿地勝覽』의 읍성 수보다는 상당수가 감소하여 나타나고 있는데 그 이유는 임진왜란 등의 전란과 수리를 하지 않음으로 인해 형체만 있고 쓸모가 없게 퇴락해 버렸기 때문이다.[7]

3. 읍성의 조사방법

조선시대 읍성 가운데 체성 축조수법의 특징적인 요소 속에는 전 시대인 고려시대 이전부터 오랜 세월동안 축적된 판축토성 축조수법과 삼국시대 이후부터 계속적으로 이어져 온 석축기술을 바탕으로 조선 전기에 새롭게 유행하기 시작하는 석축수법 뿐만 아니라 조선시대 후기에 서양 성곽의 축성술의 영향에 의해 나타나는 체성의 축조수법까지 다양한 형식이 중복되어 확인된다.

이러한 인식의 바탕을 전제하에 읍성 조사는 지표조사 및 성내, 외 시설물과 그 이용에 대한 현황조사, 문헌조사, 성벽, 해자, 문지, 치성, 조교, 수구시설, 건물지 등의 성내외부에 산재해 있는 유구의 기본적인 성격을 파악하는데 중점을 두어야 할 것이다. 이러한 점에 염두를 두고 다음과 같은 방법으로 조사를 진행 한다.

1) 읍성 주변지역의 고고학적 지표조사

---

7) 이상구, 1983,「조선중기 읍성에 관한 연구」,서울대학교 공학석사학위논문, 89~90쪽.

2) 읍성 복원을 위한 기초자료 확보를 위한 발굴조사(체성부, 동문
   지, 옹성, 치성, 해자, 수구, 여장, 조교, 양마장)
3) 성곽측량 및 항공촬영/실측
4) 성내시설물들의 발굴을 위한 위치파악(고지도/문헌자료, 전수
   조사)

1) 읍성 주변지역의 고고학적 지표조사(고지도/문헌자료, 지표조사)

읍성을 비롯한 성곽은 거대한 인공구조물로서 규모면에 있어 여타 유구를 압도한다. 더구나 성곽의 경우는 고대로부터 정치, 경제, 군사 등 시대적 상황과 맞물려 지속적인 사용으로 수개축작업이 반복되었다. 이러한 연유로 성곽 초축성벽을 파악하기란 상당히 곤란한 면이 없지 않다. 더군다나 1910년 일제에 의한 읍성 철폐령에 의해 해체되기 시작한 조선시대 읍성은 이후 산업화와 도시화로 인해 그 양상을 파악하기가 더욱 곤란해졌다. 대개 행정구역의 중심지역에 위치하던 읍성 특성상 현대화, 도시화 이후 읍성의 윤곽을 파악하기는 더욱 어렵게 되었다. 따라서 광복 이후 현재까지 진행된 읍성 조사는 대개 구제발굴인 경우가 많다보니 충분한 자료의 수집과 검토가 이루어지지 않은 가운데 조사가 진행되어 온것이 현실이다. 그러다보니 조사대상지에 대한 조사에 치중하여 체계적인 읍성 조사 및 보존 계획 및 향후 활용계획의 수립은 전무한 실정이다. 특히 조사대상지에 대한 조사 이후 주변 지역에 대한 보존 및 활용계획의 미수립으로 인해 읍성 파괴라는 악순환이 되풀이되고 있는 것이 오늘날 실정이고 보면 21세기의 반세기도 흐르기 전에 우리는 더 이상 조선시대 읍성 원형을 볼 수 없을 지도 모르겠다. 따라서 여기에서는 읍성의 조사사례를 기본으로 조사방법을 제시해 본다.

먼저 읍성 조사 방법으로 첫째 기본적으로 문헌기록과 고지도 및 지적도, 지형도를 이용한 사전 조사계획을 수립하는 준비과정을 거친 후 조사가 이루어져 한다. 도시현대화가 이루어져 과거의 도심형태를 파악할 수 없는 도시지역에서 읍성 흔적을 찾기란 상당히 곤란하다. 이때에는 기본적으로 문헌상에 기록된 읍성이나 객사, 동헌의 존재 및 고지도에 표시된 지형형태와 읍성의 위치로 대략적인 위치를 추정할 수 있다.

『동여도』, 『대동여지도』, 『청구도』, 『해동지도』, 『여지도서』 등과 같은 고지도를 통해서 읍성의 존재를 파악할 수 있는데 조선시대 간행된 대부분 고지도 및 각종 지리지는 비교적 그 내용이 정확한 편이라 대략적인 읍성 위치와 방위를 파악할 수 있다. 다음으로 지방읍지, 지역도, 일제강점기의 지형도 및 지적도 등도 현재의 변형된 지형에서 읍성 규모와 평면형태를 파악하는데 중요한 참조자료가 될 수 있다. 이러한 것은 읍성 경우 지금도 체성을 일반가정집의 담장으로 사용되거나 옹성 및 치성의 하부를 이용한 건축물의 축조가 이루어져 있는 예를 볼 수 있기 때문에 현지조사에서 중요한 비교자료로 활용될 수 있는 것이다.

다음으로 현지조사에서 활용되어야 할 것으로 해당지역 행정구역명을 유념할 필요성이 있다. 우리나라의 행정구역명 가운데 서대문구, 동대문구, 혜화동, 서소문동 등은 당시 성곽에 딸린 문지의 명칭을 그대로 행정구역명에 사용한 것으로 당시 성곽의 존재를 알 수 있다. 또한 수영동(경상좌수영성에서 유래), 성북초등학교(성의 북쪽에 위치한 학교), 성북고개(성의 북쪽 고개), 토성동(토성이 있었다고 하여서 지명유래), 자성대(임진왜란 당시 왜군이 설치한 왜성의 자성이 있었다하여 유래), 부산진역(부산진성에서 유래), 동문고개(동문이 있던 고개), 서문동, 동문동, 성내동, 성외동, 남문동 등 읍성과 관련한 다양한 지명을 확인할 수 있어 그 흔적을 유추할 수 있다.

2) 읍성 복원을 위한 기초자료 확보를 위한 발굴조사(체성부, 동문지, 옹성, 치성, 해자, 수구, 여장)

그러나 이러한 문헌과 고지도, 구지형도, 지적도 및 지명과 관련한 현지조사에서 읍성 현황을 파악하기란 매우 어렵다. 따라서 보다 정확한 양상을 파악하기 위해서는 읍성에 대한 체계적이고 연차적인 발굴조사가 이루어져야 한다.

연해읍성을 비롯한 조선시대 읍성 대부분은 폐지되고 관리되지 않아 지방도시 및 농촌지역의 경우는 주변지역에는 다수의 잡목이 자라고 있다. 또한 도시화가 이루어진 경우에는 체성을 비롯한 대부분 읍성 관련 시설이 지하에 매몰되거나 복개되어 계속적인 훼손이 이루어지고 있다. 따라서 현장조사를 위해서는 우선 조사대상지 상황에 맞는 조치를 실시할 필요가 있다. 즉 잡목이 무성한 지역은 체성의 배부름 현상을 일으키는 뿌리를 비롯한 잡목의 벌목이 선행되어야 한다. 도시화로 인해 콘크리트 복개 및 건축물이 설치된 곳은 지하에 매장된 유구층을 훼손하지 않는 범위 내에서 철거작업을 진행해야 한다. 기존에 매설된 전기 및 상하수도, 가스관 등의 훼손 및 파괴에 유의해야 한다. 이때 계속적인 사진촬영과 캠코더를 이용하여 그 상태를 기록해야 한다.

다음으로 조사범위내 Grid를 설정하고 둑을 설치하여 유적 전체 층위를 파악한 후 전면 제토작업을 실시한다. 조사대상지 환경과 여건을 고려하여 Grid를 설정해야한다. 즉 도심지역은 대부분 지하철 공사, 가스관 매설, 도시계획도로, 소방도로 신설, 건물신축으로 인해 기존에 복개되어 있거나 지하에 매립되어 육안으로 확인되지 않는 읍성 체성 및 부대시설에 대한 조사가 이루어지는 관계로 조사대상지 너비가 좁은 경우가 많고 제토 시 발생하는 토사 적치 및 운반을 생각하여 Grid를 설정하여야 한다. 또한 평산성에는 읍성 평지부분에 비해 산지부분은 급경사를 유지하거나 일부는 공간이 좁아 작업조차 용이하지 않은 곳도 있으므로 이때에도 현장상황에 맞는 구획이 이루어져 할 것이다. 읍성에 대한 전체 조사가 이루어지는 경우는 Grid를 설정하여 각 구획별로 조사 및 실측을 진행한 후 지형도에 합도하는 방법을 사용해야 한다. 이러한 것은 각 구획별 체성 및 부대시설 축조수법 및 현황을 파악해 볼 수 있어 명문석 및 축조구분점을 기준으로 그리드를 설정하고 조사를 시행하는 것도 하나의 조사방법이 될 수 있다.

(1) 체성

우리나라 대부분의 읍성/영진보성 잔존 체성의 내외는 체성을 이루던 성석이 붕괴되거나 매몰되어 있어 그 전체적인 현황을 확인할 수 없는 경우가 많다. 따라서 체성의 조사에 앞서 먼저 조사방법에 대한 검토가 이루어져야 한다. 탐색트렌치 설치 숫자 및 지점, 탐색트렌치 토층방향 설정, 층위파악, 체성 증개축에 따른 조사 횟수, 부대시설을 포함한 유구 조사방법 등을 결정해야 한다. 이러한 것이 결정되면 전면제토에 앞서 시범적으로 탐색트렌치를 설치하여 체성의 외벽 및 내벽에 평면절개조사를 실시한다. 이때 체성 전체를 절개조사를 할 수 없으므로 외벽 기저부가 축조된 기반암층과 체성 내벽 내탁부 마무리 지점 및 기반암층까지 탐색트렌치의 높이를 낮추면서 조사를 진행해야 한다. 탐색트렌치 조사에서는 먼저 내외벽에 토층양상을 파악하여 축조시기를 파악할 수 있는 유물퇴적양상을 확인하고 아울러 내외벽에 잔존하는 부대시설(예: 해자, 함정, 목익, 치성, 옹성)의 흔적을 확인한다. 또한 퇴적된 토층 양상이 인위적인 것인지 자연적인 것인지를 파악하여 체성의 보강 및 수개축의 흔적을 확인해야 한다. 이러한 결과를 바탕으로 유구조사에 대한 방향을 설정해야 한다.

체성에 대한 조사는 잔존상태가 양호한 지역과 훼손의 정도가 심한 지역으로 나누어 조사를 실시하는 것이 바람직하다. 다만 지하에 잔존하거나 훼손된 성벽 양상이 조금씩 차이를 보이고 있고, 또한 성벽 축조시 구간마다 그 축조수법이 상이함이 나타나는 경우가 많다. 이러한 축조수법 차이점은 축성에 동원된 각 현의 마다 성을 쌓은 방법이 조금씩 다르기 때문에 나타나는 현상으로 축조수법 이외의 축성 시 동원된 현 수, 구간별 축성방법, 증개축에 관련된 자료를 확인하기 위해서 체성부 전체를 조사하는 것이 더 바람직하리라고 본다.

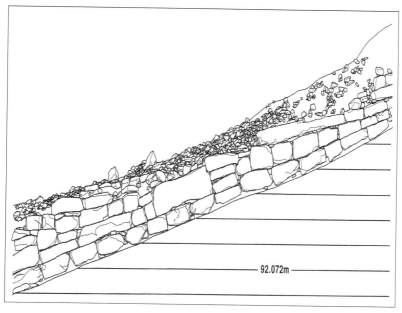

〈그림 1〉사직선기단 축조상태(하동읍성)

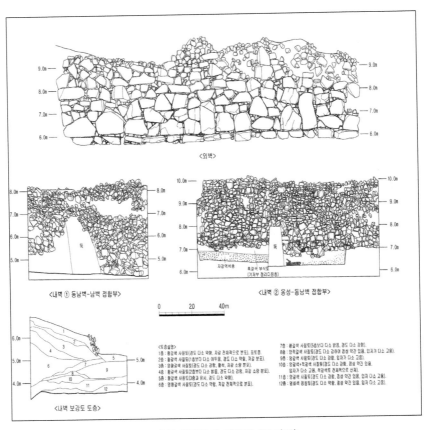

〈외벽〉

〈내벽 ① 동남벽-남벽 접합부〉

〈내벽 ② 웅성-동남벽 접합부〉

〈내벽 보강토 토층〉

〈토층설명〉
1층: 황갈색 사질토(경도 다소 약함, 자갈 전체적으로 분포), 표토층.
2층: 황갈색 사질토(1층보다 다소 어두움, 경도 다소 약함, 자갈 분포).
3층: 암황갈색 사질토(경도 다소 강함, 황색, 자갈 소량 분포).
4층: 황갈색 사질토(2층보다 다소 밝음, 경도 다소 강함, 자갈 소량 분포).
5층: 황갈색 사질토(3층과 유사, 경도 다소 약함).
6층: 명황갈색 사질토(경도 다소 약함, 자갈 전체적으로 분포함).

7층: 황갈색 사질토(5층보다 다소 밝음, 경도 다소 강함).
8층: 암적갈색 사질토(경도 다소 강하며 점성 약간 있음, 입자가 다소 고움).
9층: 황갈색 사질토(경도 다소 강함, 입자가 다소 고움).
10층: 암갈색+적갈색 사질토(경도 다소 강함, 점성 약간 있음, 입자가 다소 고움, 적갈색 전체적으로 분포).
11층: 암갈색 사질토(경도 다소 약함, 점성 약간 있음, 입자 다소 고움).
12층: 명갈색 점질토(경도 다소 약함, 점성 약간 있음, 입자 다소 고움).

〈그림 2〉웅천읍성 내외벽 축조수법

   읍성 체성과 부대시설 주변에 대한 잡목 및 폐기물 제거와 매몰토석의
제거되면 체성에 대한 조사 순서에 의거하여 기단부 조사를 실시하여야
한다. 기단부 조사는 앞서에 언급한 바와 같이 탐색트렌치를 설치한 후
확인된 토층양상을 기준으로하여 읍성 체성의 축조수법을 파악하기 위
한 가장 선행되는 작업이다. 이러한 기단부 조사가 완료되면 다음으로는
체성 외벽축조수법을 조사한다. 이때 체성에 대한 기초자료 확보를 위한

높이와 너비는 기본적으로 파악되어야 하며 그 외에도 외벽 축조공정, 석재의 사용방법, 분단시공점, 명문각석에 대한 조사가 실시되어야 한다.

읍성 체성 외벽은 통상 허튼층쌓기로 축조되어 있어 단을 세는 것은 적합하지 않다. 그렇다고 무계획적인 축성이 이루어진 것은 아니다.

조선 전기에는 장대석을 입수적한 후 그 위로 성석을 설치하며 틈새에 끼임돌을 설치된다. 이때에도 성석 크기와 상태를 고려하여 몇 개 공정으로 나누어 체성 외벽을 축조하고 있다. 반면에 조선 후기 읍성 및 진보성, 산성의 체성 외벽 축조수법은 마찰면을 많이 두고 끼임돌이 없이 맞물려 쌓으며 허튼층쌓기 보다는 바른층쌓기 등을 적용한 사례들이 확인된다. 따라서 체성 외벽 축조가 몇 개 공정으로 이루어졌는가를 파악하는 것은 중요하다. 각 체성 구획별로 공정 횟수에 따라 사용되는 성석 및 성석 크기가 다르게 확인되기 때문이다.

다음으로 공정에 사용된 체성 외벽 성석 크기와 형태는 체성의 축조 시기를 파악할 수 있는 중요한 자료가 된다. 체성 외벽 성석 크기와 형태가 시기별로 읍성별로 어떤 차이를 보이는지를 알수 있기 때문이다. 성석 크기와 형태 조사는 체성의 각 구획별 특정지점을 설정하여 해당지점에 사용된 성석 크기와 너비, 높이 등을 수치화해서 그 수치를 상호비교하면 된다. 이때 구획별 지점 설정은 분단시공점이 확인되는 지점이나 명문석이 존재하는 곳을 설정하는 것이 수치화 객관성을 확보할 수 있다.

명문각석은 조선시대 책임시공제의 흔적으로 각석에 기록된 벼슬명과 인명을 연구할 수 있는 중요한 자료이다. 웅천읍성에서 확인되는 합천, 청도, 창녕, 진주 등의 지명은 진해 웅천읍성이 경상도 전역에 걸쳐 축성인부가 동원되었음을 유추할 수 있게 한다. 또한 각석에서 확인되는 부사직의 직책은 일종의 명예직으로 동원된 인부 감독관이 지방의 유력자이거나 무과에 급제하지 않은 한량 등으로 해당지역 수령을 대신하여 감독의 책임을 수행한 것을 알 수 있다. 따라서 이들의 인명을 『조선왕조실록』을 비롯한 문헌자료와 대조하면 다양한 연구결과를 확인할 수 있을 것이다.

〈사진 1〉 명문석 조사 및 탁본 작업 광경

다음으로 읍성에서 체성 외벽 지대석의 앞쪽에 설치되는 판상형 기단보축을 살펴보아야 한다. 이 판상형 기단보축은 삼국시대 이후 전통적으로 축조된 기단보축의 형태가 조선시대 읍성에서 어떻게 변화하는 지를 알 수 있는 자료이다. 이러한 판산형 기단보축 축조는 내외 체성에 모두 잔존하는 것과 그렇지 않은 것 등 다양한 형태가 확인되고 있으므로 발굴조사시에 판상형 기단보축의 유무와 체성부 일체형인지 분리형인지도 확인해야 한다.

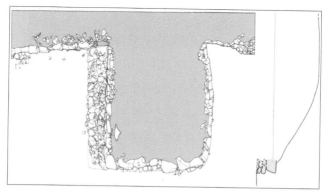

<그림 3> 하동읍성 제4 치성 좌측 기단보축

　체성 외벽에 대한 조사가 이루진 후 체성 내벽에 대한 조사를 실시한
다. 조선시대 읍성 체성 내벽 축조수법은 크게 내외협축식, 계단식, 외벽
석축내탁식으로 크게 대별된다. 기저부 축조수법만을 놓고 볼 때는 기반
암을 정지하거나 기반암을 절개하여 자갈과 할석, 점토 등을 이용하여
지반을 먼저 다지는 것이 구릉의 사면이나 산지 급경사면인 경우 내탁식
이라고 할 수 있다. 따라서 축조방식 분류에 있어 내벽 축조 시 석재와
흙을 이용하여 동시에 축조한 것인가, 석재만을 사용한 것인가, 석재만
사용시에도 퇴물림에 의한 축조방식인지 상하수직적인 축조방식인지에
따라 분류하는 것은 다소 문제가 있다. 따라서 성곽 축조방식 분류는 체
성 축조시 내탁부 축조방식에 따라 내외벽석축 후 내벽에 덧댄 것을 내
외협축식, 계단상의 내벽석축 후 내벽에서부터 전체적으로 토사로 피복
한 것을 계단식, 외벽석축 축조와 동시에 내벽부가 토사로 축조되는 것
을 외벽석축내탁식으로 나눌 수 있다. 이러한 양상에 따라 내벽 조사는
세종조 축성신도 이전과 이후, 그리고 조선 후기 변화양상을 인지한 연
후 실시되어야 한다. 내벽 조사에서 무엇보다 중요한 것은 내벽에 잔존

하는 적심석 및 내탁부 토사 제거에 신중해야 하는 것이다. 왜냐하면 조선시대 전기에 축조되는 읍성 내벽부와 내탁부는 초축성벽에 덧대어져 축조되는 수개축이 이루어지는 경우가 있다. 이러한 수개축은 또한 성석을 이용하여 너비를 넓히는 경우와 내탁부에 토사를 이용하여 피복하는 경우로 확인되고 있다. 더군다나 계단식과 협축식에 단순 피복의 내탁부 조성과 달리 외벽석축과 같이 외벽과 내벽의 축조 시 유사판축형태 내탁부가 동시에 축조되는 양상도 같이 확인되고 있어 조사에 신중을 기해야 하는 것이다. 또한 조선시대 후기에 축조되는 읍성 내벽부 축조수법은 적심부를 토루로 조성 후 외벽에서 100~150cm 정도 지점에서 토루 일부 및 풍화암반토를 'L'자형으로 굴착하여 외벽을 놓을 공간을 마련한다. 이때 초축 축조에서도 적심 토루 일부를 굴착하게 됨으로 체성 내벽 적심부 및 내탁부에 나타나는 'L'자형의 굴착선을 수축선으로 보는 양상과는 구분이 필요하다. 특히 체성 토층에서 두 개의 굴착선이 확인되는면 선후시기를 파악할 수 있으나 초축시 굴착선이 수축되는 범위에 포함되어 훼손된다면 선후시기 및 토루적심 존재여부를 파악하는데 어려움이 따르기 때문에 주의가 요구된다. 이때는 토층상 성토의 차이점, 외벽 면석 가공상태 및 크기, 체성 토층상태, 기저부 축조수법, 외벽기단보축 설치유무 등을 파악하여 구분하여야 한다. 따라서 적심부 잔존하는 성석 제거에 신중해야 하며 정리를 위한 인위적인 체성 적심부 훼손은 자칫 초축 및 수개축된 읍성의 축조순서 및 그 예 따른 정보를 놓칠 수 있다는 것이다. 이때는 부분적인 탐색트렌치를 설치하여 토층상태와 적심상태 및 내벽 축조상태를 파악한 후 조사를 진행해야 한다. 특히 외벽 축조구분점과 내벽 단차가 나타나는 적심부 성석제거는 더욱 신중하게 결정해야 한다. 특히 협축식 체성에 직교하는 계단시설이나 계단식 체성의 내탁부 상부나 적심부에 설치된 계단시설은 주의를 기울이지 않으면 그 양상을 파악하기 힘들다. 따라서 제토시에 계속적인 사진촬영과 기록화를 실시하여야 한다.

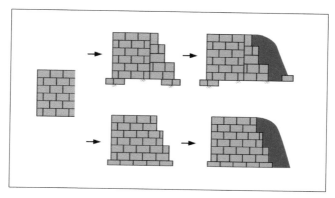

〈그림 4〉 연해읍성 체성부 계단식 축조수법 모식도

마지막으로 체성부에 설치되는 미석과 여장 설치 유무와 축조수법을 조사해야 한다. 조선시대 읍성에서 사용된 여장은 대부분 평여장으로 그 마감처리에는 석재 및 전돌이 사용된 것으로 파악되는데 조선 전기에는 석재, 후기에는 전돌이 사용된바 그 축조시기를 유추함에 검토가 이루어져야 한다. 또한 총안 설치유무와 방향성을 확인해야 할 것이다. 아울러 체성 상부와 특히 여장 주변에는 석탄(石彈)이 집적되어 있는데 이때도 석탄과 적심석을 판단할 수 있어야 한다. 그렇지 않으면 석탄군을 놓칠 가능성이 많다. 조선시대 이전부터 성곽의 여장과 치첩 내부에는 석탄을 두는 것이 기본적인 방어의 패턴이었으므로 체성 상부 및 여장과 미석이 잔존하는 읍성 체성 상면 조사에는 반드시 석탄의 유무를 파악해야 할 것이다. 석탄은 주먹 크기부터 인두대 크기보다 더 큰 둥근 석재로 자연석과 가공석으로 나눌 수 있으며 대개 강자갈이나 화강암을 가공하여 사용하기도 한다.

(2) 옹성 문지

읍성의 옹성에 관련하여서 조선 개국 초부터『조선왕조실록(朝鮮王朝
實錄)』에 그 축조양상이 수록되고 있으며 특히 도성인 한양의 성문에 옹
성을 설치하고 수리하는 기사들이 있어 고려시대를 이어 계속적인 옹성축
조가 이루어지고 있음을 알 수 있다. 이 옹성 축조와 관련해서는 17~18C
실학자들에 의해 특히 그 효용성이 적극 주장되며 설치를 상용화도록 하
고 있는데 이때 옹성의 효용성의 증거로 중국의 척계광이 저술한『기효신
서(紀效新書)』의 권십삼 수초편 옹성권문제에서는 옹성은 본성의 크기에
따라 넓거나 좁게 만들어야 한다고 하고 있으며, 모원의가 편찬한『무비
지(武備志)』[8] 옹성제에서도 옹성에 관해 언급되고 있다. 류성룡은 임진왜
란이 발발한 이후 왜적을 물리치기 위해 건의한『전수기의(戰守機宜) 10
條』에서 옹성과 적대를 만들도록 건의하고 있어 임진왜란 발발 이후 조선
의 성제를 개선코자 하였다.[9] 정상기는 그의 저서『농포문답(農圃問答)』
에서 기효신서를 인용하면서 고금의 치성, 포루, 옹성, 돈대, 현안 등의 제
도를 주장하였다.[10] 박제가는 "중문에 옹성이 없으면 성이 없는 것과 같
으니 옹성을 쌓을 수밖에 없다. 이는 아름다움을 찾자는 것이 아니라 견고
함에 있으며, 적을 방어함에 절대로 필요하다고 하였으며 또한 사방으로
밖을 볼 수 있기 때문에 네 모퉁이의 적군을 막을 수가 있다고 하여 성문
을 보호하기 위한 시설물로 옹성의 설치를 강조하고 있다.[11]

조선시대 읍성에 축조된 옹성은 그 평면형태에 따라 ㄱ자형과 반원형
으로 나눌 수 있다. 'ㄱ'자형 옹성은 조선 전기의 직각에 가까운 옹성의

---

8) 명나라 말엽 무관출신인 모원의가 지은 240권의 책. 병략과 전략, 무기, 군수 등 국
   방에 관한 역대 모든 저서와 논저 및 평론 등을 집대성한 책.
9) 柳成龍,『西厓集』戰守機宜 10條,『만기요람』군정 4편, 附 관방총론.
10) 정상기,『농포문답』.
11) 박제가,『북학의』.

형태가 15세기 중후반 이후 및 16세기로 갈수록 점차 곡선형으로 변화되고 있는 것으로 직각형→반원형으로 형식변화 되고 있다. 또한 길이:너비를 나눈 수치에 따라 타원형 옹성, 반원형 옹성으로 나눠지며, 타원형은 대부분 조선 전기에 반원형은 조선 전기 후반에서 중기에 속한다. 따라서 반원형 옹성은 16세기로 갈수록 타원형에서 반원형으로 변화하고 있는 것이 확인되었다. 다음 연해읍성 옹성 둘레에 있어서는 세종 20년을 기준으로 그 이전과 이후에도 40m 이상을 상회하는 옹성 체성이 축조 되고 있어 연해읍성 옹성 체성 둘레는 문헌기록을 인용한 50~60척이 아닌 100척으로 축조되었다고 할 수 있다.

연해읍성 옹성은 축조시기에 따라 조선 전기에는 옹성 체성의 너비가 읍성 체성의 너비보다 1~1.5m 가량 더 넓게 축조되고 있다. 이것은 덧댄 것이나 동시축조나 동일하여 추후 축조로 인한 너비(너비)의 확대로 인한 것이 아닌 당초부터 체성보다는 더 넓게 축조토록 한 것이라고 할 수 있다.

다음 세종조에서는 옹성 체성부와 읍성 체성가 같은 너비로 축조되다가 문종조 이후로 갈수록 다시 옹성 체성의 너비가 읍성 체성의 너비보다 넓어지고 있다고 할 수 있다.

〈사진 2〉 도면 하동읍성 서문지 옹성

〈사진 3〉 도 옹성의 적석식
배수로(하동읍성서문지)

조선시대 읍성은 3 혹은 4대문으로 축조되어 있다. 읍성에서도 모든 성문에 옹성을 축조하지는 않았다. 따라서 옹성이 설치된 현황을 파악할 필요가 있다. 영산읍성, 곤양읍성 옹성 위에는 주택이 건축되어 있고, 하동읍성 남문지 옹성은 삼가마, 웅천읍성 남문지는 로타리, 영산읍성 서문지 옹성, 웅천읍성 서문지 옹성은 일명 "옹성마당"으로 불리는 공터로 잔존하고 있다. 대부분 옹성 상부는 훼손되었지만 하부에 기단부 및 체성 일부가 잔존한다. 특히 영산읍성 동문지 옹성의 경우는 옹성 체성을 축대로 건물이 축조되어 있다. 이러한 양상은 다수의 읍성에서도 확인할 수 있다. 따라서 옹성 존재를 확인한 후 그 내외부 형체를 지적도와 현지측량을 통해 확인해야 한다. 다음으로 옹성 축조방향이 시계방향인지 시계반대방향인지를 파악해야 한다. 또한 옹성과 체성 접합부의 조사를 통하여 동시축조인지 덧된것인지를 파악해 체성과의 축조 시기 차를 검토한다.

다음으로 평면형태가 반원식 편문식인지, 'ㄱ'자형인지를 파악해야하는데 이것은 옹성 내외부에 매몰된 토석을 제거한 후 파악할 수 있다. 이때 주의할 점은 옹성 일부를 파괴하고 상하수도, 전기설로, 가스관 등의 설치하여 전체적인 평면형태가 왜곡될 수 있다는 것이다. 즉 옹성 전체 길이 및 둘레 정확한 윤곽 파악이 이루어지지 않고 절개된 부분을 마감 부분을 오인할 수 있는 소지가 있다. 따라서 지대석과 기단석 축조상태를 잘 파악하여야 하며 더욱이 축조수법상에 있어서도 입수적한 자연대석뒤에 내외벽 모두 일정한 너비로 침석을 설치하고 있는지를 확인해야 한다.

다음 옹성 내부 조사에 있어서는 옹성부 바깥에 기단보축이 나타나는지, 옹성내부 바닥에 판석이 설치되어 있는지를 확인 조사한다. 이때 옹성 내부 바닥에 전면으로 판석이 설치된 것인지 기단보축만 설치된 것인지를 파악해야하는데 일부분에만 트렌치를 설치하여 현상을 파악하는 경우가 있어 정확한 양상을 파악하지 못하는 경우가 있다. 옹성 내부 전체를 제토하여 현황을 파악하는 것이 좋지만 상황이 여의치 않으면 옹성 내부를 교차하는 탐색트렌치를 설치하여 그 유무를 파악할 수 있다. 옹성 성문과 개구부 너비는 3m 이상 4m 내외로 일관되게 유지되고 있는데 이때 수개축을 통해서 성문으로 진입하는 개구부 및 성문 입구에 계단식의 출입시설을 설치하거나 경사진 석축을 퇴물림하여 설치된 경우가 있다. 이러한 것은 토층조사 시 축조의 역순으로 석축시설을 조사하고 바닥 기단부까지 확인해야 한다.

연해읍성 옹성에는 물의 출수를 담당할 배수로가 A형인 적석식 배수로와 B형인 측구식 배수로로 나눠진다. 성문의 중앙을 관통하여 축조되고 있는 적석식 배수로가 성문 측벽 하단에 축조된 측구식 배수로에 선행하는 것으로 확인되었다. 따라서 옹성 개구부 바닥에 깔린 판석 하부를 조사 할 때는 이와 같은 점에 유의해서 조사를 실시해야 한다.

다음으로 옹성 내부 조사에서 간혹 건물지 흔적(기장읍성)이 확인되는데 이러한 것은 옹성과 관련한 시설이기 보다는 옹성이 폐기되거나 퇴락한 후 설치된 것이다. 따라서 그 선후시기 및 축조양상을 파악하기 위해서는 옹성과 체성부를 직교하는 둑을 설치하여 토층양상을 파악하면 된다.

(3) 치성

체성에서 외측으로 돌출시킨 방형, 장방형의 구조물을 치(雉)라하고, 반원형은 곡성(曲城)이라 한다. 조선시대 전기 읍성이나 진보에 있어 매우 강조된 것이 치성인데 이는 방어기능과 밀접한 관계가 있다. 이 치성은 성아래에 바짝 다가선 적을 성상에서 공격할 수 없으므로 체성으로부터 돌출시킨 성벽에서 적을 공격하기 위한 시설인 것이다.

읍성 치성은 읍성에 축조된 대표적인 방어시설로서 옹성문지(甕城門址), 해자(垓子), 여장(女墻)과 더불어 조선시대 읍성 부대시설에서 세트로 축조되고 있다. 조선시대 경상도 경주, 김해, 창원 등의 대도호부와 병영이 설치된 상위 행정 단위 및 군대의 상급지휘체계의 지휘관이 위치하는 곳에 축조된 읍성이 하위 행정단위 읍성에 비해 치성수가 1.5배내지 2배가량 차이를 보이고 있다. 이러한 양상은 행정단위가 상위일수록 치성이 증가하며 또한 병영 및 수영이 설치된 읍성일수록 치성의 숫자가 일반군현에 축조된 읍성 치성에 비해 많은 숫자로 계획되어 축조되고 있는 것임을 알 수 있다.

〈사진 4〉 웅천읍성 동남 성우 축조상태(항공촬영)

  조선시대 읍성에 설치되는 치성 기본적인 수치는 6개소와 12개소로 크게 대별 할 수 있다. 즉 읍성 4성우와 주요 문지 좌우 적대를 갖춘 6개소 형태와 4성우와 각 문지 좌우에 각각 2개소가 설치된 12개소의 두가지 종류로 크게 나눌 수 있다. 따라서 왜구 직접적인 도발이 빈번한 하삼도 가운데 경상도 연해읍성에 12개소 이상 많은 치성이 설치되는 것은 왜구의 침구로부터 읍성을 보호하기 위한 방어시설 강화에 따른 것으로 조선 전기의 하삼도에 집중된 읍성축성사업이 경상도 연해 즉 남해안 연해읍성 축조에 가장 중점을 두었다고 할 수 있겠다.

남해안 지역 연해읍성과 내륙읍성 및 영진성의 치성 가운데 정방형 평면플랜이 가장 오랜 기간동안 축조되어 사용되고 있다. 다음으로 방대형이 나타나고 마지막으로 장방형이 나타나고 있다. 특히 세종 15년(1433)을 기준으로 그 이전 시기에는 길이:너비의 비율이 1:1 전후인 정방형이 오히려 훨씬 많은 빈도를 보이고 있으며 여기에 해당되는 읍성은 공통적으로 병영과 읍치가 공존하는 내상성이거나 행정구역 단위 가운데 상급 단위의 고을에 설치된 읍성들임을 알 수 있다.

다음으로 15세기 이후 16세기를 거치면서 치성 평면플랜은 정방형과 장방형이 주류를 이루고 있다. 방대형 형태는 쇠퇴하거나 소멸되고 있다. 또한 15세기 전후에 축조되는 수군 영진보성도 정방형이 주류를 이루고 있다. 조선시대 전기에서 중기를 거쳐 후기에 이르기까지 계속해서 정방형의 전통이 이어지고 있다고 할 수 있다. 또한 세종 15년(1433) 치성 축조 규식 적용 이후에는 방대형 치성이 축조되고 있지만 정방형과 장방형의 치성도 계속해서 축조되고 있다.

더구나 장방형 치성은 방대형보다 오래기간 지속적으로 축조되는 있는 것을 확인할 수 있어 방대형 축조를 규식화한 축성방침은 지켜지지 않고 있음을 알 수 있는 것이다.

기존에는 동일한 읍성에서 길이와 너비가 다른 다양한 평면플랜을 가진 치성을 용척 차이와 축성연한에 의한 것으로 판단하였다. 그러나 이것은 치성 간에 길이 차이를 두어 상호보완토록하고 있어 남해안 연해읍성 치성을 비롯한 영남 내륙읍성 치성에서 정방형, 장방형, 방대형 치성이 혼용되는 이유라고 하겠다. 또한 지형적인 조건이나 성둘레에 따라 너비와 길이가 정해져 축조되는 것과 더불어 상위지휘체계 영진성 일수록 치성 길이와 너비가 더 크게 축조되었다고 하겠다. 다음으로 남해안 연해읍성 치성 길이는 비교적 5m라는 규식이 일정하게 지켜지며 축조되고 있었다고 할 수 있다. 아울러 치성 길이 5m 규식은 성종조와 중종조에 축조되는 영진보성 치성에서도 일괄적으로 확인되고 있고, 17세기에 축조되는 동래후기읍성 치성에서도 길이가 5m로 확인되고 있어 남해안 연해읍성 치성의 길이는 5m로 조선시대 전기간 내내 계속적으로 지켜지고 있다고 할 수 있다. 읍성 치성은 발굴조사에서는 성벽 모서리 부분인 성우와 각 체성의 치성에 대한 조사를 실시한다. 발굴조사에서는 치성이 세종 때의 규식에 따라 축조되었는지 아니면 다른 규식에 따라 축조되었는지를 파악하고 지형조건에 따라 하단의 규모를 크게 잡아 위로 올라갈수록 벽체 기울기를 주고 있는지 유무와 내외협축식의 축조수법을 유지하고 있는지 체성에 덧대어 쌓은 것인지 동시에 축조한 것인지를 확인한다.

〈사진 5〉 동래읍성 치성 조사 후 전경(우측이 외부 계단시설)

(4) 해자

읍성은 기존에 존재하던 산성이나 고읍성에 비해 그 축조수법 및 부대시설 설치가 전대와는 다른 새로운 양상으로 나타나게 되었다. 그러한 축성양상 가운데 단일성벽으로 이루어진 읍성 방어를 강화하기 위해 옹성, 적대. 여장, 해자 등이 설치되게 된다. 이 가운데 해자는 성벽 주변에 인공적으로 땅을 파서 고랑을 내거나 자연 하천 등의 장애물을 이용하여 성의 방어력을 증진시키는 방어시설 하나로서 아주 이른 시기부터 동서양을 막론하고 보편적으로 사용되던 방어시설이었다.

우리나라의 문헌에서 해자와 관련된 용어는『조선왕조실록』에서 사용되는 것만도 해자(垓字), 갱감(坑坎), 호지(濠池)·참호(塹濠), 황지(隍池), 해자(海子), 지호(池壕), 해자(垓子), 참(塹), 지호(池濠), 호(壕)등이 사용되고 있고 조선후기에 편찬된『증보문헌비고』에는 해자(垓子)라고 기록되어 있다.

조선시대 읍성 해자는 그 축조양상과 수법이 중앙정부의 관리감독 아래 과거에 비하여 훨씬 통일된 규식과 축조수법을 가지고 축조된 것을 확인할 수 있다.

이렇게 축조된 읍성 해자는 체성과 해자와의 간격이 각각 읍성별로는 차이를 보인다 하여도 문지와 체성의 해자와의 간격이 1:0.5의 간격비율을 유지한다. 이것은 체성과 해자와의 간격을 기준으로 문지와 해자 사이에서는 체성과 해자와의 간격에 비해서 반으로 감해져서 축조되고 있는 것이다. 또한 읍성 해자의 축조 시 상하부 너비의 비율이 1:1.5 비율을 유지 축조되고 있다.

다음으로 연해읍성 해자 내에서 목익(木杙)이 설치되어 있는 양상은 3가지 유형으로 파악된다. 첫째, 해자 전면에 목익을 설치하는 것(웅천읍성)과 둘째, 해자 중심 부분에 집중적으로 설치하는 것(언양읍성)과 셋째, 해자의 호안석축에 연한 가장자리 부분에 설치하는 것(고현읍성)으로 나눌 수 있다. 해자에는 읍성 내외 출입을 위한 교량시설이 확인된다. 이 교량시설은 성내로 진입하기 위한 수단으로도 중요한 구조물이지만 유사시 해자를 넘어 적이 읍성내로 진입하기에 좋은 시설임을 감안하여 효과적인 읍성의 방어를 위해서는 육교부의 파괴가 요구되므로 석재를 이용한 교량시설보다는 나무를 사용했다.

〈사진 6〉 해자 발굴조사 후 전경(웅천읍성)

  이러한 해자 조사는 우선 성벽을 기준으로 전체적으로 성벽과 나란하게 돌아가며 축조되는 관계로 그 잔존상태와 길이 등을 확인해야 한다. 이때 평산성과 평지성 입지와 방어도에 따라 해자 형태가 다르게 축조되고 있으므로 조사 전 단계부터 그 성격을 파악해야 한다. 통상 조선시대 읍성 해자는 현재까지 발굴결과를 토대로 하면 물을 채운 해자(垓子)와 건호 인 황(隍)으로 나눌 수 있다. 따라서 해자와 황 인지를 우선 확인해야 하는 것이다. 이때는 탐색트렌치를 설치하여 그 양상을 파악한다.

  발굴조사에서는 해자 조사 범위에 그리드를 설치한 후 그리드별 조사를 실시하는 것이 중요하다. 특히 그리드 구획시 옹성, 치성 등 부대시설 주변을 기준으로 하면 좋다. 그것은 부대시설 주변 해자 축조수법과 체성과 나란하게 축조된 해자 수법에는 일정한 차이가 나기 때문이다. 또한 수개축의 양상 및 해자의 방향성에도 영향을 주기 때문에 조사시에 이러한 점에 유의하여 그리드와 탐색트렌치를 설정하여야 한다.

다음 조사구역 전면에 걸친 표토 및 해자 내부 매몰토를 제거한다. 이때에도 호안석축을 훼손하지 않도록 주의를 기울여야하며 해자 매몰 및 퇴적양상과 축조시기 파악을 위한 기준토층을 남기고 조사를 실시해야 한다.

또한 해자는 수개축이 계속적으로 이루어지기 때문에 그 양상을 파악하기 위해 수개축 된 해자를 축조시기 역순으로 해체 조사해야한다. 웅천읍성 동벽 해자는 해자 호안석축이 초축해자 호안석축 앞쪽으로 3번에 걸쳐 덧되어져 축조된 것이 확인되었다. 이러한 것을 볼 때 매몰토 제거에는 신중을 기해야 한다. 연해읍성 가운데 거제 고현읍성은 잔존 깊이가 1.7~2.5m 내외, 동벽 해자의 잔존 깊이가 최대 2.9m, 동래읍성은 2.3m, 웅천읍성 해자 깊이 2.5~3.5m 전후로 한 것으로 확인되고 있다. 따라서 해자 깊이를 파악하는데 참고가 될 수 있는데 이때 지형적인 요인에 따라 해자 높이가 일정하지 않다는 점을 간과해서는 안 된다.

〈사진 7〉 해자 매몰토 제거 및
호안석축 조사

〈사진 8〉 동래읍성 해자 바닥 노출
상태

웅천읍성 해자 호안석축을 설치하기 위해 기반암인 자갈역석층을 굴착하여 해자 호안석축 뒤편에 수평을 이루며 뒷채움을 하고 있는 것에서 인공적으로 조성된 지반으로 인해 해자 높이가 조정된 것으로 파악되었다. 따라서 해자를 조사할때에는 체성에서 해자 외벽호안석축 내탁부까지 탐색트렌치를 설치하여 그 축조양상을 파악해야 한다. 이때 호안석축 일부분에 한해서 절개조사를 실시하며 해자 호안석축에 사용된 석축수법도 아울러 확인한다.

읍성 해자 호안석축 축조수법은 공히 허튼층쌓기를 실시하여 장대석과 대석을 사용해서 축조되는 체성에 비해서는 조잡하게 축조되어 있음을 알 수 있다. 그러나 기저부의 바닥에 지대석을 놓고 뒤로 물러서 기단석과 해자석을 축조하는 방식은 체성의 축조수법과 대동소이하다. 이때 해자석으로 사용된 석재들은 대부분 자연할석이나 화강암계통의 자연산석이 대부분이며 강돌과 면석 경우 부분적으로 가공한 흔적이 확인되고 있다. 기단부나 축조시기에 따라 사용된 석재 치석 가공도에 차이를 보인다. 따라서 그리드 구획별로 차이를 파악할 수 있으면 사진촬영 후 실측 및 3D작업을 실시해야 한다.

다음으로 중장비에 의한 매몰토가 일정 부분 제거되면 해자 바닥 시설 노출에 유의해야 한다. 해자 바닥에는 해자 폐기와 매몰양상 및 초축 및 증개축 정보를 알 수 있는 다량의 유물들이 확인된다.

특히 부산 동래읍성 해자 조사에서는 『朝鮮王朝實錄』세종 오례/ 군례. 서례/ 병기/ 갑옷, 투구, 갑옷 조에서 확인되는 상의의 찰갑 1벌과 조선 전기의 칼과 철촉, 두부에 예리한 도구에 의해 상처가 난 두개골, 각종 자기류, 수골, 생활도구 등의 유물이 출토되어 해자 바닥 조사의 중요성을 인식하는 계기가 되었다.

다음으로 우리나라 읍성 해자 바닥은 앞서 언급한 것처럼 목익이 설치된 경우가 많다. 이 목익과 함께 바닥에 판석이나 할석을 깔아 목익을 고정하고 있다. 웅천읍성 발굴조사에서 초축 해자 바닥에는 전체적으로 돌이 깔려 있고 그 사이사이로 목익을 설치한 반면에 증개축된 해자인 남쪽 구간에서는 해자벽에 붙어 약 1.2m 간격으로만 나오고 그 안쪽으로 목익이 나오는 것이 확인되었다. 이것은 해자 바닥에 대해 수·개축 과정에서 수리가 이루어진 것으로 판단되는데 이러한 양상을 잘 관찰하여 조사를 진행해야 한다.

조선시대 축조된 해자 내에서는 교량시설이 확인된다. 이러한 교량시설 조사를 위해서는 옹성 주변의 해자 및 문지 주변의 해자 조사에 유의해야 한다. 대개 옹성 및 문지 주변에 이러한 적교와 같은 성내부로의 출입시설이 설치되는 예가 확인되기 때문이다. 아울러 체성과의 선후관계, 축조수법도 같이 규명해야 할 것이다. 그리고 해자 성벽외측 하단에서 이격된 거리, 옹성 및 치성 등 부대시설과의 이격거리와 해자 상하너비를 확인하여 조사된 해자가 조선시대 전후기에 축조된 읍성 해자축조 규식에 따라 축조되고 있는지를 확인한다.

(5) 조교

웅천읍성 동문지 옹성 바깥 해자 내에서 목재기둥이 2열 4조로 확인되었다. 확인된 이 목재기둥은 옹성 개구부로부터 동남쪽으로 15m 지점에 해당하는 지점으로 동문지 옹성 외벽과는 약 9m 이격된 지점이다. 이 목재기둥은 동문지 옹성과 수평하게 반원형을 이루며 축조된 너비 4.6m 해자 내부에서 확인된 원형 통나무재로 현재 해자 바닥으로부터 잔존높이 20.5~80cm로 확인되고 있다. 직경은 각각 25, 28, 34, 35cm이며, 앞뒤 간격은 74cm로부터 1.82cm이며 좌우 간격은 3~3.25m로 확인되고 있다. 목재로 축조된 해자 내 교량시설은 고현읍성, 동래읍성에서도 일부 확인되고 있는데 고현읍성은 토석혼축 교량[12] 설치 이전 다리 흔적으로는 해자 상부 매몰석 제거 후에 길이 216cm, 두께 13cm의 나무기둥이 쓰러진 채 확인되었다. 또한 동래읍성은 해자 호안석축과 직교하는 목주들이 확인되었다. 직경 3~5cm 길이 40cm~100cm로 다발을 묶어 놓은 것이 풀어진 듯하게 확인되고 있다. 조사자는 당시 해자석축 사이를 연결한 가교 기둥들로 추정하고 있다.[13] 이상의 현황으로 볼 때 웅천읍성에서 확인된 목재가 각각 25, 28, 34, 35cm로 그 두께가 5배 이상 차이를 보이고 있다. 2열 4조 대칭적인 구조로 확인된 것에 주목하면 해자 내 방어 및 은폐를 위한 목익 용도가 아닌 목교 상판을 받치는 교량 기둥으로 사용된 것이라고 할 수 있다.

다음으로 목재기둥 간의 간격이 대략 3~3.5m로 웅천읍성 해자에서 확인된 목익의 간격이 120cm, 60cm와 좌우 간격이 40cm 상하 간격이 20cm와는 확연한 차이를 보여주고 있다. 따라서 웅천읍성 동문지 옹성 외벽 해자에서 확인된 목재기둥과 고현읍성 토석교의 하부에서 확인된 목재는 해자 내외를 출입하기 위한 시설에 사용된 교량의 기둥으로 판단되는 것이다. 그럼 해자 너비와 교량 너비 사이에는 어떤 상관관계가 성립되는 것일까? 웅천읍성에서 확인된 목재교량이 위치하는 해자 너비는 4.5m이며 고현읍성과 동래읍성 해자 너비 역시 4.5m로 동일하게 확인되고 있다. 즉 목재교량과 토석교량이 동시에 확인되거나 목재교량이 확인되는 해자의 너비는 4.5m로 동일하게 확인되고 있는데 이것은 상당히 흥미로운 자료이다. 웅천읍성 증축으로 새롭게 조성된 곳인 동문지 기준

---

12) 釣橋라는 용어가 있으나 여기에서는 들고 내리는 기능이 없는 관계로 교량시설로 용어를 통일하여 사용한다.

13) 경남문화재연구원, 2006, 「부산지하철 3호선(수안정차장) 건설부지내 문화유적 발굴조사 2次 현장설명회 자료」.

동남쪽 해자에서 토석교량과 목재교량이 함께 확인되고 있는데다 이 해자 조성시기가 문헌기사를 참조할 때 단종 1년(1452) 이후로 다리의 축조가 이때에 초축된 것이라면 동일한 시기에 신축된 고현읍성의 해자내에서도 동일한 양상이 확인된다. 해자 너비 역시 4.5m로 동일하게 축조되고 있다는 점은 둘 사이에 상당한 상관관계가 있다고 할 수 있을 것이다. 더군다나 동래읍성 해자 너비 4.5m 지점에 목재가교가 확인되고 있는 점은 시사하는 바가 크다고 할 수 있다. 특히 임진왜란 이전에 축조된 것으로 추정될 뿐 정확한 초축년대를 파악하기 힘든 동래읍성에는 참고점이 될 수 있을 것이다.

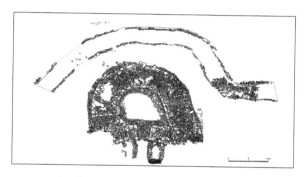

〈그림 5〉 웅천읍성 해자 목조교각 노출상태

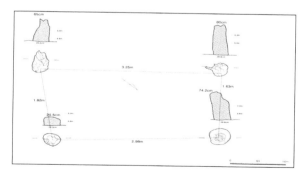

〈그림 6〉 웅천읍성 해자 목조교각 평/단면도

다음 고현읍성과 웅천읍성 해자 내 토석교량의 평면 너비가 4.6~5m로 확인되고 있다. 해자 너비와 비례하는 것이라고 할 수 있겠다. 이 토석교량 평면 너비에 비해 인접한 목재교량의 너비는 앞서 언급한 것과 같이 3~3.5m 내외로 좁은 것을 알 수 있다. 물론 상판구조가 확인되지 아니한 상황에서 교각 너비를 가지고 다리 평면너비를 비교하기는 무리가 있는 듯하다. 하동읍성 3.6m, 4.1m, 김해읍성 3.6m, 장기읍성 3.2m, 3.6m, 고현읍성 4.15m, 3.2m, 언양읍성 3.5m, 3.5m, 3.3m, 개운포영성 4m, 금단곶보성 3.6m로 대부분의 연해읍성 성문은 3.5m 내외로 축조되고 있고, 하동읍성 서문 3m, 동문 5.3m, 김해읍성 북문 3.4m, 장기읍성 서문 4m, 북문 3.5m, 고현성 서문 3.6m, 동문 3m, 언양읍성 서문 4.5m, 동문 2.2m, 남문 7.3m로 연해읍성 옹성 개구부 너비는 3m 이상 4m 이하로 축조되고 있는 데다 조선 전기부터 중기 이후의 시기에도 개구부 너비를 일관되게 유지하고 있어[14] 해자의 목재교량 상판 평면너비는 4m 내외로 추정할 수 있는 것이다.

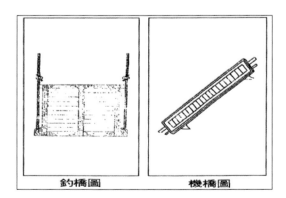

釣橋圖　　　機橋圖

〈그림 7〉 조교모식도

---

14) 이일갑, 2008, 「남해안 연해읍성 옹성에 대한 연구」, 한국상고사학보 제60호, 138~140쪽.

다음 해자 내 토석교량와 목재교량의 선후시기에 관해 살펴보면, 고고학적 조사에서 확인된 양상은 고현읍성 토석교량 하부에서 목재교량의 목재기둥이 확인되고 있다. 토층조사에서도 해자 폐기 전후로 토석교량이 축조되고 있어 목재교량이 토석교량보다 먼저 축조된 것으로 생각해 볼 수 있다. 또한 웅천읍성 동문지 옹성 외곽 해자에서 확인된 목재교량이 인접한 토석교량 보다는 선후시기에 있어 다소 앞서는 것으로 목재교량에서 토석교량의 형태로 점진적인 변화를 보인 것으로 생각할 수 있겠다. 그렇지만 해자를 설치한 성곽의 출입과 관련하여 문헌기사에 나타나는 것을 살펴보면, 『東國輿地勝覽』에 기록된 1378년 고려 말에 마산 내상성에 「호에 물을 둘리고 조교로 막았다」고 한 것으로 보아 이때에 읍성 주변으로 해자가 설치되었을 뿐만 아니라 출입을 위한 조교가 설치되어 있었음을 언급하고 있는데 조교로 막았다는 구절이 있어 이것이 해자를 차단하는 듯한 인상을 주고 있어 목재교량과 같이 열주식의 나무기둥이 아닌 차단형의 토석교량의 형태로 파악해 볼 수 있는 것이다. 반면에 薺山 金聖鐸의 『제산전집(薺山全集)』에 제주읍성의 해자설치와 관련하여 "널다리를 해자 위에 걸쳐 인마를 통하게 하고, 양변의 나무인형에 쇠줄을 걸어 놓았다가 성에 오르면 줄을 당겨 다리가 들리게 하였다"[15]라는 기사에서 18세기 조선시대 후기 영조시대에 읍성 해자를 출입하는 시설로 줄을 올리고 내리던 조교가 존재하였음을 확인할 수 있다. 그리고 제주읍성의 군사에 관한 내용 중에는 "城門擧橋軍三十七名"라 하여 거교군 37명이 있었다는[16] 대목이 있어 주목되는데 여기서 거교군은 성문을 나와 해자를 건너는데 필요한 조교를 들어올리는 임무를 맡은 것으로 보여 또한 해자를 출입하는 조교가 존재하였음을 알 수 있는 것이다.

---

15) 薺山 金聖鐸, 「薺山全集」.
16) 『濟州兵制烽臺摠錄』, 濟州牧條.

이러한 기사를 참고할 때 조선시대 읍성의 해자에는 목재를 이용한 교량시설과 토석을 활용한 교량시설을 조교로 불리운 것으로 파악된다. 또한 고려 말, 조선 초에도 해자를 축조하고 출입 교량시설로 토석교량이 설치된 것으로 파악해 볼 수 있으며 조선 후기에는 일부 지방에서 확인되고 있는 것이지만 계속해서 고정식 목재교량이 아닌 도개식 목재교량이 설치 운영되고 있는 점을 파악할 수 있다. 따라서 고고학적 조사에서 확인된 양상과는 다소 다른 양상으로 기록되어 있는 것을 알 수 있다. 향후 보다 적극적인 자료를 기대할 수 밖에 없는 실정이다.[17]

(6) 양마장

하동읍성에서 조선 전기의 읍성에서 축조가 확인되지 않으며 다른 지역의 읍성에서도 확인되지 않는 양마장(羊馬墻)[18]이 확인되고 있다. 이 양마장은 두우(杜佑)의 통전(通典)에는 우마장(牛馬墻)혹은 양마성(羊馬城)이라고도 하였다. 우리나라에서는 기록상으로는 정유재란시 명나라 총병 양원이 남원읍성에 이것을 설치한 것으로 나타나고 있다.[19] 양마장은 해자의 바깥에 위치하며 해자를 보호하고 또한 성벽 앞에서 방어하는 또다른 방벽으로서, 조선시대 선조때의 유성룡은 『서애집(西厓集)』에서 양마장에 대해서 「記南原陷敗事 楊總兵到南原 修城增埤一丈許 城外築羊馬墻 穿砲穴」으로 기술되어 있으며 「이것은 성 밖에 해자 안에 높이가

---

17) 이일갑, 2010, 「남해안 연해읍성의 해자」, 한국성곽학회 초대회장 심봉근박사 퇴임기념논총, 496~497쪽, 한국성곽학회.

18) 杜佑, 『通典』권152, 兵典5, 守拒法
   「城外四面壕內 去城十步 更立小隔城 厚六尺 高五尺 仍立女墻(謂之羊馬城)」또한 羊馬墻을 羊馬城 이라고도 함.

19) 『西厓集』雜著, 「記南原陷敗事 楊總兵到南原 修城增埤一丈許 城外築羊馬墻 穿砲穴」
   이라하여 明나라 總兵 楊元이 설치한 것으로 기록하고 있다.

1장쯤 되는 담을 쌓은 것으로 ……해자 주변에는 우마장을 규정대로 쌓으나 만일 산성의 지형이 험한 곳이나 해자에 물이 깊은 곳은 우마장을 꼭 쌓을 필요가 없다고 하였다.」이라 하고 있다.[20] 또한 정약용은 "성장이란 양마장이다. 정유재란 시 남원의 전투에서 양마장을 수비하지 않아 적이 이것에 의거하여 몸을 은폐하여 성이 더욱 속히 함락되었다. 이는 반드시 패하는 법이니, 없는 것만 못하다."라고 하였으며, 성장(羊馬墻)의 효용성에 대해서도 언급하기를 「성장이란 호의 내와 성보의 밖에 장을 만든 것으로 호에 접하여 장을 만들면 호가 더욱 깊어지고, 성보를 끼고 도로를 만들면 성보가 더욱 험하게 되는 것이다」라고 하여 방어의 효과를 높일 수 있는 시설임을 나타내고 있다. 송나라 사람 진규는 양마장을 성벽에서 약 6~9m 떨어진 지점에 만들면서 높이는 약 3m, 두께는 약 1.8m 되는 크기를 표준이라 하였다.

조선시대에 축조된 읍성 중에서 하동읍성에서 성벽 전체에 양마장이 둘러져 있는 것이 확인되었다. 따라서 임진왜란 이전에 축조된 읍성 경우는 양마장이 직접적으로 축조되지는 않았지만 임진왜란 기간 중 혹은 이후 시기에 읍성 수개축시에 이러한 양마장 축조 가능성을 확인할 수 있으므로 해자 바깥 및 내외에 읍성 체성과 수평을 이루며 잔존하는 둔덕과 같은 형태 지형은 기본적으로 조사가 이루어져야 할 것이다. 이때 전체적인 조사가 이루어질 수 없다면 체성과 해자 및 해당지역을 연결하는 트렌치를 설치하여 조사가 이루어져야 한다.

하동읍성에서 조사된 양마장은 북벽과 동벽지역이며, 북벽은 양마장 뒤 해자와 연결되어 길이 10m, 높이 1.8m가 남아 있으며, 동벽의 경우는 너비 14m, 잔존 높이 6.2m에 이르고 있다. 따라서 트렌치 설치는 지형과 잔존 높이, 양마장 너비를 고려하여 설치되어야 하며 하동읍성의 경우를

20) 柳成龍, 『西厓集』雜著, 「又有羊馬墻之制 於城外壕子內 築墻高一丈許……」

볼 때 최소 15m 이상의 길이를 설치되어야 양마장 기저부를 확인할 수 있을 것으로 판단된다. 양마장 조사에서 초축시기와 축조수법을 파악하는 방법으로 토층조사에 유의해야 한다. 양마장 단면토층조사에서 확인할 수 있는 것은 최하단부 구지표면에 바닥을 정지한 후 해자내에 매립된 토사를 굴착하여 아래에서부터 차례로 축조하고 최상단에 위치하는 토층 양상은 해자 기반암층 즉 하동읍성 전체 기반암층과 동일한 토양으로 구성되어 있는 것을 알 수 있었다. 따라서 양마장 축조에서 이러한 토층의 순서를 파악하는 단면절개 조사법이 이루어져야하며 이러한 절개면 조사를 통해 양마장과 체성 및 해자와의 축조 선후시기 및 축조수법을 파악할 수 있는 것이다.

특히 이때에는 체성과 해자 및 양마장을 연결하는 트렌치를 설치하여 토층상태를 우선적으로 확인하여야 한다. 이때 토층단면에서 확인되어야 할 것은 구지표층의 정리하면서 판축공법에서 사용되는 희생목과 같은 목주의 흔적을 확인하는 것이다. 하동읍성 양마장조사에서 일부 희미하게 확인되고 있지만 보다 적극적인 자료의 확인을 위해 단면절개조사시 확인해야할 사항이다.

〈사진 9〉 도면 하동읍성 양마장 절개면

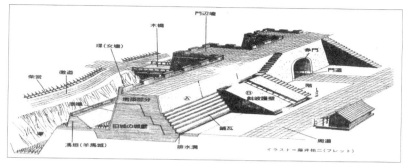

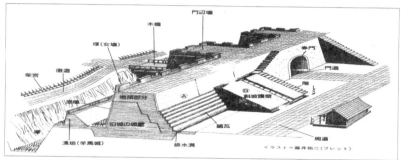

〈그림 8〉 중국의 양마장 모식도

3) 성곽측량 및 항공촬영/실측

읍성과 영진보성 뿐만 아니라 모든 성곽 조사에 앞서 선행되어야 할 것은 지형측량도의 작성이다. 이때 중요한 것은 조사대상지 현황파악과 정확한 유구측량이다. 우리나라 읍성은 대체로 체성과 그 부대시설로 나 눠지는데 지형도 작성 시 체성부 뿐만 아니라 그 부대시설인 옹성, 치성, 해자 등도 유의해서 측량을 실시해야 한다.

특히 체성에 덧대어져 있거나 동시 축조된 치성 및 옹성은 일정한 윤 곽만 있으면 쉽게 육안으로 관측이 가능하여 측량에 어려움이 없이 도면 을 작성할 수 있지만 해자는 대개 퇴적토로 인해 실개천의 형태를 유지하거나 지하에 매몰되어 그 흔적을 파악할 수 없으므로 정확한 측량을 위해서는 보다 세심한 주의가 필요하다. 이때는 과거 구지적도 및 근세 지형도 등을 참조하여 그 윤곽을 확인하여 우선적으로 개략적인 위치 및 범위를 파악하여 표시하여야 한다. 다음 잡목 및 각종 매립된 구조물 및 쓰레기 등이 제거된 체성 내외벽에 대한 현황 측량 및 단면 측량을 실시할 필요가 있다.

〈사진 10〉 사진 실측을 위한 격자 방안 설치 　〈사진 11〉 사진 성곽 실측 및 도면작성 작업광경

대부분의 조사자는 이때 체성의 잔존 길이 및 높이의 측량은 실시하지만 체성 단면에 대한 측량에는 소홀할 수 있다. 체성에 대한 단면 측량은 체성의 축조형태를 파악하는데 중요한 단서를 제공할 수 있다. 즉 육안으로 확인되지 않는 체성 단면 굴곡을 현황측량을 통해 수치화하면 체성에 잔존하는 여장 흔적을 확인할 수 있으며 체성 내벽부의 축조수법을 파악할 수 있다. 특히 조선시대 읍성의 경우 체성 축조수법에 있어 내외협축식과 외석축내탁식, 계단식으로 나눌 수 있는데 이러한 측량조사를 통해 외석축 내탁식과 계단식을 구별할 수 있는 준거를 마련할 수 있다. 이것은 읍성을 비롯한 성곽 단면절개조사가 원상복구가 이루어질 수 없기 때문에 되도록 단면절개조사를 지양하는 것에도 그 이유를 찾을 수

있다. 따라서 읍성 발굴조사시에는 체성에 대한 단면측량이 조사대상지 전체에 걸쳐서 여러 군데의 지점을 지정하여 실시되어야 하며 그 현황을 바탕으로 발굴조사 계획을 수립하여야 한다. 현황측량은 현재 이루어지는 읍성조사가 구제발굴 및 복원정비 사업의 일환으로 시행되는 관계로 범위가 넓지 않아 대부분 조사원들이 실시하는 것도 무방하지만 읍성 보존 및 차후 훼손을 대비하여 전문기관에 의뢰하여 전체측량을 해두는 것도 중요하다.

읍성을 비롯한 성곽 발굴조사시에 가장 문제가 되는 것이 잔존 유구에 대한 실측문제이다. 특히 체성을 비롯한 부대시설 평/입면/단면 실측은 유구 노출과 사진 촬영 후 반드시 도면화 작업을 위해 실시되어야 하는 발굴과정이다. 이때 실측에 소요되는 인력 및 시간이 전체 발굴조사과정에 상당한 부담으로 작용할 경우가 많다. 이러한 연유는 성곽이 통상 평면형태만 잔존하는 것이 아닌 입체형태로 잔존하거나 노출확인되기 때문이다. 더구나 잔존 너비이거나 길이가 읍성의 경우는 보통 6m 이상인 경우가 많기 때문에 실측에는 시간과 인력이 많이 소요된다. 특히 실측을 위한 방안 설치는 잔존 유구 형태가 불규칙하게 남아 있거나 돌출되거나 함몰된 경우는 여간 까다롭지 않다. 따라서 실측으로 인해 발굴조사 기간이 연장되거나 증개축 유구에 대한 조사가 지연되기 일쑤이다. 따라서 현장 조사자들은 실측 기간을 줄이기 위해 다각도의 방법을 강구하여 온 것이 사실이다. 이러한 방법 가운데 가장 일반적인 방법이 레벨기 및 트렌싯가 같은 고도와 수평기계를 이용하여 방안실 설치없이 석필 및 분필 등을 이용하여 방안을 성석에 직접 그려 넣는 방법이다. 이 방법은 석축으로 인해 방안을 고정할 못과 말목의 설치가 쉽지 않은 체성의 평면 및 입면실측에 사용하면 좋다.

다음으로 직상방촬영기를 이용하여 찍은 사진을 합쳐 하나의 사진으로 만들어내는 것이다. 이때 그리드를 구획하고 소그리드별로 방안실을 설치한 후 촬영하는 방법21)과 방안 설치 없이 기준점과 좌표점 등을 통해 실제 위치를 수정하고 사진을 합칠 때 기준점으로 삼을 수 있다.

〈사진 12〉 도면 웅천읍성 항공촬영 사진

이러한 직상방촬영기는 최근 몇 년 사이에 대형 주거지조사 및 고분 평면실측에 사용되어 실측에 소요되는 시간을 단축하는 결과가 확인되고 있어 유효한 방법이다. 다만 체성의 높이가 직상방촬영기가 촬영할

---

21) 민소리, 전보람, 손설빈, 2012, 「한양도성 지표 · 시 · 발굴 조사방법론」 야외고고학 제14호, 한국문화재조사연구기관협회, 116쪽.
　이때 사진은 주변부의 왜곡이 있음로 가급적 여러컷을 겹쳐 찍어서 컴퓨터에서 격자실을 중심으로 합쳐서 왜곡을 최소화하는 도면을 사용해야 한다. 이렇게 완성된 전자도면은 Illustrator에서 작업하며, 합성한 사진을 고정시키고(Ctrl+2)시키고 펜툴이나 연필툴을 이용하여 외곽선을 따라 그린다. 이때, 선은 Color탭 옵션에서 CMYK모드로 선택하고 K값만 100%로 맞춰 인쇄 시에 검은색이 나오도록 조정한다. 또한 전자도면을 작성할 때 레이어를 분리해서 놓으면 나중에 편집하기 쉽다. 저장은 File-export를 통해서 할 수 있으며, jpg, png, bmp 등 여러 파일로 전환 할 수 있다.

수 있는 높이보다 높거나 직상방촬영기를 설치하기 힘든 고지대나 평탄대지가 없는 조사대상지의 경우 사용이 힘들다는 단점이 있다. 다음으로 Gps를 이용하는 방법인데 이 방법은 무선노트북과 최근 발전하는 IT 무선장비들의 활용하는 것으로 조사대상지를 위성에서 관측할 수 있고 그 기준점과 좌표를 안다면 최대한 확대하여 평면도를 생산, 펜툴이나 연필툴 등으로 실측할 수 있는데 기술적인 문제와 비용의 문제가 따르기 때문에 좀더 연구가 필요한 부분이다.

읍성조사가 완료 된 후 무인항공헬기, 패러글라이더, 기구 등을 이용한 읍성 전체에 대한 항공촬영을 실시한다. 이러한 항공촬영은 읍성 전체를 조망할 수 있고 조사과정에서 확인되지 않는 체성 연장선 및 읍성 평면형태를 파악할 수 있는 점에서 유효한 조사과정 하나이다. 단적인 예로 도시화가 진행되어 읍성의 평면형태를 정확히 도면만으로 파악하기 어려운 경우에 이러한 항공촬영을 통한 전체 전경을 기록화한 사진자료를 함께 검토한다면 보다 자료의 획득에 용이할 수 있다.

4) 성내시설물들의 발굴을 위한 위치파악(고지도/문헌자료, 전수조사)

읍성 내부 조사를 위해서는 고문헌 및 지도의 우선파악이 이루어져야 한다. 다음으로 지적원도 및 토지 건축물대장 등을 파악해야 한다. 우리나라 읍성은 1910년 읍성철폐령을 기점으로 일제에 의해 계획적으로 훼손이 이루어 진바 당시의 토지대장 및 건축물대장을 확인한다면 그 위치 및 대략적인 범위를 파악할 수 있는 것이다. 이때 조선시대 당시 기록에서 확인되는 동헌과 객사 그리고 각 아문과 창고들의 확인하고 현재의 지형도에 표시하고 아울러 잔존현황도를 작성 비치하여 향후 보존 및 보

〈그림 9〉 통영성 내부 건물지
배치현황(해동지도)

호 방안을 수립해야 한다. 다음으로 근현대 사진자료 확보 및 현장 전수조사를 실시한다. 근현대에 촬영된 사진자료와 현재 촬영된 사진자료를 비교하여 해당 시설물의 위치와 현황을 파악해 두어야 한다. 특히 이러한 작업은 현장에서 직접 실시해야 하는 관계로 고노들과 지역토박이들과 인터뷰조사를 병행하여 실시한다면 보다 좋은 효과를 볼 수 있다.

조선시대 읍성은 일제에 의해 대부분 계획적으로 훼손되었으며 특히 객사와 동헌지역은 일제가 학교를 설립한다면 명목으로 대부분 훼손되거나 지하에 매장되어 있으므로 해당지역 학교 이설 및 증개축시에 이러한 점을 염두에 두고 사업을 진행해야 한다. 물론 학교를 다른 곳으로 옮기고 해당지역을 발굴조사하여 그 원형을 보존하면 가장 좋지만 현실적으로 어려움이 따르는 관계로 보존조치에 만전을 기해야 할 것이다. 따라서 유적현황도 및 표지석 등을 해당지점에 비치하여 지하에 읍성과 관련한 객사 및 동헌과 각 아문이 잔존하는 것을 알릴 필요가 있다.

4. 맺음말

이상으로 읍성 조사에 관해서 주요 유적에서 조사된 결과를 토대로 살펴보았다. 물론 여기에 사례로 든 읍성 조사 방법이 모든 읍성에 적용된다고 할 수는 없다. 더구나 고고학적 조사로 확인되지 못한 또 다른 읍성 특징이 있을 수 있고 기 조사된 자료 경우에도 그 해석 및 연구검토가 여전히 답보상태에 머물러 있어 각 지역과 시기별 읍성 특징이 정리되지 못한 상태이기에 더욱 그러하다. 다만 여기에서는 최근까지 고고학적 조사를 통해서 확인된 읍성을 기준으로 향후 읍성 조사시에 현장연구자들이 참고할 점을 요약 정리하였다. 본 조사방법론을 기술함에 있어 내용의 모호함이 없다 할 수 없으며 이러한 미비하고 잘못된 점은 지속적으로 수정하도록 할 것이다.

참고문헌

<보고서>

강진군 · 목포대학교박물관, 「康津邑城」, 목포대학교박물관 학술총서 제116
　　책, 2004.
江原文化財研究所, 「강릉 성내동 11-1번지 유적 발굴조사 보고서」, 江原文化
　　財研究所 學術調査 39冊, 2006.
경남문화재연구원, 「統營城址 西鋪樓 發掘調査 結果報告」, 2004.
　　＿＿＿＿＿＿＿＿＿, 「釜山地下鐵 3號線(壽安 · 停車場) 建設敷地內 文化遺蹟 發
　　掘調査 2次 現場說明會 資料」, 2006.
경남문화재연구원 부산지방국토관리청, 「金海 農所里遺蹟」, 2004.
경남발전연구원 역사문화센터, 「熊川邑城」, 慶南發展研究院 歷史文化센터 調
　　査研究報告書 第1冊, 2001.
　　＿＿＿＿＿＿＿＿＿＿＿＿＿, 「固城邑城址 地表調査報告書」, 慶南發展研究
　　院 歷史文化센터 調査研究報告書 第3冊, 2001.
　　＿＿＿＿＿＿＿＿＿＿＿＿＿＿＿, 「河東邑城 I」, 學術研究報告書 第15冊, 2004.
　　＿＿＿＿＿＿＿＿＿＿＿＿＿＿＿, 「巨濟玉浦鎭城」, 慶南發展研究院歷史文化센터
　　調査研究報告書 第 36冊, 2005.
　　＿＿＿＿＿＿＿＿＿＿＿＿＿＿＿, 「古縣邑城」, 慶南發展研究院 歷史文化센터 調
　　査研究報告書 第 42冊, 2006.
　　＿＿＿＿＿＿＿＿＿＿＿＿＿＿＿, 「馬山 合浦城址」, 2006.

＿＿＿＿＿＿＿＿＿＿＿＿＿＿＿＿＿＿，「河東邑城Ⅱ」, 學術研究報告書 第39冊, 2006.

＿＿＿＿＿＿＿＿＿＿＿＿＿＿＿＿＿，「鎭海 熊川邑城Ⅱ」, 慶南發展研究院 歷史文化
센터 調査研究報告書 第81冊, 2010.

慶尙北道文化財研究院 · 星州郡, 「星州邑城地表調査報告書」, 學術調査報告 第
17冊, 2002.

慶州文化財研究所, 「長鬐邑城 地表調査報告書」, 1991.

慶州市 · 大邱大學校博物館, 「慶州 鵲城 地表調査報告書」, 學術調査報告, 第三
十七冊, 2003.

京畿道博物館, 「龍仁 壬辰山城」, 1997.

國立扶餘博物館, 「舒川長岩鎭城」, 『國立扶餘博物館古蹟調査報告』, 1997.

國立晉州博物館 · 晉州市, 「晉州城 矗石樓 外廓 試掘調査報告書」, 2002.

金秉模 · 沈光注, 「安山邑城」, 漢陽大學校博物館叢書 第9輯, 1990.

김포시 · 한양대학교박물관, 「김포시의 역사와 문화유적」, 한양대학교박물관
총서 제52집, 1999.

公州大學校博物館, 「所斤鎭城」, 1996.

公州大學校博物館 · 保寧市, 「藍浦邑城」, 2003.

羅東旭, 「金丹串堡城址發掘調査概報」, 『博物館研究論集』6, 1997.

단국대학교 매장문화재연구소 · 이천시, 「이천 설봉산성 2차 발굴조사보고서」,
매장문화재연구소 학술조사총서 제6책, 2001.

大邱大學校博物館, 「蔚珍郡 城址遺蹟 地表調査報告書」, 學術調査報告 第十四
冊, 1998.

東亞大學校博物館, 「巨濟市 城址 調査報告書」, 1995.

＿＿＿＿＿＿＿＿＿，「巨濟市文化遺蹟精密地表調報告書」, 1995

＿＿＿＿＿＿＿＿＿，「彦陽邑城 綜合整備復元을 위한 學術調査報告書」, 2003.

東亞細亞文化財研究院, 「巨濟 廢王城 文化遺蹟 試掘調査 報告書」, 2006.

馬山市, 「馬山慈山城址(會原城)地表調奎報告書」, 1988.

木浦大博物館, 「務安郡의 文化遺蹟」, 1986.

＿＿＿＿＿＿＿＿，「新安郡의 文化遺蹟」, 1987.

_____, 「長興郡의 文化遺蹟」, 1989.

_____, 「康津 兵營城 發掘調査報告書」, 1991,

_____, 「莞島郡의 文化遺蹟」, 1995.

夢村土城發掘調査團, 「夢村土城發掘調査報告書」, 1985.

문화재연구소 · 한림대박물관, 「양주 대모산성 발굴보고서」, 1990.

밀양대학교박물관, 「密陽邑城」, 2002.

百濟文化開發研究院, 「忠南地域의 文化遺題」1, 1986.

報恩郡, 「報恩 三年山城」—기초조사보고서—, 1979.

福泉博物館, 「東萊邑城址」, 福泉博物館 學術研究叢書 第13輯, 2001.

부여문화재연구소, 「부소산성 발굴조사중간보고」, 1995.

釜山廣域市 東萊區, 「東萊邑城址 復元綜合計劃」, 2006.

釜山廣域市立博物館, 「金海 東上洞 소방도로 개설 구간 내 金海邑城址 試掘調
    查」, 博物館研究論集 7, 1999.

_____, 「慶尙左水營城址」, 2001.

釜山大學校博物館, 「釜山市文化財地表調査報告書」, 1977.

_____, 「機張郡 文化遺蹟 地表調査 報告書」, 1998.

釜山大學校 韓國文化研究所, 「慶尙左水營城址 地表調査報告書」, 1990.

수원대학교박물관, 「안산읍城 및 관아지 발굴조사보고서」, 2000.

順天大學校博物館, 「順天 劍丹山城과 倭城」, 1997.

順天大學校博物館 · 靈光郡, 「靈光 法聖鎭城」, 順天大學校博物館學術資料叢書
    第三十冊, 2001.

심봉근 · 김동호, 「梁山 專池里土城」, 東亞大學校搏物館, 1983.

심봉근, 「蔚山倭城 · 兵營城址」, 東亞大博物館, 1986.

_____, 「蔚州華山里城址」, 東亞大博物館, 1990.

_____, 「巨濟 古縣城址」, 東亞大學校博物館, 1991.

_____, 「馬山合浦城址基礎調査報告」, 東亞大學校博物館, 1993.

_____, 「鎭海 龜山城址」, 『韓國南海沿岸城址의 考古學的 研究』, 학연문화사,
    1995.

_____,「鎭海龍院遺蹟」, 東亞大學校博物館, 1996.

_____,「靈山邑城址地表調查報告書」, 東亞大學校博物館, 1998.

_____,「鎭海薺浦水中遺蹟」, 東亞大學校博物館, 1999.

심봉근 · 이동주,「舊所乙非浦城址地表調查報告書」, 固城郡 · 東亞大學校博物館, 1999.

심봉근 · 이동주 · 신인주 · 박희정,「固城邑城址」, 東亞大學校博物館, 2006.

_____,「龜浦德川洞遺蹟」, 東亞大學校博物館, 2006.

심봉근 · 이동주 · 신인주,「江西 竹島城址」, 釜山廣域市 · 東亞大學校博物館, 2006.

沈正輔 · 李達勳 · 姜鍾元,「沔川邑城」, 大田産業大學校 鄕土文化硏究所 · 唐津郡, 1999.

아라가야향토사연구회,「安羅國古城」, 유적답사자료총서 1집, 1996.

安承周,「公山城」, 1982.

永同郡 · 中原文化財硏究院,「永同 黃澗邑城 地表調查報告書」, 調查報告叢書, 第28冊, 2006.

圓光大 馬韓 · 百濟文化研究所,「高敞邑城 內部建物址 調查報告書」, 1982.

兪炳一 · 裵恩景,「蔚山 開雲浦城址」, 蔚山發展硏究院 文化財센터 學術研究叢書 第3輯, 2004.

李相吉,「三千浦市 文化遺蹟 地表調查報告書」, 慶南大學校博物館, 1995.

丁仲煥,「東萊邑城西將台 · 望月山頂建物址發掘調查報告書」, 東亞大博物館, 1979.

丁仲煥 · 沈奉謹,「창원군 내 성지조사보고」,『석당논총』제1집, 1976

(財)蔚山文化財硏究院,「蔚山兵營城鎭海樓」, 2004.

_____,「蔚山兵營城」, 2005.

(財)全南文化財硏究院 · 珍島郡,「珍島 南桃石城 船所遺蹟」, 全南文化財硏究院 學術叢書 第26冊, 2006.

(財)湖南文化財硏究院 · 羅州市,「羅州邑城Ⅱ」, 湖南文化財硏究院 學術調查報告 第28冊, 2004.

(財)湖南文化財硏究院 · 高敞郡,「高敞 茂長邑城Ⅰ」, 湖南文化財硏究院 學術調

査報告 第60册, 2006.

조수현 · 김동연, 「진주 평안동 공동주택 건립부지 발굴조사 개요」, 제1회 유적조사연구발표회 자료집, 2007.

趙榮濟외 3, 「泗川 柳川里 濟民倉址」, 慶尙大學校博物館, 1996.

中央文化財研究院 · 機張郡, 「機張 林浪里遺蹟」, 2001.

진도군 · 전남대학교박물관, 「진도 금갑진성 지표조사 보고서」, 2003.

鎭海市, 「鎭海의 文化遺蹟」鎭海鄕土史料叢書 第二輯, 1997.

昌原市 · 慶南文化財研究院, 「昌原邑城址精密地表調査報告書 및 邑城復原에 關한 研究」, 2005.

淸道郡 · 慶尙北道文化財研究院, 「淸道邑城精密地表調査報告書」, 2005.

崔夢龍, 「高興鉢浦鎭城 發掘調査報告書」, 『白山學報』29, 1984.

忠北大學校 中原文化研究所, 「永同邑城 地表調査報告書」, 中原文化研究叢書 第1册, 1997.

忠北大學校 中原文化研究所, 「韓國의 近世山城」, 中原文化研究叢書 第34册, 2002.

忠南大學校博物館, 「三年山城」, ―연못터및 수구지 발굴보고서―, 1983.

忠南大學校博物館 · 瑞山郡廳, 「海美邑城內 建物址 發掘調査報告書 地表調査報告書」, 1981.

統營市, 「唐浦城 地表調査 報告書」, 1997.

華城郡 · 한신大學校博物館, 「水原 古邑城」, 한신大學校博物館叢書 第12册, 2000.

한국문물연구원, 「다대1구역 주택재개발정비사업부지에 대한 문화재지표조사결과보고서」, 2006.

한국토지공사토지박물관 · 양주군, 「양주군의 역사와 문화유적」, 『토지박물관학술조사총서』 제1집, 1998.

한국토지공사토지박물관, 「남한산성」, 『토지박물관학술조사총서』 제1집, 1998.

韓日文化研究所, 「慶南의 倭城址」, 釜山大學校, 1961.

咸安郡 · 慶南文化財研究院, 「漆原邑城」, 學術調査研究叢書 第45輯, 2006.

湖南文化財研究院,「高敞 茂長邑城 I 」, 2006.

<단행본>

경기문화재단,『수정국역 화성성역의궤』, 기전문화예술총서 10, 2001.

경성대학교 부설 한국학연구소,「금정산성과 금정진」, 2004.

국방부 전사편찬위원회,「軍史」창간호, 1980.

_____,「軍史」2, 1981.

_____,「軍史」34, 1997.

_____,「軍史」35, 1997.

_____,「軍史」36, 1998.

_____,「風泉遺響」,『軍事文獻集11』, 1990.

국사편찬위원회,「與地圖書」, 1973.

데이비드 데이,「정복의 법칙」, Human&Books, 2006.

김기웅,『무기와 화약』,『교양국사총서 32』, 세종대왕기념사업회, 1974.

김동욱,「水原城」,『빛깔있는 책들』102－5, 대원사 1989.

김재근,『한국의 배』, 서울대학교출판부, 1994.

김원용,『韓國美術史』, 汎文社, 1968.

_____,「韓國考古學 概說」, 一志社 1973.

김인덕 외 3명,「과학문화」, 솔, 2004.

김정학,『韓國의 考古學』, 1972.

김화영,「韓國 蓮花文 研究」, 1976.

동국문화사,『增補文獻備考』, 1971.

문화재관이국,「全國 邑城調查」, 1985.

민승기,『조선의 무기와 갑옷』, 조선사회사총서 22, 가람기획, 2004.

민족문화추진회,『國譯 萬機要覽』－軍政篇－, 1971.

박광춘,『새롭게 보는 가야고고학』, 학연문화사, 2006.

반영환,「韓國의 城郭」, 世宗大王記念事業會, 1978.

백종오, 金炳熙, 申泳文,「韓國城郭研究論著總攬」, 2004.

부산광역시사편찬위원회,「國譯嶺南鎭誌」,『釜山史料叢書』6, 1996.

부산광역시 수영구,「慶尙左水營城址 整備基本計劃」, 1999.

세종대왕기념사업회,「世宗實錄地理志」, 1973.

_____,「증보문헌비고」여지고1, 2, 3, 1978.

松本諒士,「築城」, 理工學社, 1996.

시노다 고이치,「무기와 방어구(중국편)」, 들녘, 2001.

신영훈,『한옥과 그 역사』, 에밀레 미술관, 1975.

심봉근,「韓國南海沿岸城址의 考古學的 研究」, 學研文化社, 1995.

_____,「韓國文物의 고고학적 이해」, 동아대학교 출판부, 2005.

심정보,「韓國 邑城의 研究 －忠南地方을 中心으로－」, 學研文化社, 1995.

_____,「백제 산성의 이해」주류성, 2004.

아세아문화사,「邑誌」(慶尙道 三册), 1982.

아세아문화사영인,「邑誌」, 1982.

_____,「東國與地勝覽」, 1983.

안길정,「관아를 통해서 본 조선시대 생활사」, 사계절, 2000.

여호규,「高句麗城 II 遼河流域篇,『韓國古代城郭2』, 國防軍史研究所, 1999.

윌리엄 맥닐,「전쟁의 세계사」, 이산, 2005.

유재춘,「近世 韓日城郭의 比較研究」, 국학자료원, 1999.

_____,「韓國 中世築城史 研究」, 景仁文化社, 2003.

유형원,『磻溪隨錄』, 忠南大學教 1968.

이건하,『朝鮮時代의 日本城』, 국학자료원, 2003.

이기백,「高麗兵制史研究」一潮閣, 1973.

이내주,「서양 무기의 역사」, 살림, 2006

이종봉,「韓國中世度量衡制研究」,『민족문화학술총서23』, 도서출판 혜안, 2001.

이중환 著 · 李翼成 譯,『擇里志』, 乙酉文化社, 1997.

이현류,「倭冠」,『韓國史』8, 國史編纂委員會, 1974.

장명수,『성곽발달과 도시계획 연구―전주부성을 중심으로―』, 학연문화사, 1994.

정약용,『임진왜란과 병자호란』, 현실총서23, 現代實學社, 2001.

차문섭,「朝鮮時代軍制研究」, 檀國大出版部, 1973.

차용걸·최진연,「한국의 성곽」, 눈빛, 2003.

최영희,「壬辰倭亂」, 世宗大王記念事業會, 서울, 1974.

太丸伸章,「戰略戰術兵器事典(中國古代編)」, 1994.

페르낭 브로델/강주헌 옮김,『지중해의 기억』, 도서출판 한길사, 2006.

한스 페터 폰페쉬케,『성곽』, 도서출판 정담, 2004.

Charles L. Redman, 최몽룡 역,『문명의 발생―근동 지방의 초기 농경민에서 도시 사회까지』, 대우학술총서, 1995.

<논문>

강상택,「張保皐의 淸海鎭 進出에 관한 考察」38, 2000.

吉岡新一,「文禄·慶長の役における火器についての研究」,『朝鮮學報』, 1983.

공석구,「高句麗城郭의 類型에 대한 研究」,『한국상고사학보26』, 1998.

권학수,「황룡사 건물지의 조영척 분석」,『한국상고사학보31』, 한국상고사학회, 1999.

堀田浩之,「姫路城の 空間構成について」, 華城研究會, 2003.

김경추,「강릉읍성의 입지와 공간구성에 관한 연구」, 한국도시지리학회 제7권, 2004.

김기민,「東萊 古邑城」, 韓國城郭研究 叢書 4, 한국성곽학회, 2004.

김기웅,「고구려 산성의 특성에 관한연구」,『고고민속논문집』, 1984.

김동현,「우리나라 城門形式과 그 類型」,『文化財 9号』, 1975.

김명철,「朝鮮時代 濟州道 關防施設의 研究」, 濟州大學校 敎育大學院碩士學位論文, 2000.

김성진, 「부산 동래읍성」, 韓國城郭研究 叢書 7, 한국성곽학회, 2005.

김성진, 「東萊邑城 垓子와 水□」, 韓國城郭研究叢書11, 한국성곽학회, 2007.

김승옥, 「고고학적 자료의 分布와 記述 — 히스토그램을중심으로」, 『한국상고 사학보27』, 1998.

김승옥, 「고고학의 최근 연구동향: 이론과 방법론을 중심으로」, 『한국상고사 학보31』, 한국상고사학회, 1999.

김용곤, 「朝鮮前期 軍糧米의 確保와 運送」, 韓國史論7, 國史編纂委員會, 1982.

김용민, 「부소산성의 성벽축조기법 및 변천에 대한 고찰」, 『한국상고사학보』 26, 1998.

김일상, 「壬辰倭亂과 李舜臣의 戰略」, 『忠武公 李舜臣 研究論叢』, 海軍士官學 校 博物館, 1991.

김재근, 「韓國船舶史研究」, 서울大出版部, 서울, 1984.

김정률, 「사천읍성의 축조 수법에 관한 고찰」, 韓國城郭研究叢書11, 한국성곽 학회, 2007.

김철수, 「한국 성곽 도시의 형성·발달과정과 공간구조에 관한 연구」, 홍익대 학교박사학위논문, 1984.

김호일, 「梁誠之의 關防論」, 『한국사론7』, 국사편찬위원회, 1985.

나동욱, 「慶南地域의 土城 研究」, 『博物館研究論集』5, 釜山廣域市立博物館, 1996.

나동욱, 「釜山地域의 城址에 關한 檢討」, 『博物館研究論集』2, 釜山廣域市立博 物館, 1998.

_____, 「韓國釜山市域の倭城の現狀」, 『倭城の遺蹟か語る朝鮮出兵の實狀 —』, 倭城研究シソポヅウム實行委員會, 1999.

_____, 「釜山市域新發見の倭城遺構」, 『倭城の研究』弟3号, 城郭談話會, 1999.

_____, 「금정산성 및 금정진의 조사현황」, 한국성곽학보 제6집, 2004.

_____, 「慶南地域 邑城과 鎭城의 試·發掘調查 成果」, 東亞文化 創刊號, (財) 東亞文化研究院, 2005.

노병식, 「상당산성 서문 북쪽의 성벽 구조에 대한 소고」, 韓國城郭研究叢書12,

한국성곽학회, 2007. 11.

노영구,「朝鮮後期城制變化와 華城의 城郭史的意味」,『震檀學報』88, 震檀學會, 1999.

六反田豊橋, 田代和生, 吉田光男, 伊藤幸司, 橋本雄, 米谷均, 北道万次,「文祿 · 慶長의 役」, 한일역사 공동연구보고서3, 2005.

大室謙二,「廣島城의 發掘調査成果를 中心として」, 華城硏究會, 2003.

리영민,「경성읍성의 성벽축조 형식과 방법에 대하여」, 조선고고연구 제76, 사회과학원 고고학연구소, 1990.

민덕식,「三國時代 이전의 城郭에 관한 試考」,『韓國上古史學報』, 16, 1994.

박방룡,「新羅 都城 硏究」, 東亞大學校博士學位請求論文, 1997.

박은경,「高麗 瓦當 文樣의 編年硏究」,『考古歷史學志』弟4輯,1988.

박의준,「우리나라 남부지역 읍성지의 지형경관 분석-광주 읍성지를 사례로 -」, 지리학연구 제36권, 2002.

박종익,「三國時代의 山城에 대한 一考察」, 東義大學校碩士學位請求論文, 1993.

방상현,「朝鮮前期 城郭機能考」,『史學志』16, 檀國大史學會, 1982.

배덕환,「嶺南地方 靑銅器時代 環壕聚落硏究」, 동아대학교 대학원 석사학위논 문, 2000.

서민상,「全羅左水營城에 대한 復元的 考察」,『全羅左水營城의 歷史와 文化』, 順川大學校博物館, 1993.

城郭談話會,「倭城의 硏究」創刊 · 2 · 3 · 4 · 5号, 1997-2002 외 다수.

손영식,「三國時代의 城과 古代城의 比較」, 文化財管理局, 1983.

_____,「韓國城郭의 硏究」, 文化公報部文化財管理局, 1987.

_____,「木柵施設 小考」,『文化財』21, 1988.

신대진,「朝鮮後期 實學者의 武器 및 軍事施設 改善論」,『동국사학』, 제29집, 2004.

심봉근,「朝鮮前期 築造 兵營城에 대하여」,『石堂論叢』제15집, 1989.

_____,「馬山合浦城址」,『釜山女大史學』제10 · 11합집, 1993.

_____,「韓國 南海岸의 倭城」,『文物硏究』4, 2000.

_____,「한국 남해연안 성지의 고고학적 연구」, 韓國城郭硏究叢書11, 한국성
　　곽학회, 2007.

심정보,「百濟 復興軍의 主要據點에 관한 硏究」, 百濟硏究 第14輯, 1983.

_____,「大田의 古代山城」,『百濟硏究』20, 1989.

_____,「高麗末 · 朝鮮初의 下三道 邑城 築造記事 檢討」, 石堂論叢 第20輯, 1994.

_____,「大田 鷄足山城의 考古學的 檢討」,『丹雪李蘭暎博士 停年紀念論叢』,
　　考古歷史學志, 제16집, 2000.

_____,「풍납토성(風納土城)과 중국 고대도성과의 비교연구」,『중국고대도
　　성조사보고서』, 국립문화재연구소, 2005.

안성현,「泗川 船津里城에 대하여－築造手法 및 築造年代를 中心으로」,『韓國
　　城郭硏究會定期學術大會』, 韓國城郭硏究會, 2003.

양보경 · 민경이,「慶尙北道 永川邑城의 空間構造와 그 變化」,『문화역사지리』,
　　제144.

오승연,「칠원읍성」, 韓國城郭硏究 叢書 8, 한국성곽학회, 2005.

倭城·大坂城國際シンポジウム委員會,「韓國の倭城と大阪城資料集」, 2005.

倭城趾硏究所,『倭城』Ⅰ, 1979.

유재원,「삼국사기 축성기사의 분석」,『호서사학12』, 1984.

유재춘,「朝鮮前期 城郭 硏究」,『軍史』33, 1996.

_____,「임진왜란시 일본군의 조성성곽 이용에 대하여」,『朝鮮時代史學報』
　　24, 2003.

윤무병 · 성주탁,「百濟山城의 新類型」,『百濟硏究』, 第8輯, 1977.

이달호,「'華城' 建設硏究」, 상명대학교 대학원 박사학위논문, 2003.

이동주,「龜浦倭城 枝城部의 性格과 內容」,『韓國城郭硏究會 創立學術會議』,
　　韓國城郭硏究會, 2002.

_____,「金海 竹島倭城」,『韓國城郭學報』7, 韓國城郭硏究會, 2005.

이상돈,「朝鮮中期 邑城에 關한 硏究」, －與地圖書의 分析을 中心으로－, 1984.

이우태,「韓國 古代의 尺度」,『태동고전연구』1, 1985.

이원근,「三國時代 城郭硏究」, 檀國大學校 博士學位 請求論文, 1980.

이웅묵, 「韓國城郭의 城門建築樣式에 關한 研究」, 建國大學校大學碩士學位論文, 1983.

이일갑, 「南海岸地域 朝鮮時代 鎭에·堡에 關한 研究」, 東亞大學校大學院碩士學位論文, 2000.

_____, 「하동읍성에 대하여」, 韓國城郭研究叢書2, 한국성곽학회, 2003.

이일갑, 「마산 회원현성지에 대하여」, 韓國城郭研究叢書8, 한국성곽학회, 2005.

_____, 「最近 調査된 南海岸 倭城 事例 檢討」, 九州考古學會北九州大會資料集, 九州考古學會, 2005.

_____, 「南海岸 沿海邑城 垓子考」, 文物研究 제10호, 동아시아문물 연구학술재단, 2006.

_____, 「합천 대야성의 고고학적 검토」, 韓國城郭研究叢書9, 한국성곽학회, 2006.

_____, 「巨濟 古縣邑城에 대한 研究」, 石堂論叢 第三十七, 東亞大學校石堂學術院, 2006.

_____, 「南海岸 沿海邑城 雉城小考」, 文物研究 제11호, 동아시아문물연구학술재단, 2007.

_____, 「마산 합포성지에 대한 소고」, 韓國城郭研究叢書12, 한국성곽학회, 2007. 11.

_____, 「경남지역 연해읍성 연구」, 박사학위논문, 동아대학교, 2008.

이전, 「사천만 연안에 축성된 성(城)의 유형과 기능에 관한 역사 지리적 연구」, 한국지역지리학회지 제6권, 한국지역지리학회, 2000.

이재혁, 「朝鮮時代 忠淸海岸地域의 城郭研究」, 慶熙大學校 碩士學位論文, 1986.

이종욱, 「南山 新城碑를 통하여 본 新羅의 地方 統治體制」, 『역사학보』64, 1974.

이춘근, 「우리나라 성곽의 보존관리 정책」, 『한국성곽연구회추계학술대회』, 한국성곽학회, 2003.

임승우, 「朝鮮時代 安東邑城 研究」, 安東大學校碩士學位論文, 1999.

심종훈, 「거제 폐왕성 축성소고」, 韓國城郭研究 叢書 8, 한국성곽학회, 2005.

장경호,「核字의 起源과 그 機能에 關한 考察」,『三佛金元龍教授停年退任記念論叢』I, 1987.

장재훈,「조선시대 제주도 방어시설의 학습지도방안—초등학교의 향토사 교육과 관련하여」, 제주대학교 교육대학원 석사학위논문, 2004.

田中健夫,「管流水軍의 祖管平右衛門道長의 生涯とその史料」,『中世對外關係史』, 東京大學出版會, 1975.

井上秀雄.,「朝鮮城郭一覽」,『朝鮮學報』제103집, 朝鮮學會, 1982.

정진술,「韓國先史時代 海上移動에 관한 研究」, 東亞大學校大學院 碩士學位論文, 1990.

조상훈,「固城 所乙非浦城址」, 韓國城郭研究叢書11, 한국성곽학회, 2007.

조형래 · 서치상,「英祖初年 全州와 大邱邑城 築造工事 研究」, 大韓建築學會論文集 통권197호, 2005.

차용걸,「韓國城郭의 史的考察」, 忠南大大學院, 1975.

_____,「朝鮮朝下三道沿海邑城築造에 대하여」,『史學研究』27, 1977.

_____,「朝鮮成宗代海防築造論議와 그 樣相」,『白山學報』23, 1977.

_____,「朝鮮前期關防施設의 整備過程」,『韓國史論』7, 國史編纂委員會, 1980.

_____,「兩江地帶의 關防體制研究試論」,『軍史』創刊號, 國防部軍史編纂委員會, 1980.

_____,「朝鮮後期關防施設의 變化過程」,『韓國史論』9, 國史編纂委員會, 1981.

_____,「朝鮮 前期 關防施設의 整備過程」,『韓國史論7』國史編纂委員會, 1985.

_____,「高麗末 · 朝鮮前期 對外關防史 研究」, 忠南大學校大學院 博士學位論文, 1988.

_____,「世宗朝 下三道 沿海邑城 築造에 대하여」, 사학연구 제27집, 1996.

차용걸 · 홍성균,「百濟 城郭의 比較 研究試論」,『百濟論叢』第5輯, 百濟文化開發研究院, 1996.

차용걸,「조선시대의 성곽」, 韓國城郭研究叢書12, 한국성곽학회, 2007. 11.

천득염 · 조준익 · 정철성,「順天倭城에 관한 연구」,『호남문화연구』28, 2001.

최두환 역,『새번역 亂中日記』, 학민사, 1996.

최맹식, 「百濟 版築工法의 관한 研究」, 『碩晤尹容鎭敎授停年退任紀念論叢』, 1996.

최병화, 「태안 안흥진성 성벽조사 개보」, 韓國城郭研究叢書12, 한국성곽학회, 2007. 11.

최성락, 「考古學에 있어서의 文化의概念」, 『韓國上古史學報22』, 1996.

최원석, 「경상도 邑治 경관의 역사지리학적 복원에 관한 연구: 南海邑을 사례로」, 『문화역사지리』제16권, 2004.6권, 2004.

太田秀春, 「韓國における倭城研究の現狀と課題」, 倭城の研究4, 城郭談話會, 2000.

太田秀春, 「日本의 植民地 朝鮮에서의 古蹟調査와 城郭政策」, 서울대학교대학원석사학위논문, 2002.

한문종, 「朝鮮初期의倭寇對策과 對馬島征伐」, 『全北史學』19・20輯, 全北大學校史學會, 1997.

한병길, 「포곡식 부소산성 축성의 다양성」, 『한국상고사학보56』, 한국상고사학회, 2007.

한삼건, 「韓國における邑城空間の變容に關する研究」, 경도대학박사학위논문, 1994.

_____, 「언양읍성 체성(體城)의 단면 형상에 관한 연구」, 『建築歷史研究』, 第11卷, 2002.

현남주, 「京畿 中西部地域 中世城郭 研究」, 亞洲大學校大學院碩士學位論文, 2003.

<기타>

문화재관리국, 「文化財大觀(下) 史蹟篇」, 1976.

_____, 「全國邑城調査」, 1985.

한국보이스카우트연맹, 『한국의 성곽과 봉수』, 1990.

조선의 읍성

- 남해안 지역을 중심으로 -

초판 1쇄 인쇄일	｜	2021년 8월 24일
초판 1쇄 발행일	｜	2021년 8월 31일
지은이	｜	이일갑
펴낸이	｜	한선희
편집/디자인	｜	우정민 우민지
마케팅	｜	정찬용 정구형
영업관리	｜	한선희 정진이
책임편집	｜	김보선
인쇄처	｜	으뜸사
펴낸곳	｜	국학자료원 새미(주)

등록일 2005 03 15 제25100 · 2005 · 000008호

경기도 고양시 일산동구 중앙로 1261번길 79 하이베라스 405호

Tel 442 · 4623 Fax 6499 · 3082

www.kookhak.co.kr

kookhak2001@hanmail.net

ISBN	｜	979-11-6797-005-3 *93910
가격	｜	45,000원